华侨大学教材建设资助项目

初级汉语听说

CHU JI HAN YU TING SHUO

上册

盛译元 编著

中央民族大学出版社
China Minzu University Press

图书在版编目（CIP）数据

初级汉语听说：上、下册/盛译元编著. — 北京：中央民族大学出版社，2022.12（2025.7 重印）

ISBN 978-7-5660-2111-3

Ⅰ. ①初… Ⅱ. ①盛… Ⅲ. ①汉语 — 听说教学 — 对外汉语教学 — 教材 Ⅳ. ①H195.4

中国版本图书馆CIP数据核字（2022）第158166号

初级汉语听说（上下册）

编　著　盛译元
责任编辑　戴佩丽
封面设计　舒刚卫
出版发行　中央民族大学出版社
北京市海淀区中关村南大街27号　邮编：100081
电话：（010）68472815（发行部）　传真：（010）68933757（发行部）
（010）68932218（总编室）　（010）68932447（办公室）
经 销 者　全国各地新华书店
印 刷 厂　北京鑫宇图源印刷科技有限公司
开　本　787×1092　1/16　印张：52
字　数　855千字
版　次　2022年12月第1版　2025年7月第2次印刷
书　号　ISBN 978-7-5660-2111-3
定　价　262.00元

人物表

陈博文（中国）

韩福瑞（美国）

黄小月（印尼）

李志强（老挝）

林美玉（泰国）

刘子龙（泰国）

青木（日本）

阮氏英华（越南）

杨天爱（菲律宾）

目　录

第 1 课　你叫什么名字?

nǐ jiào shén me míng zi

What's your name?

目标 Objectives

- 学习简单的问候语。Learn simple greetings.
- 学习询问个人姓名、国籍。Learn how to ask someone's name and nationality.
- 学习数字 1—10。Learn numbers 1-10.
- 学习询问住所。Learn how to ask where someone lives.

拼音知识 Pinyin knowledge

一、声母 Initials

声母 Initials			
b	p	m	f
d	t	n	l
g	k	h	r
j	q	x	
zh	ch	sh	
z	c	s	

二、韵母（1）Finals（1）

单韵母 Simple finals		
a	o	e
i	u	ü

三、声调 Tones

汉语是有声调的语言。汉语语音有四个基本声调，分别用“ˉ”（第一声），“ˊ”（第二声），“ˇ”（第三声），“ˋ”（第四声）表示。

Chinese is a tonal language. It has four basic tones, which are indicated by the tone graphs: “ˉ”（the first tone）, “ˊ”（the second tone）, “ˇ”（the third tone）, and “ˋ”（the fourth tone）respectively.

声调有区别意义的作用。例如，mā（妈）、má（麻）、mǎ（马）、mà（骂），声调不同，意思也不一样。

Tones are used to distinguish meanings. Syllables change meanings according to their tones, e.g. mā（mother）, má（hemp）, mǎ（horse）, mà（to scold）.

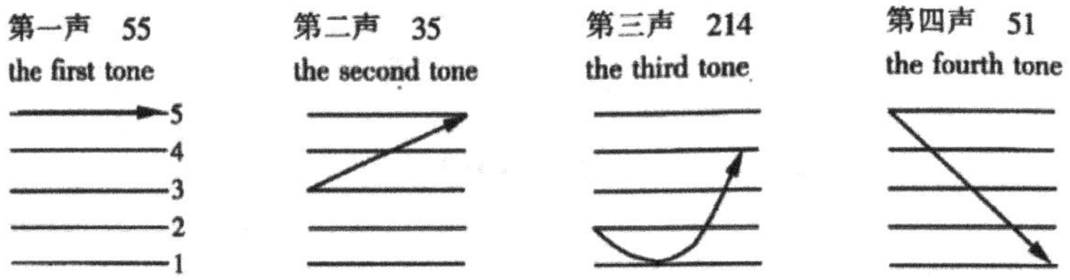

音调图 Tone Diagram

生词 New Words

L1N1

yī	èr	sān	sì	wǔ	liù	qī	bā	jiǔ	shí
一	二	三	四	五	六	七	八	九	十
one	two	three	four	five	six	seven	eight	nine	ten
1	2	3	4	5	6	7	8	9	10

1.	你	nǐ	you
2.	好	hǎo	good
3.	我	wǒ	I, me
4.	叫	jiào	to call, to name
5.	什么	shénme	what
6.	名字	míngzi	name
7.	是	shì	be
8.	哪	nǎ	which, where
9.	国	guó	country
10.	人	rén	person, people
11.	呢	ne	mood particle
12.	再见	zàijiàn	good-bye
13.	老师	lǎoshī	teacher
14.	您	nín	a polite form of "nǐ（你）"
15.	贵姓	guìxìng	surname, family name
16.	很	hěn	very
17.	高兴	gāoxìng	happy
18.	认识	rènshi	to know,to meet
19.	也	yě	also
20.	不	bù	no, not
21.	们	men	plural suffix（used after a personal pronoun or a noun）
22.	你们	nǐmen	you（plural form）
23.	住	zhù	to live in
24.	哪儿	nǎr	where
25.	我们	wǒmen	we, us
26.	号	hào	number

27.	楼	lóu	building
28.	同屋	tóngwū	roommate
29.	他	tā	he,him
30.	同学	tóngxué	classmate
31.	都	dōu	both,all

补充词汇和表达 Additional words and expressions

1.	韩福瑞	Hán Fúruì	Han Furui (name of a student)
2.	刘子龙	Liú Zǐlóng	Liu Zilong (name of a student)
3.	泰国	Tàiguó	Thailand
4.	美国	Měiguó	the United States
5.	许	Xǔ	Xu (a Chinese family name)
6.	陈博文	Chén Bówén	Chen Bowen (name of a student)
7.	印尼	Yìnní	Indonesia
8.	菲律宾	Fēilǜbīn	Philippines
9.	中国	Zhōngguó	China

课文 Texts

1 L1T1

hán fú ruì　nǐ hǎo
韩福瑞：**你好**。

liú zǐ lóng　nǐ hǎo
刘子龙：你好。

hán fú ruì　wǒ jiào hán fú ruì　nǐ jiào shén me míng zi
韩福瑞：**我叫**韩福瑞，**你叫什么名字**？

liú zǐ lóng　wǒ jiào liú zǐ lóng
刘子龙：我叫刘子龙。

hán fú ruì　nǐ shì nǎ guórén
韩福瑞：你是哪国人？
liú zǐ lóng　wǒ shì tàiguórén，nǐ ne
刘子龙：我是泰国人，你呢？
hán fú ruì　wǒ shì měiguórén
韩福瑞：我是美国人。
liú zǐ lóng　zàijiàn
刘子龙：再见！
hán fú ruì　zàijiàn
韩福瑞：再见！

回答问题。Answer the questions according to the text.

1. 刘子龙是哪国人？　　2. 韩福瑞是哪国人？

完成对话。Complete the dialogues.

1. A：你叫什么名字？
   B：我叫__________。
2. A：你是哪国人？
   B：我是__________人。

2　　L1T2

hán fú ruì　lǎoshī，nín hǎo！nín guìxìng
韩福瑞：老师，您好！您贵姓？
xǔ lǎoshī　wǒ xìng xǔ。nǐ jiào shénme míngzi
许老师：我姓许。你叫什么名字？
hán fú ruì　wǒ xìng hán，wǒ jiào hán fú ruì
韩福瑞：我姓韩，我叫韩福瑞。
xǔ lǎoshī　nǐ shì nǎ guórén
许老师：你是哪国人？
hán fú ruì　wǒ shì měiguórén。hěn gāoxìng rènshi nín
韩福瑞：我是美国人。很高兴认识您。
xǔ lǎoshī　wǒ yě hěn gāoxìng
许老师：我也很高兴。

回答问题。Answer the questions according to the text.

1. 您贵姓？　　2. 你是哪国人？

完成对话。Complete the dialogues.

1. A：您贵姓？

B：我姓＿＿＿＿＿＿＿＿。

2. A：很高兴认识您。

B：我＿＿＿＿＿＿＿＿。

3 L1T3

（杨天爱和黄小月在学校看到陈博文）

yángtiān ài　chénbó wén　ní hǎo
杨天爱：陈博文，你好。

chénbó wén　nǐ menhǎo　tiān ài　nǐ shì **yìn ní** rénma
陈博文：你们好。天爱，你是**印尼**人吗？

yángtiān ài　**bú** shì　wǒ shì **fēi lǜ bīn**rén
杨天爱：**不**是，我是**菲律宾**人。

chénbó wén　xiǎoyuè　nǐ ne　nǐ shì yìn ní rénma
陈博文：小月，你呢？你是印尼人吗？

huángxiǎoyuè　shì　wǒ shì yìn ní rén
黄小月：是，我是印尼人。

chénbó wén　**nǐ menzhùnǎr**
陈博文：**你们住哪儿**？

huángxiǎoyuè　**wǒmen**zhù liù **hàolóu**　nǐ ne
黄小月：**我们**住六**号楼**，你呢？

chénbó wén　wǒzhùsānhào lóu
陈博文：我住三号楼。

回答问题。Answer the questions according to the text.

1. 黄小月住哪儿？　　2. 你住哪儿？

完成对话。Complete the dialogues.

1. A：你是＿＿＿＿＿＿人吗？

B：不是，我是＿＿＿＿＿＿人。/是，我是＿＿＿＿＿＿人。

2. A：你们住哪儿？

B：我们住＿＿＿＿＿号楼。

4 L1T4

hán fú ruì　wǒxìnghán　jiàohán fú ruì　wǒ shì měiguó rén　wǒ de **tóngwū** shì liú
韩福瑞：我姓韩，叫韩福瑞，我是美国人。我的**同屋**是刘

zǐ lóng **tā** shì tài guó rén wǒ rèn shi le yí gè **zhōngguótóngxué** jiàochén bó wén wǒ
子龙，**他**是泰国人。我认识了一个**中国同学**，叫陈博文。我
men**dōu**zhùsānhào lóu
们**都**住三号楼。

根据提示复述课文。Retell the text according to the information.

我姓……，叫……，我是……。我的同学……,他是……。我住……，他住……。

注释 Notes

一、你是哪国人？

"国" means "country（国家）" or "nationality（国籍）"，"你是哪国人？" is used to ask someone's nationality or what country they are from.

Examples:

（1）A：你是哪国人？（What's your nationality? / What country are you from?）

B：我是泰国人。（I'm Thai./ I'm from Thailand.）

（2）A：他是哪国人？（What's his nationality? / What country is he from?）

B：他是印尼人。（He's Indonesian./He's from Indonesia.）

二、你住哪儿？

"哪儿" can be used to ask for someone's address or location.

Examples:

（1）A：你住哪儿？（Where do you live?）

B：我住3号楼。（I live in building 3.）

（2）A：黄小月住哪儿？（Where does Huang Xiaoyue live?）

B：她住6号楼。（She lives in building 6.）

三、你叫什么名字？/您贵姓？

“你叫什么名字？” means “What’s your name?” “您贵姓？” is a polite way of asking someone’s surname.It means “May I know your surname?”

Examples:

（1）A：你叫什么名字？（What's your name?）

B：我叫韩福瑞。（My name is Han Furui.）

（2）A：您好，您贵姓？（Hello, may I know your surname?）

B：您好，我姓黄。你呢？（Hello, my surname is Huang.What about you?）

A：我姓陈。（My surname is Chen.）

四、很高兴认识你。

“很高兴认识你” is often used to greet someone you have just met. To respond, you can say “很高兴认识你”，“认识你很高兴” or “我也很高兴”.

Examples:

A：很高兴认识你。（Nice to meet you.）

B：很高兴认识你。/认识你很高兴。/我也很高兴。（Nice to meet you, too.）

练习 Exercises

听力练习

一、声母和韵母练习。Initials and finals exercises.

（一）听后跟读。Listen and read. L1E1

1.b p m f d t n l

2.g k h j q x

3.zh ch sh r z c s

4.ɑ o e i u ü

（二）听后补全音节。Listen and complete the following syllables. L1E2

1.b____	2.m____	3.p____	4.t____	5.n____
6.f____	7.d____	8.l____	9.g____	10.h____

（三）选择你听到的音节。Choose the syllables you hear. L1E3

1.ba — pa	2.pu — fu	3.na — la	4.nü — lü	5.ge — ke
6.he — ke	7.ha — ga	8.de — te	9.te — ne	10.ma — fa

二、声调练习。Tone exercises.

（一）听后跟读。Listen and read. L1E4

1.pī — pí — pǐ — pì

2.mā — má — mǎ — mà

3.fō — fó — fǒ — fò

4.gē — gé — gě — gè

5.kū — kú — kǔ — kù

（二）听后标出声调。Listen and mark the tones. L1E5

1.ga	2.hu	3.bo	4.fu	5.di
6.tu	7.nü	8.lu	9.ge	10.ka

（三）判断对错。True or false. L1E6

1.pì[ ]	2.bà[ ]	3.mǎ[ ]	4.dū[ ]	5.fú[ ]
6.nù[ ]	3.lǜ[ ]	8.gě[ ]	9.kū[ ]	10.hú[ ]

三、句子练习。Sentence exercises.

听后跟读。Listen and read. L1E7

我姓刘，叫刘子龙，我是泰国人。我的同屋是韩福瑞，他是美国人。我认识了一个中国同学，叫陈博文。我们都住三号楼。

四、听力理解练习。Listening comprehension exercises.

（一）听句子，选择合适的回答。Listen to the sentences and choose the right answer. L1E8

1.A.我叫韩福瑞　　B.我是泰国人
  C.我姓韩　　D.我住3号楼

2.A.我姓刘　　B.我住6号楼
  C.我叫刘子龙　　D.我是美国人

3.A.我是菲律宾人　　B.我姓许
  C.我叫陈博文　　D.我住3号楼

4.A.你好　　B.再见
  C.您好　　D.我也很高兴

5.A.我是泰国人　　B.我不是美国人
  C.我叫黄小月　　D.很高兴认识你

6. A.我叫刘子龙　　B.我叫陈博文
  C.我住6号楼　　D.我是泰国人

（二）听对话，选择正确答案。Listen to the dialogues and choose the right answer. L1E9

1. A.杨天爱　B. 陈博文　C. 刘子龙　D. 黄小月

2. A.泰国人　B. 菲律宾人　C. 印尼人　D. 美国人

3. A.姓陈　B. 姓杨　C. 姓黄　D. 姓韩

4. A.是　B. 不是　C.不知道　D. 是美国人

5. A.1号楼　B. 2号楼　C. 6号楼　D.3号楼

五、听说练习。Listen and speak.

（一）听后补全声母，并读出拼合后的音节。Listen and complete the following syllables, and then read them out loud. L1E10

1. ____a　2. ____o　3. ____e　4. ____i　5. ____u　6. ____ü

7. ____a　8. ____o　9. ____e　10. ____i　11. ____u　12. ____ü

（二）看图片，听录音，根据图片内容说出句子。Listen to the recording

and finish the sentences according to the picture. L1E11

提示：

A：你好。

B：您好。

A：我叫________，你___什么名字？

B：我叫________。

A：你是哪国人？

B：我是________。你呢？

A：我是________。

B：你住哪儿？

A：我住________。

口语练习

一、拼音练习。Pinyin practices.

（一）拼合练习。Read the syllables.

1.（b）—（a）—（ba）

2.（d）—（e）—（de）

3.（j）—（i）—（ji）

4.（t）—（u）—（tu）

5.（n）—（ü）—（nü）

（二）声调练习。Tone practices.

1. bō bó bǒ bò

2. jī jí jǐ jì

3. tū tú tǔ tù

4. pā pá pǎ pà

5. gē gé gě gè

（三）朗读下列词语。Read the following words.

1.yīfu 2.hànyǔ 3.pīnyīn 4.zìdiǎn 5.tùzi

6.fānyì 7.tīnglì 8.wǒmen 9.xuésheng 10.péngyou

二、朗读下列句子。Read the following sentences.

1. 你好。
2. 你叫什么名字？
3. 你是哪国人？
4. 再见。
5. 您贵姓？
6. 很高兴认识你。
7. 我也很高兴。
8. 你是印尼人吗？
9. 你们住哪儿？
10. 我姓刘，叫刘子龙，我是泰国人。我的同屋是韩福瑞，他是美国人。我认识了一个中国同学，叫陈博文。我们都住三号楼。

三、读出下列数字。Read the numbers below.

一　　二　　三　　四　　五　　六　　七　　八　　九　　十

四、听录音，回答下列问题。Listen and answer the following questions. L1E12

1. 男的叫什么名字？
2. 黄小月是哪国人？
3. 韩福瑞是哪国人？
4. 黄小月住哪儿？
5. 韩福瑞住哪儿？

五、根据你的情况说一说。Practice speaking with your own information.

我姓杨，叫杨天爱，我是菲律宾人。我的同屋是黄小月，她是印尼人。我认识了一个泰国同学，叫林美玉。我们都住6号楼。

六、完成对话。Complete the dialogues.

（一）

A：你好，我叫__________，你叫什么名字？

B：你好，我叫__________。

（二）

A：你是哪国人？

B：我是__________人。你呢？

A：我是__________人。

B：你们住哪儿？

A：我住__________号楼。你呢？

C：我住__________号楼。

A：很高兴认识你。

B：我也很高兴。

七、根据提示完成对话。Complete the dialogues with the information provided.

关键词：姓、叫、国、同屋、住

提示：A：我……杨，……杨天爱，你呢？

B：我……林美玉，我的……是黄小月。我们……6号楼，你呢？

A：我……8号楼。

课堂活动

两人一组，按照下面表格内容，互相介绍。In groups of two, introduce yourself to each other according to the table below.

姓	名	国家	住址
eg：刘	子龙	泰国	3号楼

作业 Homework

听力作业

一、听录音并跟读。Listen to the recording and read after it. L1H1

1. Wǒ xìng Hán, jiào HánFúruì,wǒ shì Měiguó rén,wǒ zhù wǔhào lóu.
2. Dàjiā hǎo,wǒ jiào Liú Zǐlóng,wǒ shì Tàiguó rén,wǒ hé Chén Bó wén dōu zhùzài sānhào lóu.

二、听对话，选择正确答案。Listen to the dialogues and choose the right answer. L1H2

1. 男的叫什么名字？

A. 陈博文　B. 李志强　C. 黄小月　D. 刘子龙

2. 刘子龙是哪国人？

A. 美国　B. 印尼　C. 泰国　D. 韩国

3. 刘子龙住几号楼？

A. 10号　B. 5号　C. 3号　D. 6号

4. 陈博文是谁的同学？

A. 杨天爱　B. 韩福瑞　C. 刘子龙　D. 黄小月

5. 陈博文是中国人吗？

A. 不是　B. 是　C. 不知道　D. 是泰国人

三、判断对错。True or false. L1H3

1. 他叫李志强。　[ ]
2. 他是泰国人。　[ ]
3. 陈博文是他的中国朋友。　[ ]
4. 陈博文住在5号楼。　[ ]
5. 他住在3号楼。　[ ]

口语作业

问一问同学或朋友的姓、名、国家和住址，然后完成下面的表格。Ask your classmates or friends about their last names, first names, nationalities and addresses, and then complete the table below.

姓	名	国家	住址
eg：刘	子龙	泰国	3号楼

自我评价 Self- Evaluation

学完这一课，你对自己的表现满意吗？

评价表 Evaluation Form					
完成质量 Level of completion / 本课目标 Objectives	5 很好	4 好	3 一般	2 较差	1 很差
1.学习简单的问候语。 Learn simple greetings.					
2.学习询问个人姓名、国籍。 Learn how to ask someone's name and nationality.					
3.学习数字1–10。 Learn numbers 1–10.					
4.学习询问住所。 Learn how to ask where someone lives.					
5.自己需要注意的问题Self–reflection（make a note of what needs to be improved, such as your attitude towards learning or any language–related issue you have）:					

第 2 课　她是谁?

tā shì shuí

Who is she?

目标 Objectives

- 复习问候语。Review greetings.
- 学习简单的人称代词。Learn basic personal pronouns.
- 学习询问班级和年龄。Learn how to ask someone about their class and age.
- 学习数字 11—100。Learn numbers 11–100.

拼音知识 Pinyin knowledge

一、韵母（2）Finals（2）

复声母 Compound Finals			
ɑi	ei	ɑo	ou
iɑ	ie		
uɑ	uo	üe	
iɑo	iou		
uɑi	uei（ui）		

二、韵母（3）Finals（3）

鼻声母 Nasal Finals			
an	en	in	
üan	ün		
ang	eng	ing	ong
uan	uen（un）		
ian	iang	iong	
uang	ueng		

生词 New Words

L2N1

1.	早上	zǎoshang	morning
2.	她	tā	she, her
3.	谁	shuí	who, whom
4.	这	zhè	this
5.	的	de	of(indicator of attributives, used after aword or phrase）
6.	女	nǚ	female
7.	朋友	péngyou	friend
8.	在	zài	at, in, on
9.	几	jǐ	how many
10.	班	bān	class
11.	男	nán	male
12.	对	duì	yes, right, correct
13.	和	hé	and

续表

14.	她们	tāmen	they, them（feminine）
15.	介绍	jièshào	to introduce, to present
16.	一下	yīxià	to do something for a bit（used after a verb）
17.	今年	jīnnián	this year
18.	多大	duōdà	how old
19.	岁	suì	age
20.	他们	tāmen	they, them（masculine）

补充词汇和表达 Additional words and expressions

1.	林美玉	Lín Měiyù	LinMeiyu（name of a student）
2.	李志强	Lǐ Zhìqiáng	Li Zhiqiang（name of a student）
3.	青木	Qīng Mù	Qing Mu（name of a student）
4.	日本	Rìběn	Japan

课文 Texts

1 L2T1

hán fú ruì　liú zǐ lóng　zǎoshanghǎo　tā shì shuí
韩福瑞：刘子龙，早上好！她是谁？

liú zǐ lóng　zhè shì wǒ de nǚ péngyou　tā jiào lín měi yù
刘子龙：这是我的女朋友，她叫林美玉。

lín měi yù　ní hǎo　wǒ jiào lín měi yù　nǐ jiàoshénme míng zi
林美玉：你好，我叫林美玉。你叫什么名字？

hán fú ruì　ní hǎo　měi yù　wǒ jiào hán fú ruì
韩福瑞：你好，美玉，我叫韩福瑞。

lín měi yù　fú ruì　nǐ shì nǎ guó rén
林美玉：福瑞，你是哪国人？

hán fú ruì　wǒ shì měiguórén　nǐ menzhùnǎr
韩福瑞：我是美国人。你们住哪儿？

lín měi yù　tā zhùsānhàolóu　wǒzhù liù hàolóu
林美玉：他住三号楼，我住六号楼。
hán fú ruì　xiǎoyuè hé tiān ài yě zhù liù hàolóu
韩福瑞：小月和天爱也住六号楼。

回答问题。Answer the questions according to the text.

1. 刘子龙的女朋友是谁？　2. 你的朋友叫什么名字？他/她是哪国人？

完成对话。Complete the dialogues.

1. A：早上好！他/她是谁？
   B：这是我的________，他/她叫________。
2. A：美玉，你________？
   B：我住________。

2　L2T2

liú zǐ lóng　ní hǎo　wǒjiào liú zǐ lóng　nín guìxìng
刘子龙：你好，我叫刘子龙。您贵姓？
lǐ zhìqiáng　ní hǎo　wǒxìng lǐ　jiào lǐ zhìqiáng　rèn shi nǐ hěngāoxìng
李志强：你好，我姓李，叫李志强，认识你很高兴。
liú zǐ lóng　wǒ yě hěngāoxìng　nǐ **zài jǐ bān**
刘子龙：我也很高兴。你**在几班**？
lǐ zhìqiáng　wǒ zài yī bān　nǐ ne
李志强：我在一班，你呢？
liú zǐ lóng　wǒ zài èr bān　wǒ de nǚ péngyou yě zài èr bān
刘子龙：我在二班。我的女朋友也在二班。
lǐ zhìqiáng　shì ma　tā jiàoshénme míng zi
李志强：是吗？她叫什么名字？
liú zǐ lóng　tā jiào lín měi yù　yě shì tài guórén
刘子龙：她叫林美玉，也是泰国人。
lǐ zhìqiáng　nǐ shì měi yù de **nán**péngyou　wǒrèn shi tā
李志强：你是美玉的**男**朋友？我认识她。
liú zǐ lóng　**duì**　tā shì xiǎoyuè **hé** tiān ài de péngyou　**tā men**zhù liù hàolóu
刘子龙：**对**，她是小月**和**天爱的朋友，**她们**住六号楼。

回答问题。Answer the questions according to the text.

1. 谁在一班？　2. 你在几班？

完成对话。Complete the dialogues.

1. A：你在几班？

B：我在________班。

2. A：刘子龙的女朋友在几班？

B：________在________班。

3

liú zǐ lóng lǎo shī zǎoshanghǎo
刘子龙：老师早上好！

xǔ lǎo shī zǎoshanghǎo nǐ menjiàoshénme míng zi
许老师：早上好！你们叫什么名字？

liú zǐ lóng wǒjiào liú zǐ lóng **jiè shào yí xià** tā shìqīngmù shì **rì běn**rén
刘子龙：我叫刘子龙，**介绍一下**，他是青木，是**日本**人。

xǔ lǎo shī nǐ men zài jǐ bān
许老师：你们在几班？

qīngmù wǒmen zài èr bān
青木：我们在二班。

xǔ lǎo shī shì ma nǐ men **jīn niánduō dà**
许老师：是吗？你们**今年多大**？

qīngmù wǒ jīn nián èr shí bā **suì**
青木：我今年二十八**岁**。

liú zǐ lóng wǒ jīn niánsān shí suì
刘子龙：我今年三十岁。

xǔ lǎo shī rèn shi nǐ menhěngāoxìng
许老师：认识你们很高兴。

liú zǐ lóng qīngmù wǒmen yě hěngāoxìng
刘子龙、青木：我们也很高兴。

回答问题。Answer the questions according to the text.

1. 青木在几班？　　2. 刘子龙今年多大？

完成对话。Complete the dialogues.

1. A：你今年多大？

B：我今年________岁。

2. A：他在几班？

B：他在________班。

qīng mù　wǒ jiào qīng mù　wǒ shì rì běn rén　jīn nián èr shí bā suì　wǒ zài èr bān
青木：我叫青木，我是日本人，今年二十八岁，我在二班。
tā shì liú zǐ lóng　tā shì tài guó rén　jīn nián sān shí suì　tā de nǚ péng you jiào lín měi
他是刘子龙，他是泰国人，今年三十岁。他的女朋友叫林美
yù　yě shì tài guó rén　**tā men** dōu zài yī bān
玉，也是泰国人，**他们**都在一班。

根据提示复述课文。Retell the text according to the information provided.

我叫……，我是……人，今年……岁，我在……班。他（她）是……，他（她）是……人，今年……岁。

注释 Notes

一、人称代词：们

"Personal pronoun+们" means more than one person, such as "我们"，"你们"，"他们（她们）" and so on.

Examples:

（1）我们在2班，你们呢？（We're in Class 2. What about you?）

（2）我们是泰国人。（We are Thai.）

（3）他们在3班。（They are in Class 3.）

二、询问年龄

In Chinese, when asking someone about their age, you can say: "您多大年纪" or "你几岁".Use "您多大年纪" if you are talking to a senior citizen or someone who looks older than you. Use "你几岁" if you are talking to a child. When speaking to your peers, you can simply say "你多大".

三、在+处所

“在+location” is usually used to indicate a position or place.

Examples：

（1）在中国（in China）　　（2）在6号楼（at Buliding 6）

（3）在二班（in Class 2）　　（4）在银行（in a bank）

练习 Exercises

听力练习

一、声母和韵母练习。Initials and finals exercises.

（一）听后跟读。Listen and read. L2E1

1.b p m f d t n l g k h j q x

2.zh ch sh r z c s

3.ai ei ao ou ia ie ua uo üe

4.an ian uan üan en in uen ün

5.ang iang uang eng

（二）听后补全音节。Listen and complete the following syllables. L2E2

1.z_____ 2.sh____ 3.zh____ 4.n_____ 5.g_____

6.p_____ 7.j_____ 8.y_____ 9.n_____ 10.r_____

（三）选择你听到的音节。Choose the syllables you hear. L2E3

1.zàng — zhàng 2.zì — zhì 3.rěn — shěn 4.sān — shān 5.ráo — sháo

6.jiāng — qiāng 7.duō — tuō 8.dǎng — tǎng 9.bó — pó 10.gēng — kēng

二、声调练习。Tone exercises.

（一）听后跟读。Listen and read. L2E4

1.suī — suí — suǐ — suì

2.bān — bán — bǎn — bàn

3.zāo — záo — zǎo — zào

4.jiē — jié — jiě — jiè

5.zhē — zhé — zhě — zhè

（二）听后标出声调。Listen and mark the tones. L2E5

1.tang	2.nan	3.zhe	4.ban	5.hua
6.chuan	7.jin	8.teng	9.yong	10.zhuang

（三）判断对错。True or false. L2E6

1.lóng[ ]	2.shàng[ ]	3.háo[ ]	4.shuǐ[ ]	5.ní[ ]
6.jiào[ ]	7.méi[ ]	8.yú[ ]	9.fū[ ]	10.nà[ ]

三、句子练习。Sentence exercises.

听后跟读。Listen and read. L2E7

我姓韩，我叫韩雪，今年二十三岁，我是中国人。我在一班，我认识一个泰国同学，她今年二十岁。我们住十四号楼，我的同屋是印尼人，她叫刘一，她在二班，她的男朋友也在二班。

四、听力理解练习。Listening comprehension exercises.

（一）听句子，选择合适的回答。Listen to the sentences and choose the right answer. L2E8

1. A. 我叫刘子龙　B. 这是刘子龙
   C. 他姓刘　D. 他是泰国人
2. A. 我住10号楼　B. 我是中国人
   C. 这是刘子龙　D. 我今年20岁
3. A. 我住10号楼　B. 我在3班
   C. 这是刘子龙　D. 他是泰国人
4. A. 我叫刘子龙　B. 我在3班
   C. 这是刘子龙　D. 对！我是她的男朋友
5. A. 我住10号楼　B. 我的老师40岁
   C. 我今年25岁　D. 我是泰国人

（二）听对话，选择正确答案。Listen to the dialogues and choose the right answer. L2E9

1. A. 韩福瑞　　B. 韩福瑞的女朋友
   C. 韩福瑞的朋友　　D. 韩福瑞的同屋
2. A. 林美玉　　B. 林美玉的男朋友
   C. 韩福瑞　　D. 刘子龙
3. A. 1班　　B. 2班
   C. 3班　　D. 4班
4. A. 24岁　　B. 30岁
   C. 33岁　　D. 28岁
5. A. 14号楼　　B. 16号楼
   C. 4号楼　　D. 6号楼

五、听说练习。Listen and speak.

（一）听后补全声母，并读出拼合后的音节。Listen and complete the following syllables, and then read them out loud. L2E10

1.____u____ü　　2.____ai____uai
3.____ao____ou　　4.____an____ian
5.____ei____üe　　6.____eng____en
7.____en____un　　8.____ie____ia
9.____ua____uo　　10.____ou____uo

（二）看图片，听录音，根据图片内容说出句子。Listen to the recording and finish the sentences according to the picture. L2E11

提示：我叫________，我是________国人，我今年________岁，我在________班。

口语练习

一、拼音练习。Pinyin practices.

（一）韵母辨读。Read the finals.

ai–ei	ao–ou	ia–ie	ua–uo	ie–üe
ai–uai	ei–uei	ao–iao	ou–iou	ia–iao
ua–uai	uai–uei	an–en	an–ang	in–ing
an–ian	in–en	ian–üan	en–uen	ing–eng
eng–ueng	ang–iang	iang–uang	ing–ong	uan–uang

（二）拼合练习。Read the syllables.

1.zài	shuí	gāo	chōu
2.jiá	xiě	kuā	miáo
3.shuō	xuě	liǔ	dōu
4.shuǐ	bān	shēn	xīn
5.chuān	zhuài	juàn	qiàn

（三）读词语。Read the words.

1.dàxué	huídá	dàgài	xuéxí	zháojí
2.cuòwù	fēijī	jiàoyù	zhèxiē	jiēdài
3.jìhuà	shìjiè	xūyào	jiémù	jiéguǒ
4.huàxué	huìhuà	pāimài	diēdǎo	táopǎo
5.nóngcūn	gōngchǎng	míngnián	jiànkāng	

二、朗读下列句子。Read the following sentences.

1. 早上好！
2. 这是我的女朋友，她叫林美玉。
3. 你们住哪儿？

4. 他住三号楼，我住六号楼。
5. 我也住六号楼。
6. 你在几班？
7. 我在一班，她在二班。
8. 你是美玉的男朋友？
9. 介绍一下，他是青木，是日本人。
10. 你今年多大？

三、读出下列数字。Read the following numbers.

liùshíbā	shíyī	èrshíèr	sānshísān
68	11	22	33
èrshísì	sìshí	wǔshíjiǔ	yībǎi
24	40	59	100

四、听录音，回答下列问题。Listen and answer the following questions. L2E12

1. 韩雪的同屋叫什么名字？
2. 韩雪的同屋是哪国人？
3. 韩雪住哪儿？
4. 刘一在几班？
5. 韩福瑞在几班？

五、根据你的情况说一说。Practice speaking with your own information.

我叫青木，我是日本人，今年28岁，我在2班。介绍一下，这是我的同屋，他叫李志强，他是老挝人，今年33岁，他在1班。我们都住3号楼。

六、完成对话。Complete the dialogues.

（一）

A：早上好！

B：________！

（二）

A：我叫________，你叫什么名字？

B：我姓________，叫________。

（三）

A：________认识你。

B：________我也________。

（四）

A：你今年________？

B：我今年________岁。你呢？

A：我今年________岁。

（五）

A：你在________班？

B：我在________班。

（六）

A：你住________？

B：我住________号楼。

A：是吗？我也住________号楼。

七、根据提示完成对话。Complete the dialogues with the information provided.

关键词：岁、住、班、介绍

提示：A：介绍一下，我今年……，我住……，我在……班。你呢？

B：我叫……，我今年……，我住……

课堂活动

两人一组，按照下面表格内容，介绍下你的同学。In groups of two, introduce your classmate according to the table below.

姓名	班级	年龄	住址
Eg:刘子龙	2班	30岁	3号楼

作业 Homework

听力作业

一、听录音并跟读。Listen to the recording and read after it. L2H1

1.Dà jiā hǎo, wǒ jiào Lín Měiyù,wǒ shì Tàiguórén.Wǒ jīnnián èrshíbā suì, wǒ zài èrbān.

2.Lǎoshī, zǎoshang hǎo! Jièshào yíxià, zhè shì wǒ de nánpéngyou, tā xìng liú, jiào Liú Zǐlóng. Tā jīnnián sānshí suì, tā yě zài èrbān.

二、听对话，选择正确答案。Listen to the dialogues and choose the right answer. L2H2

1.黄小月是哪国人？

A.中国　　B.泰国　　C.印尼　　D.韩国

2.黄小月在几班？

A.1班　　B.2班　　C.3班　　D.4班

3.陈博文的女朋友叫什么名字？

A.黄小月　　B.刘一　　C.韩雪　　D.林美玉

4.黄小月住哪儿？

A.1号楼　　B.2号楼　　C.10号楼　　D.6号楼

5. 陈博文今年多大？

A.20岁　　B.27岁　　C.25岁　　D.23岁

三、判断对错。True or false.　　L2H3

1. 她是黄小月。 [ ]
2. 她今年25岁。 [ ]
3. 杨天爱的同屋是黄小月。 [ ]
4. 黄小月和杨天爱都在3班。 [ ]
5. 黄小月住6号楼。 [ ]

口语作业

问一问同学或朋友的姓名、年龄、班级等信息，然后完成下面表格。Ask your classmates or friends about their names, ages, classes, addresses, and then complete the table below.

	姓名	国籍	班级	年龄	住址
1.	Eg:刘子龙	泰国	2班	30岁	3号楼
2.	韩福瑞	……	……	……	……
3.					
4.					
5.					

自我评价 Self- Evaluation

学完这一课，你对自己的表现满意吗？

评价表 Evaluation Form					
完成质量 Level of completion / 本课目标 Objectives	5 很好	4 好	3 一般	2 较差	1 很差
1. 复习问候语。 Review greetings.					
2. 学习简单的人称代词。 Learn basic personal pronouns.					
3. 学习询问班级和年龄。 Learn how to ask someone about their class and age.					
4. 学习数字 11 — 100。 Learn numbers 11-100.					
5. 自己需要注意的问题 Self-reflection（make a note of what needs to be improved, such as your attitude towards learning or any language-related issue you have）					

第3课 你家有几口人？

nǐ jiā yǒu jǐ kǒu rén

How many people are there in your family?

目标 Objectives

- 复习人称代词。Review personal pronouns.
- 学习简单的亲属称谓。Learn simple kinship terms.
- 学习介绍家庭成员的职业和爱好。Learn how to talk about occupations and hobbies.

拼音知识 Pinyin knowledge

一、轻声 The neutral tone

普通话里有一些音节读得又轻又短，叫作轻声。书写时轻声不标调号。例如：bàba（爸爸）、tāmen（他们）。

In Putonghua (or Mandarin Chinese) , some syllables are pronounced in a light and short manner. These syllables are considered to have a neutral tone, which lacks a tone-gragh representation in writing, such as the second syllable in bàba (father) and tāmen (they) respectively.

二、儿化 Rhotacization of syllable finals

er常常跟其他韵母结合在一起，使该韵母成为儿化韵母。儿化韵母的写法是在原韵母之后加-r。例如：wánr（玩儿）、huār（花儿）。

"er" is often combined with other finals to make them rhotacized finals, which are transcribed in pinyin by simply adding the letter –r to the original ones, such as wánr (to play) and huār (flower) .

生词 New Words

L3N1

1.	家	jiā	famliy, home
2.	有	yǒu	to have, there be
3.	口	kǒu	measure word (used for counting the number of people in a family)
4.	爸爸	bàba	father, dad
5.	妈妈	māma	mother, mum
6.	姐姐	jiějie	elder sister
7.	爷爷	yéye	grandfather, grandpa
8.	奶奶	nǎinai	grandmother, grandma
9.	弟弟	dìdi	younger brother
10.	没有	méiyǒu	do not have, there is no
11.	做	zuò	to do, to make
12.	工作	gōngzuò	work, job
13.	警察	jǐngchá	police, police officer
14.	公务员	gōngwùyuán	civil servant
15.	两	liǎng	[number]two (generally used before quantifiers and "个，半，千，万，亿")
16.	个	gè	measure word (used before a noun which does not have a fixed measure word of its own)
17.	哥哥	gēge	elder brother
18.	妹妹	mèimei	younger sister
19.	学生	xuésheng	student
20.	爱好	àihào	hobby

21.	喜欢	xǐhuan	to like
22.	唱歌	chànggē	to sing
23.	上网	shàngwǎng	to surf the Internet
24.	打	dǎ	to play (ball games)
25.	篮球	lánqiú	basketball
26.	听	tīng	to listen, to hear
27.	音乐	yīnyuè	music
28.	旅游	lǚyóu	to travel, tourism
29.	律师	lǜshī	lawyer, attorney
30.	看书	kànshū	to read a book
31.	医生	yīshēng	doctor
32.	医院	yīyuàn	hospital
33.	运动	yùndòng	sports,exercise

补充词汇和表达 Additional words and expressions

1.	阮氏英华	Ruǎnshì Yīnghuá	Ruanshi Yinghua (name of a student)
2.	越南	Yuènán	Vietnam

课文 Texts

1

L3T1

liú zǐ lóng hán fú ruì nǐ jiā yǒu jǐ kǒurén
刘子龙：韩福瑞，你家有几口人？

hán fú ruì wǒ jiā yǒu sì kǒurén bà ba mā ma jiě jie hé wǒ nǐ ne
韩福瑞：我家有四口人，爸爸、妈妈、姐姐和我。你呢？

liú zǐ lóng wǒ jiā yǒu liù kǒu rén yé ye nǎi nai bà ba mā ma dì di
刘子龙：我家有六口人，爷爷、奶奶、爸爸、妈妈、弟弟

hé wǒ
和我。

hán fú ruì　nǐ dì di jīn nián jǐ suì
韩福瑞：你弟弟今年几岁？

liú zǐ lóng　tā jīn nián èr shí suì　nǐ jiě jie duō dà
刘子龙：他今年二十岁。你姐姐多大？

hán fú ruì　tā jīn nián èr shí bā suì　nǐ yǒu jiě jie ma
韩福瑞：她今年二十八岁。你有姐姐吗？

liú zǐ lóng　wǒ **méiyou** jiě jie
刘子龙：我**没有**姐姐。

回答问题。Answer the questions according to the text.

1. 刘子龙家有几口人？　　2. 他们是谁？

完成对话。Complete the dialogues.

A：你家有几口人？

B：我家有______口人，________和我。

2　　L3T2

lín měi yù　ní hǎo　wǒ shì lín měi yù　jiè shào yí xià　tā shì wǒ de nánpéngyou
林美玉：你好，我是林美玉。介绍一下，他是我的男朋友，

jiào liú zǐ lóng　wǒmendōu shì tài guó rén
叫刘子龙，我们都是泰国人。

ruǎn shì yīnghuá　nǐ menhǎo　wǒ shì ruǎn shì yīnghuá　wǒ shì **yuènán** rén
阮氏英华：你们好，我是阮氏英华，我是**越南**人。

liú zǐ lóng　nǐ **zuò** shénme **gōngzuò**
刘子龙：你**做**什么**工作**？

ruǎn shì yīnghuá　wǒ shì lǎo shī　nǐ men ne
阮氏英华：我是老师，你们呢？

liú zǐ lóng　wǒ shì **jǐngchá**
刘子龙：我是**警察**。

lín měi yù　wǒ shì **gōng wù yuán**
林美玉：我是**公务员**。

ruǎn shì yīnghuá　wǒ yǒu **liǎng gè gē ge**　tā men yě shì gōng wù yuán
阮氏英华：我有**两个哥哥**，他们也是公务员。

回答问题。Answer the questions according to the text.

1. 阮氏英华做什么工作？　　2. 谁是公务员？

完成对话。Complete the dialogues.

A：你做什么工作？

B：我是________。

3 L3T3

（阮氏英华分享家庭照片）

lín měi yù　nǐ jiā yǒu jǐ kǒurén
林美玉：你家有几口人？

ruǎn shì yīnghuá　wǒ jiā yǒu wǔ kǒu rén　wǒ bà ba　wǒ mā ma　wǒ gē ge　wǒ **mèimei** hé wǒ
阮氏英华：我家有五口人。我爸爸、我妈妈、我哥哥、我**妹妹**和我。

lín měi yù　zhè shì nǐ mèimei
林美玉：这是你妹妹？

ruǎn shì yīnghuá　shì de　tā jīn nián shí èr suì　tā shì **xuésheng**
阮氏英华：是的。她今年十二岁，她是**学生**。

lín měi yù　tā yǒu shénme **ài hào**
林美玉：她有什么**爱好**？

ruǎn shì yīnghuá　tā **xǐ huan chàng gē**
阮氏英华：她**喜欢唱歌**。

lín měi yù　zhè shì nǐ gē ge ma
林美玉：这是你哥哥吗？

ruǎn shì yīnghuá　duì
阮氏英华：对。

lín měi yù　nǐ gē ge xǐ huan zuò shénme
林美玉：你哥哥喜欢做什么？

ruǎn shì yīnghuá　tā xǐ huan **shàngwǎng** hé **dǎ lán qiú**
阮氏英华：他喜欢**上网**和**打篮球**。

lín měi yù　nǐ ne　nǐ yǒu shénme ài hào
林美玉：你呢，你有什么爱好？

ruǎn shì yīnghuá　wǒ xǐ huan **tīng yīnyuè** hé **lǚ yóu**
阮氏英华：我喜欢**听音乐**和**旅游**。

lín měi yù　wǒ yě xǐ huan lǚ yóu
林美玉：我也喜欢旅游。

回答问题。Answer the questions according to the text.

1. 阮氏英华的哥哥喜欢做什么？　　2. 林美玉有什么爱好？

完成对话。Complete the dialogues.

1. A：你喜欢做什么？

　B：我喜欢________。

2. A：你有什么爱好？

　B：我喜欢________。

4 L3T4

ruǎn shì yīnghuá　wǒ jiā yǒu wǔ kǒu rén　bà ba　mā ma　gē ge　mèimei hé wǒ
阮氏英华：我家有五口人，爸爸、妈妈、哥哥、妹妹和我。
wǒ bà ba shì **lǜ shī**　tā xǐ huan **kàn shū**　mā ma shì **yī shēng** zài **yī yuàn** gōngzuò　tā
我爸爸是**律师**，他喜欢**看书**。妈妈是**医生**，在**医院**工作，她
xǐ huan **yùndòng**　wǒ gē ge shì gōng wù yuán　tā xǐ huan shàngwǎng hé dǎ lán qiú　wǒ mèi
喜欢**运动**。我哥哥是公务员，他喜欢上网和打篮球。我妹
mei shì xuésheng　tā xǐ huan chàng gē　wǒ xǐ huan tīng yīn yuè he lǚ yóu
妹是学生，她喜欢唱歌。我喜欢听音乐和旅游。

根据提示复述课文。Retell the text according to the information provided.

我家有……，……和我。我……是……，他喜欢……。……是……，在……工作，她喜欢……。我哥哥是……，他喜欢……和……。……是……，她喜欢……。我喜欢……。

注释 Notes

一、你家有几口人？

"口" in this sentence is used as a measure word for counting the number of people in a family. "你家有几口人？" is often used to ask someone how many family members they have.

Examples：

A：你家有几口人？（How many people are there in your family?）

B：我家有5口人。（There are five people in my family.）

二、你有……（家庭成员）吗？

This structure is used to ask someone whether they have certain family members or not. “你有……吗” can also be used to ask someone whether they have an item or not.

Examples：

（1）A：你有姐姐吗？（Do you have elder sisters?）

B：我没有姐姐。（I don’t have elder sisters.）

（2）A：你有几个弟弟？（How many younger brothers do you have?）

B：我有一个弟弟。（I have one younger brother.）

三、你做什么工作？

“你做什么工作？” is used to ask someone what line of work they are in. In response, you can say: “我＋是＋occupation”.

Examples：

（1）A：你做什么工作？（What do you do for a living?）

B：我是警察。（I’m a police officer.）

（2）A：你妈妈做什么工作？（What does your mother do?）

B：她是公务员。（She is a civil servant.）

四、你有什么爱好？/你喜欢做什么？

“你有什么爱好？” or “你喜欢做什么？” are useful when asking people about their hobbies. In response, you can say “我＋喜欢+hobby”.

Examples：

（1）A：你有什么爱好？（What’s your hobby?）

B：我喜欢打篮球。（I like playing basketball.）

（2）A：你哥哥喜欢做什么？（What does your brother like doing?）

B：他喜欢上网。（He likes surfing the Internet.）

练习 Exercises

听力练习

一、声母和韵母练习。Initials and finals exercises.

（一）听后跟读。Listen and read. L3E1

1.j q x z c s

2.ia ie iao iou（iu） ian in

3.iang ing iong üe üan ün

4.ua uo uai uei（ui） uan uen（un）

（二）听后补全音节。Complete the following syllables. L3E2

1.j_____ 2.q_____ 3.x_____ 4.z_____ 5.c_____

6.s_____ 7.zh_____ 8.ch_____ 9.sh_____ 10.r_____

（三）选择你听到的音节。Choose the syllables you hear. L3E3

1.jǐng — qǐng 2.jià — xià 3.jù — xù 4.qián — xián 5.cài — sài

6.zì — cì 7.zuò — cuò 8.zòng — sòng 9.zhuān — chuān 10.zhuān — shuān

二、声调练习。Tone exercises.

（一）听后跟读。Listen and read. L3E4

1.jī — jí — jǐ — jì

2.gāo — gáo — gǎo — gào

3.kōu — kóu — kǒu — kòu

4.qiē — qié — qiě — qiè

5.zū — zú — zǔ — zù

（二）听后标出声调。Listen and mark the tones. L3E5

1.mian 2.xue 3.jie 4.liu 5.piao

6.niu 7.cha 8.zhe 9.chuang 10.rong

（三）判断对错。True or false. L3E6

1.qiāo[ ] 2.yǒu[ ] 3.bìng[ ] 4.nián[ ] 5.xié[ ]

6. nín[ ]　　7.cān[ ]　　8.zuò[ ]　　9.suān[ ]　　10.zhāng[ ]

三、句子练习。Sentence exercises.

听后跟读。Listen and read. L3E7

我家有三口人，爸爸妈妈和我。我爸爸是一名警察，我妈妈是一名教师，我也是一名警察。我爸爸喜欢打篮球，妈妈喜欢唱歌，我喜欢听音乐。

四、听力理解练习。Listening comprehension exercises.

（一）听句子，选择合适的回答。Listen to the sentences and choose the right answer. L3E8

1. A.我26岁　　B.我叫韩福瑞
   C.我喜欢打篮球　　D.我不喜欢
2. A.五口人　　B.我爸爸
   C.两个哥哥　　D.三个弟弟
3. A.我有弟弟　　B.两个弟弟
   C.一个哥哥　　D.是我弟弟
4. A.不是　　B.他是我哥哥
   C.不是我弟弟　　D.我妹妹21岁
5. A. 她是学生　　B.21岁
   C.她在上学　　D.她很漂亮
6. A.他喜欢唱歌　　B.四口人
   C.他在看书　　D.他今年18岁
7. A.他喜欢打篮球　　B.他喜欢上网
   C.他喜欢听音乐　　D.他喜欢看书
8. A. 他喜欢打篮球　　B.他是警察
   C.他今年30岁　　D.他在医院工作

（二）听对话，选择正确答案。Listen to the dialogues and choose the right answer. L3E9

1. A. 踢足球　B. 上网
   C. 旅游　D. 打篮球
2. A. 四口人　B. 五口人
   C. 三口人　D. 六口人
3. A. 一个哥哥　B. 两个弟弟
   C. 一个哥哥和一个妹妹　D. 一个妹妹和一个弟弟
4. A.28　B.21
   C.18　D.16
5. A. 青木　B. 杨天爱
   C. 青木的妹妹　D. 杨天爱的妹妹
6. A. 打篮球　B. 踢足球
   C. 打篮球和踢足球　D. 听音乐和看书
7. A. 林美玉　B. 林美玉的爸爸
   C. 林美玉的妈妈　D. 林美玉的弟弟
8. A. 三口人　B. 四口人
   C. 五口人　D. 六口人
9. A. 看书　B. 打篮球
   C. 听音乐　D. 唱歌
10. A. 刘子龙　B. 韩福瑞
    C. 刘子龙和韩福瑞　D. 陈博文、刘子龙和韩福瑞

五、听说练习。Listen and speak.

（一）听后补全声母，并读出拼合后的音节。Listen and complete the following syllables, and then read them out loud. L3E10

1. ____ia　2. ____ie　3. ____iang　4. ____uo　5. ____un
6. ____ui　7. ____uan　8. ____un　9. ____ong　10. ____ou

（二）看图片，听录音，根据图片内容说出句子。Listen to the recording and finish the sentences according to the picture. L3E11

提示：

这是……的……，她今年……岁。她是……，她喜欢……。

口语练习

一、拼音练习。Pinyin practices.

（一）韵母辨读。Read the finals.

jiǎnghuà — qiǎnghuà	jiéyuē — xiéyuē	qīwàng — xīwàng
zuòduì — cuòduì	zīliào — sīliào	cānjiā — sānjiā
zhāoyáng — cháoyáng	zhèshì — shèshì	shàngshēng — chàngshēng
zīshì — zhīshi	cūqì — chūqì	shìpín — sìpíng

（二）拼合练习。Read the syllables.

1. g — ē	x — ǐ	d — ǎ	l — ǚ
2. m — èi	h — ào	l — án	q — iú
3. x — ué	y — uè	y — óu	y — ùn
4. sh — àng	w — ǎng	ch — àng	t — īng
5. ch — u — àng	z — u — ān	x — i — ǎng	h — u — ǎ — n

（三）读词语。Read the words.

1.hónghuār	lùkǒur	miàntiáor	liáotiānr
2.huàhuàr	yíxiàr	xiǎoháir	yíhuìr
3.yíkuàir	yǒudiǎnr	xiǎngfǎr	lǎotiānr
4.yíxiàr	xiàohuàr	lǎotóur	zhuājiūr
5.yúgānr	huāyàngr	méikòngr	báitóuwēngr

二、朗读下列句子。Read the following sentences.

1. 你家有几口人？
2. 你有妹妹吗？
3. 你弟弟多大？
4. 你哥哥喜欢做什么？
5. 你有什么爱好？
6. 你爸爸做什么工作？
7. 我家有四口人，爸爸、妈妈、哥哥和我。我爸爸是公务员，我妈妈是老师，我哥哥在医院工作，我是警察。
8. 我爸爸喜欢看书，我妈妈喜欢听音乐，我哥哥喜欢打篮球，我喜欢踢足球。

三、听录音，回答下列问题。Listen and answer the following questions. L3E12

1. 青木做什么工作？
2. 谁是学生？
3. 青木在哪儿工作？
4. 博文家有几口人？
5. 天爱的家人喜欢做什么？

四、根据你的情况说一说。Practice speaking with your own information.

我家有五口人，爸爸、妈妈、哥哥、妹妹和我。我爸爸在警察局工作，是警察，妈妈是律师，哥哥和我是公务员，妹妹是学生。我爸爸喜欢听音乐，妈妈喜欢唱歌，哥哥喜欢打篮球，妹妹喜欢上网，我喜欢看书。

五、完成对话。Complete the dialogues.

（一）

A：你家有__________人？

B：我家有__________口人，__________和我。

（二）

A：你今年多大？

B：我今年__________岁。

（三）

A：你有__________吗？

B：有/没有。

（四）

A：你做__________工作？

B：我是__________。

（五）

A：你__________做什么？

B：我喜欢__________。你有__________爱好？

A：我喜欢__________。

六、根据提示完成对话。Complete the dialogues with the information provided.

关键词：有、喜欢、在、工作

提示：A：你家有……人？

B：我家有……人，……，……，……和我。

A：你……工作？

B：我是……。

A：你喜欢做……？

B：我喜欢……。

课堂活动

两人一组，按照下面表格内容，互相介绍下自己的家庭。In groups of two, introduce your family to each other according to the table below.

名字	年龄	职业	爱好	家庭成员
eg：刘子龙	30	警察	打篮球	爷爷、奶奶、爸爸、妈妈、弟弟和我

作业 Homework

听力作业

一、听录音并跟读。Listen to the recording and read after it.

L3H1

1. Wǒjiā yǒu wǔkǒurén，bàba、māma、gēge、mèimei hé wǒ.

2. Wǒ bàba xǐhuan tīngyīnyuè，māma xǐhuan chànggē，gēge xǐhuan dǎ lánqiú，mèimei xǐhuan shàngwǎng，wǒ xǐhuan kànshū.

3.Wǒ bàba shì yīshēng，māma shì jǐngchá，gēge shì lǜshī，wǒ shì lǎoshī，wǒ mèimei jīn nián shí liù suì，shì xuéshēng.

二、听对话，选择正确答案。Listen to the dialogues and choose the right answer.

L3H2

1.福瑞是哪国人？

A.美国　　B.中国　　C.老挝　　D.泰国

2.志强做什么工作？

A.老师　　B.医生　　C.律师　　D.警察

3. 福瑞的爱好是什么？

A 听音乐　　B. 打篮球　　C. 唱歌　　D. 旅游

4. 志强的爸爸喜欢做什么？

A. 打篮球　　B. 旅游　　C. 看书　　D. 听音乐

三、判断对错。True or false.　　L3H3

1. 他家里有五口人。 [ ]
2. 他爷爷奶奶喜欢旅游。 [ ]
3. 他爸爸是老师。 [ ]
4. 他妈妈喜欢唱歌。 [ ]
5. 他姐姐是律师。 [ ]
6. 他喜欢看书。 [ ]

口语作业

问一问同学们的名字、年龄、职业、爱好和家庭成员，然后完成下面表格。Ask your classmates about their names, ages, occupations, hobbies and family members, and then complete the table below.

	名字	年龄	职业	爱好	家庭成员
1.	eg：刘子龙	30	警察	打篮球	爷爷、奶奶、爸爸、妈妈、弟弟和我
2.					
3.					

自我评价 Self- Evaluation

学完这一课，你对自己的表现满意吗？

评价表 Evaluation Form					
完成质量 Level of completion / 本课目标 Objectives	5 很好	4 好	3 一般	2 较差	1 很差
1. 复习人称代词。 Review personal pronouns.					
2. 学习简单的亲属称谓。 Learn simple kinship terms.					
3. 学习介绍家庭成员的职业和爱好。 Learn how to talk about occupations and hobbies.					
4. 自己需要注意的问题 Self-reflection (make a note of what needs to be improved, such as your attitude towards learning or any language-related issue you have)					

第 4 课　今天星期几?
jīn tiān xīng qī jǐ

What day is it today?

目标 Objectives

- 复习介绍爱好。Review how to talk about hobbies.
- 学习询问日期和时间。Learn how to ask about date and time.
- 学习询问要做什么事情。Learn how to ask about what to do.
- 学习介绍起居作息。Learn how to talk about daily routines.

拼音知识 Pinyin knowledge

一、标调规则 Tone mark rules

当一个音节只有一个元音的时候，声调符号标在元音上（元音i上有调号时要去掉i上的点儿，例如：nǐ）。一个音节的韵母有两个或两个以上的元音时，声调符号要标在主要元音上。例如：lái。

When there is only one vowel in a syllable, the tone-graph is placed above the vowel（when a tone mark is placed above the vowel "i", the dot over it should be omitted, e.g. nǐ）. When there are two or more vowels in the final of a syllable, the tone-graph falls on the main vowel, e.g. lái.

二、拼写规则 Spelling rules

1. 以i或u开头的韵母，前面没有声母时，必须把i改写为y，把u改写为w。例如：ie→ye,uo→wo。

Finals beginning with i or u, when not preceded by any initials, should be changed into y– and w–, respectively, e.g.ie→ye, uo→wo.

2.韵母i或u自成音节时，前边分别加y或w。例如：i→yi,u→wu。

When the finals i and u form syllables by themselves, they should be preceded by y– and w–, respectively, e.g.i→yi,u→wu.

3.–i代表z、c、s后的舌尖前元音，也代表zh、ch、sh、r后的舌尖后元音。在读zi、ci、si或zhi、chi、shi、ri时，不要把–i读成[i]。

–i represents not only the blade–alveolar vowel after z,c, and s, but also the blade–palatal vowel after zh, ch, sh, and r.When pronouncing zi, ci, si, or zhi, chi, shi, ri, –i should not be articulated as [i].

4.iou在跟声母相拼时，中间的元音o省略，写成iu。调号标在后元音上。例如：jiǔ（九）。

When iou follows an initial, the vowel o in the middle should be omitted and thus iou should be written as iu. The tone–graph should be placed above the last vowel, e.g. jiǔ（nine）.

5.ü自成音节或在一个音节开头时写成yu。例如：Hànyǔ（汉语）、yuànzi（院子）。

ü will be written as yu when it forms a syllable by itself or appears at the beginning of a syllable, e.g. Hànyǔ（Chinese）, yuànzi（courtyard）.

6.j、q、x与ü及以ü开头的韵母相拼时，ü上的两点省略。例如：jùzi（句子）、xuéxí（学习）。

When j, q, x are placed before ü and a final beginning with ü, the two dots in ü should be omitted, e.g. jùzi（sentence）, xuéxí（to study）.

7.uei、uen跟声母相拼时，中间的元音省略，写成ui、un。例如：huí（回）、dūn（吨）。

When uei and uen follow initials, they should be changed into ui and un, respectively, which is to say the vowel in the middle is omitted, e.g.huí（to return）, dūn（ton）.

生词 New Words

L4N1

1.	现在	xiànzài	now
2.	点	diǎn	o'clock
3.	半	bàn	half
4.	吃	chī	to eat
5.	晚饭	wǎnfàn	dinner, supper
6.	饭	fàn	meal
7.	吧	ba	used at the end of a sentence to indicate suggestion, request or mild command
8.	以前	yǐqián	before
9.	见	jiàn	to see, to meet
10.	上课	shàngkè	to attend class, to go to class
11.	下午	xiàwǔ	afternoon
12.	下课	xiàkè	to finish class, class is over
13.	以后	yǐhòu	after
14.	去	qù	to go
15.	食堂	shítáng	canteen, dining hall
16.	图书馆	túshūguǎn	library
17.	周末	zhōumò	weekend
18.	今天	jīntiān	today
19.	星期	xīngqī	week
20.	月	yuè	month
21.	号	hào	date
22.	明天	míngtiān	tomorrow
23.	生日	shēngrì	birthday

24.	中午	zhōngwǔ	noon
25.	午饭	wǔfàn	lunch
26.	分	fēn	minute
27.	起床	qǐchuáng	to get up
28.	晚上	wǎnshang	evening
29.	电视	diànshì	TV
30.	写	xiě	to write
31.	作业	zuòyè	homework
32.	睡觉	shuìjiào	sleep

补充词汇和表达 Additional words and expressions

1.	黄小月	Huáng Xiǎoyuè	Huang Xiaoyue（name of a student）
2.	教师节	Jiàoshī Jié	Teachers' Day（September 10 in China）

课文 Texts

1 L4T1

（李志强和青木在宿舍）

lǐ zhìqiáng qīngmù xiànzài jǐ diǎn
李志强：青木，**现在几点**？

qīngmù xiànzài sì diǎn
青木：现在四点。

lǐ zhìqiáng nǐ jǐ diǎn dǎ lán qiú
李志强：你几点打篮球？

qīngmù wǔ diǎn **bàn**
青木：五点**半**。

lǐ zhìqiáng wǒmen jǐ diǎn **chī wǎnfàn**
李志强：我们几点**吃晚饭**？

qīng mù　wǒmen qī diǎn **chī fàn ba**　chī fàn **yǐ qián** wǒ dǎ lán qiú
青木：我们七点**吃饭吧**。吃饭**以前**我打篮球。

lǐ zhì qiáng　hǎo　qī diǎn **jiàn**
李志强：好，七点**见**。

回答问题。Answer the questions according to the text.

1. 青木几点打篮球？　　2. 他们几点吃晚饭？

完成对话。Complete the dialogues.

1. A：现在几点？
   B：__________。
2. A：我们几点吃早饭？
   B：__________。

2　　L4T2

qīng mù　xiǎoyuè　wǒmen zǎoshang jǐ diǎn **shàng kè**
青木：小月，我们早上几点**上课**？

huáng xiǎoyuè　wǒmen zǎoshang bā diǎn shàng kè
黄小月：我们早上八点上课。

qīng mù　**xià wǔ** ne　xià wǔ jǐ diǎn shàng kè
青木：**下午**呢？下午几点上课？

huáng xiǎoyuè　xià wǔ liǎng diǎn bàn shàng kè
黄小月：下午两点半上课。

qīng mù　jǐ diǎn **xià kè**
青木：几点**下课**？

huáng xiǎoyuè　xià wǔ sì diǎn bàn xià kè
黄小月：下午四点半下课。

qīng mù　xià kè **yǐ hòu** nǐ zuò shénme
青木：下课**以后**你做什么？

huáng xiǎoyuè　wǒ wǔ diǎn **qù shí táng** chī fàn　liù diǎn qù **tú shūguǎn** kàn shū　nǐ ne
黄小月：我五点**去食堂**吃饭。六点去**图书馆**看书。你呢？

qīng mù　xià kè wǒ qù dǎ lán qiú　wǒ **zhōumò** qù tú shūguǎn kàn shū
青木：下课我去打篮球。我**周末**去图书馆看书。

回答问题。Answer the questions according to the text.

1. 昨天星期几？　　2. 青木明天想做什么？

完成对话。Complete the dialogues.

1. A：今天星期几？

B：__________。

2. A：你__________做什么。

B：__________。

3 L4T3

chén bó wén xiǎoyuè **jīn tiān xīng qī** jǐ
陈博文：小月，**今天星期**几？

huáng xiǎo yuè jīn tiān xīng qī wǔ
黄小月：今天星期五。

chén bó wén jīn tiān shì jǐ **yuè** jǐ **hào**
陈博文：今天是几**月**几**号**？

huáng xiǎo yuè jīn tiān shì shí yuè sì hào
黄小月：今天是十月四号。

chén bó wén **míngtiān** shì qīngmù de **shēng rì**
陈博文：**明天**是青木的**生日**。

huáng xiǎo yuè shì ma nǐ de shēng rì shì jǐ yuè jǐ hào
黄小月：是吗？你的生日是几月几号？

chén bó wén wǒ de shēng rì shì sì yuè èr shí bā hào nǐ ne
陈博文：我的生日是四月二十八号。你呢？

huáng xiǎo yuè jiǔ yuè shí hào
黄小月：九月十号。

chén bó wén jiǔ yuè shí hào shì zhōngguó de **jiào shī jié**
陈博文：九月十号是中国的**教师节**。

huáng xiǎo yuè yìn ní de jiào shī jié shì wǔ yuè èr rì
黄小月：印尼的教师节是五月二日。

chén bó wén nǐ **zhōng wǔ** jǐ diǎn qù shí táng chī **wǔ fàn**
陈博文：你**中午**几点去食堂吃**午饭**？

huáng xiǎo yuè shí èr diǎn nǐ ne
黄小月：十二点。你呢？

chén bó wén wǒ shí èr diǎn shí **fēn** chī wǔ fàn
陈博文：我十二点十**分**吃午饭。

回答问题。Answer the questions according to the text.

1. 明天是几号？

2. 黄小月的生日是几月几号？

完成对话。Complete the dialogues.

1. A：今天几号？

B：__________。

3. A：你的生日是几月几号

B：__________。

4 L4T4

qīng mù jīn tiān shì shí yī yuè èr hào xīng qī sān wǒ zǎoshang liù diǎnbàn **qǐ chuáng**
青木：今天是十一月二号，星期三。我早上六点半**起床**，
qī diǎn shí wǔ chī zǎo fàn bā diǎnshàng kè wǒ zhōng wǔ shí èr diǎnchī wǔ fàn xià wǔ xià
七点十五吃早饭，八点上课。我中午十二点吃午饭，下午下
kè yǐ hòu wǒ dǎ lán qiú qī diǎn chī wǎn fàn **wǎnshang** bā diǎn wǒ kàn **diàn shì** shàngwǎng
课以后我打篮球，七点吃晚饭。**晚上**八点我看**电视**、上网，
jiǔ diǎn **xiě zuò yè** shí diǎnbàn **shuìjiào**
九点**写作业**，十点半**睡觉**。

根据提示复述课文。Retell the text according to the information provided.

今天是……月……号，星期……。我……起床，……吃早饭，……上课。我中午……。下午……以后我……，七点……。……八点我……、……，九点……，十点半……。

注释 Notes

一、月份的表达。Expressing Months.

In Chinese, the names of the months are based on the word "月" and a number. To say January to December, start with the number corresponding to the order of the month and then "月"：一月，二月，三月，……，十月，十一月，十二月.

二、日期的表达。Expressing Dates.

Dates in Chinese follow the same pattern of months. First you say the day's number, then the word "号/日" which means "date". For instance, "July 12" is

"7月12号/日" in Chinese.

A day of the week is expressed by "星期/周" plus a number:

Examples:

Monday 星期一（周一）

Tuesday 星期二（周二）

Wednesday 星期三（周三）

Thursday 星期四（周四）

Friday 星期五（周五）

Saturday 星期六（周六）

Sunday 星期日/天（周日）

三、时间的表达。Expressing Time.

（1）Basic expression: "……点……分". "分" can be omitted in spoken Chinese.

Examples:

3:25：三点二十五（分）

6:57：六点五十七（分）

（2）Use "……点整" to express the time on the hour. "整" sometimes can be omitted in spoken Chinese.

Examples:

8:00：八点（整）

12:00：十二点（整）

（3）"……一刻" means "a quarter past ……"

Examples:

5:15：五点一刻

10:15：十点一刻

（4）"……点半" means "half past ……"

Examples:

7:30：七点半

4:30：四点半

◗ 练习 Exercises

听力练习

一、声母和韵母练习。Initials and finals exercises.

（一）听后跟读。Listen and read. L4E1

1.ai　ei　ia　ie

2.ao　ou　ua　uo

2.iao　iou　uai　uei

3.ian　uan　üan

5.ang　eng　ong　uang　ueng

（二）听后补全音节。Complete the following syllables. L4E2

1.ch____	f____	y____	q____	sh____	k____	x____	w____
2.sh____	t____	zh____	m____	x____	q____	m____	t____
3.sh____	r____	d____	s____	sh____	w____	z____	y____
4.b____	b____	m____	y____	x____	sh____	g____	z____
5.x____	h____	ch____	g____	l____	q____	y____	y____

（三）选择你听到的音节。Choose the syllables you hear. L4E3

1.zhēn — zhēng	2.zé — zhé	3.zǐ — zhǐ
4.jiè — qiè	5.jiān — qiān	6.jiǔ — qiǔ
7.náng — láng	8.nǚ — lǚ	9.nín — líng
10.bō — pō	11.hāo — kāo	12.hēi — kēi
13.hǔ — kǔ	14.sóng — cóng	15.rù — lù

二、声调练习。Tone exercises.

（一）听后跟读。Listen and read. L4E4

1.diān — dián — diǎn — diàn

2.bān — bán — bǎn — bàn

3.chī — chí — chǐ — chì

4.fān — fán — fǎn — fàn

5.kē — ké — kě — kè

6.qū — qú — qǔ — qù

7.wāng — wáng — wǎng — wàng

8.tāng — táng — tǎng — tàng

（二）听后标出声调。Listen and mark the tones. L4E5

1.xianzai　2.shihou　3.yike　4.chifan　5.laizi

6.zaofan　7.wanfan　8.shangke　9.xiake　10.shitang

（三）判断对错。True or false. L4E6

1.jīntiān[ ]　2.lánqiú [ ]　3.xīngqī [ ]　4.shàngwǔ[ ]　5.qīdiǎn [ ]

6.wǎnshang[ ]　7.shuìjiào[ ]　8.kànshū [ ]　9.gēge [ ]　10.míngtiān[ ]

三、句子练习。Sentence exercises.

听后跟读。Listen and read. L4E7

今天是三月一号，星期二。哥哥和我早上六点起床，六点半吃早饭，上午我们去图书馆看书。哥哥喜欢打篮球，我喜欢听音乐。我们中午十一点半吃午饭，吃饭以后我们听音乐，下午两点去打篮球。七点我们吃晚饭，晚上八点爸爸妈妈看电视、哥哥上网，八点一刻我写作业，十点我们睡觉。

四、听力理解练习。Listening comprehension exercises.

（一）听句子，选择合适的回答。Listen to the sentences and choose the right answer. L4E8

1. A. 星期二　　B. 3月2号
   C. 我八点去上课　　D. 现在七点一刻
2. A. 我下课后去食堂吃饭　　B. 现在十一点半
   C. 我喜欢打篮球　　D. 十一点下课
3. A. 星期二　　B. 今天星期二
   C. 明天星期四　　D. 星期五

4. A. 今天星期二　　B. 现在十一点半
C. 今天是3月2号　　D. 我的生日是9月22号
5. A. 现在十一点半　　B. 十一点下课
C. 两点半　　D. 我八点去上课
6. A. 上午八点　B. 星期一　C. 晚上九点　D. 昨天星期一
7. A. 两个小时　B. 早上八点　C. 星期一　D. 晚上七点
8. A. 八点半　B. 星期日　C. 2月24号　D. 周三

（二）听对话，选择正确答案。Listen to the dialogues and choose the right answer. L4E9

1. A. 四点半　B. 五点半　C. 五点　D. 四点
2. A. 去食堂吃饭　B. 去图书馆看书　C. 打篮球　D. 睡觉
3. A. 11月12号　B. 11月11号　C. 11月10号　D. 11月13号
4. A. 星期三　B. 星期四　C. 星期五　D. 星期六
5. A. 十二点　B. 十二点十分　C. 十二点一刻　D. 十二点半
6. A. 听音乐　B. 写作业　C. 看书　D. 看电视
7. A. 早上八点　B. 晚上七点　C. 下午两点半　D. 下午四点
8. A. 周末　　B. 今天下午下课以后
C. 星期三　　D. 今天下午上课以前

五、听说练习。Listen and speak. L4E10

（一）听后补全韵母，并读出拼合后的音节。Listen and complete the following syllables, and then read them out loud.

1. p____　2. j____　3. k____　4. h____　5. b____
6. m____　7. f____　8. d____　9. t____　10. zh____

（二）看图片，听录音，根据图片内容说出句子。Listen to the recording and finish the sentences according to the picture. L4E11

提示：今天是____月____号。现在____，我____上课。

口语练习

一、拼音练习。Pinyin practices.

（一）找出下列拼音的拼写错误，并改正。Find out the spelling mistakes of the following pinyin and correct them.

1.kuēi（ ）　2.suěn（ ）　3.xǜn（ ）　4.jiǒu（ ）　5. qǜ（ ）

6.üèn（ ）　7.jīu（ ）　8.zhūo（ ）　9. goù（ ）　10.shēng（ ）

（二）读词语。Read the words.

1.xiànzài　2.shíhou　3.chīfàn　4.shàngkè　5.zhàngdù

6.yǐhòu　7.míngtiān　8.shēngrì　9.zuòyè　10.zhuōyóu

二、朗读下列句子。Read the following sentences.

1. 我们早上几点上课？
2. 我们早上八点上课。
3. 下课以后你做什么？
4. 我五点去食堂吃饭，六点去图书馆看书，你呢？
5. 今天星期几？
6. 今天是几月几号？
7. 你的生日是几月几号？
8. 星期天我上午八点起床，我不去图书馆，我中午十二点吃午饭。晚上八点我看电视、上网。我十点睡觉。

三、读出下列数字。Read the following numbers.

shí	shíyī	èrshíèr	sìshísì	shísì
10	11	22	44	14
liùshíjiǔ	èrshíwǔ	sānshísì	qīshíbā	wǔshísān
69	25	34	78	53

四、读出下列时间。Read the time.

6:30　　7:15　　10:57　　12:10　　14:30　　22:00

五、听录音，回答下列问题。Listen and answer the following questions. L4E12

1. 今天星期几？
2. 刘子龙女朋友的生日是几月几号？
3. 现在几点？
4. 刘子龙吃饭以前做什么？
5. 黄小月吃饭以后做什么？

六、根据你的情况说一说。Practice speaking with your own information.

今天是11月2号，星期三。我早上六点半起床，七点十五吃早饭，八点上课。我中午十二点吃午饭，下午下课以后我去打篮球，七点吃晚饭。晚上八点我看电视、上网，九点写作业，十点半睡觉。

七、完成对话。Complete the dialogues.

（一）

A：今天星期几？

B：今天星期__________。

（二）

A：今天是几月几号？

B：今天是__________月__________号。

（三）

A：我们早上几点上课？

B：早上__________点上课。

A：下午几点下课？

B：下午__________点下课。

（四）

A：下课以后你做什么？

B：我__________点去__________，__________点去__________。你呢？

A：下课以后我去__________。

（五）

A：现在几点？

B：现在__________。

A：你中午几点去食堂吃饭？

B：__________点。

八、根据提示完成对话。Complete the dialogues with the information provided.

关键词：点、星期、明天、周末、去

提示：A：现在几点？

B：现在……。

A：星期……你做什么？

B：星期……我早上……，下午……我去……。你呢？

A：星期……我……。明天周末，你……吗？

B：明天……。

课堂活动

两人一组，按照下面表格内容，互相介绍自己一天的作息安排。In groups of two, tell each other your daily ruitines according to the table below.

姓名	上午	中午	下午	晚上
eg：刘子龙	8:00 起床 8:45 吃早饭 9:00 上课	12:00吃午饭	2:00上课 …… ……	7:00打篮球 9:00写作业 ……

作业 Homework

听力作业

一、听录音并跟读。Listen to the recording and read after it.

L4H1

1. Lǎoshī，wǒmen zǎoshang jídiǎn shàngkè?

2. Wǒmen jídiǎn xiàkè? Xiàkè yǐhòu nǐ zuò shénme?

3. Wǒ shíyīdiǎn bàn qù shítáng chīfàn, yīdiǎn shuìjiào, xiàwǔ liǎngdiǎn yíkè qù tú shūguǎn kànshū.

二、听对话，选择正确答案。Listen to the dialogues and choose the right answer.

L4H2

1. 现在几点？

A. 10:58　　B. 11:02　　C. 11:00　　D. 10:02

2. 他们几点吃午饭？

A. 11:15　　B. 11:30　　C. 11:00　　D. 10:30

3. 小雪几点起床？

A. 6:20　　B. 6:30　　C. 6:00　　D. 6:15

4. 小雪有什么爱好？

A. 跳舞　　B. 跑步　　C. 打篮球　　D. 唱歌

5. 杨天爱喜欢什么运动？

A. 跳舞　　B. 足球　　C. 打篮球　　D. 唱歌

三、听录音判断正误。True or false. L4H3

1. 现在七点。 [ ]
2. 青木下午两点半下课。 [ ]
3. 下课以后青木去打篮球。 [ ]
4. 他们六点吃饭。 [ ]
5. 他们六点见。 [ ]

口语作业

问一问同学或朋友的周末计划，帮他/她制作一个时间安排。Ask your classmates or friends about their plans for the weekend,and help them create a time table.

早上	8:00	食堂	吃饭
上午	9:00	图书馆	看书
下午			打篮球
晚上			

自我评价 Self- Evaluation

学完这一课，你对自己的表现满意吗?

评价表 Evaluation Form					
完成质量 Level of completion / 本课目标 Objectives	5 很好	4 好	3 一般	2 较差	1 很差
1.复习介绍爱好。 Review how to talk about hobbies.					
2.学习询问日期和时间。 Learn how to ask about date and time.					
3.学习询问要做什么事情。 Learn how to ask about what to do.					
4.学习介绍起居作息。 Learn how to talk about daily routines.					
5.自己需要注意的问题 Self-reflection（make a note of what needs to be improved, such as your attitude towards learning or any language-related issue you have）					

第5课 请问，操场在哪儿？

qǐngwèn cāochǎng zài nǎ er

Excuse me, where is the sports field?

目标 Objectives

- 复习询问班级、时间和要做的事。Review how to ask about class, time and what to do.
- 学习询问位置。Learn how to ask about locations.
- 学习提出请求和表达感谢。Learn how to make requests and express gratitude.
- 学习问路和指路。Learn how to ask for or give directions.

拼音知识 Pinyin knowledge

一、三声变调 Change of the 3rd tone

1.两个第三声音节连在一起时，前一个音节变为第二声（调号仍用“ˇ”）。例如“你好 nǐ hǎo”的实际读音为“níhǎo”。

When a third tone precedes another third tone, the first one changes into a second tone（but its tone-graph remains the same, i.e. “ˇ”）. For example, “你好 nǐhǎo”（How are you）is actually pronounced as “ní hǎo”.

2.第三声音节在第一、二、四声和大部分轻声音节前边时，要变成“半三声”。半三声就是只读原来第三声的前一半降调。

When a third-tone syllable is followed by a syllable in the first, the second, or the forth tone or most of the neutral tones, it changes to a half third tone, which means it only falls but does not come back up as the original third tone does.

二、"一""不"的变调 Tone Change Rules for "一" and "不"

1. 在第四声音节前或由第四声变来的轻声音节前读第二声bú，例如：bú xiè（不谢）；在第一、二、三声音节前仍读第四声bù，例如：bù xīn（不新）、bùl ái（不来）、bù hǎo（不好）。

"不" is pronounced in the second tone（bú）before a syllable in the forth tone or a syllable in the neutral tone reduced from the forth tone, e.g. bú xiè（Not at all）. But "不" is still pronounced in the forth tone（bù）when it precedes a syllable in the first, the second or the third tone, e.g. bù xīn（not new）, bù lái（not to come）, bù hǎo（not good）.

2. "一"在第四声音节前或由第四声变来的轻声音节前读第二声yí，例如：yí kuài（一块）、yí ge（一个）；在第一、二、三声音节前读第四声yì，例如：yì tiān（一天）、yì nián（一年）、yìqǐ（一起）。

" 一 " is pronounced in the second tone（yí）before a syllable in the forth tone or a syllable in the neutral tone reduced from the forth tone, e.g. yí kuài（a lump/bar of）, yí ge（a piece of）. But "一"is pronounced in the forth tone（yì）when it precedes a syllable in the first, the second or the third tone, e.g. yì tiān（a day）, yì nián（a year）, yìqǐ（together）.

生词 New Words

L5N1

1.	间	jiān	measure word（minimum unit of a house）
2.	教室	jiàoshì	classroom
3.	零	líng	zero
4.	办公室	bàngōngshì	office
5.	旁	páng	next to, beside
6.	~边	~ biān	side
7.	请问	qǐng wèn	excuse me, may I ask ……
8.	后	hòu	back, behind

9.	离	lí	to be at a distance from
10.	这儿	zhèr	here
11.	远	yuǎn	far, distant, remote
12.	从	cóng	from
13.	一直	yīzhí	straight, continuously
14.	走	zǒu	to walk, to leave
15.	右	yòu	the right side
16.	就	jiù	at once, right away, as early as
17.	篮球场	lánqiúchǎng	basketball court
18.	前	qián	front
19.	好的	hǎode	okay, sure, no problem, will do
20.	谢谢	xièxie	thank you, thanks
21.	客气	kèqi	stand on ceremony, courteous
22.	里	lǐ	in, inner, inside, within
23.	超市	chāoshì	supermarket, grocery store
24.	先	xiān	first, earlier
25.	大概	dàgài	probably, about, roughly
26.	分钟	fēnzhōng	minute
27.	再	zài	and then
28.	往	wǎng	toward, in the direction of
29.	拐	guǎi	to turn (left or right)
30.	操场	cāochǎng	sports field, playing field
31.	银行	yínháng	bank
32.	外	wài	outside
33.	有点儿	yǒudiǎnr	a little, a bit
34.	差不多	chàbuduō	almost, nearly, just about

续表

35.	后门	hòumén	back door
36.	教学	jiàoxuélóu	teaching
37.	宿舍	sùshè	dormitory
38.	左	zuǒ	the left side

课文 Texts

1

L5T1

yángtiān ài zhìqiáng xiànzài jǐ diǎn
杨天爱：志强，现在几点？

lǐ zhìqiáng qī diǎnbàn nǐ shàngwǔ yǒu kè ma
李志强：七点半。你上午有课吗？

yángtiān ài wǒ shàngwǔ yǒu kè bā diǎnshàng kè nǐ shàngwǔ yǒu kè ma
杨天爱：我上午有课，八点上课。你上午有课吗？

lǐ zhìqiáng wǒ yě yǒu kè nǐ zài nǎ **jiānjiào shì** shàng kè
李志强：我也有课。你在哪**间教室**上课？

yángtiān ài wǒ zài shí liù hào lóu èr **líng** liù jiào shì
杨天爱：我在十六号楼二**零**六教室。

lǐ zhìqiáng èr líng liù jiào shì zài nǎ er
李志强：二零六教室在哪儿？

yángtiān ài zài shí liù hào lóu èr lóu **bàngōng shì** de **pángbiān** nǐ zài nǎ jiānjiào shì shàng kè
杨天爱：在十六号楼二楼，**办公室**的**旁边**。你在哪间教室上课？

lǐ zhìqiáng wǒ zài sānlíng wǔ jiào shì zài sān lóu
李志强：我在三零五教室，在三楼。

回答问题。Answer the questions according to the text.

1. 杨天爱上午有课吗？

2. 305教室在哪儿？

完成对话。Complete the dialogues.

1. A：你今天有课吗？

   B：___________。

2. A：你在哪间教室上课？

   B：我在___________上课。

2 L5T2

（杨天爱在路上遇见许老师）

yángtiān ài　lǎo shī xià wǔ hǎo
杨天爱：老师下午好。

xǔ lǎo shī　nǐ hǎo　tiān ài
许老师：你好，天爱。

yángtiān ài　lǎo shī　qǐngwèn shí sì hào lóu zài nǎ er
杨天爱：老师，**请问**十四号楼在哪儿？

xǔ lǎo shī　shí sì hào lóu zài tú shūguǎn hòubian　zài shí wǔ hào lóu pángbiān
许老师：十四号楼在图书馆**后**边，在十五号楼旁边。

yángtiān ài　lí zhè er yuǎn ma
杨天爱：**离这儿远**吗？

xǔ lǎo shī　bù yuǎn cóng zhè er yì zhí zǒu　yòubian jiù shì tú shūguǎn
许老师：不远，**从**这儿**一直走**，**右**边**就**是图书馆。

yángtiān ài　tú shūguǎn zài lán qiú chǎng de qiánbian ma
杨天爱：图书馆在**篮球场**的**前**边吗？

xǔ lǎo shī　shì de
许老师：是的。

yángtiān ài　hǎo de　xiè xie lǎo shī
杨天爱：**好的，谢谢**老师！

xǔ lǎo shī　bú kè qi
许老师：不**客气**。

回答问题。Answer the questions according to the text.

1. 14号楼在哪儿？　　2. 图书馆在哪儿？

完成对话。Complete the dialogues.

1. A：请问__________在哪儿？
   B：__________在__________。
2. A：__________在__________的前边。

3 L5T3

yángtiān ài　xuéxiào li yǒu chāo shì ma
杨天爱：学校**里**有**超市**吗？

chén bó wén　yǒu
陈博文：有。

yángtiān ài chāo shì zài nǎ er
杨天爱：超市在哪儿？

chén bó wén **xiān** cóng zhè er yì zhí zǒu **dà gài** wǔ **fēn zhōng** **zài** **wǎng** yòu **guǎi** zǒu liǎng fēn
陈博文：**先**从这儿一直走，**大概**五**分钟**，**再往**右**拐**，走两分

zhōng jiù dào le chāo shì zài **cāo chǎng** de qián bian
钟就到了。超市在**操场**的前边。

yángtiān ài chāo shì lǐ yǒu ma
杨天爱：超市里有ATM吗？

chén bó wén chāo shì lǐ méi you
陈博文：超市里没有ATM，

yín háng yǒu zài
银行有ATM，在

xué xiào **wài** bian
学校**外**边。

yángtiān ài lí zhè er yuǎn ma
杨天爱：离这儿远吗？

chén bó wén **yǒu diǎn er** yuǎn **chà bu duō** zǒu shí wǔ fēn zhōng xiān cóng **hòu mén** wǎng yòu
陈博文：**有点儿**远，**差不多**走十五分钟。先从**后门**往右

guǎi zài zhí zǒu zǒu wǔ fēn zhōng jiù dào le
拐，再直走，走五分钟就到了。

yángtiān ài xiè xie
杨天爱：谢谢！

chén bó wén bú kè qi
陈博文：不客气。

回答问题。Answer the questions according to the text.

1.学校里有ATM吗？　　2.超市在哪儿？

完成对话。Complete the dialogues.

1. A：银行在哪儿？
   B：银行在__________。
2. A：离这儿远吗？
   B：__________。

4　L5T4

yáng tiān ài wǒ de xué xiào li yǒu tú shū guǎn **jiào xué lóu** **sù shè** lóu cāo chǎng
杨天爱：我的学校里有图书馆、**教学楼**、**宿舍**楼、操场、

shí táng hé chāo shì cóng zhè er yì zhí zǒu shì tú shū guǎn tú shū guǎn **zuǒ** bian shì jiào xué lóu
食堂和超市。从这儿一直走是图书馆。图书馆**左**边是教学楼，

zài wǎngyòuguǎi shì shí táng　shí tángpángbiān shì chāo shì　shí táng de hòubian shì cāochǎng
再往右拐是食堂，食堂旁边是超市，食堂的后边是操场。

根据提示复述课文。Retell the text according to the information provided.

我的学校里有……、……、……、……和……。从……是图书馆。图书馆……是……，再往……是食堂，食堂……是……，食堂的……是……。

注释 Notes

一、……时间/地点+有+活动/事物+吗?

"……time/place+有+sth.+吗?" is used to ask someone if they have something to do at a certain time or in a certain place. The verb "有" is used to express existence here. In response, you can simply say "有" or "没有".

Examples：

（1）A：你上午有时间吗？（Do you have free time in the morning?）

B：有/没有。（Yes, I do. /No, I don't.）

（2）A：学校里有银行吗？（Is there a bank in the school?）

B：有/没有银行。（Yes, there is. /No, there isn't.）

二、你在哪间教室?

"你在哪间教室?" is used to ask someone which classroom they are in. "哪" is a question word, and "间" is a quantifier for classrooms.

Examples：

A：你在哪间教室？（Which classroom are you in?）

B：我在102教室。（I'm in Classroom 102.）

三、……在哪儿?

"……在哪儿?" is useful when you are asking someone for directions or when you want to know where something is. “哪儿” means "where".

Examples：

（1）请问12号楼在哪儿？（Where is Building 12, please?）

（2）请问图书馆在哪儿？（Where is the library, please?）

四、离这儿远吗？

“离这儿远吗？” is used when you want to know the distance between your location and your destination.

Examples：

A：离这儿远吗？（Is it far from here?）

B：远/不远。（Yes, it is far from here. /No, it is not far from here.）

五、…… 在 …… 的 …… 边吗？

“……在……的……边吗？” is used to ask where an object is as compared to a reference point.

Examples：

（1）图书馆在篮球场的前边吗？（Is the library in front of the basketball court?）

（2）教学楼在超市的左边吗？（Is the school building on the left side of the supermarket?）

六、不客气/别客气。

“不客气/别客气” is used as a response to “谢谢” or “真的太感谢您了”. It means “you’re welcome.”

练习 Exercises

听力练习

一、声母和韵母练习。Initials and finals exercises.

（一）听后跟读。Listen and read. L5E1

1.zh ch sh r z c s j q x

2.an ian uan üan ang iang uang

3.en uen（un） eng ueng（ung） ong iong

（二）听后补全音节。Complete the following syllables. L5E2

1. zh____ 2. ch____ 3.sh____ 4.r____ 5. z____

6. c____ 7.s____ 8.j____ 9.q____ 10.x____

（三）选择你听到的音节。Choose the syllables you hear. L5E3

1.zhi — zi 2.chao — cao 3.shang — sang 4.zhai — chai 5.jian — qian

6.quan — xuan 7.qun — xun 8.zhun — chun 9.zun — sun 10.chi — ci

二、声调练习。Tone exercises.

（一）听后跟读。Listen and read. L5E4

1.zhā — zhá — zhǎ — zhà

2.chāng — cháng — chǎng — chàng

3.shēng — shéng — shěng — shèng

4.rāng — ráng — rǎng — ràng

5.zū — zú — zǔ — zù

（二）听后标出声调。Listen and mark the tones. L5E5

1.gao 2.bai 3.fei 4.dou 5.gei

6.zhenzheng 7.chaoshi 8.jiaoshu 9.quanzi 10.zhuangche

（三）判断对错。True or false. L5E6

1.shàngshì[ ] 2.qiǎngzhì[ ] 3.chāojí[ ] 4.qúnzhòng[ ] 5.jiānchí[ ]

6.zhuāngchē[ ] 7.zhǎnshì[ ] 8.zhěngqí[ ] 9.jiǔshí[ ] 10.zēngjiā[ ]

三、句子练习。Sentence exercises.

听后跟读。Listen and read. L5E7

今天是三月八号，星期六。我下午四点去学校篮球场打篮球，篮球场在操场的前边，从这儿一直走就是操场。操场的左边是宿舍楼，再往右拐是食堂，食堂的旁边是银行，食堂的后边是图书馆。

四、听力理解练习。Listening comprehension exercises.

（一）听句子，选择合适的回答。Listen to the sentences and choose the right answer. L5E8

1.A. 我是泰国人　　B. 我姓黄
　C. 现在3点　　D. 没有

2.A. 有　　B. 在106教室
　C. 我叫刘子龙　　D. 不远

3.A. 没有　　B. 现在6点
　C. 我住3号楼　　D. 我在203教室

4.A. 现在8点　　B. 没有
　C. 不远　　D. 在16号楼1楼

5.A. 我是泰国人　　B. 在15号楼旁边
　C. 现在8点　　D. 很高兴认识你

6.A. 远　　B. 我住6号楼
　C. 我是泰国人　　D. 现在12点

7.A. 在206教室　　B. 在食堂前边
　C. 有图书馆　　D. 没有

8.A. 我叫韩福瑞　　B. 我喜欢打篮球
　C. 现在8点　　D. 是的

（二）听对话，选择正确答案。Listen to the dialogues and choose the right answer. L5E9

1.A. 8点　　B. 9点　　C. 10点　　D. 8点30

2.A. 14号楼106教室　　B. 16号楼104教室

C. 14号楼104教室　　D. 14号楼204教室

3.A. 8点　　B. 9点　　C. 10点　　D. 12点

4.A. 16号楼　　B. 14号楼二楼　　C. 16号楼一楼　　D. 办公室旁边

5.A. 宿舍楼前边　　B. 宿舍楼后边　　C. 食堂旁边　　D. 食堂前边

6.A. 不在　　B. 在食堂旁边　　C. 在办公室下边　　D. 是的

7.A. 食堂旁边　　B. 超市旁边　　C. 操场旁边　　D. 图书馆旁边

8.A. 不远　　B. 食堂旁边　　C. 很远　　D. 有点儿远

9.A. 没有　　B. 不是　　C. 不知道　　D. 有

10.A. 在　　B. 不在　　C. 是的　　D. 有

五、听说练习。Listen and speak.

（一）听后补全声母，并读出拼合后的音节。Listen and complete the following syllables，and then read them out loud. L5E10

1.____an　　2.____ian　　3.____uan　　4.____üan

5.____ang　　6.____iang　　7. ____uang　　8. ____en

9. ____un　　10. ____eng　　11. ____ong　　12. ____iong

（二）看图片，听录音，根据图片内容说出句子。Listen to the recording and finish the sentences according to the picture. L5E11

提示：

我的学校里有______、______、______、______、______和______。从大门一直走是_______。_______的_______是_______，再往______拐是______，_______的后边是_______。

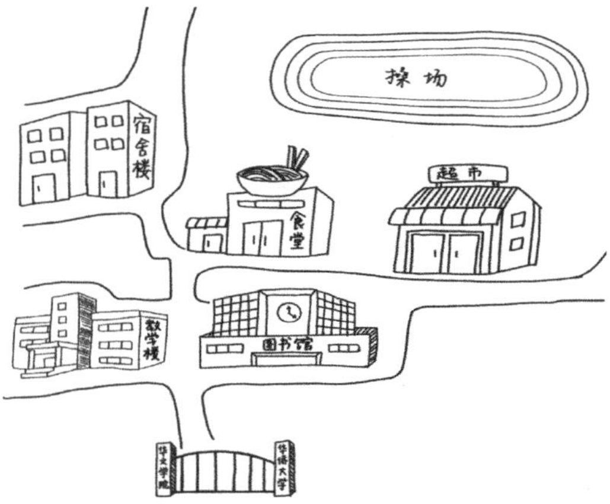

口语练习

一、拼音练习。Pinyin practices.

（一）读双音节词语，注意三声变调。Read the words (pay attention to the third tone change).

1.kǒuyǔ	2.fǔdǎo	3.gǎohǎo	4.hěnhǎo	5.shuǐguǒ
6.xiǎoyǔ	7.shuǐbǐ	8.yǔfǎ	9.fǎyǔ	10.kěyǐ

（二）读双音节词语，注意“不”的变调。Read the words (pay attention to the tone change of “不”).

1.bùchī	2.bùhē	3.bùkū	4.bùxiāng	5.bùhé
6.bùlái	7.bùnán	8.bùxíng	9.bùhǎo	10.bùkǔ
11.bùxiě	12.bùshě	13.búdà	14.búkàn	15.búxiàng

（三）读双音节词语，注意“一”的变调。Read the words (pay attention to the tone change of “一”).

1.yìbān	2.yìbǎi	3.yìyǎn	4.yíbàn	5.yìbāo
6.yìbiān	7.yísuì	8.yídài	9.yìzhǒng	10.yìnián

二、朗读下列句子。Read the following sentences.

1. 现在几点？
2. 你上午有课吗？
3. 你在哪间教室？
4. 教室在哪儿？
5. 请问四号楼在哪儿？
6. 离这儿远吗？
7. 图书馆在篮球场的前边吗？
8. 学校里有超市吗？
9. 我的学校里有图书馆、教学楼、宿舍楼、操场、食堂和超市。
10. 图书馆右边是教学楼，再往左拐是超市，超市旁边是食堂，超市前边是银行。

三、听录音，回答下列问题。Listen and answer the following questions. L5E12

1. 现在几点？
2. 韩福瑞在哪个教室？
3. 韩福瑞的教室在哪儿？
4. 图书馆在哪儿？
5. 学校里有银行吗？

四、根据你的情况说一说。Practice speaking with your own information.

今天是11月5号，星期五。我早上去学校食堂吃早饭，食堂在教室的旁边，从这儿一直走就是教室。教室的前边是图书馆，再往右拐是宿舍，宿舍的后边是后门。

五、完成对话。Complete the dialogues.

（一）

A：你好，现在几点？

B：__________。你__________有课吗？

A：我__________有课，你呢？

B：我也有课。你在哪间教室上课？

A：我在__________号楼__________教室。

B：__________教室在哪儿？

A：在__________。__________的__________边。你在哪间教室上课？

B：我在__________教室，在__________楼。

（二）

A：请问，__________在哪儿？

B：__________在__________的__________边，在__________的

__________边。

A：离这儿远吗？

B：不远，从这儿一直走_______________就到了。

（三）

A：学校里有___________吗？

B：有。

A：___________在哪儿？

B：先从这儿一直走，大概___________分钟，再往___________拐，走___________分钟就到了。___________在___________的___________边。

A：谢谢！

B：___________。

六、根据提示完成对话。Complete the dialogues with the information provided.

关键词：学校、有、在、边、一直、再、往

提示：A：我的学校里有……吗？

B：有，……在……的……。

B：……在……的……？

A：是的，从……一直走，再……右拐就到了。

课堂活动

两人一组，按照图片内容，使用这节课学过的句子对话。In groups of two, use the sentences you have learned in this lesson to make a conversation according to the picture below.

作业 Homework

听力作业

一、听录音并跟读。Listen to the recording and read after it.　L5H1

1.Wǒ de xuéxiào lǐ yǒu túshūguǎn, jiàoxuélóu, sùshèlóu, cāochǎng, shítáng hé chāoshì.

2.Túshūguǎn qiánbian shì jiàoxuélóu, zài wǎng zuǒ guǎi shì shítáng, shítáng pángbiān shì sānhàolóu, sānhàolóu hòubian shì yínháng, yínháng yòubian shì chāoshì.

二、听对话，选择正确答案。Listen to the dialogues and choose the right answer.　L5H2

1.谁上午有课？
A. 陈博文　B. 李志强　C. 韩福瑞　D. 刘子龙

2.韩福瑞在哪间教室上课？
A. 16号楼102教室　B. 14号楼202教室
C. 14号楼102教室　D. 16号楼202教室

3.16号楼在哪儿？
A. 在食堂前边　B. 在食堂后边

C. 在教学楼前边　　　　D. 在图书馆后边

4. 篮球场在哪儿？

A. 在操场前边　　　　B. 在操场后边

C. 在超市前边　　　　D. 在超市后边

5. 篮球场离这儿远吗？

A. 远　　B. 没有　　C. 不知道　　D. 不远

三、判断对错。True or false. L5H3

1. 今天是5月30号，星期天。 [ ]
2. 我上午八点半去看书。 [ ]
3. 图书馆在教学楼的前边。 [ ]
4. 超市在食堂旁边。 [ ]
5. 银行在超市的后边。 [ ]

口语作业

下课后，在校园内走一走，遇到不知道的地点就问路，试着画出学校的地图。After class, you can take a walk on the campus, and if you don't know where a place is, ask someone for directions and try to draw a map.

自我评价 Self- Evaluation

学完这一课，你对自己的表现满意吗？

评价表 Evaluation Form					
完成质量 Level of completion / 本课目标 Objectives	5 很好	4 好	3 一般	2 较差	1 很差
1. 复习询问班级、时间和要做的事。 Review how to ask about class, time and what to do.					

续表

本课目标 Objectives \ 完成质量 Level of completion	5 很好	4 好	3 一般	2 较差	1 很差
2. 学习询问位置。 Learn how to ask about locations.					
3. 学习提出请求和表达感谢。 Learn how to make requests and express gratitude.					
4. 学习问路和指路。 Learn how to ask for or give directions.					
5. 自己需要注意的问题 Self-reflection (make a note of what needs to be improved, such as your attitude towards learning or any language-related issue you have)					

huānyíng dà jiā lái zuò kè

第 6 课　欢迎大家来做客

Welcome, everyone

目标 Objectives

- 复习问候语、姓名、国籍和爱好。Review greetings and how to ask someone about their name, nationality and hobbies.
- 复习介绍家庭成员及职业。Review how to talk about family members and their occupations.
- 复习询问位置、问路和指路。Review how to ask for or give directions.
- 学习课程的类型。Learn how to talk about course types.
- 学习简单的邀请。Learn how to invite someone over.

生词 New Words

L6N1

1.	新	xīn	new
2.	来自	láizì	come from
3.	还	hái	also, too, as well
4.	游戏	yóuxì	(computer) game
5.	跳舞	tiàowǔ	to dance
6.	带	dài	to take (sb. to ...)
7.	太	tài	extremely, very, too
8.	怎么	zěnme	how
9.	楼下	lóuxià	downstairs

10.	说	shuō	to say, to speak, to talk
11.	综合	zōnghé	comprehensive
12.	汉字	hànzì	Chinese character
13.	那	nà	then, in that case
14.	到	dào	to arrive
15.	坐	zuò	to take, to travel by, to sit
16.	公交车	gōngjiāochē	bus
17.	出	chū	to go out, to leave
18.	学校	xuéxiào	school
19.	大	dà	main, major
20.	门	mén	gate, door
21.	公交站	gōngjiāo zhàn	bus station
22.	路	lù	bus route
23.	车	chē	vehicle (cars, buses, trucks, etc.)
24.	站	zhàn	stop, station
25.	下	xià	to descend, alight, to get off
26.	下车	xiàchē	to get off a car or bus
27.	了	le	a modal particle, used at the end of a sentence or at a pause in a sentence to indicate change or new situation.
28.	欢迎	huānyíng	to welcome
29.	大家	dàjiā	everybody
30.	来	lái	to come
31.	做客	zuòkè	to be a guest
32.	散步	sànbù	to walk, to take a walk
33.	大学	dàxué	university, college
34.	护士	hùshi	nurse

补充词汇和表达 Additional words and expressions

1.	王雪	Wáng Xuě	Wang Xue (name of a student)
2.	韩国	Hánguó	Korea
3.	麻将	májiàng	mahjong (a Chinese game played on a table with small square pieces)

课文 Texts

1 L6T1

（课间，在2班教室）

许老师：同学们好！介绍一下，这是我们班的**新**同学王雪。

王雪：大家好，我叫王雪，今年二十六岁，我是**韩国**人。

黄小月：王雪，你好，我叫黄小月，今年二十七岁。我**来自**印尼。

林美玉：王雪，你好，我叫林美玉。他是我的男朋友，叫刘子龙。我们都是泰国人。

青木：王雪，你好。我是青木，我是日本人。我喜欢打篮球。你有什么爱好？

王雪：我喜欢唱歌，**还**喜欢旅游，你们呢？

刘子龙：我喜欢打**游戏**，林美玉喜欢**跳舞**。

王雪：很高兴认识你们。

qīngmù rèn shi nǐ wǒmen yě hěngāoxìng
青木：认识你我们也很高兴。

回答问题。Answer the questions according to the text.

1. 王雪是哪国人？ 2. 王雪有什么爱好？

完成对话。Complete the dialogues.

1. A：你叫什么名字？
   B：我叫__________。
2. A：你是哪国人？
   B：我是__________人。

2 L6T2

wángxuě qīngmù qǐngwènxuéxiào li yǒuyínhángma
王雪：青木，请问学校里有银行吗？

qīngmù xuéxiào li méiyouyínháng yínhángzàixuéxiàowàibian wǒ **dài** nǐ qù ba
青木：学校里没有银行，银行在学校外边。我**带**你去吧。

wángxuě **tài** hǎo le xiè xie nǐ
王雪：**太**好了，谢谢你！

qīngmù bú yòngxiè
青木：不用谢。

（王雪和青木走到图书馆）

wángxuě zhè shì tú shūguǎnma
王雪：这是图书馆吗？

qīngmù duì zhè shì tú shūguǎn nà shì jiàoxuélóu
青木：对，这是图书馆。那是教学楼。

wángxuě qù chāo shì **zěnme** zǒu
王雪：去超市**怎么**走？

qīngmù cóngzhèr wǎngqiánzǒu zài wǎngzuǒguǎi jiù shì chāo shì yínháng jiù zài chāo shì **lóu xià**
青木：从这儿往前走，再往左拐就是超市。银行就在超市**楼下**。

wángxuě hényuǎnma
王雪：很远吗？

qīngmù bú tài yuǎn zǒuwǔfēnzhōng jiù dào le
青木：不太远，走五分钟就到了。

回答问题。Answer the questions according to the text.

1. 银行在哪儿?　　　　2. 去银行怎么走?

完成对话。Complete the dialogues.

1. A：这是________吗?
   B：对，这是________。旁边是________。
2. A：去________怎么走。
   B：________。

3　　　　L6T3

chén bó wén　měi yù　wáng xuě　xīng qī wǔ nǐ men yǒu kè ma
陈博文：美玉、王雪，星期五你们有课吗?

lín měi yù　xīng qī wǔ shàng wǔ wǒ yǒu tīng **shuō** kè hé **zōng hé** kè
林美玉：星期五上午我有听**说**课和**综合**课。

wáng xuě　shàng wǔ wǒ yǒu tīng shuō kè hé **hàn zì** kè
王雪：上午我有听说课和**汉字**课。

chén bó wén　xià wǔ ne
陈博文：下午呢?

wáng xuě　xià wǔ wǒ men méi yǒu kè
王雪：下午我们没有课。

chén bó wén　**nà**　xīng qī wǔ xià wǔ liǎng diǎn qù wǒ jiā
陈博文：**那**，星期五下午两点去我家!

wáng xuě　tài hǎo le　nǐ jiā lí xué xiào yuǎn ma
王雪：太好了!你家离学校远吗?

chén bó wén　bú tài yuǎn cóng xué xiào **dào** wǒ jiā　**zuò gōng jiāo chē** sān shí fēn zhōng
陈博文：不太远，从学校**到**我家，**坐公交车**三十分钟。

lín měi yù　qù nǐ jiā zěn me zǒu
林美玉：去你家怎么走?

chén bó wén　**chū xué xiào dà mén** wǎng zuǒ zǒu　jiù shì **gōng jiāo zhàn**　zuò èr shí wǔ **lù**
陈博文：**出学校大门**往左走，就是**公交站**。坐二十五**路**

chē　zuò sì **zhàn xià chē**　jiù dào wǒ jiā **le**
车，坐四**站下车**，就到我家**了**。

回答问题。Answer the questions according to the text.

1. 去陈博文家怎么走?　　　　2. 林美玉和王雪去哪儿?

完成对话。Complete the dialogues.

A：去你家怎么走？

B：出学校大门＿＿＿＿＿，＿＿＿＿＿。坐＿＿＿＿＿，坐＿＿＿＿＿下车，就到我家了。

4 L6T4

chén bó wén **huān yíng dà jiā lái** wǒ jiā **zuò kè** wǒ jiā yǒu wǔ kǒu rén yé ye
陈博文：**欢迎大家来**我家**做客**！我家有五口人，爷爷、

nǎi nai bà ba mā ma hé wǒ wǒ yé ye qī shí suì tā xǐ huan **sàn bù** nǎi nai
奶奶、爸爸、妈妈和我。我爷爷七十岁，他喜欢**散步**。奶奶

liù shí bā suì tā xǐ huan dǎ **má jiàng** wǒ bà ba shì **dà xué** lǎo shī tā xǐ huan kàn shū
六十八岁，她喜欢打**麻将**。我爸爸是**大学**老师，他喜欢看书。

mā ma zài yī yuàn gōng zuò tā shì **hù shi** tā xǐ huan tiào wǔ
妈妈在医院工作，她是**护士**，她喜欢跳舞。

根据提示复述课文。Retell the text according to the information provided.

……大家来我家……！我家有……口人，……和我。我爷爷……岁，他喜欢……。奶奶……，她喜欢……。……是……，他喜欢……。妈妈在……工作，……是……，她喜欢……。

注释 Notes

1.那

“那”, when used alone or placed in front of a sentence,is usually followed by a pause which leads to a suggestion or an idea.

Examples:

（1）那，星期五下午两点去我家玩儿吧！（Well, let’s go to my place at two o’clock on Friday afternoon.）

（2）那你带我去吧！（Then take me there!）

（3）那我们12点半去食堂吃饭吧！（Well, let’s go to the canteen at 12:30.）

2.A离B远/近

“A离B远/近” means “A is far from/close to B”. We can also say “很近/远” or “不近/远” according to the actual distance between A and B.

Examples:

（1）A：学校离银行远吗？（Is the school far from the bank?）

B：学习离银行远。（The school is very far from the bank.）

（2）A：中国离印尼远吗？（Is China far from Indonesia?）

B：不远。（Not far.）

3. 太好了！

“太好了！”is an exclamation that expresses admiration, joy and other emotions.

Examples:

（1）太好了，明天没有课。（Great! No class tomorrow.）

（2）A：你能带我去银行吗？（Can you take me to the bank?）

B：没问题。（No problem.）

A：太好了，谢谢你！（Great!Thank you!）

练习 Exercises

听力练习

一、声母和韵母练习。Initials and finals exercises.

（一）听后跟读。Listen and read. L6E1

1. b p m f t n l g k h
2. ao ou iu ai ei ui
3. er uai uei ian uan üan en in ün
4. iang uang ing ueng ong iong

（二）听后补全音节。Complete the following syllables. L6E2

1. z____sh____	2. ____ia____u	3. ____ang____e
4. x____sh____	5. q____w____	6. j____sh____
7. x____z____	8. j____sh____	9. ____ao____ang
10. ____i____ang	11. ____e____i	12. y____h____
13. ____ao____i	14. ____enzh____	15. x____h____

（三）听后写出音节。Listen and write down the syllables. L6E3

1. ____	2. ____	3. ____	4. ____	5. ____
6. ____	7. ____	8. ____	9. ____	10. ____
11. ____	12. ____	13. ____	14. ____	15. ____

（四）选择你听到的韵母。Choose the finals you hear. L6E4

1. ao — ou	2. ia — ie	3. ou — iou	4. ei — uei	5. ai — uai
6. ian — üan	7.uen — ueng	8.iang — uang	9.in — en	10.ing — eng

（五）选择你听到的音节。Choose the syllables you hear. L6E5

1.xīn — jīn	2.tóng — dōng	3.zì — zhì
4.zuò — cuò	5.hái — gāi	6.sài — shài
7.shuō — zhuō	8.zěn — zhěn	9.hē — gē
10.nà — là	11.wán — guān	12.lí — ní
13.duì — tuì	14.miàn — piàn	15.tài — zhài

二、声调练习。Tone exercises.

（一）听后跟读。Listen and read. L6E6

1.xīn — xín — xǐn — xìn

2.xuē — xué — xuě — xuè

3.hāi — hái — hǎi — hài

4.shuō — shuó — shuǒ — shuò

5.nā — ná — nǎ — nà

6.lī — lí — lǐ — lì

7.gōng — góng — gǒng — gòng

8.chū — chú — chǔ — chù

9.mēn — mén — měn — mèn

10.huān — huán — huǎn — huàn

（二）听后标出声调。Listen and mark the tones. L6E7

1.tongxue	2.laizi	3.youxi	4.zenme	5.louxia
6.duimian	7.xuexiao	8.damen	9.chezhan	10.xiache
11.dajia	12.zuoke	13.daxue	14.laoshi	15.yeye

（三）听后跟读。Listen and read. L6E8

1.bàba	māma	xièxie	shénme	tāmen
2.chànggēr	wányìr	guāzǐr	méishìr	yíhuìr
3.zěnme	kěyǐ	yǒudiǎr	hěnhǎo	shuǐguǒ
4.bùchī	bùkū	bùhé	bùhǎo	búdà
5.yìbān	yìnián	yìbǎi	yìbiān	yídài

三、句子练习。Sentence exercises.

听后跟读。Listen and read. L6E9

1.我叫青木，我是日本人，今年二十八岁，我在二班。我认识了一个泰国同学，他是刘子龙，他今年三十岁，他的女朋友叫林美玉，他们也在二班。我的同屋是李志强，他来自老挝，我们都住三号楼。

2.介绍一下，我家有四口人，爸爸、妈妈、哥哥和我。我爸爸是大学老师，他喜欢看书。妈妈是医生，在医院工作，她喜欢散步。我哥哥是公务员，他喜欢打篮球和旅游。我喜欢听音乐、唱歌和跳舞。

四、听力理解练习。Listening comprehension exercises.

（一）听句子，选择合适的问题。Listen to the sentences and choose the right question. L6E10

1. A. 你是哪国人？ B. 你在几班？
   C. 你是印尼人吗？ D. 你是菲律宾人吗？
2. A. 你的生日是几月几号？ B. 你在几班？
   C. 你今年多大？ D. 他是谁？
3. A. 你做什么工作？ B. 你喜欢做什么？
   C. 你今年多大？ D. 你是哪国人？
4. A. 你哥哥做什么工作？ B. 你哥哥喜欢做什么？
   C. 你哥哥今年多大？ D. 你哥哥是哪国人？
5. A. 你的生日是几月几号？ B. 你在几班？
   C. 你今年多大？ D. 他是谁？

6. A. 今天星期几？　　B. 现在几点？
C. 明天几月几号？　　D. 你今年几岁？
7. A. 你是哪国人？　　B. 你在几班？
C. 你今年多大？　　D. 你家有几口人？
8. A. 食堂在哪儿？　　B. 图书馆在哪儿？
C. 食堂离图书馆远吗？　　D. 超市在哪儿？

（二）听对话，选择正确答案。Listen to the dialogues and choose the right answer. L6E11

1. A. 不太远，走3分钟就到了　　B. 从这儿往前走
C. 从这儿往前走，再往右拐就是超市　　D. 从这儿往右拐
2. A. 王雪有听说课和综合课　　B. 下午她没有课
C. 王雪有听说课　　D. 下午她有课
3. A. 不太远　　B. 远　　C. 坐公交车30分钟　　D. 很远
4. A. 她在16号楼206教室　　B. 她在16号楼314教室
C. 她上午有课　　D. 她八点上课
5. A. 银行在操场的前边　　B. 银行在操场的后边
C. 银行在操场的左边　　D. 银行在操场的右边
6. A. 早上八点有汉字课　　B. 九点有听说课
C. 下午从两点半到四点二十有听说课
D. 下午从三点半到五点有综合课
7. A. 她家有五口人　　B. 她有一个姐姐
C. 她家有三口人　　D. 她有两个姐姐
8. A. 星期一　　B. 3月23号　　C. 星期二　　D. 3月22号

五、听说练习。Listen and speak.

（一）听录音，圈出你听到的拼音，并跟读。Listen and circle the syllables you hear, and then read them out loud. L6E12

1.bà — pà　2.biān — piān　3.hǎo — lǎo　4.yuè — nǚ　5.kǎo — gǒu
6.qī — jǐ　7.hěn — shén　8.jiè — jiàn　9.páng — wǎng　10.guǎi — tài

（二）听录音，并跟读。Listen and read. L6E13

1.

月	姓	对	吗	是
岁	谁	家	也	贵
叫	写	吧	在	口

2.

就	拐	远	不	再
很	姓	您	国	哪
分钟	作业	中午	周末	上课

3.

名字	以前	吃饭	旅游	喜欢
工作	学生	姐姐	多大	今年
朋友	早上	谢谢	这儿	请问

（三）听录音填空，并复述。Listen to the recording, fill in the blanks and then read them out loud. L6E14

1. 韩福瑞是_______，刘子龙是_______，杨天爱是_______。

2. 黄小月住_____号楼，陈博文和韩福瑞都住_____号楼。

3. 青木是_______，今年_______岁，在_____班。

4. 我的爸爸是_______，妈妈是_______，我是_______。

5. 英华的妹妹喜欢_______，她的哥哥喜欢_______和_______。

6. 李志强早上_______起床，_______吃早餐，_______上课。

7. 今天是星期_____，____是我的生日，欢迎大家星期_____来我家做客。

8. _______在篮球场的前边，宿舍楼在_______的后边，银行在学校_______。

9. 从我家出门往_____走，走_____分钟，就到_______了。

10. 周三上午八点十分有_______，十点二十五有_______，下午三

点有 ______。

口语练习

一、读拼音。Read the pinyin.

（一）

1.zǎoshang — jiǎoshàng	2.péngyou — bèngyóu	3.tāmen — dàmā
4.jièshào — jiàzhào	5.jīnnián — qínlián	6.qǐngwèn — jǐnglùn
7.jiàoshī — jiǎozi	8.kèqi — kuòqi	9.cāochǎng — zǎoshang
10.chāoshì — zhàosì	11.fēnzhōng — fēngzheng	12.chīfàn — zhìbàn
13.shénme — sēnmǎ	14.guìxìng — kuīxīn	15.shíhou — chīgòu

（二）

1.rènshi — yānzhi	2.zàijiàn — zhàiquàn	3.shàngkè — chànggē
4.nǐmen — lǐmiàn	5.tóngwū — dòngkū	6.shēngrì — zhēngzhì
7.jǐngchá — jìngchá	8.xǐhuan — jíguàn	9.àihào — ānhǎo
10.shuìjiào — suìdào	11.xīngqī — jīngjì	12.yǐhòu — yǐnghòu
13.tóngxué — duànjué	14.duōdà — tuōfà	15.lǚyóu — nǚyǒu

二、读出下列日期。Read the dates.

1. 3月12号	2. 6月1号	3. 11月11号	4. 7月7号	5. 9月10号
6. 1月28号	7. 5月25号	8. 1月4号	9. 10月1号	10. 12月25号

三、读出下列时间。Read the time.

1. 5:30	2. 7:10	3. 8:00	4. 10:15	5. 12:30
6. 1:58	7. 3:30	8. 9:15	9. 2:10	10. 4:03

四、朗读下列句子。Read the following sentences.

1. 同学们好！介绍一下，这是我们班的新同学王雪。

2. 对，她是小月和天爱的朋友，她们都住6号楼。

3. 我喜欢唱歌，还喜欢旅游，你们呢？

4. 我家离学校不太远，从学校到我家，坐公交车30分钟。

5. 出学校大门往左走，就是公交站。坐25路车，坐4站下车，就到我家了。

6. 图书馆在篮球场的前边吗？离这儿远吗？

7. 超市里没有ATM，银行有ATM，在学校外边。

8. 老师，请问14号楼在哪儿？

9. 下课我去打篮球。我周末去图书馆看书。

五、根据你的情况说一说。Practice speaking with your own information.

1. 今天是11月11号，星期四。我早上五点一刻起床，七点半吃早饭，八点上课。我中午十二点十分吃午饭，下午下课以后我去打篮球，七点吃晚饭。晚上八点我看电视、上网，九点写作业，十点半睡觉。我周末去图书馆看书。

2. 我的学校里有图书馆、教学楼、宿舍楼、操场、食堂和超市。从这儿一直走是图书馆。图书馆左边是教学楼，再往右拐是食堂，食堂旁边是超市，食堂的后边是操场。学校里没有银行，银行在学校外边。学校离我家不太远，从学校到我家，坐公交车30分钟。

六、完成对话。Complete the dialogues.

（一）

A：你有什么爱好？

B：____________________。

（二）

A：____________________？

B：我哥哥是公务员。

（三）

A：你妈妈今年多大？她喜欢做什么？

B：____________________。

（四）

A：请问，食堂在哪儿？离这儿远吗？

B：____________________。

（五）

A：____________________？

B：学校里没有银行，银行在学校外边。我带你去吧！

A：____________________！

（六）

A：学校里有超市吗？

B：____________________。

A：超市在哪儿？

B：____________________。

（七）

A：____________________？

B：我在16号楼305教室。

（八）

A：____________________？

B：我中午十二点去食堂吃午饭。

（九）

A：____________________？

B：我没有姐姐。

（十）

A：他是谁？

B：____________________。

七、根据提示和关键词完成对话。Complete the dialogues with the information provided.

（一）说一说“我的同屋”

关键词：姓、叫、是、国、住、班、岁、还、喜欢、生日、高兴

提示：我的同屋姓……，叫……，是……国人/来自……国。他/她住……号楼，在……班。

他/她今年……岁，喜欢……，他/她的生日是……月……号，很高兴认识他/她。

（二）说一说“我的周末”

关键词：点、吃饭、以前、我们、早上、下午、以后、去

提示：我7点……，吃饭以前我……，下午我去……，我去食堂……。

（三）说一说“我的工作和爱好”

关键词：学生、老师、警察、公务员、律师、医生、护士、也、喜欢、唱歌、上网、打篮球、麻将、爱好、听音乐、旅游、运动、看书、散步、玩游戏、跳舞

提示：我是……，喜欢……，喜欢……，还喜欢……

妈妈是……，在……工作。

八、情景会话。Situational conversations.

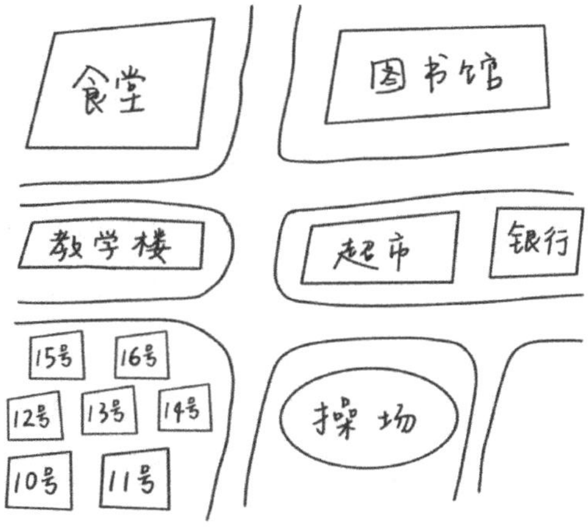

1.跟新朋友相互介绍姓名、国籍、年龄、班级、生日、工作、爱好。Introduce yourself (including your name, nationality, age, class, birthday, job and hobbies) to a new friend.

2.说一说，去超市怎么走？How to get to the supermarket according to the map?

课堂活动

完成下表，跟你的朋友说一说。Complete the timetable and talk about it with your friends.

早上	6:30		起床
	7:00	食堂	吃早饭
上午			
下午			
晚上			
			睡觉

◗ 作业 Homework

听力作业

一、听录音并跟读。Listen to the recording and read after it. L6H1

1. 同学们好！介绍一下，这是我们班的新同学王雪。
2. 他是我的男朋友，叫刘子龙。我们都是泰国人。
3. 王雪，你好，我是青木，我喜欢唱歌，还喜欢旅游。你有什么爱好？
4. 老师，请问16号楼在哪儿？
5. 学校里没有超市，超市在学校外边。我带你去吧！
6. 太好了，谢谢你！
7. 从这儿往前走，再往左拐就是超市。银行就在超市楼下。
8. 星期五上午我有听说课和汉字课。
9. 那，星期五下午两点去我家玩儿吧！
10. 从学校到我家，坐公交车30分钟。出学校大门往左走，就是公交站。坐25路车，坐4站下车，就到我家了。

二、听对话，选择正确答案。Listen to the dialogues and choose the right answer. L6H2

1. 学校里有超市吗？

   A. 有　　B. 没有

2. 超市在哪儿？

   A. 从这儿一直走　　B. 不太远

   C. 超市在食堂的上边　　D. 超市在食堂的左边

3. 学校里有银行吗？

   A. 学校里有银行　　B. 学校里没有银行

   C. 银行在学校外边　　D. 从这儿一直走，大概10分钟

4. 银行离这儿远吗？

   A. 不太远，差不多走10分钟　　B. 很远

   C. 走5分钟就到了　　D. 学校里没有银行

5. 说话人是谁？

   A. 博文　　B. 天爱

   C. 博文和天爱　　D. 不知道

三、判断对错。True or false. L6H3

1. 星期五上午林美玉有汉字课。 [ ]
2. 星期五下午韩福瑞没有课。 [ ]
3. 陈博文的家离学校很远。 [ ]
4. 出学校大门往左走是公交站。 [ ]
5. 在公交站坐919路车，坐6站下车，就到陈博文家了。 [ ]

口语作业

小游戏：买一件小礼物送给你的朋友，把你的礼物藏在学校里的某一个

地方，然后引导你的朋友找到你的礼物。要求：必须用到以下句式。Game Time: Buy a small gift for your friend, hide your gift somewhere in the school, and guide your friend to your gift. Requirement: the following sentence patterns must be used.

关键词：前/后/左/右/上/下/旁边　里/外　很远/不太远

提示：从……到……；X在X……边；从这儿一直走；

大概……分钟；再往右拐；走……分钟就到了。

自我评价 Self- Evaluation

学完这一课，你对自己的表现满意吗？

评价表 Evaluation Form					
完成质量 Level of completion / 本课目标 Objectives	5 很好	4 好	3 一般	2 较差	1 很差
1. 复习问候语、姓名、国籍和爱好。Review greetings and how to ask someone about their name, nationality and hobbies.					
2. 复习介绍家庭成员及职业。Review how to talk about family members and their occupations.					
3. 复习询问位置、问路和指路。Review how to ask for or give directions.					
4. 学习课程的类型。Learn how to talk about course types.					
5. 学习简单的邀请。Learn how to invite someone over.					
6. 自己需要注意的问题 Self-reflection (make a note of what needs to be improved, such as your attitude towards learning or any language-related issue you have)					

第 7 课 这件多少钱?

zhè jiàn duō shao qián

How much is this?

目标 Objectives

- 复习询问位置、问路和指路。Review how to ask about locations and how to ask for or give directions.
- 复习时间和简单的邀请。Review how to express time and how to invite someone over.
- 学习询问商品的价格、颜色、尺码。Learn how to ask about the price, color, and size of an item.
- 学习讲价等购物用语。Learn how to bargain and other expressions used when you go shopping.

生词 New Words

L7N1

1.	买	mǎi	to buy
2.	衣服	yīfu	clothes
3.	门口	ménkǒu	entrance, doorway
4.	想	xiǎng	to want, to think
5.	件	jiàn	measure word (mostly used for clothes or items)
6.	出发	chūfā	to set off
7.	白色	báisè	white
8.	毛衣	máoyī	sweater
9.	漂亮	piàoliang	beautiful

10.	码	mǎ	size
11.	稍等	shāoděng	to hold on, to wait a moment
12.	试衣间	shìyījiān	fitting room
13.	收银台	shōuyíntái	cashier counter, checkout counter
14.	对面	duìmiàn	opposite
15.	钱	qián	money
16.	块	kuài	kuai, a colloquial term for yuan
17.	红色	hóngsè	red
18.	要	yào	to want, to ask for
19.	一共	yīgòng	altogether, in all
20.	付款	fùkuǎn	to pay a sum of money
21.	试	shì	to try
22.	双	shuāng	measure word（used for things in pairs）
23.	黑色	hēisè	black
24.	鞋	xié	shoe
25.	小	xiǎo	small
26.	好看	hǎokàn	good–looking, nice
27.	能	néng	can, may
28.	蓝色	lánsè	blue
29.	贵	guì	expensive
30.	便宜	piányi	cheap
31.	可以	kěyǐ	can, may
32.	打折	dǎzhé	to have or give a discount
33.	小票	xiǎo piào	receipt
34.	光临	guānglín	presence（of a guest or customer）
35.	苹果	píngguǒ	apple

36.	斤	jīn	unit of weight = 1/2 kilogram
37.	香蕉	xiāngjiāo	banana
38.	西瓜	xīguā	watermelon
39.	毛	máo	unit of currency = 1/2 kuai
40.	给	gěi	to give
41.	找	zhǎo	to give change
42.	拿	ná	to hold, to take
43.	算	suàn	to calculate, to reckon
44.	水果	shuǐguǒ	fruit
45.	又……又……	yòu …… yòu ……	both......and......
46.	花	huā	to spend, to expend

补充词汇和表达 Additional words and expressions

1.	中华城	Zhōnghuá Chéng	ChonghuaCheng（a shopping plaza in Xiamen）
2.	不见不散	bùjiànbùsàn	be there or be square（not leave without seeing each other）
3.	售货员	shòuhuòyuán	salesperson

课文 Texts

1 L7T1

lín měi yù　xiǎoyuè　nǐ qù nǎ er **mǎi yī fu**
林美玉：小月，你去哪儿**买衣服**？

huángxiǎoyuè　wǒ qù zhōnghuáchéngmǎi yī fu
黄小月：我去中华城买衣服。

lín měi yù　**zhōnghuáchéng**yuǎn bù yuǎn
林美玉：**中华城**远不远？

huángxiǎoyuè　bù yuǎn　zài xuéxiào ménkǒu de gōngjiāozhànzuò wǔ shí èr lù gōngjiāo chē jiù dào le
黄 小 月：不远，在学校门口的公交站坐五十二路公交车就到了。

lín měi yù　nǐ xià wǔ yǒu kè ma　wǒ xiǎng qù zhōnghuáchéngmǎi yí jiàn yī fu
林美玉：你下午有课吗？我想去中华城买一件衣服。

huángxiǎoyuè　wǒ xià wǔ méiyou kè　wǒmen xià wǔ liángdiǎn chū fā　xuéxiàoménkǒu jiàn　hǎo ma
黄 小 月：我下午没有课。我们下午两点出发，学校门口见，好吗？

lín měi yù　tài hǎo le　liángdiǎn　bú jiàn bú sàn
林美玉：太好了，两点，不见不散。

（小月和美玉在中华城）

lín měi yù　wǒ xǐ huan zhè jiàn bái sè de máo yī
林美玉：我喜欢这件白色的毛衣。

huángxiǎoyuè　zhè jiàn hěn piàoliang
黄 小 月：这件很漂亮。

lín měi yù　ní hǎo　qǐngwèn zhè jiàn máo yī yǒu mǎ de ma
林美玉：你好，请问这件毛衣有M码的吗？

shòuhuòyuán　qǐng shāoděng　zhè yí jiàn shì mǎ de
售货员：请稍等，……这一件是M码的。

lín měi yù　xiè xie　qǐngwèn shì yī jiān zài nǎ er
林美玉：谢谢。请问试衣间在哪儿？

shòuhuòyuán　cóng zhè er wǎng qián zǒu　shì yī jiān zài shōu yín tái duìmiàn
售货员：从这儿往前走，试衣间在收银台对面。

（林美玉换上毛衣后）

lín měi yù　zhè jiàn máo yī duōshao qián
林美玉：这件毛衣多少钱？

shòuhuòyuán　zhè jiàn máo yī yì bǎi wǔ shí kuài
售货员：这件毛衣一百五十块。

lín měi yù　yǒu hóng sè de ma
林美玉：有红色的吗？

shòuhuòyuán　yǒu
售货员：有。

lín měi yù　zhè liǎng jiàn yī fu wǒ dōu yào
林美玉：这两件衣服我都要。

shòuhuòyuán　hǎo de　yí gòng sān bǎi kuài　qǐng nín dào shōu yín tái fù kuǎn
售货员：好的。一共三百块。请您到收银台付款。

回答问题。Answer the questions according to the text.

1. 美玉和小月去哪儿买衣服？
2. 中华城远不远？
3. 试衣间在哪儿？
4. 美玉买了什么？
5. 两件衣服一共多少钱？

完成对话。Complete the dialogues.

1. A：这件______多少钱？
   B：这件______块。
2. A：那件______色的毛衣有______码的吗？
   B：请______，…… 这一件是______码的。

2 L7T2

（林美玉和黄小月在鞋店）

huáng xiǎo yuè nín hǎo wǒ xiǎng **shì shi** zhè **shuāng hēi sè** de **xié** qǐng wèn yǒu sān shí qī mǎ de ma
黄小月：您好，我想**试试**这**双黑色**的**鞋**。请问有三十七码的吗？

shòuhuòyuán yǒu nín shāo děng zhè yì shuāng shì sān shí qī mǎ de
售货员：有，您稍等。（售货员拿来三十七码的鞋子）这一双是三十七码的。

huáng xiǎo yuè xiè xie zhè shuāng yǒu diǎn er dà yǒu **xiǎo** yì diǎn er de ma
黄小月：谢谢。（试穿后）这双有点儿大，有**小**一点儿的吗？

shòuhuòyuán yǒu zhè yì shuāng shì sān shí liù mǎ de nín zài shì shi
售货员：有。这一双是三十六码的，您再试试。

huáng xiǎo yuè hǎo de měi yù zhè shuāng xié **hǎokàn** ma
黄小月：好的。（试穿后）美玉，这双鞋**好看**吗？

lín měi yù hái kě yǐ nǐ shì shi nà shuāng lán sè de ba
林美玉：还可以。你试试那双蓝色的吧。

huáng xiǎo yuè hǎo de wǒ **néng** shì shi zhè shuāng lán sè de ma
黄小月：好的。（对售货员）我**能**试试这双蓝色的吗？

shòuhuòyuán hǎo de gěi nín
售货员：好的。给您。

huáng xiǎo yuè wǒ yě xǐ huan zhè shuāng **lán sè** de qǐng wèn zhè shuāng xié duō shaoqián
黄小月：我也喜欢这双**蓝色**的。请问这双鞋多少钱？

shòuhuòyuán sì bǎi jiǔ shí jiǔ kuài
售货员：四百九十九块。

lín měi yù tài **guì** le néng**pián yi** yì diǎn er ma
林美玉：太**贵**了，能**便宜**一点儿吗？

shòuhuòyuán **kě yǐ dǎ bā zhé** sānbǎi jiǔ shí jiǔ kuài
售货员：**可以打八折**，三百九十九块。

huángxiǎoyuè hǎo nà wǒmǎi le
黄小月：好，那我买了。

shòuhuòyuán hǎo de zhè shì **xiǎopiào** qǐngdàoshōu yín tái fù kuǎn
售货员：好的。这是**小票**，请到收银台付款。

回答问题。Answer the questions according to the text.

1. 黑色的鞋有三十七码的吗？
2. 黑色的鞋好看吗？
3. 小月买了什么颜色的鞋？
4. 蓝色的鞋能便宜一点儿吗？
5. 小月花了多少钱？

完成对话。Complete the dialogues.

1. A：请问这件毛衣_______？
   B：299块。
2. A：太_______了，能_______吗？
   B：可以打_______折。/不能_______。

3 L7T3

（林美玉和黄小月在水果店）

shòuhuòyuán huānyíng**guāng lín** qǐngwènyàomáidiǎn er shénme
售货员：欢迎**光临**，请问要买点儿什么？

lín měi yù **píngguǒ** yì **jīn** duōshaoqián
林美玉：**苹果**一**斤**多少钱？

shòuhuòyuán píngguǒ yì jīn liù kuài wǔ
售货员：苹果一斤六块五。

lín měi yù **xiāngjiāo** ne
林美玉：**香蕉**呢？

shòuhuòyuán xiāngjiāo yì jīn sì kuài
售货员：香蕉一斤四块。

lín měi yù **xī gua** ne
林美玉：**西瓜**呢？

shòuhuòyuán liǎngkuài wǔ
售货员：两块五。

lín měi yù wǒ yào zhè ge xī gua
林美玉：我要这个西瓜。

shòuhuòyuán hǎo sān jīn bàn yí gòng bā kuài qī **máo** wǔ
售货员：好。三斤半，一共八块七**毛**五。

lín měi yù **gěi** nín shí kuài
林美玉：**给**您十块。

shòuhuòyuán **zhǎo** nín yí kuài wǔ nín **ná** hǎo
售货员：**找**您一块五，您**拿**好。

huángxiǎoyuè wǒ yào yì jīn píngguǒ yì jīn xiāngjiāo
黄小月：我要一斤苹果，一斤香蕉。

shòuhuòyuán hǎo yí gòng shí kuài líng wǔ máo **suàn** nín shí kuài
售货员：好。一共十块零五毛，**算**您十块。

huángxiǎoyuè xiè xie gěi nín qián
黄小月：谢谢。给您钱。

回答问题。Answer the questions according to the text.

1. 苹果一斤多少钱？
2. 西瓜一斤多少钱？
3. 香蕉一斤多少钱？
4. 林美玉买了什么？
5. 小月买了什么？

完成对话。Complete the dialogues.

1. A：苹果_______？
   B：_______一斤_______块/_______块。
2. A：我要_______斤_______，_______斤_______，_______？
   B：一共_______。

lín měi yù xuéxiàopángbiānyǒu yì jiā **shuǐguǒ**diàn shuǐguǒ**yòu**duō**yòu**pián yi xiāng
林美玉：学校旁边有一家**水果**店，水果**又**多**又**便宜。香
jiāo sì kuài yì jīn píngguǒ liù kuàiwǔ yì jīn xī gualiǎngkuàiwǔ yì jīn zuótiānwǎnshang
蕉四块一斤、苹果六块五一斤、西瓜两块五一斤。昨天晚上
wǒ hé xiǎoyuè qù mǎishuǐguǒ tā mǎi le yì jīn xiāngjiāo sān gè píngguǒ yí gòng**huā** le
我和小月去买水果。她买了一斤香蕉、三个苹果，一共**花**了
shí kuàiqián wǒmǎi le yí gè xī gua huā le bā kuài qī máo wǔ
十块钱。我买了一个西瓜，花了八块七毛五。

根据提示复述课文。Retell the text according to the information provided.

学校旁边有……。水果又……又……。香蕉……一斤、苹果……一斤、西瓜……一斤。昨天晚上我和小月……。她买了……斤……、……个……，一共……了……。我买了……，花了……。

注释 Notes

一、汉语的量词。Quantifiers in Chinese.

In Chinese, special quantifiers (also known as "measure words") are often used to measure countable nouns.

Examples:

一件衣服（a item of clothing）、一双鞋（a pair of shoes）

一斤水果（one jin of fruit）、一张纸（a piece of paper）

一根铅笔（a pencil）、一个人（a person）

二、货币的表达方式。Chinese money.

The official currency of China is called Renminbi (abbreviation: RMB; sign: ¥) , the base unit of which is yuan（元）, also known colloquially as kuai（块）. One yuan is divided into ten jiao（角）or colloquially mao（毛）.One mao is divided into ten fen（分）.For example, ¥1.75 is read as "一元七角五分" or "一

块七毛五”. Note the smallest unit fen is often omitted in speech.

More examples:

¥1.5: 一块五

¥16.68: 十六块六毛八

¥125.43: 一百二十五块四毛三

三、还可以

“还可以” basically means “acceptable,” but it carries a slightly negative connotation, which suggests that the referent in question only meets the minimum requirement of the speaker, and it’s not satisfying.

Examples:

（1）这件白色的毛衣还可以，你试试那件蓝色的。（This white sweater is fine. You can try the blue one on.）

（2）A：宿舍远吗？（Is the dormitory far from here?）

B：还可以。（Not too far.）

练习 Exercises

听力练习

一、声母和韵母练习。Initials and finals exercises.

（一）听录音，写韵母。Listen and write down the finals. L7E1

1.zh____ 2.b____ 3.t____ 4.k____ 5.s____

6.d____ 7.l____ 8.f____ 9.sh____ 10.j____

11. m____ 12.x____ 13.g____ 14.h____ 15.p____

（二）听录音，写声母。Listen and write down the initials. L7E2

1.____ ǎi 2.____iǎn 3.____ié 4.____uài 5.____éng

6.____uàn 7.____uǐ 8.____ěi 9.____ ǎo 10.____īn

11.____uā 12.____ ǎn 13.____uì 14.____ù 15.____ ǎi

（三）选择你听到的音节。Choose the syllables you hear. L7E3

1.shuāng — chuāng	2.sāng — cāng	3.shǎng — chǎng
4.shì — sì	5.shāo — sāo	6.shuí — suí
7.shāng — xiāng	8.shōu — sōu	9.shè — sè
10.kuài — guài	11.kuāng — chuāng	12.máo — mái
13.zhāo — shāo	14.guì — gèi	15.tái — dái

二、声调练习。Tone exercises.

（一）听后标出声调。Listen and mark the tones. L7E4

1.yifu	2.shiyijian	3.baise	4.hongse	5.maoyi
6.yigong	7.shouyintai	8.heise	9.lanse	10.shaodeng
11.pianyi	12.dazhe	13.xiangjiao	14.shuiguo	15.xigua.

（二）判断对错。Ture or false. L7E5

1.mángguǒ[ ]	2.chǎngkù[ ]	3.duǎnkù [ ]	4.pútao[ ]	5.wǔyuán[ ]
6.wèiyī[ ]	7.qúnzi[ ]	8.pǐngguǒ[ ]	9.sìjīn[ ]	10.shíkuài[ ]

三、句子练习。Sentence exercises.

听后跟读。Listen and read. L7E6

今天是三月二十六号，星期四。我和妹妹去中华城买东西。我买了两双鞋，花了六百块。妹妹买了一件毛衣，花了三百块。然后我们去买水果，我买了两个西瓜，三块钱一斤，花了十八块。她买了一斤香蕉，四个苹果，一共花了十五块五毛。

四、听力理解练习。Listening comprehension exercises.

（一）听句子，选择合适的回答。Listen to the sentence and choose the right answer. L7E7

1.A. 五块钱一斤	B.一百二十块	C. 中华城	D. 不远
2.A. 有	B. 我要这个西瓜	C. 四块一斤	D.还可以

3.A. 十块钱一斤　B. 399块　C. 两斤苹果　D. 试衣间

4.A. 很漂亮　B. 收银台对面　C. 不远　D. 一双鞋

5.A. 没有　B. 两百块　C. 还可以　D. 给您小票

6.A. 给您打八折　B. 香蕉两块五一斤　C. 还可以　D. 十块五毛

7.A. 八块五一斤　B . 一件毛衣

C. 一共八块六毛二　D. 在中华城

8.A. 是的　B. 十块钱　C. 两根香蕉　D. 往前走

9.A. 很漂亮　B.199元　C. 打八折　D. 不能便宜

10.A.399元　B. 有点儿贵

C. 很好看　D. 一斤苹果和两斤香蕉

（二）听对话，选择正确答案。Listen to the dialogues and choose the right answer. L7E8

1.A. 中华城　B. 操场　C. 试衣间　D. 学校

2.A. 有　B. 没有　C. 黑色　D. 白色

3.A. 189块　B. 169块　C. 199块　D. 299块

4.A. 红色　B. 黑色　C. 白色　D. 蓝色

5.A. 很漂亮　B. 还可以　C. 鞋　D.200块

6.A. 五折　B. 六折　C. 八折　D. 七折

7.A. 苹果和西瓜　B. 苹果和梨　C. 梨和香蕉　D. 苹果和香蕉

8.A. 三块钱　B. 两块钱　C. 两块五毛钱　D. 三块五毛钱

9.A. 七块　B. 七块五　C. 八块　D. 八块五

10.A. 十五块　B. 十五块五　C. 十六块　D. 十六块五

五、听说练习。Listen and speak.

（一）听后补全声母，并读出拼合后的音节。Listen and complete the following syllables,and then read them out loud. L7E9

1.____ai　2.____ian　3.____iang　4.____in　5.____uang

6.____ei　7.____ie　8.____ui　9.____eng　10.____ong

11.____ao　12.____ou　13.____ua　14.____uo　15.____e

（二）看图片，听录音，根据图片内容说出句子。Listen to the recording and finish the sentences according to the picture. L7E10

提示：

我在商店买了双鞋，花了____，我还买了____个西瓜，____一斤，_____七斤，花了_________。

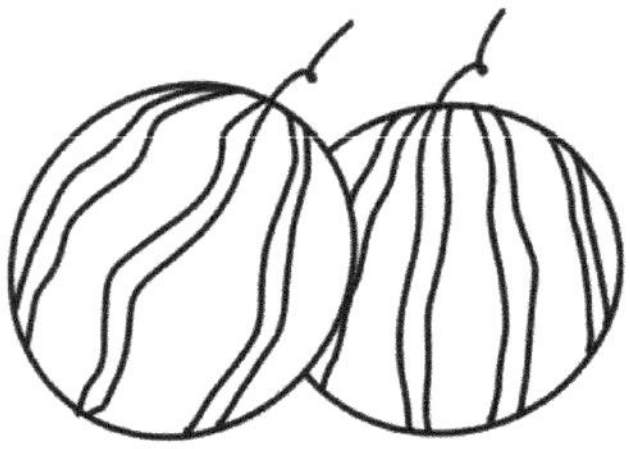

（三）听录音，回答下列问题。Listen to the recording and answer the following questions. L7E11

1. 子龙想买什么？
2. 子龙觉得黑色的鞋好看吗？
3. 红色的鞋有42码的吗？
4. 子龙买了哪双鞋？
5. 子龙花了多少钱？

口语练习

一、辨音辨调。Tone discrimination.

1.shuǐguǒ — suǐguǒ	2.lánsè — nánsè	3.shōuyíntái — shōuyīntái
4.shāodēng — sāodēng	5.yīfu — yīhú	6.piànyi — biànyí
7.shìyījiān — shíyījiān	8.bújiàn — pújiàn	9.xīguā — xī kuā
10.dǎzhé — dǎzé	11.zhōnghuá — zōnghuá	12.xiǎopiào — xiǎobiào
13.fùkuǎn — hùuǎn	14.duìmiàn — duìniàn	15.bāzhé — dǎshé

二、朗读下列句子。Read the following sentences.

1. 你去哪儿买衣服？
2. 请问这件毛衣有M码的吗？
3. 请问试衣间在哪儿？
4. 这件毛衣多少钱？
5. 这双鞋好看吗？
6. 太贵了，能便宜一点儿吗？
7. 请问要买点儿什么？
8. 苹果一斤多少钱？
9. 找您一块五，您拿好。
10. 一共十块零五毛。

三、根据你的情况说一说。Practice speaking with your own information.

今天是____月____号，星期_____。________和________去________买________。我买了________，花了________块。________买了________，花了________块。然后我们去买________，我买了________，________块钱一斤，花了________块。________买了________、________，一共花了________。

四、完成对话。Complete the dialogues.

（一）

A：您好，您想买点儿什么？

B：________________。有________________色的吗？

A：有的，您稍等。

B：怎么样？好看吗？

A：________________。您还可以试试________________色的。

B：我喜欢________________色的，多少钱？

A：一件________________块，两件________________块。

B：我要一件________________色的，谢谢。

（二）

A：请问，________________有________________码的吗？

B：有，您试一下。

A：____________在哪儿？

B：从这儿____________走就是。

A：好的，多少钱？

B：____________块。

（三）

A：你好，____________多少钱一斤？

B：____________块一斤。

A：____________呢？

B：____________一斤。

A：我要一斤________和一斤________，________多少钱？

B：一共____________块。

五、根据提示完成对话。Complete the dialogues with the information provided.

关键词：又……又……、还可以

提示：A：这件衣服又_________又_________，好看吗？

B：_________，那件_________色的也很漂亮。

A：那我试试那件。

课堂活动

一、两人一组，按照图片内容进行对话。In groups of two, make a dialogue according to the picture.

提示：请问，____斤_____多少钱？

_____件____多少钱？

您好，____一共____块。

价格表

苹果	6.5元/斤
香蕉	4元/斤
西瓜	2.5元/斤
毛衣	150元/件
裤子	175元/条
鞋子	200元/双

二、四人一组，一个人扮演售货员，其他的人来买东西，用本课学习的词语和句子设计对话。Work in groups of four.Choose one person as a shop assistant and others as customers. Use the words and sentences you have learned in this lesson to make up a conversation.

作业 Homework

听力作业

一、听录音并跟读。Listen to the recording and read after it.

L7H1

1.Wǒ qù chāoshì mǎi le yì shuāng xié，huā le sānshí kuài，hái mǎi le liǎng jīn xiāngjiāo，sān gè píngguǒ，huā le èrshí kuài líng wǔ máo，yígòng huā le wǔshí kuài líng wǔ máo.

2. Wǒ zài Zhōnghuá Chéng mǎi le yí jiàn lánsè de máoyī，dǎ le qī zhé，zhǐ huā le sānbǎiliùshí kuài.

二、听对话，选择正确答案。Listen to the dialogues and choose the right answer.

L7H2

1.谁喜欢西瓜？

A.陈博文　　B.李志强　　C.青木　　D.刘子龙

2.五斤西瓜多少钱？

A.二十块　　B.十五块　　C.十块　　D.十块零五毛

3.李志强买了什么水果？

A.苹果　　B.西瓜　　C.梨　　D.香蕉

4.香蕉几块钱一斤？

A.两块　　B.两块五　　C.三块　　D.三块五

5. 什么水果打折?

A. 西瓜　　B. 梨　　C. 香蕉　　D. 苹果

三、判断对错。True or false. L7H3

1. 我去商业街买衣服。 [ ]
2. 白色的鞋没有43码的。 [ ]
3. 妈妈觉得红色的鞋还可以。 [ ]
4. 售货员打了七折。 [ ]
5. 我花了540块。 [ ]

口语作业

利用课后时间在商店里购物，询问店员商品的价格，并与他/她讨价还价。在下面写出你买的东西和它的价格。When you go shopping after class, ask the shop assistant about the price of the items you want to buy, bargain with him or her, and write down what you bought and how much they cost.

自我评价 Self- Evaluation

学完这一课，你对自己的表现满意吗?

评价表 Evaluation Form					
完成质量 Level of completion / 本课目标 Objectives	5 很好	4 好	3 一般	2 较差	1 很差
1.复习询问位置、问路和指路。 Review how to ask about locations and how to ask for or give directions.					
2.复习时间和简单的邀请。 Review how to express time and how to invite someone over.					
3. 学习询问商品的价格、颜色、尺码。 Learn how to ask about the price, color, and size of an item.					
4.学习讲价等购物用语。 Learn how to bargain and other expressions used when you go shopping.					
5.自己需要注意的问题：Self-reflection（make a note of what needs to be improved, such as your attitude towards learning or any language-related issue you have）					

第 8 课　来一个鱼香肉丝

lái yí gè yú xiāng ròu sī

Let's have a Fish-flavored Shredded Pork

目标 Objectives

- 复习询问位置和方向。Review how to ask for locations and directions.
- 复习简单的邀请。Review how to invite someone over.
- 学习菜品的名称、如何点菜。Learn the names of certain dishes and how to order food.
- 学会描述味道、介绍自己的口味。Learn how to describe taste and flavor.

生词 New Words

L8N1

1.	真	zhēn	really, truly, indeed
2.	一会儿	yī huìr	in a moment
3.	还是	háishì	or
4.	饭馆儿	fànguǎnr	restaurant
5.	菜	cài	dish
6.	好吃	hǎochī	tasty, delicious
7.	就是	jiùshì	used in front of nouns, verbs or phrases to indicate a certain range, equivalent to only.
8.	服务员	fúwùyuán	waiter/waitress
9.	位	wèi	measure word (used in polite reference to people)
10.	跟	gēn	to follow/with
11.	菜单	càidān	menu

12.	点菜	diǎncài	to order food
13.	辣	là	spicy, peppery
14.	份	fèn	measure word（used for a portion or serving of food）
15.	鸡肉	jīròu	chicken
16.	喝	hē	to drink
17.	汤	tāng	soup
18.	上菜	shàngcài	to serve dishes
19.	一定	yīdìng	must
20.	酸	suān	sour
21.	但是	dànshì	but
22.	如果	rúguǒ	if, in case
23.	请客	qǐngkè	treat someone to something
24.	问题	wèntí	question, problem
25.	尝	cháng	to taste
26.	饮料	yǐnliào	drink
27.	杯	bēi	cup, glass
28.	油腻	yóunì	oily, greasy
29.	清淡	qīngdàn	light, mild（food/flavor）
30.	甜	tián	sweet
31.	觉得	juéde	to think, to feel
32.	咸	xián	salted, salty
33.	饱	bǎo	to eat one's fill, to be full
34.	买单	mǎidān	to ask for the bill at a restaurant
35.	打包	dǎbāo	to pack（leftovers）after a meal at a restaurant
36.	不同	bùtóng	not alike, different
37.	一样	yīyàng	the same, equally, alike

38.	一般	yībān	generally, ordinarily
39.	比较	bǐjiào	fairly, comparatively, rather
40.	越	yuè	the more ……
41.	习惯	xíguàn	be accustomed to, be used to
42.	胖	pàng	fat, overweight

补充词汇和表达 Additional words and expressions

1.	鱼香肉丝	yúxiāng ròusī	Fish-flavored Shredded Pork
2.	宫保鸡丁	gōngbǎo jīdīng	Kung Pao Chicken
3.	西红柿鸡蛋汤	xīhóngshì jīdàn tāng	Tomato Egg Drop Soup
4.	一言为定	yīyánwéidìng	It's a deal.
5.	冬阴功汤	dōngyīngōng tāng	Tom Yum Kung
6.	猪颈肉	zhūjǐng ròu	pork neck
7.	海鲜沙拉	hǎixiān shālā	seafood salad
8.	可乐	kělè	cola
9.	红茶	hóngchá	black tea
10.	泰式奶茶	tàishì nǎichá	Thai-style milk tea
11.	汉堡	hànbǎo	hamburger
12.	披萨	pīsà	pizza

课文 Texts

1

L8T1

（中午下课以后）

yángtiān ài　měi yù　zhè jiàn hóng sè de yī fu **zhēn** piào liang　xīn mǎi de
杨天爱：美玉，这件红色的衣服**真**漂亮，新买的？

lín měi yù　xiè xie　zuó tiān wǒ hé xiǎo yuè qù zhōng huá chéng mǎi de
林美玉：谢谢。昨天我和小月去中华城买的。

yángtiān ài　zhōng huá chéng yuǎn bù yuǎn　yī fu pián yi ma
杨天爱：中华城远不远？衣服便宜吗？

lín měi yù　bù yuǎn　zuò gōng jiāo chē jiù dào le　nà er de yī fu yòu pián yi yòu hǎo kàn
林美玉：不远。坐公交车就到了，那儿的衣服又便宜又好看。

yángtiān ài　zhōu mò méi you kè　wǒ yě xiǎng qù zhōng huá chéng mǎi yī fu
杨天爱：周末没有课，我也想去中华城买衣服。

lín měi yù　wǒ men yì qǐ qù ba
林美玉：我们一起去吧！

yángtiān ài　tài hǎo le　**yí huì er** nǐ qù nǎ er chī fàn　shí táng **hái shi** fàn guǎn er
杨天爱：太好了！**一会儿**你去哪儿吃饭？食堂**还是**饭馆儿？

lín měi yù　wǒ hé zǐ lóng qù shí táng　nǐ ne
林美玉：我和子龙去食堂。你呢？

yángtiān ài　wǒ yě qù shí táng　shí táng de **cài** yòu **hǎo chī** yòu pián yi
杨天爱：我也去食堂。食堂的**菜**又**好吃**又便宜。

lín měi yù　**jiù shì** zhōng wǔ rén tài duō
林美玉：**就是**中午人太多。

回答问题。Answer the questions according to the text.

1. 这件红色的衣服是新买的吗？
2. 中华城的衣服便宜吗？
3. 天爱周末想做什么？
4. 美玉和子龙一会儿去哪儿吃饭？
5. 天爱去饭馆儿吃饭吗？

完成对话。Complete the dialogues.

1. A：一会儿你去哪儿吃饭？食堂__________饭馆儿？

B：我去＿＿＿＿＿＿＿＿。

2. A：＿＿＿＿＿＿＿＿便宜吗？

B：食堂的菜又＿＿＿＿＿＿＿＿又＿＿＿＿＿＿＿＿。

2 L8T2

（刘子龙和韩福瑞在中国饭馆儿）

fú wù yuán nín hǎo huānyíng guāng lín
服务员：您好，欢迎光临！

qǐngwèn jǐ **wèi**
请问几**位**？

liú zǐ lóng nǐ hǎo liǎngwèi
刘子龙：你好，两位。

fú wù yuán qǐng **gēn** wǒ lái qǐng zuò zhè shì **cài dān** xiǎng chī diǎn er shénme
服务员：请**跟**我来，请坐。这是**菜单**，想吃点儿什么？

liú zǐ lóng fú ruì nǐ xiān **diǎn cài** ba
刘子龙：福瑞，你先**点菜**吧。

hán fú ruì hǎo nà wǒ jiù bú kè qi le qǐngwèn yǒu bú **là** de cài ma wǒ bù néng chī là
韩福瑞：好，那我就不客气了。（问服务员）请问有不**辣**的菜吗？我不能吃辣。

fú wù yuán **yú xiāng ròu sī** zěnme yàng bú là
服务员：（指菜单）**鱼香肉丝**怎么样？不辣。

hán fú ruì hǎo de lái yí **fèn** yú xiāng ròu sī zǐ lóng nǐ xǐ huan chī shénme
韩福瑞：好的，来一**份**鱼香肉丝。子龙你喜欢吃什么？

liú zǐ lóng wǒ xǐ huan chī **jī ròu** yǒu shénme jī ròu de cài
刘子龙：我喜欢吃**鸡肉**，有什么鸡肉的菜？

fú wù yuán **gōngbǎo jī dīng** hěn hǎochī yě bú tài là
服务员：**宫保鸡丁**，很好吃，也不太辣。

liú zǐ lóng hǎo de lái yí fèn gōngbǎo jī dīng
刘子龙：好的，来一份宫保鸡丁。

fú wù yuán hái yào shénme
服务员：还要什么？

liú zǐ lóng fú ruì nǐ xǐ huan **hē tāng** ma zài lái yí fèn **xī hóng shì jī dàn tāng** zěn
刘子龙：福瑞，你喜欢**喝汤**吗？再来一份**西红柿鸡蛋汤**怎

me yàng
么 样？

hán fú ruì　kě yǐ
韩福瑞：可以。

fú wù yuán　hǎo　yí fèn yú xiāng ròu sī　yí fèn gōng bǎo jī dīng　yí fèn xī hóng
服务员：好。一份鱼香肉丝，一份宫保鸡丁，一份西红
shì jī dàn tāng qǐng shāo děng　yí huì er jiù **shàng cài**
柿鸡蛋汤。请稍等，一会儿就**上菜**。

回答问题。Answer the questions according to the text.

1. 子龙和福瑞去哪儿吃饭？
2. 饭馆儿有不辣的菜吗？
3. 有什么鸡肉的菜？
4. 子龙点了什么汤？
5. 他们点了什么菜？

完成对话。Complete the dialogues.

1. 服务员：这是菜单，想__________？
   A：福瑞，你先__________吧。
   B：好，那我就__________了。
2. A：有不__________的菜吗？
   B：鱼香肉丝__________？不辣。

3　L8T3

（下午放学后）

liú zǐ lóng　fú ruì　nǐ bù xǐ huan chī là　nà nǐ **yí dìng** bù xǐ huan chī tài guó cài
刘子龙：福瑞，你不喜欢吃辣，那你**一定**不喜欢吃泰国菜
ba　tài guó cài yòu **suān** yòu là
吧！泰国菜又**酸**又辣。

hán fú ruì　wǒ bù xǐ huan chī là　**dàn shì rú guǒ** nǐ **qǐng kè**　chī là yě méi you
韩福瑞：我不喜欢吃辣，**但是如果**你**请客**，吃辣也没有
wèn tí
问题。

liú zǐ lóng　hā hā hā　hǎo　xué xiào páng biān yǒu yì jiā tài guó fàn guǎn er　zán
刘子龙：哈哈哈。好！学校旁边有一家泰国饭馆儿，咱

menzhōumò qù chángchang
们周末去**尝**尝。

hán fú ruì tài hǎo le yì yánwéidìng
韩福瑞：太好了。**一言为定**。

（到泰国饭馆儿）

fú wùyuán zhè shì càidān liǎngwèichīdiǎn er shénme
服务员：这是菜单，两位吃点儿什么？

liú zǐ lóng lái yí gè dōngyīngōngtāng yí gè zhūjǐngròu yí gè hǎixiānshā lā
刘子龙：来一个**冬阴功汤**，一个**猪颈肉**，一个**海鲜沙拉**。

hán fú ruì yǒushénme yǐnliào
韩福瑞：有什么**饮料**？

fú wùyuán yǒu kě lè yǒuhóngchá háiyǒu tài shì nǎichá
服务员：有**可乐**，有**红茶**，还有**泰式奶茶**。

hán fú ruì lái liǎngbēi tài shì nǎicházěnme yàng
韩福瑞：（问子龙）来两**杯**泰式奶茶怎么样？

liú zǐ lóng hǎo zài lái liǎngbēi tài shì nǎichá
刘子龙：好，（对服务员）再来两杯泰式奶茶。

fú wùyuán hǎo de qǐngshāoděng
服务员：好的，请稍等。

（福瑞和子龙一边吃饭，一边聊天）

hán fú ruì tàiguócàizhēnhǎochī
韩福瑞：泰国菜真好吃。

liú zǐ lóngzhōngguócài tài yóu nì le tàiguócàihěnqīngdàn
刘子龙：中国菜太**油腻**了，泰国菜很**清淡**。

hán fú ruì shì de zhè ge nǎicháhěntián dōng yīn gōng yòu suān yòu là wǒ dōu xǐ huan
韩福瑞：是的，这个奶茶很**甜**，冬阴功又酸又辣，我都喜欢。

liú zǐ lóng wǒ jué de yǒudiǎn er xián
刘子龙：我**觉得**有点儿**咸**。

（吃完饭）

liú zǐ lóng fú ruì nǐ chībǎo le ma
刘子龙：福瑞，你吃**饱**了吗？

hán fú ruì hěnbǎo xiè xie nǐ xiàzhōuwǒqǐng nǐ chīměiguócài
韩福瑞：很饱。谢谢你。下周我请你吃美国菜。

liú zǐ lóng měiguócài shì shénme
刘子龙：美国菜是什么？

hán fú ruì　**hànbǎo** hé **pī sà**
韩福瑞：**汉堡**和**披萨**。

liú zǐ lóng　hǎo　yì yánwéidìng　fú wùyuán　**mǎidān**　qǐngbāngwǒ bǎ zhè ge cài
刘子龙：好，一言为定！服务员，**买单**！请帮我把这个菜
dǎbāo
打包。

回答问题。Answer the questions according to the text.

1. 子龙和福瑞去吃哪国菜？
2. 他们点了什么菜？
3. 饭馆儿有什么饮料？
4. 福瑞吃饱了吗？
5. 泰国菜怎么样？

完成对话。Complete the dialogues.

1. A：你觉得____好吃吗？
   B：我觉得有点儿____。
2. A：有什么____？
   B：可乐，红茶，泰式奶茶。

4　　L8T4

liú zǐ lóng　jīn tiānzhōngwǔ wǒ hé fú ruì qù yì jiā zhōngguó fànguǎn er chī fàn　wǒ
刘子龙：今天中午我和福瑞去一家中国饭馆儿吃饭。我
mendiǎn le **bù tóng** de cài　fú ruì bù néngchī là　tā diǎn le yí fèn yú xiāngròu sī　wǒ
们点了**不同**的菜。福瑞不能吃辣，他点了一份鱼香肉丝，我
xǐ huanchī jī ròu　diǎn le yí fèngōngbǎo jī dīng　wǒmenháiyào le yí fèn xī hóng shì jī
喜欢吃鸡肉，点了一份宫保鸡丁，我们还要了一份西红柿鸡
dàntāng　xià wǔ fàngxué yǐ hòu　wǒqǐng tā qù xuéxiàopángbiān de tài guó fànguǎn er chī
蛋汤。下午放学以后，我请他去学校旁边的泰国饭馆儿吃
tài guó cài　zhōngguó càigēn tài guó cài bù **yí yàng**　zhōngguó cài **yì bān bǐ jiào** yóu nì　tài
泰国菜。中国菜跟泰国菜不**一样**，中国菜**一般比较**油腻，泰
guó cài yòusuānyòu là　xiàn zài　wǒ **yuè** lái yuè **xí guàn** chī zhōngguó cài　yě yuè lái yuè
国菜又酸又辣。现在，我**越**来越**习惯**吃中国菜，也越来越
pàng le
胖了。

根据提示复述课文。Retell the text according to the information provided.

今天中午……。我们点了……。福瑞不能……，他点了……，我喜欢……，点了……，我们还……。下午放学以后，我请他……。中国菜……，中国菜一般……，泰国菜……。现在，我……，也……了。

注释 Notes

一、那我就不客气了。

“那我就不客气了” is an expression used as a polite response to someone’s suggestion or offer, especially when a treat is involved. It means “if you insist, I’m going to accept your kindness and do as I was told”.

Examples:

（1）A：快吃吧。（Come on, eat.）

B：那我就不客气了。（Well, if you insist.）

（2）A：你点菜吧。（You can order.）

B：那我就不客气了。（Well, if you insist.）

（3）A：你先坐吧。（You should take the seat.）

B：那我就不客气了。（Well, if you insist.）

二、一言为定。

“一言为定” is an expression used when you are confirming an agreement reached by you and someone else.It means you two have made a deal and you expect that person to keep the promise.

Examples:

（1）A：下周我请你吃饭。（I will treat you to dinner next week.）

B：太好了！一言为定。（Great! It’s a deal.）

（2）A：明天下课后，我们一起去跑步吧。（Tomorrow, let’s go running together after class.）

B：好的，一言为定。（Great! It’s a deal.）

（3）A：晚上见。（See you tonight.）

B：一言为定。（Deal.）

三、有……，有……，还有……

"有……，有……，还有……" is used to describe the type of things, or to list many things of the same nature.

Examples:

（1）毛衣的颜色很多，有黑色的，有白色的，还有蓝色的。（Sweaters come in many colors, black, white and blue.）

（2）有鸡肉，有猪肉，还有牛肉。（There's chicken, pork and beef.）

（3）有鱼香肉丝，有西红柿鸡蛋，还有宫保鸡丁。（We have Fish-flavored Shredded Pork, Stir-fried Tomatoes and Eggs, and Kung Pao Chicken.）

四、越来越……

"越来越……" means "more and more……".

Examples:

（1）我越来越瘦了。（I am getting thinner.）

（2）我越来越习惯吃中国菜了。（I am getting more and more used to eating Chinese food.）

（3）汉语越来越简单了。（Chinese is becoming increasingly simple.）

练习 Exercises

听力练习

一、声母和韵母练习。Initials and finals exercises.

（一）听录音，写韵母。Listen to the recording and write down the finals.

L8E1

1.h____	2.c____	3.h____	4.j____	5. w____
6.n____	7.b____	7.k____	9.w____	10.x____
11.f____	12.g____	13.d____	14.sh____	15.q____

（二）听录音，写声母。Listen to the reacording and write down the initials. L8E2

1.____ēn	2.____ áng	3.____òu	4.____ì	5.____èn
6.____ ān	7.____ à	8.____ī	9.____ē	10.____uān
11.____iǎn	12.____è	13.____ēi	14.____ué	15.____ àng

（三）选择你听到的音节。Choose the syllables you hear. L8E3

1.huì — hèi	2.cài — càn	3.hǎo — hǒu
4.jiù — jù	5.wèi — wèn	6.xīn — xīng
7.kāi — kān	8.nǎi — nǎn	9.bāo — bāng
10.fàn — fàng	11.guǎn — guǎng	12.diǎn — duǎn
13.shàng — shàn	14.qīng — qīn	15.kǒu — kǒng

二、声调练习。Tone exercises.

（一）听后标出声调。Listen and mark the tones. L8E4

1.youni	2.fanguan	3.haochi	4.jiushi	5.diancai
6.shangcai	7.qingdan	8.yinliao	9.kouwei	10.nanguai

（二）判断对错。True or false. L8E5

1.yìhuì[ ]	2.fànguǎn[ ]	3.hàochī[ ]	4.jiùsì[ ]	5.diǎncài[ ]
6.shāngcài[ ]	7.qíngdān[ ]	8.chángcháng[ ]	9.dàbǎo[ ]	10.kǒuwèi[ ]

三、句子练习。Sentence exercises.

听后跟读。Listen and read. L8E6

泰国菜跟中国菜不一样。中国菜很油腻，泰国菜很清淡，又酸又辣。中国不同地方的人喜欢的口味不一样，北方菜比较咸，南方菜比较甜，四川菜比较辣。我越来越习惯吃中国菜，我中午吃了一份宫保鸡丁，喝了一杯奶茶。

四、听力理解练习。Listening comprehension exercises.

（一）听句子，选择合适的回答。Listen to the sentences and choose the right answer. L8E7

1.A.图书馆	B.操场	C.教室	D.饭馆
2.A.奶茶	B.咸的	C.三位	D.很好吃
3.A.鱼香肉丝	B.打包	C.辣的	D.中华城
4.A.奶茶	B.甜的	C.鱼香肉丝	D.点菜
5.A.咸的	B.那个菜	C.宫保鸡丁	D.西红柿鸡蛋
6.A.宫保鸡丁	B.不辣	C.点菜	D.尝
7.A.不好吃	B.很饱	C.打包	D.鱼
8.A.鱼香肉丝	B.清淡	C.好吃	D.又酸又辣
9.A.宫保鸡丁	B.鱼	C.饭馆	D.中国菜
10.A.这是菜单	B.又酸又辣	C.鸡肉	D.又好吃又便宜

（二）听对话，选择正确答案。Listen to the dialogues and choose the right answer. L8E8

1.A.中华城	B.食堂	C.饭馆儿	D.学校
2.A.九折	B.两位	C.八折	D.三位
3.A.冬阴功汤	B.鱼香肉丝	C.宫保鸡丁	D.西红柿鸡蛋
4.A.猪颈肉	B.鱼香肉丝	C.宫保鸡丁	D.汉堡
5.A.辣的	B.奶茶	C.咸的	D.甜的
6.A.又酸又辣	B.咸的	C.又酸又咸	D.辣的
7.A.油腻	B.不喜欢	C.喜欢	D.清淡
8.A.甜的	B.福瑞	C.小月	D.咸的
9.A.猪颈肉	B.宫保鸡丁	C.泰式奶茶	D.鱼香肉丝
10.A.96块	B.98块	C.120块	D.160块

五、听说练习。Listen and speak.

（一）听后补全韵母，并读出拼合后的音节。Listen and complete the following syllables,and then read them out loud. L8E9

1. x____　2. h____　3. g____　4. j____　5. sh____
6. q____　7. d____　8. k____　9. x____　10. n____
11. b____　12. k____　13. w____　14. q____　15. l____

（二）看图片，听录音，根据图片内容说出句子。Listen to the recording and finish the sentences according to the picture.　L8E10

提示：

今天中午我在____吃饭，我点了____，很____。我还点了____，又____又____，我喜欢吃____。

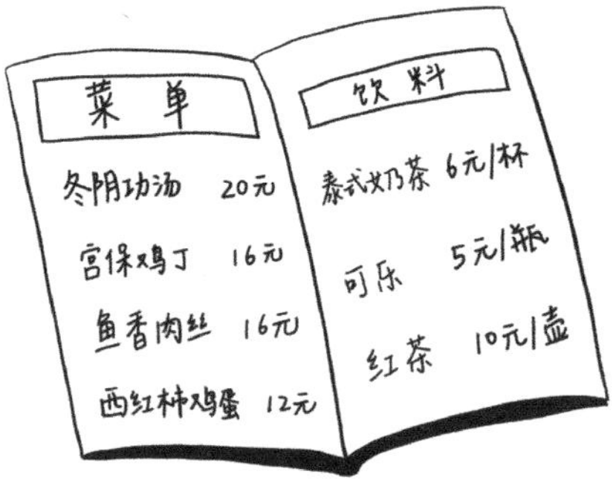

口语练习

一、辨音辨调。Tone discrimination.

1.huì — fèi	2.fànguǎn — fànwǎn	3.hǎochī — cháoshī
4.jiùshì — jiāshàng	5.diǎncài — tiāncái	6.shàngcài — shānchái
7.qīngdàn — xíngtài	8.xiánnǎi — qiánlái	9.kǒuwèi — gǒutuǐ
10.nánfáng — lánhuāng	11.pūtōng — bùtóng	12.yóunì — yánlì
13.xíguàn — qíngkuàng	14.mǎidān — dàntāng	15.qǐngkè — xīngwèn

二、朗读下列句子。Read the following sentences.

1. 一会儿你去哪儿吃饭？食堂还是饭馆儿？
2. 您好，欢迎光临！请问几位？

3. 这是菜单，想吃点儿什么？
4. 请问有不咸的菜吗？
5. 有什么猪肉的菜？
6. 再来一份西红柿鸡蛋汤怎么样？
7. 请稍等，一会儿就上菜。
8. 有可乐，有红茶，还有泰式奶茶。
9. 中国菜太油腻了，泰国菜很清淡。
10. 我越来越习惯吃中国菜，也越来越胖了。

三、根据你的情况说一说。Practice speaking with your own information.

今天中午/晚上，我跟＿＿＿＿＿＿去＿＿＿＿＿＿吃饭。她/他点了＿＿＿＿＿＿，我点了＿＿＿＿＿＿。中国菜和＿＿＿＿菜不一样，中国菜＿＿＿＿＿，＿＿＿＿＿菜＿＿＿＿。现在，我越来越＿＿＿＿，也越来越＿＿＿＿了。

四、完成对话。Complete the dialogues.

（一）
A：您好，欢迎光临！请问几位？
B：你好，＿＿＿＿＿＿。
A：这是菜单，想吃点什么？
B：来个＿＿＿＿＿。
（二）
A：有不＿＿＿＿＿的菜吗？
B：＿＿＿＿＿怎么样？不＿＿＿＿＿＿。
A：来一个＿＿＿＿＿＿。再来一杯＿＿＿＿＿＿。
（三）
A：有什么＿＿＿＿＿＿肉的菜？
B：＿＿＿＿＿＿怎么样？又＿＿＿＿＿＿又＿＿＿＿＿＿。

A：我不喜欢吃____________，我喜欢____________。

B：____________怎么样？

五、根据提示完成对话。Complete the dialogues with the information provided.

关键词：一言为定、有 …… 有 …… 还有 …… 、越来越 ……

提示：A：有什么好吃的中国菜？

B：…… 鱼香肉丝，…… 西红柿鸡蛋，…… 宫保鸡丁。

A：我 …… 习惯吃中国菜了。

B：下周我请你吃。

A：…… 。

课堂活动

一、两人一组，根据提示和图片内容设计对话。In groups of two, make up a conversation according to the clues and the picture below.

提示：请问，有什么____肉的菜？有什么_____的菜？_____多少钱一份？

您好，____怎么样？不____。

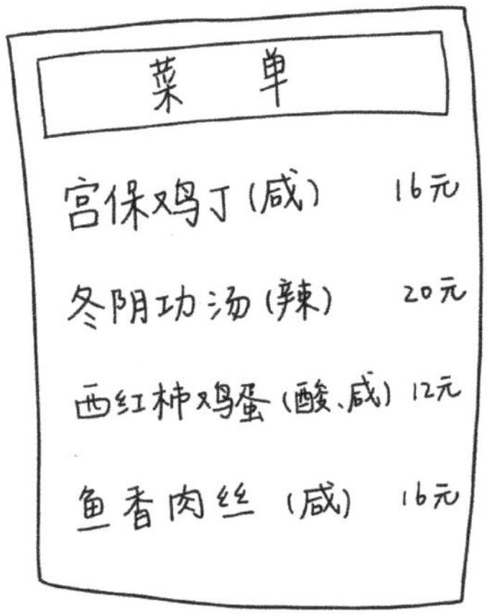

二、四人一组，一个人扮演服务员，其他人来饭馆吃饭，询问菜的口味、价格并讨论点什么菜，请用本课所学知识点设计对话，与同伴互相进行对话。Work in groups of four. Choose one person as a waiter (or waitress) of a restaurant and others as customers. Make up a conversation about the taste of food, the price of the dishes and what to order. When designing the dialogue, make sure to use the knowledge you have learned in this lesson. You may also switch roles to practice.

作业 Homework

听力作业

一、听录音并跟读。Listen to the recording and read after it. L8H1

1.Wǒ jīntiān qù fànguǎn chīfàn,yòu hǎochī yòu piányi.Wǒ xǐhuan chī tián de,wǒ diǎn le yí fèn yúxiāngròusī hé yì bēi nǎichá, cài hěn hǎochī.

2.Zhōngguó cài hěn hǎochī,TàiGuó cài hěn qīngdàn.Wǒ bú xǐhuan chī là,wǒ zuótiān diǎn le yǒu jīròu de cài, gōngbǎojīdīng, hěn hǎochī.

二、听对话，选择正确答案。Listen to the dialogues and choose the right answer. L8H2

1.几个人到饭馆儿吃饭？

A.一个　B.两个　C.三个　D.四个

2.鱼香肉丝是什么口味？

A.甜的　B.酸的　C.又甜又咸　D.又甜又酸

3.什么菜又酸又辣？

A.鱼香肉丝　B.宫保鸡丁　C.西红柿鸡蛋　D.冬阴功汤

4.他们点了什么饮料？

A.可乐　B.红茶　C.水　D.泰式奶茶

5.吃饭花了多少钱？

A.100块　B.90块　C.70块　D.80块

三、判断对错。True or false. L8H3

1.林美玉和刘子龙去食堂吃饭。 [ ]

2.李志强喜欢吃辣。 [ ]

3.冬阴功汤又咸又辣。 [ ]

4. 杨天爱觉得鱼香肉丝好吃。 [ ]

5. 陈博文点了有鸡肉的菜。 [ ]

口语作业

利用课后时间，去饭馆吃饭，询问服务员菜的口味和价格。在下面写出你喜欢的菜、菜的口味、菜的价格。After class, you can go to eat in a restaurant and ask the waiter (or waitress) about the taste of food there and how much they cost. Write down your favorite dish and tell us the taste of it as well as the price.

自我评价 Self- Evaluation

学完这一课，你对自己的表现满意吗？

评价表 Evaluation Form					
完成质量 Level of completion / 本课目标 Objectives	5 很好	4 好	3 一般	2 较差	1 很差
1. 复习询问位置和方向。 Review how to ask for locations and directions.					
2. 复习简单的邀请。 Review how to invite someone over.					
3. 学习菜品的名称、如何点菜。 Learn the names of certain dishes and how to order food.					

完成质量 Level of completion / 本课目标 Objectives	5 很好	4 好	3 一般	2 较差	1 很差
4.学会描述味道、介绍自己的口味。 Learn how to deseribe taste and flavor.					
5.自己需要注意的问题 Self-reflection（make a note of what needs to be improved, such as your attitude towards learning or any language-related issue you have）					

第 9 课　周末我们去爬山

zhōu mò wǒ men qù pá shān

Let's go mountain climbing this weekend

目标 Objectives

- 复习问候语和询问近况。Review how to exchange greetings.
- 学习询问出行时间。Learn how to ask when to depart for a trip.
- 学会如何询问联系方式。Learn how to ask for contact information.
- 学会发出邀请、接受邀请和婉言谢绝。Learn how to give out, accept or decline an invitation.

生词 New Words

L9N1

1.	最近	zuìjìn	recently, lately
2.	忙	máng	busy
3.	多	duō	many, much, more
4.	汉语	hànyǔ	Chinese
5.	难	nán	hard, difficult
6.	手机	shǒujī	mobile phone
7.	号码	hàomǎ	number
8.	一起	yīqǐ	together, in company
9.	踢	tī	to kick
10.	足球	zúqiú	football, soccer
11.	电话	diànhuà	telephone

12.	天气	tiānqì	weather
13.	不错	bùcuò	good, not bad
14.	爬山	páshān	to climb mountains
15.	好久	hǎojiǔ	for a long time
16.	问	wèn	to ask, to inquire
17.	热闹	rè'nao	lively, boisterous
18.	知道	zhīdào	to know
19.	早	zǎo	early
20.	懒	lǎn	lazy
21.	行	xíng	be all right, will do
22.	逛街	guàngjiē	to go shopping（literally, stroll down the street）
23.	抱歉	bàoqiàn	to be/feel sorry, to feel apologetic
24.	次	cì	measure word（used for actions that can be repeated）
25.	喂	wèi	hello, hey
26.	风景	fēngjǐng	scenery, landscape
27.	拍	pāi	to take（a picture）
28.	照片	zhàopiàn	photo, picture
29.	电子邮箱	diànzǐ yóuxiāng	e-mail
30.	发	fā	to deliver, to send（out）
31.	复习	fùxí	to review
32	课文	kèwén	text
33.	改天	gǎitiān	another day, some other day
34.	见面	jiànmiàn	to meet
35.	然后	ránhòu	then, after that, afterwards
36.	加班	jiābān	to work overtime

补充词汇和表达 Additional words and expressions

1.	好久不见	hǎojiǔ bùjiàn	Long time no see.
2.	微信	wēixìn	WeChat
3.	开玩笑	kāiwánxiào	to crack a joke, to tell a joke
4.	没关系	méiguānxì	It's ok.
5.	不好意思	bù hǎoyìsi	sorry

课文 Texts

1 L9T1

（刘子龙和韩福瑞吃完饭，遇到李志强）

lǐ zhìqiáng zǐ lóng fú ruì nǐ menhǎo
李志强：子龙，福瑞，你们好。

hán fú ruì zhìqiáng nǐ hǎo
韩福瑞：志强，你好！

lǐ zhìqiáng nǐ men qù nǎ er le
李志强：你们去哪儿了？

liú zǐ lóng wǒmen qù xuéxiàopángbiān de tài guó fànguǎn er chīfàn le nǐ ne
刘子龙：我们去学校旁边的泰国饭馆儿吃饭了。你呢？

lǐ zhìqiáng wǒ qù mǎishuíguǒ le **hǎo jiǔ bú jiàn** nǐ men **zuì jìn máng** bù máng
李志强：我去买水果了。**好久不见**，你们**最近忙**不忙？

hán fú ruì hěnmáng kè hěn**duō** **hàn yǔ** hěn**nán**
韩福瑞：很忙，课很**多**，**汉语**很**难**。

liú zǐ lóng zhìqiáng nǐ de **shǒu jī hàomǎ** shìduōshao zhōumò wǒmen **yì qǐ tī zú qiú** ba
刘子龙：志强，你的**手机号码**是多少？周末我们**一起踢足球**吧。

lǐ zhì qiáng wǒ de shǒu jī hào mǎ shì yě shì wǒ de **wēi xìn** hào mǎ nǐ de **diànhuà** ne
李志强：我的手机号码是18067839512。也是我的**微信**号码。你的**电话**呢？

hán fú ruì wǒ de diànhuà shì
韩福瑞：我的电话是19723854260。

回答问题。Answer the questions according to the text.

1. 子龙和福瑞去哪儿了？
2. 福瑞最近忙不忙？
3. 子龙和志强周末做什么？
4. 志强的手机号码是多少？
5. 志强的微信号码是多少？

完成对话。Complete the dialogues.

1. A：你们去哪儿了？
   B：我们去__________。
2. A：__________，你最近忙不忙？
   B：很忙/不忙，__________。

2

L9T2

hán fú ruì　zuì jìn **tiān qì bú cuò**　xīng qī tiān wǒ men qù **pá shān** zěn me yàng
韩福瑞：最近**天气不错**，星期天我们去**爬山**怎么样？

liú zǐ lóng　hǎo ya　wǒ hé měi yù yě **hǎo jiǔ** méi yùn dòng le
刘子龙：好呀。我和美玉也**好久**没运动了。

lín měi yù　**wèn** wen xiǎo yuè hé tiān ài ba
林美玉：**问**问小月和天爱吧！

liú zǐ lóng　hái yǒu zhì qiáng hé qīng mù
刘子龙：还有志强和青木。

hán fú ruì　méi wèn tí　rén yuè duō yuè **rè nao**
韩福瑞：没问题，人越多越**热闹**。

（刘子龙和林美玉给朋友发微信）

lín měi yù　nǐ **zhī dao** zěn me qù ma
林美玉：你**知道**怎么去吗？

hán fú ruì　wǒ men zuò gōng jiāo chē qù
韩福瑞：我们坐公交车去。

lín měi yù　xīng qī tiān jǐ diǎn chū fā
林美玉：星期天几点出发？

hán fú ruì　zǎo shang wǔ diǎn chū fā zěn me yàng
韩福瑞：早上五点出发怎么样？

liú zǐ lóng　lín měi yù　wǔ diǎn　tài **zǎo** le
刘子龙/林美玉：五点？太**早**了！

hán fú ruì　hā hā hā　gēn nǐ
韩福瑞：哈哈哈，跟你

men **kāi** gè **wán xiào**
们**开个玩笑**！

wǒ yě xiǎng shuì gè
我也想睡个

lǎn jiào shàng wǔ jiǔ
懒觉。上午九

diǎn chū fā　kě
点出发，可

yǐ ma
以吗？

liú zǐ lóng　**xíng**
刘子龙：**行**。

lín měi yù　xiǎo yuè xīng qī tiān yào qù **guàng jiē**　bù néng qù pá shān　tā hěn **bàoqiàn**
林美玉：小月星期天要去**逛街**，不能去爬山，她很**抱歉**。

hán fú ruì　**méiguān xi**　xià **cì** zài yì qǐ qù
韩福瑞：**没关系**，下**次**再一起去。

lín měi yù　nà wǒ men xīng qī tiān zǎo shang jiú diǎn　zài xué xiào mén kǒu　bú jiàn
林美玉：那我们星期天早上九点，在学校门口，不见

bú sàn
不散。

hán fú ruì　bú jiàn bú sàn
韩福瑞：不见不散。

回答问题。Answer the questions according to the text.

1. 星期天他们去做什么？
2. 他们怎么去？
3. 他们什么时候出发？
4. 他们在哪儿见面？
5. 小月星期天去做什么？

完成对话。Complete the dialogues.

1. A：最近天气不错，星期__________我们去__________怎么样？

B：好呀。

A：__________小月和天爱吧？

B：好的，我问问她们。

2. A：你知道怎么去吗？

B：我们__________去。

A：星期__________几点出发？

B：__________点出发怎么样？

A：行。

B：那我们星期__________，__________点，在__________，__________。

A：不见不散。

3 L9T3

（周日爬山的时候，中国朋友跟杨天爱打电话）

zhōngguópéngyou **wèi** měi yù hǎo jiǔ bú jiàn
中国朋友：**喂**，美玉，好久不见。

lín měi yù hǎo jiǔ bú jiàn
林美玉：好久不见。

zhōngguópéngyou zuì jìn zěnme yàng mángma
中国朋友：最近怎么样？忙吗？

lín měi yù zuì jìn bù máng wǒ hé tóngxuémen yì qǐ pá shān ne nǐ zuì jìn máng bù máng
林美玉：最近不忙。我和同学们一起爬山呢。你最近忙不忙？

zhōngguópéngyou zuì jìn wǒ yě bú tài máng shānshang de **fēngjǐng** zěnme yàng ya
中国朋友：最近我也不太忙。山上的**风景**怎么样呀？

lín měi yù hěnpiàoliang wǒmen **pāi** le hěnduō **zhàopiàn** nǐ de **diàn zǐ yóuxiāng** shì duōshǎo wǒ **fā** gěi nǐ
林美玉：很漂亮。我们**拍**了很多**照片**。你的**电子邮箱**是多少？我**发**给你。

zhōngguópéngyou wǒ de yóuxiāng shì wǎnshangyǒu shí jiān yì qǐ chī fàn ma
中国朋友：我的邮箱是woaichina@163.com。晚上有时间一起吃饭吗？

lín měi yù **bù hǎo yì si** wǒ jīn tiān wǎnshang yào xiě zuò yè hé **fù xí kè wén** **gǎi tiān** xíng ma
林美玉：**不好意思**，我今天晚上要写作业和**复习课文**。**改天**行吗？

zhōngguópéngyou yì yánwéidìng nǐ xiānmáng zài jiàn
中国朋友：一言为定。你先忙，再见！

lín měi yù　　zài jiàn
林美玉：再见。

回答问题。Answer the questions according to the text.

1. 中国朋友最近忙不忙？
2. 山上的风景怎么样？
3. 中国朋友的电子邮箱是多少？
4. 中国朋友约美玉做什么？
5. 美玉今天晚上要做什么？

完成对话。Complete the dialogues.

1. A：好久不见。
   B：＿＿＿＿＿＿。
   A：最近怎么样？＿＿＿＿＿＿？
   B：最近不忙/不太忙/很忙。
2. A：有时间一起＿＿＿＿＿＿吗？
   B：不好意思，我＿＿＿＿＿＿要＿＿＿＿＿＿，改天行吗？
   A：＿＿＿＿＿＿。你先忙，再见！
   B：再见。

4　　L9T4

lín měi yù　shàngzhōu rì tiān qì bú cuò　wǒ hé tóngxuémen qù pá shān　shānshang de
林美玉：上周日天气不错，我和同学们去爬山，山上的
fēngjǐnghěnpiàoliang　wǒmenpāi le hěnduōzhàopiàn　xià zhōu rì shì wǒ de shēng rì　wǒ
风景很漂亮，我们拍了很多照片。下周日是我的生日，我
xiǎngqǐngtóngxuémen chī fàn　wǒmen xià zhōu rì wǎnshang liù diǎn　xiān zài sù shè lóu xià
想请同学们吃饭。我们下周日晚上六点，先在宿舍楼下
jiànmiàn　**ránhòu** yì qǐ qù tài guó fànguǎn er　wǒ gěi wǒ de zhōngguópéngyou dǎ diànhuà
见面，**然后**一起去泰国饭馆儿。我给我的中国朋友打电话，
dàn shì tā yào **jiā bān**　bù néng lái
但是她要**加班**，不能来。

根据提示复述课文。Retell the text according to the information provided.

上周……天气不错，我和同学们去……。下周……是……，我想

请同学们……。我们下周……，先在……见面，然后一起去……。我给……打电话，但是他/她要……，不能来。

注释 Notes

一、好久不见

“好久不见” is used when you meet a friend whom you haven’t seen for a long time.It means “it has been a long time since we last saw each other.” The fixed expression “long time no see” in English is said to be a literal translation of “好久不见”.

Examples:

（1）A：喂，美玉，好久不见。（Hello, Mei Yu, long time no see.）

B：好久不见。（Long time no see.）

（2）A：你好，博文，好久不见。最近忙吗？（Hello, Bowen. Long time no see. Are you busy lately?）

B：好久不见。最近不忙。（Long time no see. I haven’t been busy lately.）

二、没关系

“没关系” is an expression used as a polite response to an apology made by others. It means “never mind” “don’t worry about it” or “it doesn’t matter”.

Examples:

（1）A：明天不能去爬山，我很抱歉。（I'm sorry I can’t go mountain climbing tomorrow.）

B：没关系。（Don’t worry about it.）

（2）A：晚上一起吃饭吗？（Would you like to have dinner tonight?）

B：不好意思，我晚上要复习课文。（I’m sorry, I have to review some lessons in the evening.）

A：没关系。（It doesn't matter.）

三、不好意思

“不好意思” is frequently used as a casual apology meaning “sorry,” such as when you turn down a invitation.

Examples:

（1）A：晚上一起吃饭吗？（Would you like to have dinner tonight?）

B：不好意思，晚上我还有事情。（I’m sorry, I have work to do tonight.）

（2）A：星期天一起去爬山吗？（Do you want to go mountain climbing on Sunday?）

B：不好意思，星期天我要去逛街。（I'm sorry, I’m going shopping on Sunday.）

四、问 —— 问问

In Chinese, you can repeat a verb to mean doing an action “a little bit”, which often indicates brief duration and the act of trying something out. This is called verb reduplication and it’s often used in spoken Chinese with a relaxed and casual tone. Verbs that can be reduplicated generally have the characteristics of strong action, sustainability or repeatability. For example: 问 —— 问问，试 —— 试试，看 —— 看看.

Examples:

（1）A：我们一起去吃午饭怎么样？（How about we go to lunch together?）

B：好呀，问问美林和小月吧。（Cool, let’s ask Meilin and Xiaoyue.）

（2）A：你听听，外面是谁在唱歌？（Listen, who’s singing out there?）

B：美玉在楼下唱歌。（Meiyu is singing downstairs.）

五、跟sb.开玩笑

“跟sb.开玩笑” means to joke around with someone in a relaxed way. It also means to tease others with words or actions.

Examples:

（1）我跟你们开玩笑呢。（I'm just kidding you.）

（2）别跟他开玩笑，他现在有点儿不高兴。（Don't joke with him. He's a little upset right now.）

（3）他喜欢跟别人开玩笑。（He likes to joke around with others.）

练习 Exercises

听力练习

一、声母和韵母练习。Initials and finals exercises.

（一）听录音，写韵母。Listen and write down the finals. L9E1

1.zh____	2.ch____	3.sh____	4.s____	5.q____
6.n____	7.x____	8.q____	9.j____	10.y____
11.h____	12.c____	13.w____	14.g____	15.r____

（二）听录音，写声母。Listen and write down the initials. L9E2

1.____ǎ	2.____āo	3.____ì	4.____uāng	5.____ān
6.____iān	7.____ì	8.____òng	9.____iàng	10.____ǐng
11.____uān	12.____è	13.____ì	14.____iē	15.____iàn

（三）选择你听到的音节。Choose the syllables you hear. L9E3

1.shǒujī — shōují	2.zúqiú — zūqiú	3.dǎchē — tǎchē
4.tiānqǐ — tiānqì	5.pàshān — páshān	6.zhuānghuò — zānghuó
7.zhīdào — zhídǎo	8.guàngjiē — guāngjié	9.fùxí — fúxī
10.shípǐn — shìpín	11.chuánshàng — chuángshàng	12.jīqì — jīxī
13.gāitián — gǎitiān	14.jiànmiàn — jiánmiǎn	15.bāozi — páozi

二、声调练习。Tone exercises.

（一）听后标出声调。Listen and mark the tones. L9E4

1.gaoxing　2.kaimen　3.jiejue　4.jiaoshi　5.mianzi

6.piaoliang 7.tingli 8.shitang 9.zhenzheng 10.zhishi

（二）判断对错。Ture or false. L9E5

1.jiāojí[ ] 2.shàoshuǐ[ ] 3.qiǎngzhì[ ] 4.mǎshàng[ ] 5.lǜhuà[ ]
6.nùqì[ ] 7.lóngzi[ ] 8.hǎoxǐ[ ] 9.xìngzhì[ ] 10.qiāoqiāo[ ]

三、句子练习。Sentence exercises.

听后跟读。Listen and read. L9E6

上周六天气不错，我和同学们去吃饭，泰国饭馆儿的菜很好吃，我们拍了很多照片。下周日是我的生日，我想请同学们吃饭。我们下周日晚上五点，先在学校门口见面，然后一起去泰国餐馆儿。我给许老师打电话，她要上课，不能来。

四、听力理解练习。Listening comprehension exercises.

（一）听句子，选择合适的回答。Listen to the sentences and choose the right answer. L9E7

1.A.最近在复习　B.好久不见
C.最近不忙　D.最近在打篮球
2.A.星期天　B.下午1点
C.十分钟　D.19723854260
3.A.好呀　B.坐公交车去
C.很漂亮　D.星期六
4.A.早上五点出发　B.坐公交车去
C.在学校门口　D.不见不散
5.A.太早了　B.早上5点
C.学校门口　D.抱歉
6.A.不忙　B.很漂亮
C.一言为定　D.好久不见
7.A.19723854260　B.一言为定
C.下午2点　D.woaichina@163.com

8.A.最近不忙　　B.不好意思
C.很漂亮　　D.好久不见
9.A.很忙　　B.一言为定
C.好久不见　　D.不好意思
10.A.我们踢足球　　B.我们去买水果了
C.我们很忙　　D.一言为定

（二）听对话，选择正确答案。Listen to the dialogues and choose the right answer. L9E8

1.A.去食堂吃饭了　　B.去银行取钱了
C.去图书馆了　　D.去打篮球了
2.A.18967836512　　B.18723856042
C.18965126783　　D.18723854260
3.A.爬山　　B.逛街
C.打篮球　　D.吃饭
4.A.骑自行车　　B.走路
C.坐968路公交　　D.坐958路公交
5.A.下午4点　　B.下午5点
C.下午6点　　D.下午7点
6.A.吃饭　　B.逛街
C.爬山　　D.看书
7.A.食堂　　B.宿舍楼下
C.操场旁边　　D.学校门口
8.A.今天晚上　　B.明天中午
C.明天晚上　　D.今天中午
9.A.吃饭　　B.加班
C.爬山　　D.看书
10.A.5点出发　　B.不去爬山
C.不是5点出发　　D.5点太晚了

五、听说练习。Listen and speak.

（一）听后补全声母，并读出拼合后的音节。Listen and complete the following syllables,and then read them out loud. L9E9

1. ____ai　2. ____ei　3. ____ian　4. ____uo　5. ____iao

6. ____uang　7. ____üe　8. ____uan　9. ____iong　10. ____un

11. ____ong　12. ____an　13.____ang　14. ____ian　15.____iu

（二）看图片，听录音，根据图片内容说出句子。Listen to the recording and finish the sentences according to the picture. L9E10

提示：

A：最近天气不错，____我们去____怎么样？

B：好呀。我和____也好久没运动了。

A：问问____和____吧。

B：你知道怎么去吗？

A：我们____去。

B：____几点出发？

A：____出发，怎么样？

B：那我们____，在____，不见不散。

A：不见不散。

（三）听录音，回答下列问题。Listen to the recording and answer the following questions. L9E11

1. 美玉周末忙不忙？
2. 他们周末做什么？
3. 他们叫谁一起去爬山？
4. 他们怎么去？
5. 他们几点出发？

口语练习

一、辨音辨调。Tone discrimination.

1.gētīng — kètīng　2.pǎolù — bàolù　3.nǚsheng — lǚsheng
4.míngzi — míngzhi　5.jiǎnghuà — qiǎnghuà　6.shàngshēng — chángshēng
7.zhīchí — zìcí　8.qīwàng — xīwàng　9.jīntiān — qīngdiǎn
10.rènào — lènào　11.páshān — bāsuàn　12.diànhuà — tiānhuā
13.hǎojiǔ — hǎojiǒng　14.ránhòu — lánhòu　15.yìsi — yìsi

二、朗读下列句子。Read the following sentences.

1.你们去哪儿了？
2.好久不见。
3.你最近忙不忙？
4.你的手机号码是多少？
5.星期天我们去爬山怎么样？
6.你知道怎么去吗？
7.星期天几点出发？
8.晚上有时间一起吃饭吗？
9.上周日天气不错，我和同学们去爬山，山上的风景很漂亮，我们拍了很多照片。
10.下周日是我的生日，我想请同学们吃饭。我们下周日晚上五点，先在宿舍楼下见面，然后一起去泰国饭馆儿。

三、根据你的情况说一说。Practice speaking with your own information.

上周__________天气不错，我和同学们去__________。下周__________是我的生日，我想请同学们__________。我们下周__________，先在__________见面，然后一起去__________。我给

__________打电话，但是他/她要__________，不能来。

四、完成对话。Complete the dialogues.

（一）

A：好久不见，你最近忙不忙？

B：__________。

A：你的手机号码是多少？

B：我的__________是__________。你的电话呢？

A：我的电话是__________。

（二）

A：星期天你有空吗？我们去__________怎么样？

B：好呀。

A：__________美玉和子龙吧！

B：好的，我一会儿打电话问他们。

（三）

A：小月，晚上__________一起吃饭吗？

B：不好意思，我今天晚上要__________。__________行吗？

A：一言为定。再见！

B：再见！

五、根据提示完成对话。Complete the dialogues with the information provided.

关键词：好久不见、没关系、不好意思、问问、玩笑

提示：

（一）

A：好久不见。

B：……。

A：晚上有时间……吗？

B：……，我今天晚上要……。改天行吗？

A：……，下次再一起去。

（二）

A：星期天我们去……怎么样？

B：好的。

A：问问……早上……出发怎么样？

B：五点？太早了！

A：哈哈哈，跟你们……！

课堂活动

一、两人一组，按照下面表格内容进行对话。 In groups of two, make up a conversation according to the table below.

	时间	见面地点	交通工具	人物
Eg：爬山	周日下午两点	宿舍楼下	公交车	美玉、小月

二、五人一组。你和你的同学约时间出去玩，请用本课所学知识点设计对话。 Work in groups of five. Make a plan to hang out with your classmates and use the knowledge you have learned in this lesson to have a dialogue with each other.

作业 Homework

听力作业

一、听录音并跟读。 Listen to the recording and read after it.

L9H1

1.Shàng zhōuliù tiānqì búcuò，wǒ hé tóngxuémen qù chīfàn，Tàiguó fànguǎnr de cài hěn hǎochī, wǒmen pāile hěnduō zhàopiān.

2. Zhōurì shì wǒ de shēngrì, wǒ xiǎng qǐng tóngxuémen chīfàn.Wǒmen xià zhōurì wǎnshang wú diǎn, xiān zài xuéxiào ménkǒu jiànmiàn, ránhòu yìqǐ qù Tàiguó fànguǎnr. Wǒ gěi Xǔ lǎoshī dǎ diànhuà, dànshì tā yào shàngkè, bù néng lái.

二、听对话，选择正确答案。Listen to the dialogues and choose the right answer. L9H2

1.小月去哪儿了？

A.银行　B.图书馆　C.食堂　D.教室

2.韩福瑞的手机号码是多少？

A.18067839512　B.19723856042　C.18067831295　D.19723854260

3.他们星期天去干什么？

A.爬山　B.逛街　C.看书　D.吃饭

4.他们几点出发？

A.上午八点　B.中午十二点　C.下午一点　D.下午两点

5.小月今天晚上做什么？

A.吃饭　B.取钱　C.上课　D.复习

三、判断对错。True or false. L9H3

1.我们今天去吃饭了。 [ ]

2.下周日是韩福瑞的生日。 [ ]

3.我们下周六下午五点出发。 [ ]

4.我们在学校门口见面。 [ ]

5.许老师要上课，不能来。 [ ]

口语作业

问一问同学们的手机号码和微信号码，并约时间出去玩，然后完成下面的表格。Ask your classmates for their cell phone numbers and WeChat accounts, make a plan to hang out, and then complete the form below.

姓名	电话	微信

	时间	见面地点	交通工具	人物
Eg：爬山	周日下午两点	宿舍楼下	公交车	美玉、小月

自我评价 Self- Evaluation

学完这一课，你对自己的表现满意吗？

评价表 Evaluation Form					
完成质量 Level of completion / 本课目标 Objectives	5 很好	4 好	3 一般	2 较差	1 很差
1.复习问候语和询问近况。 Review how to exchange greetings.					
2. 学习询问出行时间。 Learn how to ask when to depart for a trip.					
3.学会如何询问联系方式。 Learn how to ask for contact information.					
4. 学会发出邀请、接受邀请和婉言谢绝的常用话语。Learn how to give out, accept or decline an invitation.					

续表

本课目标 Objectives ＼ 完成质量 Level of completion	5 很好	4 好	3 一般	2 较差	1 很差
5. 自己需要注意的问题 Self-reflection（make a note of what needs to be improved, such as your attitude towards learning or any language-related issue you have）					

第 10 课　请问银行怎么走？

qǐngwèn yín háng zěn me zǒu

How can I go to the bank?

目标 Objectives

- 复习询问位置、问路和指路。Review how to ask for or give directions.
- 学习询问出行工具、方式和价格。Learn how to ask about means of transportation and how much they cost.
- 学习表达感谢。Learn how to express gratitude.

生词 New Words

L10N1

1.	挺	tǐng	pretty, quite, rather
2.	别	bié	don't, had better not
3.	有空	yǒukòng	to have time off, to have free time
4.	出去	chūqù	to go out, to exit
5.	陪	péi	to accompany, to keep sb. company
6.	逛	guàng	to stroll, to wander
7.	名片	míngpiàn	name card
8.	棒	bàng	excellent, great
9.	够	gòu	quite, really, enough
10.	咱们	zánmen	we, us
11.	一点儿	yīdiǎnr	a little
12.	堵车	dǔchē	traffic jam

13.	码头	mǎtóu	wharf, dock, pier
14.	船	chuán	boat, ship
15.	岛	dǎo	island
16.	打车	dǎchē	to take a taxi
17.	地铁	dìtiě	metro, subway
18.	哪个	nǎgè	which one
19.	方便	fāngbiàn	convenient
20.	但	dàn	but
21.	快	kuài	fast, quick, rapid
22.	用	yòng	to need
23.	担心	dānxīn	to worry, to be anxious about
24.	卡	kǎ	card
25.	公交卡	gōngjiāo kǎ	bus card, traffic card
26.	现金	xiànjīn	cash
27.	张	zhāng	measure word (used for objects with flat surfaces, such as paper, tickets or tables)
28.	票价	piàojià	the price of a ticket
29.	取	qǔ	to take, to get, to fetch
30.	地图	dìtú	map
31.	问路	wènlù	to ask for directions
32.	顺便	shùnbiàn	in passing, at one's convenience
33.	练习	liànxí	to practice
34.	主意	zhǔyi	idea
35.	阿姨	āyí	an affectionate term used by the younger generation to address any female elder
36.	最	zuì	the most (a superlative prefix used before adjectives)

37.	第	dì	auxiliary word for ordinal numbers,to indicate order
38.	路口	lùkǒu	crossing, intersection
39.	走路	zǒulù	to walk
40.	感谢	gǎnxiè	to thank, to be grateful
41.	约	yuē	to ask in advance or invite
42.	因为	yīnwèi	because
43.	所以	suǒyǐ	so, therefore, as a result
44.	向	xiàng	towards

补充词汇和表达 Additional words and expressions

1.	鼓浪屿	gǔlàngyǔ	Gulạngyu
2.	售票处	shòupiàochù	ticket office, booking office
3.	甲	jiǎ	used to refer to a person whose name is unknown or irrelevant, functioning the same as the “A” in “Person A”
4.	乙	yǐ	used to refer to a person whose name is unknown or irrelevant, functioning the same as the “B” in “Person B”

课文 Texts

1 L10T1

（周五晚上，李志强给陈博文打电话）

lǐ zhìqiáng bówén háo jiǔ bú jiàn
李志强：博文，好久不见。

chén bó wén zhìqiáng háo jiǔ bú jiàn zuì jìn zěnme yàng
陈博文：志强，好久不见。最近怎么样？

lǐ zhìqiáng tǐnghǎo de zhōngguó cài tài hǎochī le wǒ yuè lái yuèpàng le
李志强：**挺**好的，中国菜太好吃了，我越来越胖了。

chén bó wén　**bié** kāi wánxiào　nǐ bú pàng
陈博文：**别**开玩笑，你不胖。
lǐ zhì qiáng　zhè ge xīng qī liù nǐ **yǒukòng** ma
李志强：这个星期六你**有空**吗？
chén bó wén　xīng qī liù wǒ yǒukòng
陈博文：星期六我有空。
lǐ zhì qiáng　wǒ xiǎng **chū qu** zǒuzou　nǐ néng **péi** wǒ **guàng**guang ma
李志强：我想**出去**走走，你能**陪**我**逛**逛吗？
chén bó wén　hǎo a　wǒmen qù **gǔ làng yǔ** zěn me yàng　gǔ làng yǔ shì xià mén de **míngpiàn**　fēngjǐng hěn bú cuò
陈博文：好啊！我们去**鼓浪屿**怎么样？鼓浪屿是厦门的**名片**，风景很不错。
lǐ zhì qiáng　tài **bàng** le　nǐ zhēn **gòu** péng you　**zánmen** xīng qī liù jiù qù gǔ làng yǔ ba
李志强：太**棒**了！你真**够**朋友！**咱们**星期六就去鼓浪屿吧！
chén bó wén　hǎo　zǎoshang jǐ diǎn chū fā
陈博文：好。早上几点出发？
lǐ zhì qiáng　bā diǎn xíng ma　zǎo **yì diǎn er** chū fā bù **dǔ chē**
李志强：八点行吗，早**一点儿**出发不**堵车**。
chén bó wén　hǎo de　míngtiān zǎoshang bā diǎn　zài xuéxiào ménkǒu jiàn
陈博文：好的，明天早上八点，在学校门口见。
lǐ zhì qiáng　hǎo　bú jiàn bú sàn
李志强：好，不见不散。

回答问题。Answer the questions according to the text.

1. 志强最近怎么样？
2. 这个星期六博文有空吗？
3. 志强想去哪儿逛逛？
4. 他们星期六几点出发？
5. 他们星期六早上在哪儿见？

完成对话。Complete the dialogues.

1. A：最近怎么样？
   B：______。
2. A：这个星期六______？
   B：我有空。

（陈博文和李志强在校门口）

lǐ zhì qiáng　wǒmen zěnme qù gǔ làng yǔ
李志强：我们怎么去鼓浪屿？

chén bó wén　wǒmen xiān qù **mǎ tóu**　zài zuò **chuán** qù **dǎo** shang
陈博文：我们先去**码头**，再坐**船**去**岛**上。

lǐ zhì qiáng　zánmen **dǎ chē** qù ma
李志强：咱们**打车**去吗？

chén bó wén　dǎ chē yǒu diǎn er guì　zánmen ké yǐ zuò gōng jiāo chē　yě ké yǐ zuò **dì tiě**
陈博文：打车有点儿贵。咱们可以坐公交车，也可以坐**地铁**。

lǐ zhì qiáng　zuò gōng jiāo chē hé zuò dì tiě **nǎ ge fāngbiàn**
李志强：坐公交车和坐地铁**哪个方便**？

chén bó wén　chà bu duō　xué xiào mén kǒu yǒu gōng jiāo zhàn hé dì tiě zhàn
陈博文：差不多。学校门口有公交站和地铁站。

lǐ zhì qiáng　nǎ ge pián yi
李志强：哪个便宜？

chén bó wén　zuò gōng jiāo pián yi yì diǎn er　**dàn** wǒ jué de dì tiě bǐ jiào **kuài**　rén yě bǐ jiào shǎo hái bú **yòng dān xīn** dǔ chē
陈博文：坐公交便宜一点儿。**但**我觉得地铁比较**快**，人也比较少，还不**用担心**堵车。

lǐ zhì qiáng　nà wǒmen zuò dì tiě ba
李志强：那我们坐地铁吧。

（在地铁站）

chén bó wén　zhì qiáng　ní yǒu **gōng jiāo kǎ** ma
陈博文：志强，你有**公交卡**吗？

lǐ zhì qiáng　méiyǒu
李志强：没有。

chén bó wén　nà nǐ zhè cì yòng **xiàn jīn**　xià cì ké yǐ zài dì tiě zhàn **shòu piào chù** mǎi yì **zhāng** gōng jiāo kǎ　bǐ jiào fāngbiàn
陈博文：那你这次用**现金**，下次可以在地铁站**售票处**买一**张**公交卡，比较方便。

lǐ zhì qiáng　hǎo de　dào gǔ làng yǔ **piào jià** duōshao
李志强：好的。到鼓浪屿**票价**多少？

chén bó wén　wǒmen dào zhèn hǎi lù zhàn xià chē　yí gòng shí sān zhàn　piào jià wǔ kuài
陈博文：我们到镇海路站下车，一共十三站，票价五块。

lǐ zhì qiáng hǎo nǐ děng wǒ yí xià wǒ qù mǎi piào
李志强：好，你等我一下，我去买票。

回答问题。Answer the questions according to the text.

1. 志强和博文怎么去鼓浪屿？
2. 坐公交车和坐地铁哪个方便？
3. 坐公交车和坐地铁哪个便宜？
4. 志强有公交卡吗？
5. 他们在哪站下车？一共几站？票价多少？

完成对话。Complete the dialogues.

1. A：我们怎么去______？
   B：我们去码头，再______去______。
2. A：坐公交车和坐地铁______？
   B：坐地铁方便。

3 L10T3

（陈博文和李志强准备去吃饭）

lǐ zhì qiáng bó wén wǒ de xiàn jīn bú gòu le wǒ xiǎng **qǔ** diǎn er qián
李志强：博文，我的现金不够了，我想**取**点儿钱。

chén bó wén shì ma nà zán men xiàn zài zhǎo yì jiā yín háng
陈博文：是吗？那咱们现在找一家银行。

lǐ zhì qiáng nǐ yǒu shǒu jī **dì tú** ma
李志强：你有手机**地图**吗？

chén bó wén yǒu dàn nǐ zhǎo rén **wèn lù** **shùn biàn liàn xí** yí xià hàn yǔ zěn me yàng
陈博文：有。但你找人**问路**，**顺便练习**一下汉语怎么样？

lǐ zhì qiáng hǎo **zhǔ yi**
李志强：好**主意**。

（志强问路人甲）

lǐ zhì qiáng nín hǎo qǐng wèn
李志强：您好，请问，

nín zhī dao yín háng zěn me zǒu ma
您知道银行怎么走吗？

lù rén jiǎ bù hǎo yì si wó yě bù zhī dao
路人甲：不好意思，我也不知道。

lǐ zhì qiáng xiè xie
李志强：谢谢。

chén bó wén zài qù wènwen nà wèi ā yí zěnme yàng
陈博文：再去问问那位**阿姨**怎么样？

lǐ zhì qiáng hǎo ā yí nín zhī dao zuì jìn de yínháng zài nǎ er ma
李志强：好！阿姨，您知道**最**近的银行在哪儿吗？

lù rén yǐ xiān yì zhí zǒu ránhòu zài dì sān gè lù kǒu yòuguǎi yínháng zài chāo shì de duìmiàn
路人乙：先一直走，然后在**第**三个**路口**右拐，银行在超市的对面。

lǐ zhì qiáng hényuǎnma
李志强：很远吗？

lù rén yǐ bù yuǎn zǒu lù shí duō fēnzhōng jiù dào le
路人乙：不远，**走路**十多分钟就到了。

lǐ zhì qiángzhēn shì tài gǎnxiè nín le
李志强：真是太**感谢**您了！

lù rén yǐ méi shì bié kè qi
路人乙：没事，别客气。

回答问题。Answer the questions according to the text.

1. 志强要去哪儿取钱？
2. 博文有手机地图吗？
3. 谁要找人问路，顺便练习一下汉语？
4. 去银行要怎么走？
5. 银行很远吗？

完成对话。Complete the dialogues.

1. A：您好，请问您知道银行______？

   B：不好意思，我也不知道。

2. A：您好，您知道最近的银行______？

   B：______。

4 L10T4

lǐ zhì qiángshàngzhōu mò wǒ yuē chén bó wén yì qǐ qù gǔ làng yǔ wǒmenzuò dì
李志强：上周末，我**约**陈博文一起去鼓浪屿。我们坐地

tiě qù mǎ tóu **yīn wei** dì tiě yòu kuài yòu fāng biàn dì tiě piào yě hěn pián yi zhōng wǔ wǒ
铁去码头，**因为**地铁又快又方便，地铁票也很便宜。中午我
men yào qù fàn guǎn er chī fàn wǒ de xiàn jīn bú gòu **suǒ yǐ** qù yín háng qǔ qián wǒ **xiàng**
们要去饭馆儿吃饭，我的现金不够，**所以**去银行取钱。我**向**
yí wèi ā yí wèn lù shùn biàn liàn xí yí xià hàn yǔ
一位阿姨问路，顺便练习一下汉语。

根据提示复述课文。Retell the text according to the information provided.

……，我约……一起去……。我们坐……去……，因为……又……又……，……票也很便宜。……我们要去……，我……，所以……。我向……，顺便……。

注释 Notes

一、挺……的

“挺” is a degree adverb not as strong as “very”. It is often used in colloquial Chinese, meaning “pretty” or “quite”.

Examples:

挺+adjective+的:

（1）今天我们去鼓浪屿挺高兴的。（We are pretty happy to go to Gulangyu today.）

（2）我觉得中国菜挺好吃的。（I think Chinese food is quite delicious.）

挺+verb+的:

（1）我妈妈挺想去中国的。（My mother is quite eager to go to China.）

（2）她挺喜欢学习汉语的。（She quite enjoys learning Chinese.）

二、太棒了！

“太” is also a degree adverb, which is stronger than “very”. “太棒了” is equivalent to “太好了”, meaning “wonderful” or “terrific”.

Examples:

（1）下午没课，太棒了！（No class in the afternoon. Terrific!）

（2）志强说明天陪我去鼓浪屿玩儿，太棒了！（Zhiqiang will accompany me to Gulangyu tomorrow. Fantastic!）

三、你真够朋友！

“够” is another degree adverb and here it is followed by a noun（朋友）. If someone is “够朋友”, it means they deserve to be called a true friend.Other expressions like “够意思” and “够哥们儿” carry the same meaning.They are all colloquial expressions that indicate closeness between Chinese people and their true friends.As a response, people often say “应该的” or “那还用说”, meaning “that’s what best friends do”.

Examples:

A：子龙，我给你带了好吃的。（A: Zilong, I brought you something delicious.）

B：志强，你真够朋友。（B: Zhiqiang, you’re a true friend.）

A：那还用说。（A: Of course I am.）

练习 Exercises

听力练习

一、声母和韵母练习。Initials and finals exercises.

（一）听录音，写韵母。Listen and write down the finals. L10E1

1.y____	2.w____	3.d____	4.m____	5.p____
6.g____	7.x____	8.d____	9.s____	10.zh____
11.d____	12.sh____	13.b____	14.w____	15.l____

（二）听录音，写声母。Listen and write down the initials. L10E2

1.____uo	2.____i	3.____e	4.____i	5.____ou
6.____iao	7.____u	8.____i	9.____i	10.____u
11.____in	12.____ian	13.____i	14.____ong	15.____e

（三）选择你听到的音节。Choose the syllables you hear. L10E3

1.dǔ — tǔ	2.tài — dài	3.tǐng — dǐng
4.bié — piě	5.bàng — pàng	6.biǎo — piào
7.zì — cì	8.zǒu — còu	9.zuò — cuò
10.zhēn — chén	11.zhǎo — chǎo	12.zhī — shī
13.gòu — kōu	14.gè — kè	15.gāng — kāng

二、声调练习。Tone exercises.

（一）听后标出声调。Listen and mark the tones. L10E4

1.fengjing	2.mingpian	3.bucuo	4.duche	5.xianjin
6.ditie	7.wenlu	8.dache	9.maipiao	10.yinhang
11.ditu	12.shunbian	13.xiaci	14.duimian	15.ganxie

（二）判断对错。True or false. L10E5

1.búcuò[ ]	2.kěyǐ[ ]	3.yìzhāng[ ]	4.suǒyǐ[ ]	5.yǒudiǎnr[ ]
6.mǎdóu[ ]	7.dǔchē[ ]	8.āyī[ ]	9.piàoxià[ ]	10.tǎchē[ ]

三、句子练习。Sentence exercises.

听后跟读。Listen and read. L10E6

上周末，我约我的女朋友一起去鼓浪屿。我们坐地铁去码头，因为地铁又快又方便，地铁票也很便宜。我在地铁站售票处买了一张公交卡，到鼓浪屿票价是五块。中午我们要去饭馆儿吃饭，我的现金不够，所以去银行取钱。我向一位阿姨问路，顺便练习一下汉语。

四、听力理解练习。Listening comprehension exercises.

（一）听句子，选择合适的回答。Listen to the sentences and choose the right answer. L10E7

1. A. 好主意　　B. 星期五我有空
   C. 我想出去走走　　D. 太棒了

2. A.挺好的　　B.星期三我有点儿忙
C.差不多　　D.好，不见不散

3. A.咱们可以坐公交车，也可以坐地铁
B.那我们坐地铁吧
C.坐公交便宜一点儿
D.我觉得地铁比较快，人也比较少

4. A.差不多　　B.没事，别客气
C.不远，走路十多分钟就到了　　D.不好意思，我也不知道

5. A.好主意
B.先一直走，然后在第三个路口右拐，银行在超市的对面
C.学校没有银行　　D.这儿有一个超市

6. A.好，不见不散　　B.好啊，我们去鼓浪屿怎么样
C.太棒了　　D.没事，别客气

7. A.没有，我想买一张公交卡　　B.我们去中华城怎么样
C.太好了　　D.好的，你等我一下，我去买票

8. A.没有　　B.我们坐地铁去吧
C.票价三块　　D.你等我一下，我回宿舍拿手机

9. A.别开玩笑　　B.明天早上9点，在学校门口见面
C.晚上10点　　D.我们去超市吧

10. A.有　　B.我们向一位阿姨问路
C.先左拐，再直走　　D.好主意

（二）听对话，选择正确答案。Listen to the dialogues and choose the right answer. L10E8

1. A.她们去美国　　B.周六她有空
C.周末她都有空　　D.周六她没空

2. A.七点半　　B.早点出发
C.七点　　D.八点

3. A.他们打车去学校　　B.他们坐公交去学校
C.他们坐地铁去学校　　D.他们坐公交车或地铁去学校

4. A.差不多　　B.地铁比较快
C.公交车比较快　　D.打车比较快

5. A.银行　　B.现金
C.取钱　　D.地图

6. A.银行的左边　　B.银行的右边
C.银行的旁边　　D.银行的下边

7. A.先一直走　　B.先一直走，再往左拐
C.不知道　　D.先一直走，再往右拐

8. A.银行　　B.买公交卡
C.地铁站　　D.公交站

9. A.九块　　B.三块
C. 十块　　D.二十四块

10. A.先一直走　　B.先一直走，然后在第三个路口左拐
C.不知道　　D.先一直走，然后在第三个路口右拐

五、听说练习。Listen and speak.

（一）听后补全声母，并读出拼合后的音节。Listen and complete the following syllables, and then read them out loud. L10E9

1.____ou	2.____ei	3.____eng	4.____en	5. ____an
6.____ou	7.____ue	8.____uo	9.____uang	10.____ao
11.____uai	12.____an	13.____un	14.____ian	15.____ie

（二）看图片，听录音，根据图片内容说出句子。Listen to the recording and finish the sentences according to the picture. L10E10

提示：

我约陈博文去鼓浪屿。我们坐______去码头，因为______又______又______，______也很便宜。

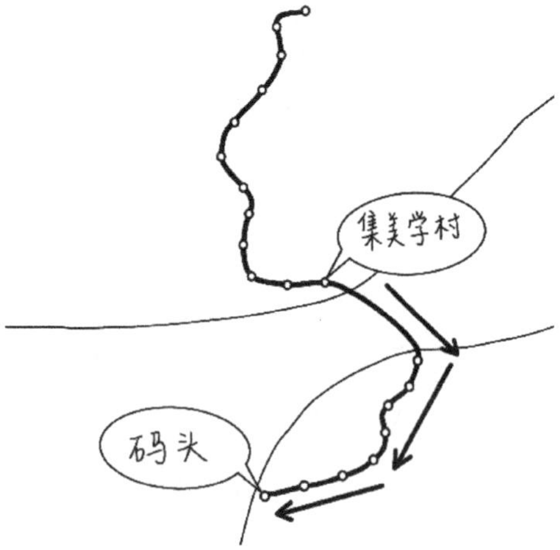

（三）听录音，回答下列问题。Listen to the recording and answer the following questions. L10E11

1. 他想去哪儿？
2. 最近的银行怎么走？

3. 银行很远吗？
4. 他可以怎么去银行？
5. 最后他怎么去银行？

口语练习

一、辨音辨调。Tone discrimination.

1.wánxiào — shòupiào	2.chūqu — shūjì	3.míngpiàn — píngmiàn
4.fēngjǐng — fēnqīng	5.búcuò — búzuò	6.zánmen — cánrěn
7.dǎchē — zǒuzhe	8.dìtiě — jìjié	9.fāngbiàn — míngpiàn
10.dānxīn — tánxīn	11.xiàcì — xiácī	12.xiànjīn — qiānjīn
13.mǎipiào — mǎibiǎo	14.dìtú — tíchū	15.liànxí — kèqi

二、朗读下列句子。Read the following sentences.

1. 这个星期六你有空吗？
2. 最近怎么样？
3. 我想出去走走，你能陪我逛逛吗？
4. 太棒了！你真够朋友！咱们星期六就去鼓浪屿吧！
5. 我们怎么去鼓浪屿？
6. 坐公交车和坐地铁哪个方便？
7. 坐公交便宜一点儿。但我觉得地铁比较快，人也比较少，还不用担心堵车。
8. 那你这次用现金，下次可以在地铁站售票处买一张公交卡，比较方便。
9. 你找人问路，顺便练习一下汉语怎么样？
10. 阿姨，您知道最近的银行在哪儿吗？
11. 不好意思，我也不知道。

三、替换练习，根据你的情况说一说。Practice speaking with your own information.

__________，我约____________一起去____________。我们坐__________去__________，因为__________又快又方便，__________票也很便宜。我们到___________站下车，一共__________站，票价是__________。__________以后我想去__________，所以我向一位__________问路，顺便练习一下汉语。__________的风景很不错，今天我们都很高兴。

四、完成对话。Complete the dialogues.

（一）

A：我想出去走走，你能陪我______吗？

B：好啊！我们去________怎么样？________很不错。

A：________！咱们周日就去！

B：好，周日早上几点走？

A：________点行吗？早点儿走不________。

B：好的，周日早上______________点，__________，再见。

A：好，再见。

（二）

A：我们怎么去________？

B：我们先去________，再坐________去。

A：咱们去________吗？

B：________贵。咱们可以坐________，也可以坐________。

A：坐________和坐________哪个方便？

B：差不多。

（三）

A：你有公交卡吗？

B：______。

A：____________________。

B：好的。到鼓浪屿多少______？

A：我们到________站下车，一共______站，票价______块。

B：好。

五、根据提示完成对话。Complete the dialogues with the information provided.

关键词：先、再、坐、打车、公交车、地铁、站、方便、贵、便宜、但、比较、快、堵车、票价

提示：

…… 有点儿贵　坐 …… 便宜一点儿　但我觉得 …… 比较快，还不用 ……

课堂活动

一、从学校去火车站，一共有几种交通工具和出行路线？了解并且简单说明每一种出行路线。How do you get to the railway station from your school? How many routes are there? Try to figure them out and briefly describe each possibility.

交通工具	路线	特点	票价
打车	无	方便	40元
		快、人少、不堵车	
		便宜	

二、两人一组，使用提示练习对话。In groups of two, make up a dialogue with the information provided.

提示：

请问，您知道 …… 怎么走吗？

很远吗?

真是太感谢您了!

先一直走，然后在第 …… 个路口 …… 拐，…… 在 …… 的 …… 面。

作业 Homework

听力作业

一、听录音并跟读。Listen to the recording and read after it.

L10H1

1. āyí，nín zhīdao zuìjìn de yínháng zài nǎr ma？

2. Xiān yìzhí zǒu，ránhòu zài dì sān gè lùkǒu yòu guǎi，yínháng zài chāoshì de duìmiàn.

3. Bù yuǎn，zǒulù shí duō fēnzhōng jiù dào le.

4. Zhēn shì tài gǎnxiè nín le！

5. Méishì，bié kèqi.

6. Wǒ de xiànjīn bú gòu le，wǒ xiǎng qǔ diǎnr qián.

7. Dào Gǔlàngyǔ piàojià duōshao？

8. Dǎchē yǒu diǎnr guì.

9. Zuò gōngjiāo piányi yì diǎnr.

10. Bié kāi wánxiào, nǐ bú pàng.

二、听对话，选择正确答案。Listen to the dialogues and choose the right answer.

L10H2

1. 坐公交车和坐地铁哪个便宜?

A. 都很便宜　　B. 坐公交　　C. 坐地铁　　D. 都不便宜

2. 他们怎么去第一医院?

A. 坐公交　　B. 坐地铁　　C. 打车　　D. 坐船

3. 到了第一医院以后，小月要做什么？

A. 坐地铁　　B. 不知道　　C. 取钱　　D. 找地铁站

4. 小月向谁问路？

A. 福瑞　　B. 阿姨　　C. 同学　　D. 不知道

5. 银行在哪儿？

A. 先一直走，然后在第二个路口右拐，银行在超市的旁边。

B. 先一直走，然后在第二个路口左拐，银行在超市的对面。

C. 先一直走，然后在第一个路口左拐，银行在超市的对面。

D. 先一直走，然后在第一个路口右拐，银行在超市的对面。

三、判断对错。True or false. L10H3

1. 博文明天下午没空。[ ]
2. 小月想去厦门大学。[ ]
3. 他们明天下午一点半出发。[ ]
4. 坐地铁又快又便宜。[ ]
5. 坐公交便宜一点儿。[ ]

口语作业

邀约同学或朋友，周末一起出去玩儿，跟他（她）约定见面的时间、地点和出行方式。任务：途中找一位路人问路，顺便练习汉语。Invite your classmates or friends to hang out on the weekend, and decide when and where to meet, where to go and how you are going to get there. Ask a passerby for directions and practice Chinese.

自我评价 Self- Evaluation

学完这一课，你对自己的表现满意吗？

评价表 Evaluation Form					
完成质量 Level of completion / 本课目标 Objectives	5 很好	4 好	3 一般	2 较差	1 很差
1.复习询问位置、问路和指路。 Review how to ask for or give directions.					
2.学习询问出行工具、方式和价格。 Learn how to ask about means of transportation and how much they cost.					
3.学习表达感谢。Learn how to express gratitude.					
4.自己需要注意的问题 Self–reflection（make a note of what needs to be improved, such as your attitude towards learning or any language–related issue you have）					

第 11 课 我有点儿不舒服

wǒ yǒu diǎn er bù shū fu

I am a little uncomfortable

目标 Objectives

- 复习询问交通工具和出行方式。Review how to ask about means of transportation.
- 学习描述一般的病症。Learn how to describe symptoms of an illness.
- 学习请病假。Learn how to ask for sick leave.
- 学习看医生、吃药的相关用语。Learn terms related to seeing a doctor or taking medicine.

生词 New Words

L11N1

1.	已经	yǐjīng	already
2.	舒服	shūfu	comfortable
3.	头	tóu	head
4.	头疼	tóuténg	headache
5.	晚	wǎn	late
6.	感冒	gǎnmào	to have a cold
7.	可能	kěnéng	probably, maybe
8.	大夫	dàifu	(colloquial) doctor, physician
9.	查	chá	to find, to consult
10.	转	zhuǎn	to change/transfer (trains or buses)

11.	病假	bìngjià	sick leave
12.	请假	qǐngjià	to ask for leave
13.	咳嗽	késou	to cough
14.	发烧	fāshāo	to have a fever
15.	着凉	zháoliáng	to catch a cold, to catch a chill
16.	热	rè	hot
17.	得	de	(auxiliary word) Used after a verb or adjective to connect a complement, indicating degree or result
18.	厉害	lìhai	severe,terrible
19.	开药	kāiyào	to prescribe, to make a prescription
20.	饭后	fànhòu	after meals
21.	服用	fúyòng	to take (medicine)
22.	应该	yīnggāi	should, ought to
23.	注意	zhùyì	to take notice, to be careful
24.	蔬菜	shūcài	vegetable
25.	着急	zháojí	to worry,to feel anxious
26.	可	kě	(adverb) Used before a verb or adjective to indicate emphasis
27.	害怕	hàipà	to be afraid of, to be scared
28.	及格	jígé	to pass a test or exam
29.	过	guò	to celebrate (birthdays or festivals)
30.	送	sòng	to give (as a present)
31.	礼物	lǐwù	present
32.	做菜	zuòcài	to cook
33.	开心	kāixīn	happy, joyful,delighted
34.	肚子	dùzi	belly, tummy

补充词汇和表达 Additional words and expressions

1.	哪里哪里	nǎlǐ nǎlǐ	a modest denial of a compliment, showing politeness and humility
2.	肠胃炎	chángwèiyán	gastroenteritis
3.	中药	zhōngyào	traditional Chinese medicine

课文 Texts

1

L11T1

huángxiǎoyuè tiān ài **yǐ jīng** qī diǎn wǔ shí le nǐ zěn me hái zài shuìjiào
黄 小 月：天爱，**已经**七点五十了，你怎么还在睡觉？

yángtiān ài wǒ yǒu diǎn er bù **shū fu** **tóu** hěn **téng**
杨天爱：我有点儿不**舒服**，**头**很**疼**。

huáng xiǎo yuè zěn me le shì bu shì zuó tiān shuì de tài **wǎn** le hái shi **gǎn mào** le
黄 小 月：怎么了？是不是昨天睡得太**晚**了？还是**感冒**了？

yángtiān ài **kě néng** shì gǎnmào le nǐ néng péi wǒ qù yī yuàn kàn **dài fu** ma
杨天爱：**可能**是感冒了。你能陪我去医院看**大夫**吗？

huángxiǎoyuè méi wèn tí wǒ péi nǐ
黄 小 月：没问题，我陪你。

yángtiān ài xiè xie nǐ
杨天爱：谢谢你！

huángxiǎoyuè nǐ zhī dao yī yuàn zěn me zǒu ma
黄 小 月：你知道医院怎么走吗？

yángtiān ài wǒ ké yǐ yòng shǒu jī dì tú **chá** yí xià
杨天爱：我可以用手机地图**查**一下。

huángxiǎoyuè zěn me yàng chádào le ma
黄 小 月：怎么样，查到了吗？

yángtiān ài yī yuàn lí zhè er yǒu diǎn yuǎn
杨天爱：医院离这儿有点远。

huángxiǎoyuè nà wǒ men zuò gōng jiāo chē qù ba
黄 小 月：那我们坐公交车去吧。

yángtiān ài xiān zuò sān líng liù lù dào xīn huá shū diàn zhàn rán hòu **zhuǎn** jiǔ líng yī lù
杨天爱：先坐三零六路到新华书店站，然后**转**九零一路，

zài dì èr rénmín yī yuànzhàn xià chē
在第二人民医院站下车。

回答问题。Answer the questions according to the text.

1. 天爱在做什么？
2. 天爱怎么了？
3. 她们要去哪儿？
4. 天爱知道怎么去医院吗？
5. 去医院怎么走？

完成对话。Complete the dialogues.

1. A：已经7点50了，你怎么__________睡觉？
   B：我__________不舒服，头__________。
   A：怎么了？是不是昨天睡得太晚了？还是感冒了？
   B：__________。
2. A：你知道医院__________？
   B：__________坐__________路到__________站，然后__________901路，在__________站__________车。

2 L11T2

hán fú ruì　wèi　qǐngwèn shì xǔ lǎo shī ma
韩福瑞：喂，请问是许老师吗？

xǔ lǎo shī　wǒ shì　qǐngwèn nín shì nǎ wèi
许老师：我是，请问您是哪位？

hán fú ruì　xǔ lǎo shī nín hǎo　wǒ shì hán fú ruì
韩福瑞：许老师您好，我是韩福瑞。

xǔ lǎo shī　fú ruì　zěnme le
许老师：福瑞，怎么了？

hán fú ruì　wǒ yǒudiǎn er bù shū fu　ké yǐ **qǐng** gè **bìng jià** ma
韩福瑞：我有点儿不舒服，可以**请**个**病假**吗？

xǔ lǎo shī　shì gǎnmào le ma
许老师：是感冒了吗？

hán fú ruì　wǒ de tóu hěn téng　hái yì zhí **ké sou**
韩福瑞：我的头很疼，还一直**咳嗽**。

xǔ lǎo shī　**fā shāo** le ma
许老师：**发烧**了吗？

hán fú ruì　yóudiǎn er fā shāo　kě néng shì zhèliǎngtiān**zháoliáng** le

韩福瑞：有点儿发烧，可能是这两天**着凉**了。

xǔ lǎo shī　duō hē **rè** shuǐ　hǎohǎo xiū xi　rú guǒbìng **de lì hai** jiù qù yī yuànkàn

许老师：多喝**热**水，好好休息。如果病**得厉害**就去医院看

dài fu

大夫。

hán fú ruì　hǎo de　xiè xie xǔ lǎo shī

韩福瑞：好的，谢谢许老师。

回答问题。Answer the questions according to the text.

1. 福瑞怎么了？
2. 福瑞给许老师打电话做什么？
3. 福瑞发烧了吗？
4. 福瑞为什么会发烧？
5. 许老师对福瑞说了什么？

完成对话。Complete the dialogues.

1. A：我有点儿不舒服，可以______吗？

   B：是______了吗？

2. A：发烧了吗？

   B：______发烧，______是这两天______了。

3　　L11T3

lǐ zhì qiáng　fú ruì　nǐ zuótiānméi lái shàng

李志强：福瑞，你昨天没来上

kè　zěnme le

课，怎么了？

hán fú ruì　yóudiǎn er bù shū fu　tóuténg

韩福瑞：有点儿不舒服，头疼、

ké sou

咳嗽。

lǐ zhì qiáng　qù kàndài fu le ma

李志强：去看大夫了吗？

hán fú ruì　kàn le　dài fu shuō wǒ gǎn

韩福瑞：看了。大夫说我感

mào le

冒了。

lǐ zhìqiáng kāiyào le ma
李志强：**开药**了吗？

hán fú ruì kāi le gǎnmàoyào yì tiānliǎng cì yí cì yí piàn fànhòu fú yòng
韩福瑞：开了感冒药。一天两次，一次一片，**饭后服用**。

lǐ zhìqiáng xiànzàiháodiǎn er le ma
李志强：现在好点儿了吗？

hán fú ruì hǎo yì diǎn er le
韩福瑞：好一点儿了。

lǐ zhìqiáng nǐ yīnggāi duō xiū xi zhù yì yǐn shí duō chī shū cài hé shuíguǒ bú yàozháo jí lái shàng kè
李志强：你**应该**多休息，**注意**饮食，多吃**蔬菜**和水果，不要**着急**来上课。

hán fú ruì nà kě bù xíng hàn yǔ zhèmenán bú shàng kè shénme dōuwàng le
韩福瑞：那**可**不行！汉语这么难，不上课什么都忘了。

lǐ zhìqiáng nǐ zhēn shìhǎoxuésheng a
李志强：你真是好学生啊！

hán fú ruì nǎ li nǎ li wǒ shì hài pà bù jí gé
韩福瑞：**哪里哪里**，我是**害怕**不**及格**！

回答问题。Answer the questions according to the text.

1. 福瑞昨天为什么没来上课？
2. 福瑞去看大夫了吗？
3. 大夫说福瑞怎么了？
4. 大夫给福瑞开药了吗？药怎么吃？
5. 为什么福瑞着急来上课？

完成对话。Complete the dialogues.

1. A：你昨天没来上课，怎么了？
   B：______________________。
2. A：开药了吗？
   B：开了______药。一_____ ____次，一________片，饭后服用。

4 L11T4

qīng mù zuótiān shì zǐ lóng de shēng rì wǎnshang èr bān de tóngxué qù tā de sù shè gěi tā guòshēng rì wǒmensòng tā lǐ wù tā hé měi yù gěi wǒmenzuò tài guó cài
青木：昨天是子龙的生日。晚上，二班的同学去他的宿舍给他**过**生日。我们**送**他**礼物**，他和美玉给我们**做**泰国**菜**。

wǒ men dōu hěn **kāi xīn** dàn shì wǒ de **dù zi** jīn tiān téng de lì hai zhì qiáng péi wǒ qù yī
我们都很**开心**。但是我的**肚子**今天疼得厉害。志强陪我去医
yuàn kàn dài fu dài fu shuō shì **cháng wèi yán** tā gěi wǒ kāi le yì xiē **zhōng yào** yì tiān
院看大夫。大夫说是**肠胃炎**。他给我开了一些**中药**，一天
sān cì yí cì liǎng piàn fàn hòu fú yòng wǒ xiǎng wǒ de dù zi xí guàn le zhōng guó cài
三次，一次两片，饭后服用。我想我的肚子习惯了中国菜，
hái bù xí guàn tài guó cài
还不习惯泰国菜。

根据提示复述课文。Retell the text according to the information provided.

……是子龙的……。晚上，二班的同学去他的宿舍……。我们……，他和美玉……。我们……。……我的……疼得厉害。……陪我去医院看大夫。大夫说是……。他给我开了一些……，一天……次，一次……片，饭后……。我想……，还……。

注释 Notes

一、Common expressions of physical discomfort

牙疼（toothache）	头疼（headache）	肚子疼（tummy-ache）
胃疼（stomachache）	腰疼（lumbago）	腿疼（leg pain）
感冒（cold）	发烧（fever）	咳嗽（cough）
拉肚子（diarrhea）	着凉（catch a chill）	头晕（dizziness）

二、那可不行

"那可不行" is often used to express a firm denial of what others have said or put forward, especially in spoken Chinese.

Examples:

A：你感冒太严重了，别写作业了，快去休息吧！（You have a bad cold. Stop doing your homework and get some rest!）

B：那可不行！先写完作业我再休息。（I can't do that. I'll take a break after I finish my homework.）

三、哪里哪里

“哪里” is a common reply in conversation and is used to show the speaker’s modesty and courtesy. It comes in handy as a polite response to others’compliments. “哪里” can stand alone or be reduplicated as “哪里哪里” .

Examples:

A：谢谢你帮我找到手机，你人太好了！(Thank you for helping me find my cell phone. It’s very kind of you.)

B：哪里那里！这是应该的！(Oh, it’s nothing! That’s the least I can do.)

练习 Exercises

听力练习

一、声母和韵母练习。Initials and finals exercises.

（一）听录音，写韵母。Write the finals after listening. L11E1

1.y____	2.zh____	3.k____	4.n____	5.b____
6.j____	7.d____	8.f____	9.y____	10.y____
11.sh____	12.f____	13.l____	14.h____	15.g____

（二）听录音，写声母。Listen and write down the initials. L11E2

1.____e	2.____ou	3.____a	4.____ao	5.____en
6.____e	7.____ao	8.____iang	9.____ai	10.____ao
11.____ou	12.____eng	13.____ai	14.____uo	15.____ong

（三）选择你听到的音节。Choose the syllables you hear. L11E3

1.dǔ — tǔ	2.tóu — dòu	3.téng — děng
4.pà — bà	5.péi — bèi	6.biāo — piāo
7.chá — shá	8.chǎo — shǎo	9.chóu — shòu
10.zhí — cí	11.zháo — cáo	12.zhù — cù
13.gāi — kāi	14.gé — kě	15.guò — kuò

二、声调练习。Tone exercises.

（一）听后标出声调。Listen and mark the tones. L11E4

1.danshi 2.kaixin 3.zuocai 4.liwu 5.zhongyao

6.xiguan 7.shengri 8.jige 9.haipa 10.zhuyi

（二）判断对错。True or false. L11E5

1.yìzhí[ ] 2.nǎlǐ[ ] 3.hàipài[ ] 4.zōngyào[ ] 5.jígé[ ]

6.zhuójí[ ] 7.kěnéng[ ] 8.qǐngjià[ ] 9.fúyōng[ ] 10.dàfu[ ]

三、句子练习。Sentence exercises.

听后跟读。Listen and read. L11E6

昨天是我女朋友的生日，晚上我和她的朋友去宿舍给她过生日。我们送她礼物，她很开心。今天我头疼得厉害，上午我跟老师请了病假，下午同屋陪我去医院看大夫。大夫说我发烧了。他给我开了一些药，一天三次，一次六片，饭后服用。我想我可能是这两天着凉了。

四、听力理解练习。Listening comprehension exercises.

（一）听句子，选择合适的回答。Listen to the sentences and choose the right answer. L11E7

1. A. 肚子疼，看大夫了吗 B. 怎么样
   C. 多喝热水 D. 怎么了？是不是感冒了
2. A. 没问题，我陪你 B. 吃药了吗
   C. 你应该休息 D. 怎么了
3. A. 没问题 B. 医院有点儿远
   C. 我可以用手机地图查一下 D. 那我们坐公交车去吧
4. A. 可能是感冒了 B. 我有点儿不舒服，头很疼
   C. 你能陪我去医院看大夫吗 D. 可能是这两天着凉了
5. A. 没问题，我陪你 B. 可以，去医院看病吧
   C. 多喝热水 D. 医院有点儿远

6. A. 好的　　B. 看了。医生说我感冒了
C. 我没有感冒药　　D. 医院有点儿远
7. A. 没问题。我陪你去看大夫　　B. 看了。医生说我感冒了
C. 好点儿了
D. 那可不行！汉语这么难，不上课什么都忘了
8. A. 哪里哪里，我是害怕不及格　　B. 不客气
C. 我吃了感冒药
D. 那可不行！汉语这么难，不上课什么都忘了
9. A. 那我们坐公交车去吧
B. 先坐306路到新华书店站，然后转901路，在第二人民医院站下车
C. 医院有点儿远　　D. 没问题
10. A. 大夫说我感冒了　　B. 好一点儿了
C. 开了感冒药　　D. 昨天我请假去给妈妈过生日了

（二）听对话，选择正确答案。Listen to the dialogues and choose the right answer.　　L11E8

1. A. 去看医生　　B. 有点儿不舒服
C. 上课　　D. 头疼得厉害
2. A. 请好了　　B. 头很疼　　C. 一直咳嗽　　D. 没请好
3. A. 一次　　B. 两次　　C. 三次　　D. 四次
4. A. 图书馆　　B. 食堂　　C. 宿舍　　D. 教室
5. A. 去医院看病　　B. 去牙科看病
C. 陪姐姐去逛逛　　D. 陪姐姐去医院看牙
6. A. 有点儿远　　B. 不太远　　C. 不远　　D. 3分钟就到了
7. A. 发烧了　　B. 肠胃炎　　C. 牙疼　　D. 头疼、咳嗽
8. A. 发烧了　　B. 感冒了　　C. 肚子疼　　D. 肠胃炎
9. A. 1次　　B. 2次　　C. 3次　　D. 4次
10. A. 先坐901路到厦门大学站，然后转90路，在第一医院站下车
B. 先坐903路到厦门大学站，然后转90路，在第一医院站下车
C. 先坐903路到厦门大学站，然后转90路，在第二医院站下车
D. 先坐901路到厦门大学站，然后转90路，在第二医院站下车

五、听说练习。Listen and speak.

（一）听后补全声母，并读出拼合后的音节。Listen and complete the following syllables, and then read them out loud. L11E9

1.____ai 2.____ou 3.____eng 4.____u 5.____an

6.____ai 7.____a 8.____uan 9.____ing 10.____ia

11.____ou 12.____ao 13.____iang 14.____ei 15.____u

（二）看图片，听录音，根据图片内容说出句子。Listen to the recording and finish the sentences according to the picture. L11E10

提示：

志强陪我去医院看大夫。大夫说我________了，他给我______了一针，还______了一些______，一天______，______两片，______服用。

① ② ③

（三）听录音，回答下列问题。Listen to the recording and answer the following questions. L11E11

1. 福瑞给谁打电话？
2. 福瑞为什么打电话？
3. 福瑞的同屋哪儿不舒服？
4. 福瑞的同屋怎么了？
5. 如果同屋病得厉害，黄老师让福瑞做什么？

口语练习

一、辨音辨调。Tone discrimination.

1.shūfu — sùkǔ	2.dǎzhēn — tārén	3.hàipà — hǎibiān
4.yǎnjing — yángxìng	5.bízi — pīcì	6.lǐwù — nítǔ
7.yánzhòng — yángcōng	8.jiǎnchá — jiānzhà	9.shūcài — sùchá
10.shēntǐ — chénxī	11.yīyuàn — xìyuàn	12.zuòcài — zhuōnòng
13.bìngjià — píngjià	14.zháoliáng — chāoyáng	15.dùzi — bùzhǐ

二、朗读下列句子。Read the following sentences.

1. 我有点儿不舒服。
2. 怎么了？是不是昨天睡得太晚了？还是感冒了？
3. 你能陪我去医院看大夫吗？
4. 先坐三零六路到新华书店站，然后转九零一路，在第二人民医院站下车。
5. 老师，我发烧了，可以请个病假吗？
6. 我头很疼，还一直咳嗽，可能是这两天着凉了。
7. 你要多休息，如果病得厉害就去医院看大夫。
8. 医生给我开了感冒药，一天两次，一次一片，饭后服用。。
9. 你应该注意饮食，多吃蔬菜和水果。
10. 哪里哪里，我是害怕不及格！

三、根据你的情况说一说。Practice speaking with your own information.

1. 已经7点50了，你怎么还在睡觉？

1点30	上网
22点40	写作业

21点25　　　　　看电视

2. 我有点儿不舒服，头很疼。

牙

肚子

胃

眼睛

3. 你能陪我去医院看大夫吗？

商场　逛逛

公园　走走

银行　取钱

饭店　吃饭

4. 如果病得厉害就去医院看大夫。

饿了　　　吃饭

困了　　　睡觉

不舒服　　　休息

四、完成对话。Complete the dialogues.

（一）

A：你怎么了？

B：我有点儿不舒服，__________很疼。

A：是不是__________了？还是__________了？

B：可能是__________了，你能陪我____________吗？

A：没问题，我陪你！

B：谢谢你！

（二）

A：老师，我有点儿不舒服，可以__________吗？

B：怎么了？

A：可能是__________了。

B：快去医院吧！好好__________！

A：好的，谢谢老师！

（三）

A：大夫，您好。

B：你好，你怎么了？

A：我__________疼，还一直__________。

B：试一下体温。

A：好。

B：__________度，你__________了。

A：用打针吗？

B：得打__________针，我还得给你__________。

A：我病得__________吗，大夫？

B：不太严重，回去按时__________，多________，多喝________，多吃水果蔬菜。

A：好的，这个药一天吃__________？

B：一天__________次，一次__________片，饭__________服用。

五、根据提示说一段话。Say a paragraph with the information provided.

关键词：舒服、疼、请假、严重、医院 、检查、身体、按时、药、服用、担心、注意

提示：有一次，我生病了，……

课堂活动

一、4-5人一组，假装一位同学病了，问问他（她）怎么了，告诉他（她）怎么去医院。Work in groups of four to five.Suppose one of you doesn't feel well, and the others ask him/her what happened and tell him/her how to get to the hospital.

二、4-5人一组，分别扮演学生A、学生B、老师、医生，练习在医院看大夫的对话。Work in groups of four to five. Choose two or three as students, one as a teacher, and one as a doctor. Simulate a doctor's visit at the hospital and have a conversation.

作业 Homework

听力作业

一、听录音并跟读。Listen to the recording and read after it.

L11H1

1.Yǐjīng jiúdiǎn sìshíwǔ le，nǐ zěnme hái zài shuìjiào？

2.Wǒ yóudiǎnr bù shūfu，tuǐ hěn téng.

3.Zěnme le？

4.Shì bu shì zuótiān shuì dé tài wǎn le？ háishì gǎnmào le？

5.Nǐ néng péi wǒ qù yīyuàn kàn dàifu ma？

6.Yīyuàn lí zhèr yóudiǎnr yuǎn.

7.Zuò gōngjiāochē hé zuò dìtiě nǎ ge piányi？

8.Kāiyào le ma？

9.Wǎnshang èrbān de tóngxué qù tā de sùshè gěi tā guò shēngrì.

10.Wǒ xiǎng wǒ de dùzi xíguàn le Zhōngguó cài，hái bù xíguàn Tàiguó cài.

二、听对话，选择正确答案。Listen to the dialogues and choose the right answer.

L11H2

1. 小月怎么没来上课?

A.小月生病了　　B. 小月陪妹妹去医院

C.小月昨天请假了　　D.小月胃疼

2. 小月的妹妹怎么了?

A. 牙疼　　B. 肚子疼　　C. 胃疼　　D. 感冒

3. 大夫开的药一天喝几次?

A.一天一次　　B. 一天两次　　C. 一天三次　　D. 一次三片

4. 她打针了吗？

A. 打了　　B. 没有打针　　C. 她开了药　　D. 大夫说她是肠胃炎

5. 去医院怎么走？

A. 先坐928路到新华书店站，然后转916路，在第一医院站下车

B. 先坐916路到新华书店站，然后转928路，在第一医院站下车

C. 先坐928路到第一医院站，然后转916路，在新华书店站下车

D. 先坐916路到第一医院站，然后转926路，在新华书店站下车

三、判断对错。True or false.　　L11H3

1. 昨天他们去了鼓浪屿。 [ ]
2. 昨天他们吃了冰棍儿。 [ ]
3. 今天他肚子很疼。 [ ]
4. 大夫开了一些药，一天一次。 [ ]
5. 他以后不能吃冰棍儿了。 [ ]

口语作业

回忆你去医院看病的经历，记录下看病的过程，给大家介绍怎样去医院看病。Recall your experience of seeing a doctor at a hospital,describe the process, and tell us how you got there.

自我评价 Self- Evaluation

学完这一课，你对自己的表现满意吗？

评价表 Evaluation Form					
完成质量 Level of completion / 本课目标 Objectives	5 很好	4 好	3 一般	2 较差	1 很差
1.复习询问交通工具和出行方式。 Review how to ask about means of transportation.					
2.学习描述一般的病症。 Learn how to describe symptoms of an illness.					
3. 学习请病假。 Learn how to ask for sick leave.					
4. 学习看医生、吃药的相关用语。 Learn terms related to seeing a doctor or taking medicine.					
5. 自己需要注意的问题。Self-reflection（make a note of what needs to be improved, such as your attitude towards learning or any language-related issue you have）					

第 12 课　我们出去逛逛吧

wǒ men chū qu guàngguang ba

Let's go out for a walk

目标 Objectives

- 复习发出邀请和接受邀请。Review how to give out invitations and how to accept them.
- 复习询问商品的价格、颜色和尺码。Review how to ask about the price, color and size of products.
- 复习菜品的名称、如何点菜。Review the names of certain dishes and how to order food.
- 复习看医生、吃药的相关用语。Review terms related to seeing a doctor or taking medicine.
- 学习说明原因。Learn how to explain reasons.

生词 New Words

L12N1

1.	干	gàn	to do
2.	哦	ò	oh, I see
3.	商场	shāngchǎng	mall
4.	衬衫	chènshān	shirt
5.	分	fēn	fen, a fractional unit of money in China（1 fen =1/100yuan）
6.	货	huò	goods, commodity
7.	办法	bànfǎ	method, means, way

8.	找	zhǎo	to look for
9.	新款	xīnkuǎn	new style/design, new arrival
10.	质量	zhìliàng	quality
11.	当然	dāngrán	certainly, of course
12.	听说	tīngshuō	to be told, to hear of
13.	附近	fùjìn	nearby, neighboring
14.	地道	dìdao	authentic, veritable, sheer
15.	特色菜	tèsècài	signature dish
16.	鱼	yú	fish
17.	瓶	píng	measure word (used for things that come in bottles)
18.	可乐	kělè	cola, coke
19.	橙汁	chéngzhī	orange juice
20.	睡不着	shuìbùzháo	unable to fall asleep
21.	紧张	jǐnzhāng	nervous, intense
22.	告诉	gàosu	to tell
23.	苦	kǔ	bitter
24.	希望	xīwàng	to hope, to wish, to expect
25.	起来	qǐlai	directional verb (used after a verb to express an upward movement or change)

补充词汇和表达 Additional words and expressions

1.	川菜	chuāncài	Sichuan Cuisine, Sichuan flavor
2.	麦当劳	màidāngláo	McDonald's
3.	水煮鱼	shuǐzhǔyú	Sliced Fish in Hot Chili Oil
4.	麻婆豆腐	mápódòufu	Mapo Tofu

5.	辣子鸡丁	làzi jīdīng	Sauteed Chicken Dices with Chili Peppers
6.	毛血旺	máoxuèwàng	Duck Blood in Chili Sauce
7.	回锅肉	huíguōròu	Twice-cooked Pork
8.	酸辣土豆丝	suānlà tǔdòusī	Sour and Spicy Shredded Potatoes
9.	中医	zhōngyī	traditional Chinese medicine
10.	按摩	ànmó	massage
11.	针灸	zhēnjiǔ	acupuncture and moxibustion

课文 Texts

1 L12T1

（刘子龙给林美玉打电话）

liú zǐ lóng měi yù nǐ zài **gàn**shénme ne
刘子龙：美玉，你在**干**什么呢？

lín měi yù wǒ zài zuò tīng lì zuò yè
林美玉：我在做听力作业。

liú zǐ lóng **ò** zhōu liù xià wǔ péi wǒ qù guàng jiē zěnme yàng
刘子龙：**哦**。周六下午陪我去逛街怎么样？

lín měi yù guàng jiē nǐ yòu xiǎng mǎi yī fu le
林美玉：逛街？你又想买衣服了？

liú zǐ lóng nǐ shuō duì le wǒ xiǎng qù mǎi shàng cì zài **shāngchǎng** kàndào de nà jiàn **chènshān**
刘子龙：你说对了！我想去买上次在**商场**看到的那件**衬衫**。

lín měi yù shàng cì nǐ bú shì shuō tài guì le ma
林美玉：上次你不是说太贵了吗？

liú zǐ lóng yì **fēn**qián yì fēn**huò** guì shì guì le diǎn er kě shì hěn hǎokàn a
刘子龙：一**分**钱一分**货**，贵是贵了点儿，可是很好看啊！

lín měi yù hǎo ba hǎo ba zhēn ná nǐ méi **bàn fǎ**
林美玉：好吧好吧，真拿你没**办法**。

liú zǐ lóng nǐ zhēn hǎo nà wǒmen míngtiān xiān chī wǔ fàn rán hòu qù guàng jiē zěnme yàng
刘子龙：你真好！那我们明天先吃午饭，然后去逛街，怎么样？

lín měi yù　hǎo ya　qù nǎ er chī fàn　shí táng hái shi fàn guǎn er
林美玉：好呀，去哪儿吃饭？食堂还是饭馆儿？
liú zǐ lóng　qù shí táng ba　wǎnshang qù fàn guǎn er chī　wǒ qǐng kè
刘子龙：去食堂吧。晚上去饭馆儿吃，我请客。
lín měi yù　hǎo　míng tiān zhōng wǔ wǒ qù nǐ sù shè zhǎo nǐ
林美玉：好。明天中午我去你宿舍找你。

回答问题。Answer the questions according to the text.

1. 美玉在干什么？
2. 子龙想买什么？
3. 子龙为什么想买那件衬衫？
4. 他们晚上去哪儿吃饭，食堂还是饭馆儿？
5. 美玉明天什么时候去找子龙？

完成对话。Complete the dialogues.

1. A：我想去买上次在__________看到的__________。
   B：上次你不是说__________吗？
   A：__________，__________点儿，__________很好看啊！
2. A：我们明天先__________，然后再去__________，怎么样？
   B：好呀。

2　　L12T2

（刘子龙和林美玉在服装店）

liú zǐ lóng　nǐ hǎo　zhè jiàn chèn shān yǒu hēi sè de ma
刘子龙：你好！这件衬衫有黑色的吗？
shòu huò yuán　bù hǎo yì si　méi you hēi sè de　zhǐ yǒu bái sè　lán sè hé hóng sè de
售货员：不好意思，没有黑色的，只有白色、蓝色和红色的。
liú zǐ lóng　á
刘子龙：啊？
lín měi yù　méi yǒu hēi sè de　bié mǎi le　péi wǒ kàn kan xié zi ba
林美玉：（对子龙）没有黑色的，别买了。陪我看看鞋子吧！
liú zǐ lóng　wǒ xiǎng shì shi bái sè de
刘子龙：我想试试白色的。

lín měi yù　hǎo ba　kě yǐ shì yí xià bái sè de ma　mǎ
林美玉：好吧。（对售货员）可以试一下白色的吗？M码。

shòuhuòyuán　hǎo de　qǐng shāo děng　gěi nín　shì yī jiān zài qiánbian
售货员：好的，请稍等。……给您，试衣间在前边。

liú zǐ lóng　xiè xie　zěnme yàng　hǎokàn ma
刘子龙：谢谢。（试过衣服后，对美玉）怎么样，好看吗？

lín měi yù　tǐng hǎokàn de
林美玉：挺好看的。

liú zǐ lóng　zhè jiàn duō shao qián
刘子龙：（对售货员）这件多少钱？

shòuhuòyuán　zhè jiàn sān bǎi bā shí jiǔ
售货员：这件三百八十九。

liú zǐ lóng　néng dǎ zhé ma
刘子龙：能打折吗？

shòuhuòyuán　bù hǎo yì si　zhè jiàn shì **xīnkuǎn**　**zhìliàng** hěn hǎo　bù dǎ zhé
售货员：不好意思，这件是**新款**，**质量**很好，不打折。

lín měi yù　hǎo de　nà wǒmen zài kànkan　xiè xie
林美玉：好的，那我们再看看。谢谢。

回答问题。Answer the questions according to the text.

1. 子龙想买的衬衫有黑色的吗？
2. 这件衬衫可以打折吗？
3. 这件衣服好看吗？
4. 白色的衬衫多少钱？
5. 子龙买衬衫了吗？

完成对话。Complete the dialogues.

1. A：可以试一下＿＿＿＿＿＿吗？＿＿＿＿＿＿。
   B：好的，＿＿＿＿＿＿。给您，＿＿＿＿＿＿在前边。
2. A：这件多少钱？
   B：这件＿＿＿＿＿＿。
   A：能打折吗？
   B：不好意思，这件是＿＿＿＿＿＿＿＿，＿＿＿＿＿＿很好，＿＿＿＿＿＿＿＿＿。

lín měi yù chènshānméimǎi wǎnfàn hái qǐng kè ma
林美玉：衬衫没买，晚饭还请客吗？

liú zǐ lóng shuō huà suàn huà **dāng rán** yào qǐng **tīng shuō fù jìn** yǒu yì jiā **dì dao** de **chuān cài** guǎn
刘子龙：说话算话，当然要请。**听说附近**有一家**地道**的**川菜**馆。

lín měi yù zài nǎ er
林美玉：在哪儿？

liú zǐ lóng wǎng qián zǒu zài wǎng yòu guǎi jiù dào le zài **mài dāng láo** lóu shàng
刘子龙：往前走，再往右拐就到了，在**麦当劳**楼上。

（在川菜馆里）

fú wù yuán huān yíng guāng lín qǐng wèn jǐ wèi
服务员：欢迎光临，请问几位？

liú zǐ lóng liǎng wèi
刘子龙：两位。

fú wù yuán zhè biān zuò ba zhè shì cài dān liǎng wèi chī diǎn shén me
服务员：这边坐吧。这是菜单，两位吃点什么？

liú zǐ lóng yǒu shén me **tè sè cài** ma
刘子龙：有什么**特色菜**吗？

fú wù yuán **shuǐ zhǔ yú má pó dòu fu là zi jī dīng máo xuè wàng** dōu bú cuò
服务员：**水煮鱼**、**麻婆豆腐**、**辣子鸡丁**、**毛血旺**都不错。

lín měi yù nǐ xǐ huan chī **yú** zán men diǎn yí gè shuǐ zhǔ yú ba
林美玉：你喜欢吃**鱼**，咱们点一个水煮鱼吧。

liú zǐ lóng hǎo de zài lái gè **huí guō ròu** hái shi má pó dòu fu
刘子龙：好的，再来个**回锅肉**还是麻婆豆腐？

lín měi yù lái gè huí guō ròu cháng chang ba zài lái gè **suān là tǔ dòu sī** zěn me yàng
林美玉：来个回锅肉尝尝吧。再来个**酸辣土豆丝**怎么样？

liú zǐ lóng hǎo de lái gè xiǎo fèn er shuǐ zhǔ yú yí gè huí guō ròu yí gè suān là tǔ dòu sī
刘子龙：好的。（对服务员）来个小份儿水煮鱼，一个回锅肉，一个酸辣土豆丝。

fú wù yuán hǎo de hē shén me yǐn liào
服务员：好的。喝什么饮料？

liú zǐ lóng wǒ yào yì **píng kě lè** tā yào yì píng **chéng zhī**
刘子龙：我要一**瓶可乐**，她要一瓶**橙汁**。

回答问题。Answer the questions according to the text.

1.川菜馆在哪儿？

2. 子龙和林美玉点了什么菜？
3. 他们想喝什么饮料？
4. 晚饭谁请客？
5. 饭馆儿有什么特色菜？

完成对话。Complete the dialogues.

1. A：欢迎光临，请问几位？
   B：__________。
   A：这边坐吧。这是__________，两位吃点什么？
   B：有什么__________吗？
   A：水煮鱼、麻婆豆腐、辣子鸡丁、毛血旺__________。
2. A：喝什么__________？
   B：我要__________，她要__________。

4 L12T4

lín měi yù　kuài yào kǎo shì le　zhè jǐ tiān zǒng **shuì bù zháo**　zǐ lóng zuó tiān péi wǒ qù
林美玉：快要考试了，这几天总**睡不着**。子龙昨天陪我去
kàn **zhōng yī**　yī shēng shuō wǒ tài **jǐn zhāng** le　tā gěi wǒ zuò le **àn mó** hé **zhēn jiǔ**　**gào**
看**中医**。医生说我太**紧张**了。他给我做了**按摩**和**针灸**，**告**
su wǒ duō yùn dòng　duō chī shuǐ guǒ hé shū cài　tā hái gěi wǒ kāi le zhōng yào　zhōng yào hěn
诉我多运动，多吃水果和蔬菜。他还给我开了中药。中药很
kǔ　wǒ bù xǐ huan chī　**xī wàng** wǒ néng kuài diǎn er hǎo **qǐ lai**
苦，我不喜欢吃。**希望**我能快点儿好**起来**。

根据提示复述课文。Retell the text according to the information provided.

快要……了，这几天……睡不着。子龙昨天……我去看……。医生说我太……了。他给我做了……和……，告诉我……，多吃……和……。他还给我……了……。中药很……，我不……吃。……我能……好……。

注释 Notes

一、你在干什么呢？

“你在干什么呢？” is used to ask people what they are doing. “在” indicates progressive aspect.

Examples:

（1）A：你在干什么呢？（What are you doing?）

B：我在做听力作业。（I'm doing my listening homework.）

（2）A：你在干什么呢？（What are you doing?）

B：我在看电视呢。（I’m watching TV.）

二、你说对了。

“你说对了” is an affirmative response that expresses agreement to what others said.

Examples:

（1）A：你又想买衣服了？（You want to buy clothes again?）

B：你说对了。（You’re right.）

（2）A：找中国人聊天可以练习口语。（Chatting with Chinese people is a good way to practice speaking.）

B：你说对了。（You’re right.）

三、一分钱一分货

“一分钱一分货” is a remark in reference to the relation between the price and quality of commercial products. It usually means the higher the price, the better the quality, and vice versa.

Examples:

（1）一分钱一分货，贵是贵了点儿，可是很好看啊！（It’s a bit expensive, that’s for sure, but it looks great! Worth every penny.）

（2）一分钱一分货，买贵的那件吧。（You get what you pay for, so buy the expensive one.）

四、真拿……没办法

If someone says“真拿你没办法”to you, it means they agree with you about what you have said or done, but only in a reluctant way, because there is nothing they can do to change your mind or behavior. This phrase is often used to express cordial feelings between close friends and loved ones.

Examples:

（1）A：你真好！那我们明天先吃午饭，然后去逛街，怎么样？（You are so nice! How about we have lunch tomorrow and then go shopping?）

B：好吧好吧，真拿你没办法。（All right, all right. You win.）

（2）他上课一直讲话，不认真听课，真拿他没办法。（He keeps talking in class and doesn't listen to the teacher carefully. There's nothing I can do about it.）

五、说话算话

“说话算话”means to keep one's promise.

Examples:

（1）A：今天晚饭你请客？（Is dinner on you?）

B：说话算话，当然要请。今晚请你吃川菜。（Of course, it is. I'll treat you to Sichuan food tonight.）

（2）他是个说话算话的人。同学们都很喜欢他。（He is a man of his word. All his classmates like him very much.）

练习 Exercises

听力练习

一、声母和韵母练习。Initials and finals exercises.

（一）听后补全音节。Listen and complete the syllables. L12E1

1.y____ 2.____ǎn 3.____àng 4.h_____ 5.j____

6.m____ 7.q____ 8.____ǔ 9.b ____ 10.zh____

11.h____ 12.w____ 13.k____ 14.l____ 15.____uǎn

（二）选择你听到的韵母。Choose the finals you hear. L12E2

1.ua–uo 2.iang–iong 3.uang–ueng 4.üan–uan 5.ia–ua

6.ei–uei 7.iao–ao 8.uo–ou 9.uen–ün 10.in–ing

（三）选择你听到的音节。Choose the syllables you hear. L12E3

1.zāng — cāng 2.zèng — zhèng 3.zūn — sūn

4.jī — qī 5.juǎn — xuǎn 6.jiāng — qiāng

7.gē — kē 8.gàn — kàn 9.gùn — hùn

10.dān — tān 11.duì — tuì 12.děng — tǎng

13.nǚ — lǚ 14.nà — là 15.nuǎn — luǎn

二、声调练习。Tone exercises.

（一）听后标出声调。Listen and mark the tones. L12E4

1.shangchang 2.haokan 3.banfa 4.qingke 5.xinkuan

6.dangran 7.yinliao 8.jinzhang 9.gaosu 10.xiwang

11.jinnian 12.changge 13.tiaowu 14.xihuan 15.shangwang

（二）判断对错。True or false. L12E5

1.qǐlái[ ] 2.jiāojí[ ] 3.mǎshàng[ ] 4.lǜhuà[ ] 5.jǐnzhāng[ ]

6.chuāncài[ ] 7.lóngzi[ ] 8.hǎoxǐ[ ] 9.xìngzhì[ ] 10.qiāoqiāo[ ]

11.chéngzhī[ ] 12.rènzhēn[ ] 13.kěle[ ] 14.yùndòng[ ] 15.gōngzuò [ ]

三、句子练习。Sentence exercises.

听后跟读。Listen and read. L12E6

快要考试了，这几天总睡不着。子龙昨天陪我去看中医。医生说我太紧张了。他给我做了按摩和针灸，告诉我多运动，多吃水果和蔬菜。他还给我开了中药。中药很苦，我不喜欢吃。希望我能快点儿好起来。

四、听力理解练习。Listening comprehension exercises.

（一）听句子，选择合适的回答。Listen to the sentences and choose the right answer. L12E7

1. A. 现在5点　　B. 昨天我去了图书馆
   C. 我在做作业呢　　D. 挺好的
2. A. 我要这件衣服　　B. 你说对了
   C. 这件衣服太贵了　　D. 这件衣服多少钱
3. A. 宿舍　　B. 教室
   C. 饭馆儿　　D. 图书馆
4. A. 这双鞋子389块　　B. 这双鞋子有白色的
   C. 这件衣服200块　　D. 不好意思，这件是新款，质量很好，不打折
5. A. 往前走，再右拐就到了　　B. 我要一个水煮鱼
   C. 太棒了　　D. 我不吃辣
6. A. 我要一个回锅肉　　B. 我喜欢吃酸的
   C. 水煮鱼有点儿辣　　D. 我要一瓶橙汁
7. A. 我们去吃食堂吧　　B. 说话算话，当然要请
   C. 往前走，左拐就到了　　D. 我不喜欢吃食堂的菜
8. A. 这家饭馆儿很好吃　　B. 好啊，我们晚上去商场买东西
   C. 不太好，这几天总睡不着　　D. 我要一个酸辣土豆丝
9. A. 有点儿贵　　B. 便宜一点儿吧
   C. 这件衣服188块　　D. 挺好看的
10. A. 这双鞋288元　　B. 这件衣服有白色的和蓝色的
    C. 这件衣服168元　　D. 这双鞋有黑色的和白色的

（二）听对话，选择正确答案。Listen to the dialogues and choose the right answer. L12E8

1. A. 她要买一双黑色的鞋　B 她要买一件红色的毛衣
   C. 她周六下午去逛街　D. 她要买上次在商场看到的那件衬衫
2. A. 他们晚上去饭馆儿吃饭　B. 子龙请客
   C. 他们晚上去食堂吃饭　D. 美玉请客
3. A. 这件毛衣有白色的　B. 这件毛衣有红色的
   C. 这件毛衣有黑色的和蓝色的　D. 这件衬衫有黑色的和蓝色的
4. A. 这件衬衫是新款　B. 它的质量很好
   C. 这件衬衫有点儿贵　D. 它不是很贵
5. A. 她点了水煮鱼和麻婆豆腐　B. 她点了辣子鸡丁和毛血旺
   C. 她点了麻婆豆腐和毛血旺　D. 她点了辣子鸡丁和水煮鱼
6. A. 她有点儿头疼，去看医生了　B. 她感冒了，在宿舍睡觉
   C. 她肚子疼得厉害　D. 她这几天总睡不着，去看医生了
7. A. 他和朋友爬山去了　B. 他去图书馆写作业了
   C. 他和同学去逛街了　D. 他和同屋去打篮球了
8. A. 一共花了八块钱　B. 一共花了五块钱
   C. 一共花了十一块　D. 一共花了六块钱
9. A. 她点了一杯红茶和一杯泰式奶茶　B. 她点了两杯可乐
   C. 她点了一杯可乐和一杯红茶　D. 她点了两杯红茶
10. A. 一直走，然后在第三个路口右拐，就到了
    B. 一直走，走路五分钟就到了
    C. 先右拐，再直走
    D. 先一直走，然后在第二个路口左拐，超市在公交站的对面

五、听说练习。Listen and speak.

（一）听后补全韵母，并读出拼合后的音节。Listen and complete the following syllables, and then read them out loud. L12E9

1.f____	2.k_____	3.h____	4.d____	5.t____
6.zh____	7.ch_____	8.q____	9.z____	10.r____

11.j____　　12.m____　　13.n____　　14.l____　　15.x____

（二）看图片，听录音，根据图片内容说出句子。 Listen to the recording and finish the sentences according to the picture.　L12E10

林美玉：________没买，晚饭还________吗？

刘子龙：________，________要请。听说________有一家地道的________馆。

林美玉：在哪儿？

刘子龙：往________，再________就到了，在麦当劳________。

（在川菜馆里）

服务员：________，请问几位？

刘子龙：______位。

服务员：这边坐吧。这是__________，两位________？

刘子龙：有什么__________吗？

服务员：水煮鱼、麻婆豆腐、辣子鸡丁、毛血旺都不错。

林美玉：你喜欢吃________，咱们点一个水煮鱼吧。

刘子龙：好的，再来个回锅肉还是麻婆豆腐？

林美玉：来个回锅肉__________吧。________酸辣土豆丝怎么样？

刘子龙：好的。（对服务员）来个__________水煮鱼，一个回锅肉，一个酸辣土豆丝。

服务员：好的。喝什么_______？

刘子龙：我要一瓶__________，她要一瓶_________。

（三）听录音，回答下列问题。 Listen to the recording and answer the following questions.　L12E11

1. 志强找英华有什么事？
2. 英华周六有空吗？
3. 志强想买什么？
4. 英华想买什么？
5. 英华喜欢什么味道的菜？
6. 川菜馆在哪儿？

7. 他们什么时候去超市？
8. 他们怎么去超市？

口语练习

一、朗读下列句子，注意发音和语气。Read the following sentences and pay attention to pronunciation and tone.

1. 中华城远不远？
2. 这双有点儿大，有小一点儿的吗？
3. 学校旁边有一家水果店，水果又多又便宜。
4. 一会儿你去哪儿吃饭？食堂还是饭馆儿？
5. 现在，我越来越习惯吃中国菜，也越来越胖了。
6. 好久不见，你们最近忙不忙？
7. 很漂亮。我们拍了很多照片。你的电子邮箱是多少？我发给你。
8. 不好意思，我今天晚上要写作业和复习课文。改天行吗？
9. 我想出去走走，你能陪我逛逛吗？
10. 坐公交车和坐地铁哪个方便？
11. 先一直走，然后在第三个路口右拐，银行在超市的对面。
12. 多喝热水，好好休息。如果病得厉害就去医院看大夫。
13. 开了感冒药。一天两次，一次一片，饭后服用。
14. 一分钱一分货，贵是贵了点儿，可是很好看啊！
15. 说话算话，当然要请。听说附近有一家地道的川菜馆。

二、辨音辨调。Tone discrimination.

1.piányi — biànyī	2.diànhuà — tiánguā	3.fùxí — mùqì
4.dǎzhé — dāchē	5.zuìjìn — suíxīn	6.shāoděng — zhàodēng
7.shuǐguǒ — zhuīguò	8.páshān — bǎchǎng	9.gǎitiān — jiādiàn
10.kèwén — héwān	11.fēnzhōng — fēngzhēng	12.xiànjīn — qiānjūn
13.chīfàn — zhìgǎn	14.guàngjiē — kuàngqiě	15.liáotiān — niándǐ

16.zhīdào — chībǎo　17.qīngdàn — jīntiān　18.yínháng — yíngfēng

19.rúguǒ — rèhuǒ　20.shìpín — chībǐng　21.zhàopiān — chǎomiàn

三、根据你的情况说一说。Practice speaking with your own information.

1. 学校旁边有一家______，______又______又______。昨天晚上我和小月去______。她买了______、______，一共花了______。我买了______，花了______。明天我还去那家店买______，再买点儿______。

2. 上周末，我约______一起去______。我们坐______去______，因为______又______又______。中午我们去饭馆儿吃饭，________带我去了一家______。我们点了一个______，一个______，还点了一个______。

四、完成对话。Complete the dialogues.

（一）

A：这两件衣服我都要。__________？

B：好的。一共300块。

A：__________？

B：从这儿往前走，收银台在试衣间对面。

（二）

A：__________？

B：你好，两位。

A：__________？

B：有__________？我不能吃辣。

A：鱼香肉丝怎么样？。

（三）

A：坐公交和坐地铁哪个方便？

B：__________。

A：那我们坐地铁去吧。

B：＿＿＿＿＿＿＿＿，＿＿＿＿＿＿＿＿？

A：先一直走，然后在第三个路口右拐，银行在超市的对面。

五、情景对话。Situational dialogues.

1.你去中华城买衣服，问衣服的颜色、大小，向老板问价格，和老板讨价还价。

2.你周日要去爬山，但不想一个人去。你打电话请你的同学一起去爬山。

六、根据提示完成对话。Complete the dialogues with the information provided.

（一）说一说“最喜欢的中国菜”

关键词：辣、清淡、咸、酸、鱼香肉丝、宫保鸡丁、西红柿鸡蛋汤、好吃、口味、鸡肉、鱼

提示：这道菜又 …… 又 …… 那道菜有点儿 …… 我喜欢 ……

（二）说一说“怎么去鼓浪屿”

关键词：公交车、地铁、码头、快、方便、便宜、公交卡、售票处、一共、坐船

提示：鼓浪屿有点儿 …… 先 …… 再 …… 到 …… 下车

（三）说一说“去医院看病”

关键词：医院、看病、医生、感冒、头疼、得、厉害、开药、咳嗽、着凉、发烧、热水、蔬菜、注意、中药、饭后服用

提示：我 …… 得厉害　我有点儿 ……　按时吃药，一天 …… 次，一次 ……

课堂活动

根据情境与同学设计对话并表演。Design situational dialogues with

your classmates and act them out.

（1）逛街之后，你打算请你的朋友吃饭，询问朋友的口味；After shopping, you are going to treat your friends to dinner. Ask them what they prefer to eat.

（2）你跟朋友在川菜馆点菜；You and your friends are ordering food at a Sichuan restaurant.

（3）你生病了，打电话跟老师请假去医院看大夫；Suppose you are sick and you need to call your teacher and ask for leave so that you can go to the hospital to see a doctor.

（4）你在医院看大夫。You' re seeing a doctor in the hospital.

作业 Homework

听力作业

一、听录音并跟读。Listen to the recording and read after it.

L12H1

1. 你好，请问这件毛衣有M码的吗？
2. 好，那我就不客气了。请问有不辣的菜吗？我不能吃辣。
3. 最近天气不错，星期天我们去爬山怎么样？
4. 我觉得地铁比较快，人也比较少，还不用担心堵车。
5. 你应该多休息，注意饮食，多吃蔬菜和水果，不要着急来上课。
6. 那我们星期天早上九点，在学校门口，不见不散。
7. 一共300块。请您到收银台付款。
8. 北方菜比较咸，南方菜比较甜，四川菜比较辣。
9. 那你这次用现金，下次可以在地铁站售票处买一张公交卡，比较方便。
10. 先坐306路到新华书店站，然后转901路，在第二人民医院站下车。

二、听对话，选择正确答案。Listen to the dialogues and choose the right answer. L12H2

1. 刘子龙在干什么？

A. 写作业　　B. 看电视　　C. 看书　　D. 听音乐

2. 林美玉想去哪儿逛街？她想买什么？

A. 她想去中华城买上次在商场看到的那件毛衣

B. 她想买那件衬衫

C. 她想去超市买水果

D. 她想去商场买裤子

3. 为什么林美玉上次没买那件毛衣？

A. 不好看　　B. 太贵了　　C. 没带钱　　D. 她不喜欢那个颜色

4. 他们想去哪儿吃饭？

A. 中国饭馆儿　　B. 食堂　　C. 泰国饭馆儿　　D. 商场

5. 刘子龙想吃什么菜？

A. 海鲜沙拉和冬阴功汤　　B. 冬阴功汤

C. 海鲜沙拉　　D. 回锅肉

三、判断对错。True or false. L12H3

1. 志强要买的衬衫有黑色的。 [ ]

2. 志强穿M码的衬衫。 [ ]

3. 这件衣服四百九十八元。 [ ]

4. 这件衣服可以打折。 [ ]

5. 志强没有买这件衬衫。 [ ]

口语作业

跟同学们分享一次你约朋友一起出去逛街或吃饭的经历。Share with your classmates an experience of yours when you asked your friends to go shopping or dine out.

自我评价 Self- Evaluation

学完这一课，你对自己的表现满意吗？

评价表 Evaluation Form					
完成质量 Level of completion / 本课目标 Objectives	5 很好	4 好	3 一般	2 较差	1 很差
1. 复习发出邀请和接受邀请。 Review how to give out invitations and how to accept them.					
2. 复习询问商品的价格、颜色和尺码。 Review how to ask about the price, color and size of products.					
3. 复习菜品的名称、如何点菜。 Review the names of certain dishes and how to order food.					
4. 复习看医生、吃药的相关用语。 Review terms related to seeing a doctor or taking medicine.					
5. 学习说明原因。 Learn how to explain reasons.					
6. 自己需要注意的问题 Self-reflection（make a note of what needs to be improved, such as your attitude towards learning or any language-related issue you have）					

生词索引

		A	
阿姨	āyí	an affectionate term used by the younger generation to address any female elder	第十课
爱好	àihào	hobby	第三课
按摩	ànmó	massage	第十二课
		B	
~边	~ biān	side	第五课
爸爸	bàba	father, dad	第三课
吧	ba	used at the end of a sentence to indicate suggestion, request or mild command	第四课
白色	báisè	white	第七课
班	bān	class	第二课
办法	bànfǎ	method, means, way	第十二课
办公室	bàngōngshì	office	第五课
半	bàn	half	第四课
棒	bàng	excellent, great	第十课
饱	bǎo	to eat one's fill, to be full	第八课
抱歉	bàoqiàn	to be/feel sorry, to feel apologetic	第九课
杯	bēi	cup, glass	第八课
比较	bǐjiào	fairly, comparatively, rather	第八课
便宜	piányi	cheap	第七课
别	bié	don't, had better not	第十课

病假	bìngjià	sick leave	第十一课
不	bù	no, not	第一课
不错	bùcuò	good, not bad	第九课
不好意思	bù hǎoyìsi	sorry	第九课
不见不散	bùjiànbùsàn	be there or be square（not leave without seeing each other）	第七课
不同	bùtóng	not alike, different	第八课
		C	
菜	cài	dish	第八课
菜单	càidān	menu	第八课
操场	cāochǎng	sports field, playing field	第五课
查	chá	to find, to consult	第十一课
差不多	chàbuduō	almost, nearly, just about	第五课
肠胃炎	chángwèiyán	gastroenteritis	第十一课
尝	cháng	to taste	第八课
唱歌	chànggē	to sing	第三课
超市	chāoshì	supermarket, grocery store	第五课
车	chē	vehicle（cars, buses, trucks, etc.）	第六课
陈博文	Chén Bówén	Chen Bowen（name of a student）	第一课
衬衫	chènshān	shirt	第十二课
橙汁	chéngzhī	orange juice	第十二课
吃	chī	to eat	第四课
出	chū	to go out, to leave	第六课
出发	chūfā	to set off	第七课
出去	chūqù	to go out, to exit	第十课

川菜	chuāncài	Sichuan Cuisine, Sichuan flavor	第十二课
船	chuán	boat, ship	第十课
次	cì	measure word（used for actions that can be repeated）	第九课
从	cóng	from	第五课
		D	
打	dǎ	to play（ball games）	第三课
打包	dǎbāo	to pack（leftovers）after a meal at a restaurant	第八课
打车	dǎchē	to take a taxi	第十课
打折	dǎzhé	to have or give a discount	第七课
大	dà	main, major	第六课
大夫	dàifu	（colloquial）doctor, physician	第十一课
大概	dàgài	probably, about, roughly	第五课
大家	dàjiā	everybody	第六课
大学	dàxué	university, college	第六课
带	dài	to take（sb. to ……）	第六课
担心	dānxīn	to worry, to be anxious about	第十课
但	dàn	but	第十课
但是	dànshì	but	第八课
当然	dāngrán	certainly, of course	第十二课
岛	dǎo	island	第十课
到	dào	to arrive	第六课
得	de	（auxiliary word）Used after a verb or adjective to connect a complement, indicating degree or result	第十一课
地道	dìdao	authentic, veritable, sheer	第十二课

地铁	dìtiě	metro, subway	第十课
地图	dìtú	map	第十课
的	de	of（indicator of attributives, used after aword or phrase）	第二课
弟弟	dìdi	younger brother	第三课
第	dì	auxiliary word for ordinal numbers,to indicate order	第十课
点	diǎn	o'clock	第四课
点菜	diǎncài	to order food	第八课
电话	diànhuà	telephone	第九课
电视	diànshì	TV	第四课
电子邮箱	diànzǐ yóuxiāng	e-mail	第九课
冬阴功汤	dōng yīn gōngtāng	Tom Yum Kung	第八课
都	dōu	both,all	第一课
堵车	dǔchē	traffic jam	第十课
肚子	dùzi	belly, tummy	第十一课
对	duì	yes, right, correct	第二课
对面	duìmiàn	opposite	第七课
多	duō	many, much, more	第九课
多大	duōdà	how old	第二课
		F	
发	fā	to deliver, to send（out）	第九课
发烧	fāshāo	to have a fever	第十一课
饭	fàn	meal	第四课
饭馆儿	fànguǎnr	restaurant	第八课

饭后	fànhòu	after meals	第十一课
方便	fāngbiàn	convenient	第十课
菲律宾	Fēilǜbīn	Philippines	第一课
分	fēn	minute	第四课
分	fēn	fen, a fractional unit of money in China（1 fen =1/100yuan）	第十二课
分钟	fēnzhōng	minute	第五课
份	fèn	measure word（usedfor a portion or serving of food）	第八课
风景	fēngjǐng	scenery, landscape	第九课
服务员	fúwùyuán	waiter/waitress	第八课
服用	fúyòng	to take（medicine）	第十一课
付款	fùkuǎn	to pay a sum of money	第七课
附近	fùjìn	nearby, neighboring	第十二课
复习	fùxí	to review	第九课

G

改天	gǎitiān	another day, some other day	第九课
感冒	gǎnmào	to have a cold	第十一课
感谢	gǎnxiè	to thank, to be grateful	第十课
干	gàn	to do	第十二课
高兴	gāoxìng	happy	第一课
告诉	gàosu	to tell	第十二课
哥哥	gēge	elder brother	第三课
个	gè	measure word（used before a noun which does not have a fixed measure word of its own）	第三课
给	gěi	to give	第七课

跟	gēn	to follow/with	第八课
工作	gōngzuò	work, job	第三课
公交车	gōngjiāochē	bus	第六课
公交卡	gōngjiāo kǎ	bus card, traffic card	第十课
公交站	gōngjiāo zhàn	bus station	第六课
公务员	gōngwùyuán	civil servant	第三课
宫保鸡丁	gōngbǎo jīdīng	Kung Pao Chicken	第八课
够	gòu	quite, really, enough	第十课
鼓浪屿	gǔlàngyǔ	Gulangyu	第十课
拐	guǎi	to turn（left or right）	第五课
光临	guānglín	presence（of a guest or customer）	第七课
逛	guàng	to stroll, to wander	第十课
逛街	guàngjiē	to go shopping（literally, stroll down the street）	第九课
贵	guì	expensive	第七课
贵姓	guìxìng	surname, family name	第一课
国	guó	country	第一课
过	guò	to celebrate（birthdays or festivals）	第十一课
		H	
还	hái	also, too, as well	第六课
还是	háishì	or	第八课
海鲜沙拉	hǎixiān shālā	seafood salad	第八课
害怕	hàipà	to be afraid of, to be scared	第十一课
韩福瑞	Hán Fúruì	Han Furui（name of a student）	第一课
韩国	Hánguó	Korea	第六课

汉堡	hànbǎo	hamburger	第八课
汉语	hànyǔ	Chinese	第九课
汉字	hànzì	Chinese character	第六课
好	hǎo	good	第一课
好吃	hǎochī	tasty, delicious	第八课
好的	hǎode	okay, sure, no problem, will do	第五课
好久	hǎojiǔ	for a long time	第九课
好久不见	hǎo jiǔ bù jiàn	long time no see	第九课
好看	hǎokàn	good-looking, nice	第七课
号	hào	number	第一课
号	hào	date	第四课
号码	hàomǎ	number	第九课
喝	hē	to drink	第八课
和	hé	and	第二课
黑色	hēisè	black	第七课
很	hěn	very	第一课
红茶	hóngchá	black tea	第八课
红色	hóngsè	red	第七课
后	hòu	back, behind	第五课
后门	hòumén	back door	第五课
护士	hùshi	nurse	第六课
花	huā	to spend, to expend	第七课
欢迎	huānyíng	to welcome	第六课
黄小月	Huáng Xiǎoyuè	Huang Xiaoyue（name of a student）	第四课
回锅肉	huíguōròu	Twice-cooked Pork	第十二课

货	huò	goods, commodity	第十二课

J

鸡肉	jīròu	chicken	第八课
及格	jígé	to pass a test or exam	第十一课
几	jǐ	how many	第二课
加班	jiābān	to work overtime	第九课
家	jiā	famliy, home	第三课
甲	jiǎ	used to refer to a person whose name is unknown or irrelevant, functioning the same as the "A" in "Person A"	第十课
间	jiān	measure word（minimum unit of a house）	第五课
见	jiàn	to see, to meet	第四课
见面	jiànmiàn	to meet	第九课
件	jiàn	measure word（mostly used for clothesor items）	第七课
叫	jiào	to call, to name	第一课
教师节	Jiàoshī Jié	Teachers'Day（September 10 in China）	第四课
教室	jiàoshì	classroom	第五课
教学	jiàoxuélóu	teaching	第五课
姐姐	jiějie	elder sister	第三课
介绍	jièshào	to introduce, to present	第二课
斤	jīn	unit of weight = 1/2 kilogram	第七课
今年	jīnnián	this year	第二课
今天	jīntiān	today	第四课
紧张	jǐnzhāng	nervous, intense	第十二课
警察	jǐngchá	police, police officer	第三课
就	jiù	at once, right away, as early as	第五课

就是	jiùshì	used in front of nouns, verbs or phrases to indicate a certain range, equivalent to only.	第八课
觉得	juéde	to think, to feel	第八课
		K	
卡	kǎ	card	第十课
开玩笑	kāiwánxiào	to crack a joke, to tell a joke	第九课
开心	kāixīn	happy, joyful, delighted	第十一课
开药	kāiyào	to prescribe, to make a prescription	第十一课
看书	kànshū	to read a book	第三课
可	kě	(adverb) Used before a verb or adjective to indicate emphasis	第十一课
可乐	kělè	cola	第八课
可乐	kělè	cola, coke	第十二课
可能	kěnéng	probably, maybe	第十一课
可以	kěyǐ	can, may	第七课
客气	kèqi	stand on ceremony, courteous	第五课
课文	kèwén	text	第九课
咳嗽	késou	to cough	第十一课
口	kǒu	measure word (used for counting the number of people in a family)	第三课
苦	kǔ	bitter	第十二课
块	kuài	kuai, a colloquial term for yuan	第七课
快	kuài	fast, quick, rapid	第十课
		L	
辣	là	spicy, peppery	第八课
辣子鸡丁	làzijīdīng	Sauteed Chicken Dices with Chili Peppers	第十二课

来	lái	to come	第六课
来自	láizì	come from	第六课
蓝色	lánsè	blue	第七课
篮球	lánqiú	basketball	第三课
篮球场	lánqiúchǎng	basketball court	第五课
懒	lǎn	lazy	第九课
老师	lǎoshī	teacher	第一课
了	le	a modal particle, used at the end of a sentence or at a pause in a sentence to indicate change or new situation.	第六课
离	lí	to be at a distance from	第五课
礼物	lǐwù	present	第十一课
李志强	Lǐ Zhìqiáng	Li Zhiqiang（name of a student）	第二课
里	lǐ	in, inner, inside, within	第五课
厉害	lìhai	severe, terrible	第十一课
练习	liànxí	to practice	第十课
两	liǎng	[number]two（generally used before quantifiers and "个，半，千，万，亿"）	第三课
林美玉	Lín Měiyù	LinMeiyu（name of a student）	第二课
零	líng	zero	第五课
刘子龙	Liú Zǐlóng	Liu Zilong（name of a student）	第一课
楼	lóu	building	第一课
楼下	lóuxià	downstairs	第六课
路	lù	bus route	第六课
路口	lùkǒu	crossing, intersection	第十课
旅游	lǚyóu	to travel; tourism	第三课
律师	lǜshī	lawyer, attorney	第三课

		M	
妈妈	māma	mother, mum	第三课
麻将	májiàng	mahjong（a Chinese game played on a table with small square pieces）	第六课
麻婆豆腐	mápódòufu	Mapo Tofu	第十二课
码	mǎ	size	第七课
码头	mǎtóu	wharf, dock, pier	第十课
买	mǎi	to buy	第七课
买单	mǎidān	to ask for the bill at a restaurant	第八课
麦当劳	màidāngláo	McDonald's	第十二课
忙	máng	busy	第九课
毛	máo	unit of currency = 1/2 kuai	第七课
毛血旺	máoxuèwàng	Duck Blood in Chili Sauce	第十二课
毛衣	máoyī	sweater	第七课
没关系	méiguānxi	It's ok.	第九课
没有	méiyǒu	do not have, there is no	第三课
美国	Měiguó	the United States	第一课
妹妹	mèimei	younger sister	第三课
门	mén	gate, door	第六课
门口	ménkǒu	entrance, doorway	第七课
们	men	plural suffix（used after a personal pronoun or a noun）	第一课
名片	míngpiàn	name card	第十课
名字	míngzi	name	第一课
明天	míngtiān	tomorrow	第四课
		N	
拿	ná	to hold, to take	第七课

哪	nǎ	which, where	第一课
哪儿	nǎr	where	第一课
哪个	nǎgè	which one	第十课
哪里哪里	nǎlǐnǎlǐ	a modest denial of a compliment, showing politeness and humility	第十一课
那	nà	then, in that case	第六课
奶奶	nǎinai	grandmother, grandma	第三课
男	nán	male	第二课
难	nán	hard, difficult	第九课
呢	ne	mood particle	第一课
能	néng	can, may	第七课
你	nǐ	you	第一课
你们	nǐmen	you（plural form）	第一课
您	nín	a polite form of "nǐ（你）"	第一课
女	nǚ	female	第二课
		O	
哦	ò	oh, I see	第十二课
		P	
爬山	páshān	to climb mountains	第九课
拍	pāi	to take（a picture）	第九课
旁	páng	next to, beside	第五课
胖	pàng	fat, overweight	第八课
陪	péi	to accompany, to keep sb. Company	第十课
朋友	péngyou	friend	第二课
披萨	pīsà	pizza	第八课
票价	piàojià	the price of a ticket	第十课

漂亮	piàoliang	beautiful	第七课
苹果	píngguǒ	apple	第七课
瓶	píng	measure word（used for things that come in bottles）	第十二课
		Q	
起床	qǐchuáng	to get up	第四课
起来	qǐlai	directional verb（used after a verb to express an upward movement or change）	第十二课
前	qián	front	第五课
钱	qián	money	第七课
青木	Qīngmù	Qing Mu（name of a student）	第二课
清淡	qīngdàn	light, mild（food/flavor）	第八课
请假	qǐngjià	to ask for leave	第十一课
请客	qǐngkè	treat someone to something	第八课
请问	qǐng wèn	excuse me, may I ask ……	第五课
取	qǔ	to take, to get, to fetch	第十课
去	qù	to go	第四课
		R	
然后	ránhòu	then, after that, afterwards	第九课
热	rè	hot	第十一课
热闹	rènao	lively, boisterous	第九课
人	rén	person, people	第一课
认识	rènshi	to know, to meet	第一课
日本	Rìběn	Japan	第二课
如果	rúguǒ	if, in case	第八课
阮氏英华	Ruǎnshì Yīnghuá	Ruanshi Yinghua（name of a student）	第三课

S

散步	sànbù	to walk, to take a walk	第六课
商场	shāngchǎng	mall	第十二课
上菜	shàngcài	to serve dishes	第八课
上课	shàngkè	to attend class, to go to class	第四课
上网	shàngwǎng	to surf the Internet	第三课
稍等	shāoděng	to hold on, to wait a moment	第七课
谁	shuí	who, whom	第二课
什么	shénme	what	第一课
生日	shēngrì	birthday	第四课
食堂	shítáng	canteen, dining hall	第四课
试	shì	to try	第七课
试衣间	shìyījiān	fitting room	第七课
是	shì	be	第一课
收银台	shōuyíntái	cashier counter, checkout counter	第七课
手机	shǒujī	mobile phone	第九课
售货员	shòuhuòyuán	salesperson	第七课
售票处	shòupiàochù	ticket office, booking office	第十课
舒服	shūfu	comfortable	第十一课
蔬菜	shūcài	vegetable	第十一课
双	shuāng	measure word（used for things in pairs）	第七课
水果	shuǐguǒ	fruit	第七课
水煮鱼	shuǐzhǔyú	Sliced Fish in Hot Chili Oil	第十二课
睡不着	shuìbùzháo	unable to fall asleep	第十二课
睡觉	shuìjiào	sleep	第四课

顺便	shùnbiàn	in passing, at one's convenience	第十课
说	shuō	to say, to speak, to talk	第六课
送	sòng	to give（as a present）	第十一课
宿舍	sùshè	dormitory	第五课
酸	suān	sour	第八课
酸辣土豆丝	suānlàtǔdòusī	Sour and Spicy Shredded Potatoes	第十二课
算	suàn	to calculate, to reckon	第七课
岁	suì	age	第二课
所以	suǒyǐ	so, therefore, as a result	第十课

T

他	tā	he,him	第一课
他们	tāmen	they, them（masculine）	第二课
她	tā	she, her	第二课
她们	tāmen	they, them（feminine）	第二课
太	tài	extremely, very, too	第六课
泰国	Tàiguó	Thailand	第一课
泰式奶茶	tàishìnǎichá	Thai-style milk tea	第八课
汤	tāng	soup	第八课
特色菜	tèsècài	signature dish	第十二课
踢	tī	to kick	第九课
天气	tiānqì	weather	第九课
甜	tián	sweet	第八课
跳舞	tiàowǔ	to dance	第六课
听	tīng	to listen, to hear	第三课
听说	tīngshuō	to be told, to hear of	第十二课

挺	tǐng	pretty, quite, rather	第十课
同屋	tóngwū	roommate	第一课
同学	tóngxué	classmate	第一课
头	tóu	head	第十一课
头疼	tóuténg	headache	第十一课
图书馆	túshūguǎn	library	第四课

W

外	wài	outside	第五课
晚	wǎn	late	第十一课
晚饭	wǎnfàn	dinner, supper	第四课
晚上	wǎnshang	evening	第四课
王雪	Wáng Xuě	Wang Xue（name of a student）	第六课
往	wǎng	toward, in the direction of	第五课
微信	wēixìn	WeChat	第九课
位	wèi	measure word（used in polite reference to people）	第八课
喂	wèi	hello, hey	第九课
问	wèn	to ask, to inquire	第九课
问路	wènlù	to ask for directions	第十课
问题	wèntí	question, problem	第八课
我	wǒ	I, me	第一课
我们	wǒmen	we, us	第一课
午饭	wǔfàn	lunch	第四课

X

西瓜	xīguā	watermelon	第七课
西红柿鸡蛋汤	xīhóngshì jīdàntāng	Tomato Egg Drop Soup	第八课

希望	xīwàng	to hope, to wish, to expect	第十二课
习惯	xíguàn	be accustomed to, be used to	第八课
喜欢	xǐhuan	to like	第三课
下	xià	to descend, alight, to get off	第六课
下车	xiàchē	to get off a car or bus	第六课
下课	xiàkè	to finish class, class is over	第四课
下午	xiàwǔ	afternoon	第四课
先	xiān	first, earlier	第五课
咸	xián	salted, salty	第八课
现金	xiànjīn	cash	第十课
现在	xiànzài	now	第四课
香蕉	xiāngjiāo	banana	第七课
想	xiǎng	to want, to think	第七课
向	xiàng	towards	第十课
小	xiǎo	small	第七课
小票	xiǎo piào	receipt	第七课
鞋	xié	shoe	第七课
写	xiě	to write	第四课
谢谢	xièxie	thank you, thanks	第五课
新	xīn	new	第六课
新款	xīnkuǎn	new style/design, new arrival	第十二课
星期	xīngqī	week	第四课
行	xíng	be all right, will do	第九课
许	Xǔ	Xu（a Chinese family name）	第一课
学生	xuéshēng	student	第三课

学校	xuéxiào	school	第六课
		Y	
要	yào	to want, to ask for	第七课
爷爷	yéye	grandfather, grandpa	第三课
也	yě	also	第一课
一般	yībān	generally, ordinarily	第八课
一点儿	yīdiǎnr	a little	第十课
一定	yīdìng	must	第八课
一共	yīgòng	altogether, in all	第七课
一会儿	yī huìr	in a moment	第八课
一起	yīqǐ	together, in company	第九课
一下	yīxià	to do something for a bit（used after a verb）	第二课
一言为定	yīyánwéidìng	It's a deal.	第八课
一样	yīyàng	the same, equally, alike	第八课
一直	yīzhí	straight, continuously	第五课
衣服	yīfu	clothes	第七课
医生	yīsheng	doctor	第三课
医院	yīyuàn	hospital	第三课
乙	yǐ	used to refer to a person whose name is unknown or irrelevant, functioning the same as the "B" in "Person B"	第十课
已经	yǐjīng	already	第十一课
以后	yǐhòu	after	第四课
以前	yǐqián	before	第四课
因为	yīnwèi	because	第十课
音乐	yīnyuè	music	第三课

银行	yínháng	bank	第五课
饮料	yǐnliào	drink	第八课
印尼	Yìnní	Indonesia	第一课
应该	yīnggāi	should, ought to	第十一课
用	yòng	to need	第十课
油腻	yóunì	oily, greasy	第八课
游戏	yóuxì	（computer）game	第六课
有	yǒu	to have, there be	第三课
有点儿	yǒudiǎnr	a little, a bit	第五课
有空	yǒukòng	to have time off, to have free time	第十课
又…… 又……	yòu…… yòu……	both…… .and……	第七课
右	yòu	the right side	第五课
鱼	yú	fish	第十二课
鱼香肉丝	yúxiāngròusī	Fish-flavored Shredded Pork	第八课
远	yuǎn	far, distant, remote	第五课
约	yuē	to ask in advance or invite	第十课
月	yuè	month	第四课
越	yuè	the more……	第八课
越南	Yuènán	Vietnam	第三课
运动	yùndòng	sports, exercise	第三课

Z

再	zài	and then	第五课
再见	zàijiàn	good-bye	第一课
在	zài	at, in, on	第二课
咱们	zánmen	we, us	第十课

早	zǎo	early	第九课
早上	zǎoshang	morning	第二课
怎么	zěnme	how	第六课
站	zhàn	stop, station	第六课
张	zhāng	measure word（used for objects with flat surfaces, such as paper, tickets or tables）	第十课
找	zhǎo	to give change	第七课
找	zhǎo	to look for	第十二课
照片	zhàopiàn	photo, picture	第九课
这	zhè	this	第二课
这儿	zhèr	here	第五课
着急	zháojí	to worry,to feel anxious	第十一课
着凉	zháoliáng	to catch a cold, to catch a chill	第十一课
针灸	zhēnjiǔ	acupuncture and moxibustion	第十二课
真	zhēn	really, truly, indeed	第八课
知道	zhīdào	to know	第九课
质量	zhìliàng	quality	第十二课
中国	Zhōnguó	China	第一课
中华城	Zhōnghuá Chéng	ChonghuaCheng（a shopping plaza in Xiamen）	第七课
中午	zhōngwǔ	noon	第四课
中药	zhōngyào	traditional Chinese medicine	第十一课
中医	zhōngyī	traditional Chinese medicine	第十二课
周末	zhōumò	weekend	第四课
猪颈肉	zhū jǐngròu	pork neck	第八课
主意	zhǔyi	idea	第十课

住	zhù	to live in	第一课
注意	zhùyì	to take notice, to be careful	第十一课
转	zhuǎn	to change/transfer（trains or buses）	第十一课
综合	zōnghé	comprehensive	第六课
走	zǒu	to walk, to leave	第五课
走路	zǒulù	to walk	第十课
足球	zúqiú	football, soccer	第九课
最	zuì	the most（a superlative prefix used before adjectives）	第十课
最近	zuìjìn	recently, lately	第九课
左	zuǒ	the left side	第五课
作业	zuòyè	homework	第四课
坐	zuò	to take, to travel by, to sit	第六课
做	zuò	to do, to make	第三课
做菜	zuòcài	to cook	第十一课
做客	zuòkè	to be a guest	第六课

华侨大学教材建设资助项目

初级汉语听说

课文翻译、听力文本及答案

CHU JI HAN YU TING SHUO

KEWEN FANYI TINGLI WENBEN JI DAAN

盛译元 编著

中央民族大学出版社
China Minzu University Press

目　录

上册

下册

《初级汉语听说》课文翻译

nǐ jiào shén me míng zi

第 1 课　你叫什么名字?

What's your name?

课文 Texts

1

Han Furui: Hello.

Liu Zilong: Hello.

Han Furui: My name is Han Furui. What's your name?

Liu Zilong: My name is Liu Zilong.

Han Furui: What country are you from?

Liu Zilong: I'm from Thailand. What about you?

Han Furui: I'm from America.

Liu Zilong: Goodbye!

Han Furui: Goodbye!

2

Han Furui: Hello, teacher! May I know your surname?

Ms. Xu: My surname is Xu. What's your name?

Han Furui: My surname is Han. I'm Han Furui.

Ms. Xu: What country are you from?

Han Furui: I'm from America. Nice to meet you.

Ms. Xu: Nice to meet you, too.

3

(Yang Tian'ai and Huang Xiaoyue saw Chen Bowen at school)

Yang Tian'ai: Hello, Chen Bowen.

Chen Bowen: Hello. Tian'ai, are you Indonesian?

Yang Tian'ai: No, I'm Filipino.

Chen Bowen: Xiaoyue, what about you? Are you Indonesian?

Huang Xiaoyue: Yes, I'm Indonesian.

Chen Bowen: Where do you live?

Huang Xiaoyue: We live in Building 6. What about you?

Chen Bowen: I live in Building 3.

4

Han Furui: My surname is Han. I'm Han Furui. I'm American. My roommate is Liu Zilong. He is Thai. I met a Chinese classmate named Chen Bowen. We all live in Building 3.

第2课 她是谁?

tā shì shuí

Who is she?

课文 Texts

1

Han Furui: Good morning, Liu Zilong. Who is she?

Liu Zilong: This is my girlfriend. Her name is Lin Meiyu.

Lin Meiyu: Hello, my name is Lin Meiyu. What's your name?

Han Furui: Hello, Meiyu. My name is Han Furui.

Lin Meiyu: Furui, where are you from?

Han Furui: I'm from America. Where do you live?

Lin Meiyu: He lives in Building 3. I live in Building 6.

Han Furui: Xiaoyue and Tian'ai also live in Building 6.

2

Liu Zilong: Hello, my name is Liu Zilong. May I know your surname?

Li Zhiqiang: Hello, my surname is Li. I'm Li Zhiqiang. Nice to meet you.

Liu Zilong: Nice to meet you, too. What class are you in?

Li Zhiqiang: I'm in Class 1. How about you?

Liu Zilong: I'm in Class 2. My girlfriend is also in Class 2.

Li Zhiqiang: Really? What's her name?

Liu Zilong: Her name is Lin Meiyu. She's also Thai.

Li Zhiqiang: Are you Meiyu's boyfriend? I know her.

Liu Zilong: Yes, she's friends with Xiaoyue and Tian'ai. They live in Building 6.

3

Liu Zilong: Good morning, teacher!

Ms. Xu: Good morning! What are your names?

Liu Zilong: My name is Liu Zilong. Let me introduce you to each other. He is Qingmu. He is Japanese.

Ms. Xu: What class are you in?

Qingmu: We're in Class 2.

Ms. Xu: Really? How old are you?

Qingmu: I'm 28 years old.

Liu Zilong: I'm 30 years old.

Ms. Xu: Nice to meet you.

Liu Zilong and Qingmu: Nice to meet you, too.

4

Qingmu: My name is Qingmu. I am Japanese. I'm 28 years old. I'm in class 2. He's Liu Zilong. He's Thai. He's 30 years old. His girlfriend is called Lin Meiyu who is also Thai. Both of them are in Class 1.

第3课 你家有几口人？

nǐ jiā yǒu jǐ kǒu rén

How many people are there in your family?

课文 Texts

1

Liu Zilong: Han Furui, how many people are there in your family?

Han Furui: There are four people in my family:my father, my mother, my elder sister and me. What about you?

Liu Zilong: There are six people in my family:my grandpa, my grandma, my father, my mother, my younger brother and me.

Han Furui: How old is your brother?

Liu Zilong: He is 20 years old. How old is your sister?

Han Furui: She's 28 years old. Do you have elder sisters?

Liu Zilong: I don't have elder sisters.

2

Lin Meiyu: Hello, I'm Lin Meiyu. Let me introduce you to each other. This is my boyfriend, Liu Zilong. We're both Thai.

Ruanshi Yinghua: Hello, I'm Ruanshi Yinghua. I'm Vietnamese.

Liu Zilong: What line of work are you in?

Ruanshi Yinghua: I'm a teacher. How about you?

Liu Zilong: I'm a police officer.

Lin Meiyu: I'm a civil servant.

Ruanshi Yinghua: I have two elder brothers. They are civil servants, too.

3

(Ruanshi Yinghua is sharing a photo)

Lin Meiyu: How many people are there in your family?

Ruanshi Yinghua: There are five people in my family: my father, my mother, my elder brother, my younger sister and me.

Lin Meiyu: Is this your sister?

Ruanshi Yinghua: Yes. She is 12 years old. She is a student.

Lin Meiyu: What's her hobby?

Ruanshi Yinghua: She likes singing.

Lin Meiyu: Is this your brother?

Ruanshi Yinghua: Yes.

Lin Meiyu: What does your brother like to do?

Ruanshi Yinghua: He likes surfing the Internet and playing basketball.

Lin Meiyu: What about you? What's your hobby?

Ruanshi Yinghua: I like listening to music and traveling.

Lin Meiyu: I like traveling, too.

4

Ruanshi Yinghua: There are five people in my family:my father, my mother, my elder brother, my younger sister and me. My father is a lawyer. He likes reading. My mother is a doctor and works in a hospital. She likes sports. My brother is a civil servant. He likes surfing the Internet and playing basketball. My sister is a student. She likes singing. I like listening to music and traveling.

第4课 今天星期几？

jīn tiān xīng qī jǐ

What day is it today?

课文 Texts

1

（Li Zhiqiang and Qingmu are in the dormitory）

Li Zhiqiang: Qingmu, what time is it?

Qingmu: It's four o'clock.

Li Zhiqiang: What time do you play basketball?

Qingmu: Half past five.

Li Zhiqiang: What time do we have dinner?

Qingmu: Let's have dinner at seven. I play basketball before dinner.

Li Zhiqiang: OK. See you at seven o'clock.

2

Qingmu: Xiaoyue, what time do we have class in the morning?

Huang Xiaoyue: We have class at eight o'clock in the morning.

Qingmu: What about the afternoon? What time do we have class in the afternoon?

Huang Xiaoyue: We have class at half past two in the afternoon.

Qingmu: What time will the class end?

Huang Xiaoyue: The class ends at 4:30 p.m.

Qingmu: What are you going to do after class?

Huang Xiaoyue: I'll go to the canteen for dinner at five and to the library at six. What about you?

Qingmu: I'm going to play basketball after class. I go to the library on weekends.

3

Chen Bowen: Xiaoyue, what day is it today?

Huang Xiaoyue: Today is Friday.

Chen Bowen: What date is it today?

Huang Xiaoyue: Today is October 4.

Chen Bowen: Tomorrow is Qingmu's birthday.

Huang Xiaoyue: Really? When is your birthday?

Chen Bowen: My birthday is April 28. What about you?

Huang Xiaoyue: September 10.

Chen Bowen: September 10 is Teachers' Day in China.

Huang Xiaoyue: In Indonesia,Teachers' Day is on May 2.

Chen Bowen: What time do you go to the canteen for lunch?

Huang Xiaoyue: Twelve o'clock. What about you?

Chen Bowen: I have lunch at ten past twelve.

4

Qingmu: Today is Wednesday, November 2. I got up at six thirty in the morning, had breakfast at seven fifteen, and had class at eight o'clock. I had lunch at twelve o'clock, played basketball after class in the afternoon, and had dinner at seven o'clock. In the evening,I watched TV and surfed the Internet at eight o'clock, did my homework at nine, and went to bed at ten thirty.

第5课 请问，操场在哪儿？

qǐngwèn cāochǎng zài nǎ er

Excuse me, where is the sports field?

课文 Texts

1

Yang Tian'ai: Zhiqiang, what time is it now?

Li Zhiqiang: It's half past seven. Do you have class in the morning?

Yang Tian'ai: I have class at eight o'clock in the morning. Do you have class in the morning?

Li Zhiqiang: I also have class. Which classroom do you have your class in?

Yang Tian'ai: I'm in Classroom 206, Building 16.

Li Zhiqiang: Where is Classroom 206?

Yang Tian'ai: It's on the second floor of Building 16, next to the office. Which classroom do you have your class in?

Li Zhiqiang: I'm in Classroom 305, on the third floor.

2

(Yang Tian'ai saw Mr. Xu on the way)

Yang Tian'ai: Good afternoon, teacher.

Mr. Xu: Hello, Tian'ai.

Yang Tian'ai: Teacher, where is Building 14?

Mr. Xu: Building 14 is behind the library, next to Building 15.

Yang Tian'ai: Is it far from here?

Mr. Xu: No. Go straight from here, and the library is on the right.

Yang Tian'ai: Is the library in front of the basketball court?

Mr. Xu: Yes, it is.

Yang Tian'ai: OK, thank you, teacher!

Mr. Xu: You're welcome.

3

Yang Tian'ai: Is there a supermarket in the school?

Chen Bowen: Yes, there is.

Yang Tian'ai: Where is the supermarket?

Chen Bowen: Go straight from here for about five minutes, then turn right and walk for two minutes. The supermarket is in front of the sports field.

Yang Tian'ai: Is there an ATM in the supermarket?

Chen Bowen: There is no ATM in the supermarket. There is an ATM in the bank outside the school.

Yang Tian'ai: Is it far from here?

Chen Bowen: It's a little far, about15 minutes' walk. Turn right from the back door first, go straight, and then walk for five minutes.

Yang Tian'ai: Thank you!

Chen Bowen: You're welcome.

4

Yang Tian'ai: My school has a library, a schoolbuilding, a dormitory building, a sports field, a canteen and a supermarket. Walk straight from here, you'll see the library. On the left of the library is the school building, and on the right is the canteen.Next to the canteen is the supermarket, and behind it is the sports field.

第 6 课　欢迎大家来做客

huānyíng dà jiā lái zuò kè

Welcome, everyone

课文 Texts

1

（During recess, in the classroom of Class 2）

Mr. Xu: Hello, students! I would like to introduce you to our new classmate, Wang Xue.

Wang Xue: Hello, everyone. My name is Wang Xue. I'm 26 years old. I'm Korean.

Huang Xiaoyue: Hello, Wang Xue. My name is Huang Xiaoyue. I'm 27 years old. I come from Indonesia.

Lin Meiyu: Hello, Wang Xue. My name is Lin Meiyu. This is my boyfriend, Liu Zilong. We are both Thai.

Qingmu: Hi, Wang Xue. I'm Qingmu. I'm Japanese. I like playing basketball. Do you have any hobbies?

Wang Xue: I like singing and traveling. What about you?

Liu Zilong: I like playing computer games. Lin Meiyu likes dancing.

Wang Xue: Nice to meet you.

Qingmu: Nice to meet you, too.

2

Wang Xue: Qingmu, is there a bank in the school?

Qingmu: There is no bank in the school. The bank is outside the school. Let me take you there.

Wang Xue: Great, thank you!

Qingmu: You're welcome.

(Wang Xue and Qingmu walked to the library)

Wang Xue: Is this the library?

Qingmu: Yes, this is the library. Over there is the school building.

Wang Xue: How do I get to the supermarket?

Qingmu: Go ahead from here, turn left, and you'll find the supermarket. The bank is just downstairs from the supermarket.

Wang Xue: Is it far from here?

Qingmu: Not really. It's only five minutes'walk.

3

Chen Bowen: Meiyu, Wang Xue, do you have class on Friday?

Lin Meiyu: I have a listening and speaking class and a

comprehensive class on Friday morning.

Wang Xue: I have a listening and speaking class and a Chinese character class in the morning.

Chen Bowen: What about the afternoon?

Wang Xue: We have no class in the afternoon.

Chen Bowen: Well, let's go to my place at two o'clock on Friday afternoon.

Wang Xue: Great! Is your place far from school?

Chen Bowen: Not too far. From school to my place, it takes 30 minutes by bus.

Lin Meiyu: How to get to your place?

Chen Bowen: Walk out of the school gate, turn left, and you'll see a bus stop. Take bus No. 25, get off after four stops, and you'll be at my place.

4

Chen Bowen: Welcome to my home! There are five people in my family: my grandpa, my grandma, my father, my mother and me. My grandpa is 70 years old. He likes walking. My grandma is 68 years old. She likes playing mahjong. My father is a university teacher. He likes reading. My mother works in a hospital. She is a nurse. She likes dancing.

第 7 课　这件多少钱？

zhè jiàn duō shao qián

How much is this?

课文 Texts

1

Lin Meiyu: Xiaoyue, where do you go to buy your clothes?

Huang Xiaoyue: I go to Zhonghua Cheng to buy clothes.

Lin Meiyu: Is Zhonghua Cheng far away?

Huang Xiaoyue: Not far. You can take the No. 52 bus at the bus stop outside the school gate to get there.

Lin Meiyu: Do you have class in the afternoon? I want to go to Zhonghua Cheng to buy a shirt.

Huang Xiaoyue: I have no class in the afternoon. Let's leave at 2 p.m. I'll see you at the school gate, OK?

Lin Meiyu: Great. Two o'clock. Be there or be square.

（Xiaoyue and Meiyu are in Zhonghua Cheng）

Lin Meiyu: I like this white sweater.

Huang Xiaoyue: It's very beautiful.

Lin Meiyu: Exuse me, do you have this sweater in medium size?

Salesman: Please wait a moment...... This one is size M.

Lin Meiyu: Thank you. Where is the fitting room, please?

Salesman: Go ahead from here. The fitting room is opposite the cashier counter.

(After Meiyu put on the sweater)

Lin Meiyu: How much is this sweater?

Salesman: This sweater costs 150 kuai.

Lin Meiyu: Is there a red one?

Salesperson: Yes.

Lin Meiyu: I'll take both of these.

Salesperson: No problem. 300 kuai in total. Please pay at the cashier counter.

2

(Meiyu and Xiaoyue are in a shoe store)

Huang Xiaoyue: Hello, I'd like to try on this pair of black shoes. Do you have them in size 37?

Salesperson: Yes, wait a moment, please. (The salesperson brought a pair of shoes in size 37) This pair is in size 37.

Huang Xiaoyue: Thank you. (After trying them on) This pair is a little big. Do you have a smaller one?

Salesperson: Yes. These are in size 36. You can try them on.

Huang Xiaoyue: Thanks. (After trying them on) Meiyu, do they look good?

Lin Meiyu: Not bad. Try the blue pair.

Huang Xiaoyue: OK. (To the salesperson) Can I try this blue pair on?

Salesperson: Sure. Here you are.

Huang Xiaoyue: I like the blue one, too. How much is this pair of shoes?

Salesman: 499 kuai.

Lin Meiyu: That's too expensive. Can it be cheaper?

Salesman: You can get a 20% discount. After that it will be 399 kuai.

Huang Xiaoyue: OK, then I'll take it.

Salesperson: No problem. Here's the receipt. Please pay at the cashier counter.

3

(Lin Meiyu and Huang Xiaoyue are in a fruit shop)

Salesperson: Welcome. What do you want to buy?

Lin Meiyu: How much is one *jin* of apples?

Salesperson: Apples are 6.5 kuai per *jin*.

Lin Meiyu: What about bananas?

Salesman: Bananas are four kuai per *jin*.

Lin Meiyu: What about watermelons?

Salesman: 2.5 kuai.

Lin Meiyu: I want this watermelon.

Salesperson: OK. 3.5 *jin*. That will be 8.75 kuai in total.

Lin Meiyu: Here's ten kuai.

Salesperson: Here's your change,1.5 kuai.

Huang Xiaoyue: I want one *jin* of apples and one *jin* of bananas.

Salesperson: OK. It's 10.5 kuai in total. I'll round it down to 10.

Huang Xiaoyue: Thank you. Here is the money.

4

Lin Meiyu: There is a fruit shop near the school. The fruit there is plentiful and cheap. Bananas are 4 kuai per *jin*, apples are 6.5 kuai per *jin*, and watermelons are 2.5 kuai per *jin*. Xiaoyue and I went to buy fruit last night. She bought one *jin* of bananas and three apples for 10 kuai altogether. I bought a watermelon for 8.75 kuai.

第 8 课　来一个鱼香肉丝

lái yí gè yú xiāng ròu sī

Let's have a Fish-flavored Shredded Pork

课文 Texts

1

（After class at noon）

Yang Tian'ai: Meiyu, this red dress is really beautiful. A new one?

Lin Meiyu: Thank you. Yesterday Xiaoyue and I went to Zhonghua Cheng and I bought it there.

Yang Tian'ai: Is Zhonghua Cheng far away? Are clothes cheap there?

Lin Meiyu: Not far. It's only a bus ride away, and the clothes there are cheap and good-looking.

Yang Tian'ai: There is no class this weekend. I want to go to Zhonghua Cheng to buy some clothes, too.

Lin Meiyu: How about we go together?

Yang Tian'ai: Great! Where are you going to eat later? Canteen or restaurant?

Lin Meiyu: I'm going to the canteen with Zilong. What about

you?

Yang Tian'ai: I also go to the canteen. The food in the canteen is delicious and cheap.

Lin Meiyu: It's just that there are too many people at noon.

2

(Liu Zilong and Han Furui are in a Chinese restaurant)

Waiter: Hello, welcome! How many of you are there?

Liu Zilong: Hello, two.

Waiter: Come with me, please. Have a seat. Here's the menu. What would you like to eat?

Liu Zilong: Furui, you can order first.

Han Furui: OK, then. I'll take the order. (Turning to the waitre) Do you have non-spicy food? I can't eat spicy food.

Waiter: (Pointing to the menu) How about Fish-flavored Shredded Pork? Not spicy.

Han Furui: OK, I'll have a Fish-flavored Shredded Pork. Zilong, what do you like to eat?

Liu Zilong: I like chicken. What kind of chicken dishes do you have?

Waiter: Kung Pao Chicken, very delicious, not too spicy.

Liu Zilong: OK, I'll have a Kung Pao Chicken.

Waiter: Any thing else?

Liu Zilong: Furui, do you like soup? How about a Tomato Egg Drop Soup?

Han Furui: Sounds good.

Waiter: OK. A Fish-flavored Shredded Pork, a Kung Pao Chicken, and a Tomato Egg Drop Soup. Please wait a moment. Your food will be served soon.

3

(After school in the afternoon)

Liu Zilong: Furui, since you don't like spicy food, you must not like Thai food. Thai food is sour and spicy.

Han Furui: I don't like spicy food, that's for sure, but if it is your treat, I can eat some.

Liu Zilong: Hahaha. Awesome! There is a Thai restaurant next to the school. Let's try it this weekend.

Han Furui: Great. Deal.

(They are in the Thai restaurant)

Waiter: Here's the menu. What would you like to eat?

Liu Zilong: One Tom Yum Kung, one pork neck, and one seafood salad.

Han Furui: What kind of drinks do you have?

Waiter: We have coke, black tea and Thai-style milk tea.

Han Furui: (Turn to Zilong) How about two cups of Thai-style milk tea?

Liu Zilong: OK, (to the waiter) two cups of Thai-style milk tea.

Waiter: No problem, please wait a moment.

(Furui and Zilong are enjoying their meal)

Han Furui: Thai food is delicious.

Liu Zilong: Chinese food is too greasy while Thai food is very mild.

Han Furui: Yes, this milk tea is very sweet, and Tom Yum Kung is sour and spicy. I like them both.

Liu Zilong: I think it's a little bit salty.

(After dinner)

Liu Zilong: Furui, are you full?

Han Furui: Very. Thank you. I'll treat you to American food next week.

Liu Zilong: What is American food?

Han Furui: Hamburger and pizza.

Liu Zilong: OK. Deal! Waiter, bill please. Please help me pack this dish.

4

Liu Zilong: Today, Furui and I went to a Chinese restaurant to have lunch. We ordered different dishes. Furui don't eat spicy food, so he ordered a Fish-flavored Shredded Pork. I like chiken, so I ordered a Kung Pao Chicken. We also had a Tomato Egg Drop Soup.After class in the afternoon, I treated him to Thai food in a Thai restaurant next to our school. Chinese food is different from Thai food. Typically, Chinese food is pretty greasy while Thai food is sour and spicy. Now, I'm getting used to Chinese food, and I'm getting fatter as well.

第 9 课　周末我们去爬山

zhōu mò wǒ men qù pá shān

Let's go mountain climbing this weekend

课文 Texts

1

(Liu Zilong and Han Furui finished their meal and met Li Zhiqiang on the way back to school)

Li Zhiqiang: Zilong, Furui, hello.

Han Furui: Zhiqiang, hello!

Li Zhiqiang: Where have you been?

Liu Zilong: We went to the Thai restaurant next to the school to eat. What about you?

Li Zhiqiang: I went to buy fruit. Long time no see. Have you been busy lately?

Han Furui: Very busy, a lot of classes. Chinese is very difficult.

Liu Zilong: Zhiqiang, what is your mobile number? Let's play football together on the weekend.

Li Zhiqiang: My mobile number is 18067839512. It's also my WeChat account. What's your phone number?

Han Furui: My phone number is 19723854260.

2

Han Furui: The weather is nice recently. We should go mountain climbing on Sunday. What do you think?

Liu Zilong: Sounds good. Meiyu and I haven't done any exercise for a long time.

Lin Meiyu: Let's ask Xiaoyue and Tian'ai!

Liu Zilong: And Zhiqiang and Qingmu.

Han Furui: No problem. The more, the merrier.

(Liu Zilong and Lin Meiyu are sending WeChat messages to their friends)

Lin Meiyu: Do you know how to get there?

Han Furui: We go there by bus.

Lin Meiyu: What time do we leave on Sunday?

Han Furui: How about leaving at five in the morning?

Liu Zilong / Lin Meiyu: Five o'clock? That's too early!

Han Furui: Hahaha, I'm just kidding! I also want to sleep in. We'll leave at 9 am. Does that sound good?

Liu Zilong: Yeah.

Lin Meiyu: Xiaoyue is going shopping on Sunday, so she can't join us. She's very sorry.

Han Furui: It doesn't matter. We'll go together next time.

Lin Meiyu: We'll meet at the school gate at nine o'clock on Sunday morning. Be there or be square.

Han Furui: You bet.

3

（A Chinese friend was on the phone with Lin Meiyu when she was climing the mountain on Sunday）

Chinese friend: Hello, Meiyu, long time no see.

Lin Meiyu: Long time no see.

Chinese Friend: How have you been? Are you busy?

Lin Meiyu: No, not recently. I'm climbing a mountain with my classmates. Are you busy lately?

Chinese friend: Lately I'm not very busy either. How's the view on the mountain?

Lin Meiyu: It's beautiful. We took a lot of pictures. What's your email address? I'll send them to you.

Chinese friend: My email is woaichina@163.com. Do you have time for dinner tonight?

Lin Meiyu: Sorry, I have to do my homework and review some lessons tonight. Can we take a rain check?

Chinese Friends: Sure. I'll leave you to it. Bye!

Lin Meiyu: Goodbye.

4

Yang Tian'ai: The weather was good last Sunday, so I went climbing with my classmates. The scenery on the mountain was beautiful. We took many photos. Next Sunday is my birthday. I want to treat my classmates to dinner. We'll meet outside the dormitory at six p.m. next Sunday, and then we'll go to a Thai restaurant together. I called my Chinese friend, but she had to work overtime, so she couldn't come.

第 10 课 请问银行怎么走？

qǐngwèn yín háng zěn me zǒu

How can I go to the bank?

课文 Texts

1

（On Friday night, Li Zhiqiang is making a video call to Chen Bowen）

Li Zhiqiang: Bowen, long time no see.

Chen Bowen: Zhiqiang, long time no see. How have you been?

Li Zhiqiang: Pretty good. Chinese food is so delicious. I'm getting fatter and fatter.

Chen Bowen: Stop joking around. You are not fat.

Li Zhiqiang: Are you free this Saturday?

Chen Bowen: I'm free on Saturday.

Li Zhiqiang: I want to go out for a walk. Will you be my company?

Chen Bowen: Sure! How about going to Gulangyu? Gulangyu is the name card of Xiamen. It has a great scenery.

Li Zhiqiang: Wonderful! You are such a friend! Let's go to Gulangyu on Saturday.

Chen Bowen: OK. What time do we leave in the morning?

Li Zhiqiang: How about 8 o'clock? Let's leave early to avoid traffic jam.

Chen Bowen: Sounds good. See you at the school gate at 8 o'clock tomorrow morning.

Li Zhiqiang: OK. Be there or be square.

2

（Chen Bowen and Li Zhiqiangare at the school gate）

Li Zhiqiang: How do we go to Gulangyu?

Chen Bowen: We go to the pier first and then take a ferry to the island.

Li Zhiqiang: Shall we take a taxi?

Chen Bowen: It'll be a little expensive if we take a taxi. We can go there by bus or subway.

Li Zhiqiang: Which is more convenient, bus or subway?

Chen Bowen: Much the same. There is a bus stop and a subway station outside the school gate.

Li Zhiqiang: Which is cheaper?

Chen Bowen: It's cheaper to take the bus. But I think the subway is faster and less crowded, and we don't have to worry about traffic jams.

Li Zhiqiang: Let's take the subway then.

(In the subway station)

Chen Bowen: Zhiqiang, do you have a traffic card?

Li Zhiqiang: No, I don't.

Chen Bowen: Then you can use cash this time. Next time you can buy a traffic card at the ticket office of the subway station. It's more convenient.

Li Zhiqiang: OK. How much is the fare to Gulangyu?

Chen Bowen: We get off at Zhenhai Road Station. There are thirteen stops in total. It'll be five kuai.

Li Zhiqiang: Okay, wait for me. I'll go get the tickets.

3

(Chen Bowen and Li Zhiqiang are going to have a meal)

Li Zhiqiang: Bowen, I don't have enough cash. I want to withdraw some money.

Chen Bowen: Really? Let's find a bank now.

Li Zhiqiang: Do you have a map on your phone?

Chen Bowen: Yes. But how about you ask someone for directions and practice Chinese by the way?

Li Zhiqiang: Good idea.

(Zhiqiang asking passersby A)

Li Zhiqiang: Excuse me, do you know how to get to the bank?

Passerby A: Sorry, I don't know.

Li Zhiqiang: Thank you anyway.

Chen Bowen: How about asking that lady over there?

Li Zhiqiang: OK! Ma'am, do you know where the nearest bank is?

Passerby B: Go straight ahead, an then turn right at the third crossing. The bank is opposite to the supermarket.

Li Zhiqiang: Is it far from here?

Passerby B: Not really. It's about ten minutes' walk.

Li Zhiqiang: Thank you so much!

Passerby B: That's all right.

4

Li Zhiqiang: Last weekend, I asked Chen Bowen to go to Gulangyu together. We took the subway to the pier, because the subway is fast and convenient, and subway tickets are cheap. At noon we were about to eat in a restaurant, but I didn't have enough cash, so I went to a bank to withdraw money. I asked a lady for directions and practiced my Chinese.

第 11 课　我有点儿不舒服

wǒ yǒu diǎn er bù shū fu

I am a little uncomfortable

课文 Texts

1

Huang Xiaoyue: Tian'ai, it's already 7:50. Why are you still in bed?

Yang Tian'ai: I'm a little uncomfortable. I have a headache.

Huang Xiaoyue: What's wrong? Did you go to sleep too late last night? Have you got a cold?

Yang Tian'ai: Maybe I have a cold. Can you accompany me to the hospital to see a doctor?

Huang Xiaoyue: No problem. I'll be with you.

Yang Tian'ai: Thank you!

Huang Xiaoyue: Do you know how to get to the hospital?

Yang Tian'ai: I can use the map on my phone to find a route.

Huang Xiaoyue: Well, did you find it?

Yang Tian'ai: The hospital is a little far from here.

Huang Xiaoyue: Let's go by bus then.

Yang Tian'ai: First we take bus No.306 to Xinhua Bookstore Station, and then transfer to bus No.901 and get off at The Second People's Hospital Station.

2

Han Furui: Hello, is this Mr. Xu?

Mr. Xu: Yes. Who is this, please?

Han Furui: Hello, Mr. Xu, this is Han Furui.

Mr. Xu: Furui, what's going on?

Han Furui: I am a little uncomfortable. Can I take the day off?

Mr. Xu: Do you catch a cold?

Han Furui: I have a headache and I keep coughing.

Mr. Xu: Do you have a fever?

Han Furui: A slight fever. Maybe I've caught a chill lately.

Mr. Xu: Drink more hot water and have a good rest. If you are seriously ill, go to the hospital to see a doctor.

Han Furui: OK, thank you, Mr. Xu.

3

Li Zhiqiang: Furui, you didn't come to class yesterday. What happened?

Han Furui: I wasn't feeling well. I had a headache and a cough.

Li Zhiqiang: Did you see a doctor?

Han Furui: Yes. The doctor said I had a cold.

Li Zhiqiang: Any prescriptions?

Han Furui: The doctor prescribed me some cold medicine. One tablet twice a day after meals.

Li Zhiqiang: Are you feeling better now?

Han Furui: A little better.

Li Zhiqiang: You should rest more, pay attention to your diet, eat more vegetables and fruits, and take all the time you need before coming back to class.

Han Furui: That's not possible! Chinese is so difficult. If I don't stay in class, I can't remember anything.

Li Zhiqiang: You are such a good student!

Han Furui: I'm flattered. I'm just afraid of failing the exam!

4

Qingmu: Yesterday was Zilong's birthday. In the evening, the students of Class 2 went to his dormitory to celebrate his birthday. We gave him gifts. He and Meiyu cooked Thai food for us. We were all very happy. But my stomach hurt badly today. Zhiqiang accompanied me to the hospital to see a doctor. The doctor said it was gastroenteritis. He prescribed me some Chinese traditional medicine and suggested I take two tablets three times a day after meals. I think my stomach is used to Chinese food, but not to Thai food, yet.

第12课 我们出去逛逛吧

wǒ men chū qu guàngguang ba

Let's go out for a walk

课文 Texts

1

（Liu Zilongis calling Lin Meiyu）

Liu Zilong: Meiyu, what are you doing?

Lin Meiyu: I'm doing my listening homework.

Liu Zilong: Oh. How about going shopping with me on Saturday afternoon?

Lin Meiyu: Shopping? You want to buy clothes again?

Liu Zilong: You're right! I want to buy the shirt I saw in the mall last time.

Lin Meiyu: Didn't you say it was too expensive last time?

Liu Zilong: It's a little expensive indeed, but it looks great. Worth every penny.

Lin Meiyu: All right, all right. You win.

Liu Zilong: How kind of you! How about we have lunch tomorrow and then go shopping?

Lin Meiyu: Cool, where to eat? The canteen or a restaurant?

Liu Zilong: Let's go to the canteen. We'll have dinner in a restaurant. My treat.

Lin Meiyu: Deal. I'll meet you in your dorm at noon tomorrow.

2

(Liu Zilong and Lin Meiyu are in a clothing store)

Liu Zilong: Hello! Do you have this shirt in black?

Salesperson: Sorry, we don't have it in black, only in white, blue and red.

Liu Zilong: Ah?

Lin Meiyu: (To Zilong) There is no black one. Forget about it. Let's go and see some shoes.

Liu Zilong: I want to try the white one on.

Lin Meiyu: All right. (To the salesperson) Can he try the white one on? Medium size.

Salesperson: Sure. Just a moment, please …… Here you are. The fitting room is over there.

Liu Zilong: Thank you. (After putting the shirt on, to Meiyu) What do you think? Do I look good?

Lin Meiyu: You look pretty good.

Liu Zilong: (To the salesperson) How much is this?

Salesperson: This one is 389.

Liu Zilong: Can I have a discount?

Salesperson: Sorry, this is a new design. It's pretty good in quality. No discount yet.

Lin Meiyu: Okay then, we'll take another look around.Thank you.

3

Lin Meiyu: You didn't get a shirt. Is dinner still on you?

Liu Zilong:I'm a man of my word. Of course. I heard there is an authentic Sichuan cuisine restaurant nearby.

Liu Meiyu: Where is it?

Liu Zilong: Go ahead and turn right. It's one floor above the McDonald's.

(In the Sichuan restaurant)

Waiter: Welcome. How many, please?

Liu Zilong: Two.

Waiter: Have a seat here. Here's the menu. What would you like to eat?

Liu Zilong: Do you have any signature dishes?

Waiter: Sliced Fish in Hot Chili Oil, Mapo Tofu, Sauteed Chicken Dices with Chili Peppers and Duck Blood in Chili Sauce. They are all very popular.

Lin Meiyu: You like fish. Let's order a Sliced Fish in Hot Chili Oil.

Liu Zilong: OK. How about Twice-cooked Pork and Mapo Tofu?

Lin Meiyu: Let's try the Twice-cooked Pork. How about a Sour and Spicy Shredded Potatoes?

Liu Zilong: OK. (To the waiter) A small one of Sliced Fish in Hot Chili Oil, a Twice-cooked Pork, and a Sour and Spicy Shredded Potatoes.

Waiter: No problem. Anything to drink?

Liu Zilong: A bottle of coke for me and a bottle of orange juice for her.

4

Lin Meiyu: The exam is looming. I'm having trouble sleeping these days. Yesterday Zilong accompanied me to see a doctor who practices traditional Chinese medicine. The doctor said I was too nervous. He gave me a massage and an acupuncture, and told me to exercise more and eat more fruits and vegetables. He also prescribed Chinese medicine for me. Chinese medicine is bitter and I don't like it. Hopefully, I'll get better soon.

《初级汉语听说》听力文本

nǐ jiào shén me míng zi

第 1 课　你叫什么名字？

What's your name?

◗ 练习 Exercises

听力练习

一、声母和韵母练习。

（一）听后跟读。

1. b　p　m　f　d　t　n　l

2. g　k　h　j　q　x

3. zh　ch　sh　r　z　c　s

4 .ɑ　o　e　i　u　ü

（二）听后补全音节。

1.bɑ	2.mu	3.pɑ	4.ti	5.nu
6.fu	7.dɑ	8.lü	9.gu	10.hɑ

（三）选择你听到的音节。

1.bɑ	2.pu	3.nɑ	4.lü	5.ke
6.he	7.hɑ	8.de	9.ne	10.fɑ

二、声调练习。

（一）听后跟读。

1.pī — pí — pǐ — pì

2.mā — má — mǎ — mà

3.fo — fo — fǒ — fo

4.gē — gé — gě — gè

5.ku — ku — kǔ — kù

（二）听后标出声调。

1.gā	2.hǔ	3.bō	4.fǔ	5.dì
6.tǔ	7.nǚ	8.lú	9.gé	10.kā

（三）判断对错。

1.pǐ	2.bà	3.mǎ	4.dú	5.fù
6.nǔ	7.lǘ	8.gě	9.kǔ	10.hū

三、句子练习。

听后跟读。

我姓刘，叫刘子龙，我是泰国人。我的同屋是韩福瑞，他是美国人。我认识一个中国同学，叫陈博文。我们都住三号楼。

四、听力理解练习。

（一）听句子，选择合适的回答。

1. 你叫什么名字？
2. 你是哪国人？
3. 您贵姓？
4. 很高兴认识你。
5. 你是泰国人吗？
6. 你住哪儿？

（二）听对话，选择正确答案。

1. 陈博文：你叫什么名字？
   杨天爱：我叫杨天爱。
   问：她叫什么名字？
2. 韩福瑞：子龙，你是哪国人？
   刘子龙：我是泰国人。你呢？
   韩福瑞：我是美国人。

问：子龙是哪国人？

3.青木：您贵姓？

黄小月：我姓黄。

问：她姓什么？

4.李志强：天爱，你是印尼人吗？

杨天爱：不是，我是菲律宾人。

问：天爱是印尼人吗？

5.林美玉：子龙，你住哪儿？

刘子龙：我住三号楼。美玉，你呢？

林美玉：我住六号楼。

问：美玉住哪儿？

五、听说练习。

（一）听后补全声母，并读出拼合后的音节。

1.b	2.p	3.l	4.m	5.j	6.n
7.k	8.m	9.h	10.t	11.d	12.q

（二）看图片，听录音，根据图片内容说出句子。

A：你好。

B：您好。

A：我叫李志强，你叫什么名字？

B：我叫阮氏英华。

A：你是哪国人？

B：我是越南人。你呢？

A：我是老挝人。

B：你住哪儿？

A：我住三号楼。

口语练习

四、听录音，回答下列问题。

韩福瑞：你好。
黄小月：你好。
韩福瑞：我叫韩福瑞，你叫什么名字？
黄小月：我叫黄小月。
韩福瑞：你是哪国人？
黄小月：我是印尼人。你呢？
韩福瑞：我是美国人。
黄小月：你住哪儿？
韩福瑞：我住三号楼。你呢？
黄小月：我住六号楼。
韩福瑞：很高兴认识你。
黄小月：我也很高兴。

作业 Homework

听力作业

一、听录音并跟读。

1. 我姓韩，叫韩福瑞，我是美国人，我住三号楼。
2. 大家好，我叫刘子龙，我是泰国人，我和陈博文都住三号楼。

二、听对话，选择正确答案。

刘子龙：你好。
杨天爱：你好。
刘子龙：我叫刘子龙，你叫什么名字？

杨天爱：我叫杨天爱。
刘子龙：你是哪国人？
杨天爱：我是菲律宾人，你是菲律宾人吗？
刘子龙：不是，我是泰国人。
杨天爱：你住哪儿？
刘子龙：我住三号楼，你呢？
杨天爱：我住六号楼。我的中国同学陈博文也住三号楼。
刘子龙：我们都住三号楼。

三、判断对错。

我姓李，叫李志强，我是老挝人，我住三号楼。我和我的中国同学陈博文都住三号楼。

第2课 她是谁？
tā shì shuí

Who is she?

练习 Exercises

听力练习

一、声母和韵母练习。

（一）听后跟读。

1.b p m f d t n l g k h j q x

2.zh ch sh r z c s

3.ai ei ao ou ia ie ua uo üe

4.an ian uan üan en in uen（un） ün

5.ang iang uang eng

（二）听后补全音节。

1.zao	2.shui	3.zhe	4.ni	5.guo
6.peng	7.jie	8.yu	9.nan	10.ran

（三）选择你听到的音节。

1.zhàng	2.zì	3.shěn	4.shān	5.ráo
6.jiāng	7.tuō	8.tǎng	9.bó	10.kēng

二、声调练习。

（一）听后跟读。

1.suī — suí — suǐ — suì

2.bān — ban — bǎn — bàn

3.zāo — záo — zǎo — zào

4.jī — jí — jǐ — jì

5.zhē — zhé — zhě — zhè

（二）听后标出声调。

1.tāng	2.nán	3.zhè	4.bān	5.huā
6.chuān	7.jīn	8.téng	9.yòng	10.zhuāng

（三）判断对错。

1.lóng	2.shàng	3.hǎo	4.shuí	5.nǐ
6.jiào	7.méi	8.yú	9.fú	10.nà

三、句子练习。

听后跟读。

我姓韩，我叫韩雪，今年二十三岁，我是中国人。我在一班，我认识一个泰国同学，她今年二十岁。我们住十四号楼，我的同屋是印尼人，她叫刘一，她在二班，她的男朋友也在二班。

四、听力理解练习。

（一）听句子，选择合适的回答。

1.早上好！他是谁？

2.你住哪儿？

3.你在几班？

4.你是美玉的男朋友吗？

5.你今年多大？

（二）听对话，选择正确答案。

1.阮氏英华：韩福瑞，这是谁？

韩福瑞：这是我的女朋友。

问：这是谁？

2.青木：美玉，这是你的男朋友吗？

林美玉：对！他叫刘子龙。

问：美玉的男朋友叫什么名字？

3. 阮氏英华：你叫什么名字？
青木：我叫青木。
阮氏英华：你在几班？
青木：我在二班。
问：青木在几班？

4. 老师：福瑞，你今年多大？
韩福瑞：老师，我今年二十四岁。
老师：志强呢？
李志强：我今年三十三岁。
问：志强今年多大？

5. 刘子龙：你住哪儿？
杨天爱：我住十四号楼。你呢？
刘子龙：我住十六号楼。
杨天爱：老师也住十六号楼。
问：老师住哪儿？

五、听说练习。

（一）听后补全声母，并读出拼合后的音节。

1.n	2.k	3.sh	4.b	5.l
6.p	7.s	8.j	9.zh	10.ch

（二）看图片，听录音，根据图片内容说出句子。

我叫小明，我是中国人，我今年十岁，我在一班。

口语练习

四、听录音，回答下列问题。

韩雪：福瑞，早上好！
韩福瑞：早上好，韩雪！她是谁？

韩雪：介绍一下，这是我的同屋刘一，她是泰国人。
韩福瑞：刘一，你好！我叫韩福瑞。认识你很高兴。
刘一：你好，福瑞。认识你很高兴。
韩福瑞：刘一，你们住哪儿？
刘一：我们住八号楼。
韩福瑞：你们在几班？
刘一：我在二班，韩雪在三班。你呢？
韩福瑞：我也在三班。

作业 Homework

听力作业

一、听录音并跟读。

1.大家好，我叫林美玉，我是泰国人。我今年二十八岁，我在二班。

2.老师，早上好！介绍一下，这是我的男朋友，他姓刘，叫刘子龙。他今年三十岁，他也在二班。

二、听对话，选择正确答案。

陈博文：你好！我叫陈博文，我是中国人。您贵姓？
黄小月：我姓黄，我叫黄小月，我是印尼人。
陈博文：你在一班吗？
黄小月：不，我在二班。
陈博文：我的女朋友也在二班。
黄小月：是吗？你的女朋友叫什么名字？
陈博文：她叫刘一。
黄小月：我认识她！
陈博文：她住六号楼，你也住六号楼吗？
黄小月：对，我们都住六号楼。

陈博文：你今年多大？
黄小月：我今年二十七岁，你呢？
陈博文：我今年二十五岁。

三、判断对错。

大家好！我是杨天爱，我是菲律宾人，我今年二十五岁，我在三班。我的同屋是黄小月，她在二班。我们都住六号楼。

第3课 你家有几口人？

nǐ jiā yǒu jǐ kǒu rén

How many people are there in your family?

练习 Exercises

听力练习

一、声母和韵母练习。

（一）听后跟读。

1.j　q　x　z　c　s

2.ia　ie　iao　iou（iu）　ian　in

3.iang　ing　iong　üe　üan　ün

4.ua　uo　uai　uei（ui）　uan　uen（un）

（二）听后补全音节。

1.jing	2.que	3.xuan	4.zuo	5.cuan
6.suo	7.zhuang	8.chuai	9.sheng	10.rang

（三）选择你听到的音节。

1.qǐng	2.xià	3.xù	4.qián	5.cài
6.zì	7.cuò	8.zòng	9.zhuān	10.shuān

二、声调练习。

（一）听后跟读。

1.jī — jí — jǐ — jì

2.gāo — gao — gǎo — gào

3.kōu — kou — kǒu — kòu

4.qiē — qié — qiě — qiè

5.zū — zú — zǔ — zu

（二）听后标出声调。

1.miǎn	2.xué	3.jiě	4.liú	5.piào
6.niú	7.chā	8.zhè	9.chuǎng	10.róng

（三）判断对错。

1.qiāo	2.yòu	3.bīng	4.nián	5.xié
6.nìn	7.cǎn	8.zuò	9.suàn	10.zhǎng

三、句子练习。

听后跟读。

我家有三口人，爸爸妈妈和我。我爸爸是一名警察，我妈妈是一名教师，我也是一名警察。我爸爸喜欢打篮球，妈妈喜欢唱歌，我喜欢听音乐。

四、听力理解练习。

（一）听句子，选择合适的回答。

1. 你的爱好是什么？
2. 你家有几口人？
3. 你有弟弟吗？
4. 她是你妹妹吗？
5. 你妹妹多大？
6. 你弟弟今年几岁？
7. 你哥哥喜欢什么运动？
8. 你爸爸做什么工作？

（二）听对话，选择正确答案。

1. 韩福瑞：志强，我一会儿去打篮球，你去吗？
   李志强：好的，我去。
   问：他们一会儿去做什么？
2. 陈博文：小月，你家有几口人？

黄小月：五口人，爷爷、奶奶、爸爸、妈妈和我。
问：小月家有几口人？

3. 韩福瑞：天爱，你有妹妹吗？
杨天爱：我有一个妹妹和一个弟弟。
问：天爱家有谁？

4. 李志强：美玉，你弟弟多大？
林美玉：我弟弟今年十八岁。
问：美玉的弟弟今年几岁？

5. 刘子龙：天爱，你喜欢打篮球吗？
杨天爱：我不喜欢，我妹妹喜欢打篮球。
问：谁喜欢打篮球？

6. 黄小月：青木，你喜欢什么运动？
青木：我喜欢打篮球，还喜欢踢足球。
问：青木喜欢什么运动？

7. 青木：林美玉，你家人做什么工作？
林美玉：我爸爸是律师，妈妈是老师，弟弟是学生，我是公务员。
问：谁是公务员？

8. 刘子龙：英华，你家有谁？
阮氏英华：我家有爷爷、奶奶、爸爸、妈妈、哥哥和我。
问：英华家有几口人？

9. 黄小月：子龙，你家人喜欢做什么？
刘子龙：我爸爸喜欢打篮球，妈妈喜欢听音乐，我喜欢看书。
问：子龙的妈妈喜欢做什么？

10. 阮氏英华：子龙，听说你喜欢打篮球，放学一起打吧？
刘子龙：好。韩福瑞也喜欢打篮球，我们一起去。
问：谁也喜欢打篮球？

五、听说练习。

（一）听后补全声母，并读出拼合后的音节。

1.j　　2.q　　3.x　　4.z　　5.c

6.s 7.zh 8.ch 9.r 10.sh

（二）看图片，听录音，根据图片内容说出句子。

韩福瑞：美玉，这是你的姐姐吗？
林美玉：不是，这是我妈妈。她今年五十五岁。
韩福瑞：你妈妈看起来真年轻。她做什么工作？
林美玉：她喜欢唱歌。她是歌手。

口语练习

三、听录音，回答下列问题。

青木：我在警察局工作，我是警察。天爱，你做什么工作？
杨天爱：我是学生。博文，你呢？
陈博文：我也是学生。
青木：天爱，你家有几口人？
杨天爱：我家有三口人，爸爸、妈妈和我。青木，你呢？
青木：我家有四口人，爸爸、妈妈、哥哥和我。博文，你呢？
陈博文：我家有五口人，爷爷、奶奶、爸爸、妈妈和我。
青木：天爱，你家人喜欢做什么？
杨天爱：我爸爸喜欢听音乐，妈妈喜欢唱歌，我喜欢上网。

作业 Homework

听力作业

一、听录音并跟读，注意语音语调。

1.我家有五口人，爸爸、妈妈、哥哥、妹妹和我。

2.我爸爸喜欢听音乐，妈妈喜欢唱歌，哥哥喜欢打篮球，妹妹喜欢上网，我喜欢看书。

3.我爸爸是医生，妈妈是警察，哥哥是律师，我是老师，我妹妹今年十六岁，是学生。

二、听对话，选择正确答案。

韩福瑞：你好！你叫什么名字？
李志强：你好。我叫李志强。你呢？
韩福瑞：我叫韩福瑞。
李志强：你是美国人吗？
韩福瑞：我是美国人，今年二十四岁，我是学生。你呢？
李志强：我是老挝人，今年三十三岁，我是警察。
韩福瑞：你喜欢做什么？
李志强：我喜欢运动，我喜欢打篮球。
韩福瑞：我也喜欢打篮球，那我们下午一起打球吧。
李志强：好啊。
韩福瑞：我爸爸也喜欢打篮球。
李志强：我爸爸喜欢旅游。
韩福瑞：很高兴认识你！
李志强：我也很高兴。

三、判断对错。

我有一个幸福的大家庭，我家有六口人，爷爷、奶奶、爸爸、妈妈、姐姐和我。爷爷奶奶今年七十多岁了，他们喜欢旅游；我爸爸是警察，他喜欢和朋友打篮球；我妈妈是老师，她喜欢唱歌；我姐姐是律师，喜欢听音乐；我是学生，我喜欢看书。

第4课 今天星期几？

jīn tiān xīng qī jǐ

What day is it today?

练习 Exercises

听力练习

一、声母和韵母练习。

（一）听后跟读。

1.ai ei ia ie

2.ao ou ua uo

3.iao iou uai uei

4.ian uan üan

5.ang eng ong uang ueng

（二）听后补全音节。

1.chīfàn yǐqián shàngkè xiàwǔ

2.shítáng zhōumò xīngqī míngtiān

3.shēngrì diànshì shàngwǎng zuòyè

4.bàba měiyǒu xuéshēng gōngzuò

5.xǐhuan chànggē lánqiú yīnyuè

（三）选择你听到的音节。

1.zhēn	2.zhè	3.zhǐ
4.piè	5.jiān	6.qiǔ
7.láng	8.lǘ	9.nín
10.bō	11.hāo	12.kēi
13.hǔ	14.sóng	15.lù

二、声调练习。

（一）听后跟读。

1.diān — dian — diǎn — diàn

2.bān — ban — bǎn — bàn

3.chī — chí — chǐ — chì

4.fān — fán — fǎn — fàn

5.kē — ké — kě — kè

6.qū — qú — qǔ — qù

7.wāng — wáng — wǎng — wàng

8.tāng — táng — tǎng — tàng

（二）听后标出声调。

1.xiànzài	2.shíhou	3.yíkè	4. chīfàn	5.láizì
6.zǎofàn	7.wǎnfàn	8.shàngkè	9.xiàkè	10.shítáng

（三）判断对错。

1.qīntiān	2.lánqiú	3.xīngjī	4.shàngwǔ	5.qīdiǎn
6.wǎnshang	7.zhuìjiào	8.kànzhū	9.gēge	10.níngtiān

三、句子练习。

听后跟读。

今天是三月一号，星期二。哥哥和我早上六点起床，六点半吃早饭，上午我们去图书馆看书。哥哥喜欢打篮球，我喜欢听音乐。我们中午十一点半吃午饭，吃饭以后我们听音乐，下午两点去打篮球。七点我们吃晚饭，晚上八点爸爸妈妈看电视、哥哥上网，八点一刻我写作业，十点我们睡觉。

四、听力理解练习。

（一）听句子，选择合适的回答。

1. 现在几点？

2. 下课以后你做什么？

3. 今天星期三，明天星期几？
4. 你的生日是几月几号？
5. 我们下午几点上课？
6. 你明天上午几点去图书馆看书？
7. 我们几点吃晚饭？
8. 你几月几号去中国？

（二）听对话，选择正确答案。

1. 杨天爱：青木，现在几点？
   青木：现在四点半。
   杨天爱：我们几点吃晚饭？
   青木：五点半。
   问：他们几点吃晚饭？
2. 李志强：几点下课？
   黄小月：五点下课。
   李志强：下课以后你做什么？
   黄小月：我五点半去食堂吃饭。六点去图书馆看书。志强，你呢？
   李志强：下课以后我去打篮球。
   问：下课以后志强做什么？
3. 李志强：今天是几月几号？
   黄小月：今天是十一月十一号。
   问：明天是几月几号？
4. 李志强：今天星期几？
   黄小月：今天星期五。
   问：明天星期几？
5. 陈博文：你中午几点去食堂吃午饭。
   杨天爱：十二点。博文，你呢？
   陈博文：我十二点一刻吃午饭。
   问：博文中午几点去吃午饭？
6. 青木：睡觉以前你喜欢做什么？
   黄小月：我喜欢听音乐，青木，你呢？
   青木：我喜欢看电视。

问：青木睡觉以前喜欢做什么？

7. 杨天爱：你明天几点上课？
陈博文：我明天早上八点上课，天爱，你呢？
杨天爱：我明天早上没有课，下午两点半上课。
问：天爱明天几点上课？

8. 黄小月：志强，你今天去图书馆吗？
李志强：不去，我周末去图书馆，小月，你呢？
黄小月：我今天下午下课以后去图书馆。
问：小月什么时候去图书馆？

五、听说练习。

（一）听后补全韵母，并读出拼合后的音节。

1.ai	2.in	3.ong	4.ao	5.ian
6.iao	7.eng	8.eng	9.un	10.uang

（二）看图片，听录音，根据图片内容说出句子。

今天是三月一号。现在七点半，我八点上课。

口语练习

五、听录音，回答下列问题。

刘子龙：小月，今天星期几？
黄小月：今天星期五。
刘子龙：今天是八月五号吗？
黄小月：对！是八月五号。
刘子龙：明天是我女朋友的生日！
黄小月：是吗？现在几点？
刘子龙：差三分五点。
黄小月：你几点吃晚饭？
刘子龙：六点一刻，吃饭以前我去打篮球。你呢？你几点吃饭？

黄小月：我五点半去食堂吃饭，吃饭以后我去图书馆看书。

作业 Homework

听力作业

一、听录音并跟读。

1. 老师，我们早上几点上课？
2. 我们几点下课？下课以后你做什么？
3. 我十一点半去食堂吃饭，一点睡觉，下午两点一刻去图书馆看书。

二、听对话，选择正确答案。

杨天爱：小雪，现在几点？
小雪：现在差两分十一点。
杨天爱：我们几点吃午饭？
小雪：我们十一点半吃饭吧！
杨天爱：好的。你早上几点起床？
小雪：姐姐和我六点一刻起床，我爸爸妈妈六点半起床。
杨天爱：你家有几口人？
小雪：四口人，爸爸、妈妈、姐姐和我。
杨天爱：你有什么爱好？
小雪：我喜欢跳舞，你呢？你喜欢什么运动？
杨天爱：我喜欢跑步，也喜欢打篮球。

三、听录音判断正误。

林美玉：青木，现在几点？
青木：现在一点。
林美玉：你下午几点上课？

青木：下午两点半上课。

林美玉：下课以后你做什么？

青木：我四点半去图书馆看书，你呢，美玉？

林美玉：我下课后去打篮球。我们几点吃晚饭？

青木：我们六点吃饭吧。

林美玉：好，五点五十见！

第 5 课 请问，操场在哪儿？

qǐngwèn cāochǎng zài nǎr

Excuse me, where is the sports field?

练习 Exercises

听力练习

一、声母和韵母练习。

（一）听后跟读。

1.zh ch sh r z c s j q x

2.an ian uan üan ang iang uang

3.en uen（un） eng ueng ong iong

（二）听后补全音节。

1.zhuang	2.chun	3.shang	4.rang	5.zeng
6.cuan	7.sun	8.juan	9.quan	10.xian

（三）选择你听到的音节。

1.zi	2.chao	3.shang	4.zhai	5.qian
6.xuan	7.qun	8.chun	9.sun	10.ci

二、声调练习。

（一）听后跟读。

1.zhā — zhá — zhǎ — zhà

2.chāng — cháng — chǎng — chàng

3.shēng — shéng — shěng — shèng

4.rāng — ráng — rǎng — ràng

5.zū — zú — zǔ — zu

（二）听后标出声调。

1.gāo	2.bái	3.fēi	4.dōu	5.gěi
6.zhēnzhèng	7.chāoshì	8.jiāoshū	9.quānzi	10.zhuāngchē

（三）判断对错。

1.shàngshì	2.qiāngzhī	3.chāojí	4.qúnzhòng	5.jiānchí
6.zhuàngchē	7.zhànshì	8.zhěngqí	9.jiùshì	10.zēngjiā

三、句子练习。

听后跟读。

今天是三月八号，星期六。我下午四点去学校篮球场打篮球，篮球场在操场的前边，从这儿一直走就是操场。操场的左边是宿舍楼，再往右拐是食堂，食堂的旁边是银行，食堂的后边是图书馆。

四、听力理解练习。

（一）听句子，选择合适的回答。

1. 现在几点？
2. 你上午有课吗？
3. 你在哪个教室？
4. 102 教室在哪儿？
5. 请问十六号楼在哪儿？
6. 离这儿远吗？
7. 学校里有银行吗？
8. 图书馆在篮球场的前边吗？

（二）听对话，选择正确答案。

1. 陈博文：现在几点？
   黄小月：八点半。
   问：现在几点？
2. 青木：小月，你在哪间教室上课？

黄小月：我在十四号楼104教室上课。
问：黄小月在哪间教室上课？
3. 陈博文：天爱，你上午有课吗？
杨天爱：我上午有课，八点上课。
问：天爱几点上课？
4. 青木：106教室在哪儿？
黄小月：在十四号楼一楼，办公室的旁边。
问：106教室在哪儿？
5. 陈博文：请问，操场在哪儿？
杨天爱：操场在宿舍楼后边。
问：操场在哪儿？
6. 青木：请问，图书馆在哪儿？
黄小月：图书馆在篮球场的前边。
问：图书馆在篮球场的前边吗？
7. 陈博文：学校里有银行吗？
杨天爱：有，在超市旁边。
问：银行在哪儿？
8. 青木：银行离这儿远吗？
黄小月：有点儿远，差不多走二十分钟。
问：银行离这儿远吗？
9. 陈博文：学校里有超市吗？
杨天爱：有，在食堂的旁边。
问：学校有超市吗？
10. 青木：请问篮球场在哪儿？
黄小月：篮球场在操场的后边。
问：篮球场在操场的前边吗？

五、听说练习。

（一）听后补全声母，并读出拼合后的音节。

1.zh	2.q	3.ch	4.y
5.r	6.j	7.sh	8.c
9.s	10.z	11.n	12.q

（二）看图片，听录音，根据图片内容说出句子。

我的学校里有图书馆、教学楼、宿舍楼、操场、食堂和超市。从大门一直走是图书馆。图书馆的左边是教学楼，再往右拐是食堂，食堂的后边是操场。

口语练习

三、听录音，回答下列问题。

韩福瑞：小月，现在几点？
黄小月：现在两点。福瑞，你下午有课吗？
韩福瑞：我下午有课，两点半上课。
黄小月：你在哪间教室上课？
韩福瑞：我在十四号楼一零二教室。
黄小月：十四号楼在哪儿？
韩福瑞：十四号楼在图书馆后边。
黄小月：离这儿远吗？
韩福瑞：不远，从这儿一直走，就是图书馆。
黄小月：图书馆在篮球场的后边吗？
韩福瑞：是的。
黄小月：学校里有银行吗？
韩福瑞：有。
黄小月：银行在哪儿？
韩福瑞：先从这儿一直走，大概五分钟，再往左拐，走两分钟就到了。银行在超市的旁边。

黄小月：谢谢！

◗ 作业 Homework

听力作业

一、听录音并跟读，注意语音语调。

1. 我的学校里有图书馆、教学楼、宿舍楼、操场、食堂和超市。

2. 图书馆前边是教学楼，再往左拐是食堂，食堂旁边是三号楼，三号楼后边是银行，银行右边是超市。

二、听对话，选择正确答案。

韩福瑞：子龙，现在几点？
刘子龙：七点半。福瑞，你上午有课吗？
韩福瑞：我上午有课，八点上课。
刘子龙：你在哪间教室上课？
韩福瑞：我在16号楼202教室。
刘子龙：16号楼在哪儿？
韩福瑞：16号楼在食堂后边。
刘子龙：离这儿远吗？
韩福瑞：不远。
刘子龙：你下午有课吗？
韩福瑞：没有。我们下午去篮球场打篮球吧！
刘子龙：篮球场在哪儿？
韩福瑞：篮球场在操场的前边。
刘子龙：离这儿远吗？
韩福瑞：不远。先从这儿一直走，大概两分钟，再往左拐，走两分钟就到了。
刘子龙：好的，下午见！

韩福瑞：再见！

三、判断对错。

今天是五月三十号，星期一。我上午八点去图书馆看书，图书馆在教学楼的前边，从这儿一直走就是图书馆。我中午十二点去食堂吃饭，从图书馆往左拐，走五分钟就是食堂，食堂的旁边是超市，超市的后边是银行，我十二点半去银行取钱。

huānyíng dà jiā lái zuò kè

第6课　欢迎大家来做客

Welcome, everyone

练习 Exercises

听力练习

一、声母和韵母练习。

（一）听后跟读。

1. b　p　m　f　t　n　l　g　k　h

2. ao　ou　iu　ai　ei　ui

3. er　uai　uei　ian　uan　üan　en　in　ün

4. iang　uang　ing　ueng　ong　iong

（二）听后补全音节。

1.zǒngshì	2.xiàwǔ	3.shàngkè
4.xiànshí	5.qīwàng	6.jiànshè
7.xiězì	8.jíshǒu	9.cāochǎng
10.jīchǎng	11.kěyǐ	12.yànhuǒ
13.máoyī	14.zhēnzhèng	15.xǐhuan

（三）听后写出音节。

1.xīn	2.dōng	3.zhì	4.zuò	5.gāi
6.zhuō	7.zěn	8.nà	9.wán	10.ní
11.tuì	12.piàn	13.zhài	14.chōng	15.zuò

（四）选择你听到的韵母。

1.ou	2.ie	3.iou	4.uei	5.uai
6.üan	7.uen	8.uang	9.in	10.ing

（五）选择你听到的音节。

1.jīn	2.tóng	3.zhì
4.zuò	5.gāi	6.sài
7.zhuō	8.zhěn	9.hē
10.nà	11.wán	12.ní
13.tuì	14.miàn	15.zhài

二、声调练习。

（一）听后跟读。

1.xīn — xín — xǐn — xìn

2.xuē — xué — xuě — xuè

3.hāi — hái — hǎi — hài

4.shuō — shuo — shuo — shuò

5.nā — ná — nǎ — nà

6.lī — lí — lǐ — lì

7.gōng — gong — gǒng — gòng

8.chū — chú — chǔ — chù

9.mēn — mén — men — mèn

10.huān — huán — huǎn — huàn

（二）听后标出声调。

1.tóngxué	2.láizì	3.yóuxì	4.zěnme	5.lóuxià
6.duìmiàn	7.xuéxiào	8.dàmén	9.chēzhàn	10.xiàchē
11.dàjiā	12.zuòkè	13.dàxué	14.lǎoshī	15.yéye

（三）听后跟读。

1.bàba	māma	xièxie	shénme	tāmen
2.chànggēr	wányìr	guāzǐr	méishìr	yíhuìr
3.zěnme	kěyǐ	yǒudiǎnr	hěnhǎo	shuǐguǒ
4.bùchī	bùkū	bùhé	bùhǎo	bùdà
5.yībān	yīnián	yībǎi	yībiān	yīdài

三、句子练习。

听后跟读。

1.我叫青木，我是日本人，今年二十八岁，我在二班。我认识了一个泰国同学，他是刘子龙，他今年三十岁，他的女朋友叫林美玉，他们也在二班。我的同屋是李志强，他来自老挝，我们都住三号楼。

2.介绍一下，我家有四口人，爸爸、妈妈、哥哥和我。我爸爸是大学老师，他喜欢看书。妈妈是医生，在医院工作，她喜欢散步。我哥哥是公务员，他喜欢打篮球和旅游。我喜欢听音乐、唱歌和跳舞。

四、听力理解练习。

（一）听句子，选择合适的问题。

1. 不是，我是菲律宾人。
2. 我今年二十五岁。
3. 我是警察。
4. 他喜欢上网和打篮球。
5. 我的生日是四月二十九号。
6. 现在八点一刻。
7. 我家有三口人，爸爸、妈妈和我。
8. 食堂离图书馆不远。

（二）听对话，选择正确答案。

1. 王雪：去超市怎么走？
   黄小月：从这儿往前走，再往右拐就是超市。
   王雪：很远吗？
   黄小月：不太远，走三分钟就到了。
   问：去超市怎么走？
2. 青木：王雪，星期四你有课吗？
   王雪：星期四上午我有听说课和综合课。
   青木：下午呢？
   王雪：下午我没有课。

问：王雪星期四下午有课吗？

3. 黄小月：子龙，你家离学校远吗？

刘子龙：不太远，从学校到我家，坐公交车三十分钟。

问：子龙家离学校远吗？

4. 王雪：我上午有课，八点上课。你上午有课吗？

青木：我也有课。王雪，你在哪个教室？

王雪：我在十六号楼二零六教室。你呢？

青木：我在十六号楼三一四教室。

问：王雪在哪个教室？

5. 黄小月：学校里有银行吗？

刘子龙：有。

黄小月：银行在哪儿？

刘子龙：先从这儿一直走，大概五分钟，再往左拐，走两分钟就到了。银行在操场的前边。

问：银行在哪儿？

6. 青木：明天你有课吗？

王雪：有，早上八点有汉字课。青木，你呢？

青木：我早上没有课，下午从两点半到四点二十有听说课。

问：青木明天几点有课？

7. 黄小月：你家有几口人？

刘子龙：我家有三口人，爸爸、妈妈和我。小月，你呢？

黄小月：我家有五口人，爸爸、妈妈、我和两个姐姐。

问：小月有几个姐姐？

8. 青木：今天星期几？几月几号？

王雪：今天星期三，三月二十二号。

青木：三月二十二号，明天是我女朋友的生日。

问：青木女朋友的生日是几月几号？

五、听说练习。

（一）听录音，圈出你听到的拼音，并跟读。

1.bà　　2.biān　　3.lǎo　　4.nǔ　　5.kǎo

6.qī　　7.hěn　　8.jiè　　9.wǎng　　10.guǎi

（二）听录音，并跟读。

1.

月	姓	对	吗	是
岁	谁	家	也	贵
叫	写	吧	在	口

2.

就	拐	远	不	再
很	姓	您	国	哪
分钟	作业	中午	周末	上课

3.

名字	以前	吃饭	旅游	喜欢
工作	学生	姐姐	多大	今年
朋友	早上	谢谢	这儿	请问

（三）听录音填空，并复述。

1.韩福瑞是美国人，刘子龙是泰国人，杨天爱是菲律宾人。

2.黄小月住六号楼，陈博文和韩福瑞都住三号楼。

3.青木是日本人，今年二十八岁，在二班。

4.我的爸爸是警察，妈妈是公务员，我是老师。

5.英华的妹妹喜欢唱歌，她的哥哥喜欢上网和打篮球。

6.李志强早上六点五十五起床，七点一刻吃早餐，七点半上课。

7.今天是星期四，明天是我的生日，欢迎大家星期天来我家做客。

8.图书馆在篮球场的前边，宿舍楼在操场的后边，银行在学校外边。

9.从我家出门往右走，走十分钟，就到超市了。

10.周三上午八点十分有综合课，十点二十五有听说课；下午三点有汉字课。

作业 Homework

听力作业

一、听录音并跟读。

1.同学们好！介绍一下，这是我们班的新同学王雪。

2.他是我的男朋友，叫刘子龙。我们都是泰国人。

3.王雪，你好，我是青木，我喜欢唱歌，还喜欢旅游。你有什么爱好？

4.老师，请问16号楼在哪儿？

5.学校里没有超市，超市在学校外边。我带你去吧！

6.太好了，谢谢你！

7.从这往前走，再往左拐就是超市。银行就在超市楼下。

8.星期五上午我有听说课和汉字课。

9.那，星期五下午两点去我家玩儿吧！

10.从学校到我家，坐公交车30分钟。出学校大门往左走，就是公交站。坐25路车，坐4站下车，就到我家了。

二、听对话，选择正确答案。

杨天爱：博文，学校里有超市吗？

陈博文：有。

杨天爱：超市在哪儿？

陈博文：先从这儿一直走，大概十分钟，再往左拐，走五分钟就到了。超市在食堂上边。

杨天爱：学校里有银行吗？

陈博文：学校里没有银行，银行在学校外边。

杨天爱：离这儿远吗？

陈博文：不太远，差不多走十分钟。先从大门往右拐，再一直走五分钟就到了。

杨天爱：谢谢！

陈博文：不客气。天爱，我带你去吧！

杨天爱：太好了，博文！谢谢你！

三、判断对错。

陈博文：美玉，星期五你们有课吗？

林美玉：星期五上午我有听说课和综合课。福瑞，你呢？

韩福瑞：上午我有汉字课。

陈博文：下午呢？

韩福瑞：下午我没有课。

林美玉：下午我也没有课。

陈博文：那，星期五下午三点半去我家玩儿吧！

韩福瑞：太好了！博文，你家离学校远吗？

陈博文：不太远，从学校到我家，坐公交车二十五分钟。

林美玉：去你家怎么走？

陈博文：出学校大门往右走，就是公交站。坐九一九路车，坐六站下车，就到我家了。

第7课 这件多少钱？

zhè jiàn duō shao qián

How much is this?

练习 Exercises

听力练习

一、声母和韵母练习。

（一）听录音，写韵母。

1.zhǐ	2.bǎ	3.tī	4.kǎ	5.sū
6.dǎ	7.lǜ	8.fú	9.shì	10.jū
11.mǎ	12.xí	13.gū	14.hā	15.pì

（二）听录音，写声母。

1.mǎi	2.qián	3.xié	4.kuài	5.néng
6.suàn	7.shuǐ	8.gěi	9.zhǎo	10.jīn
11.huā	12.lán	13.duì	14.fù	15.tái

（三）选择你听到的音节。

1.shuāng	2.cāng	3.shǎng
4.shì	5.shāo	6.shuí
7.shāng	8.shōu	9.sè
10.kuài	11.kuāng	12.máo
13.shāo	14.guì	15.tái

二、声调练习。

（一）听后标出声调。

1.yīfu	2.shìyījiān	3.báisè	4.hóngsè	5.máoyī
6.yígòng	7.shōuyíntái	8.hēisè	9.lánsè	10.shāoděng
11.piányi	12.dǎzhé	13.xiāngjiāo	14.shuǐguǒ	15.xīguā

（二）判断对错。

1.mángguǒ	2.chángkù	3.duǎnkù	4.pútao	5.wǔyuán
6.wèiyī	7.kùzi	8.pǐngguǒ	9.shíjīn	10.shíkuài

三、句子练习。

听后跟读。

今天是三月二十六号，星期四。我和妹妹去中华城买东西。我买了两双鞋，花了六百块。妹妹买了一件毛衣，花了三百块。然后我们去买水果，我买了两个西瓜，三块钱一斤，花了十八块。她买了一斤香蕉，四个苹果，一共花了十五块五毛。

四、听力理解练习。

（一）听句子，选择合适的回答。

1. 你去哪儿买衣服？
2. 这件衣服有L码的吗？
3. 这两件衣服多少钱？
4. 试衣间在哪儿？
5. 这双鞋好看吗？
6. 能便宜一点儿吗？
7. 苹果多少钱一斤？
8. 买一个西瓜多少钱??
9. 我穿这件白色的毛衣怎么样？
10. 他买了什么？

（二）听对话，选择正确答案。

1. 韩福瑞：天爱，请问食堂在哪儿？
   杨天爱：食堂在操场的后边。
   韩福瑞：你今天去哪儿买衣服？
   杨天爱：中华城。
   问：天爱去哪儿买衣服？
2. 韩福瑞：请问这双黑色的鞋有41码的吗？
   售货员：没有。
   韩福瑞：那双红色的呢？
   售货员：有，您稍等。
   问：红色的鞋有41码的吗？
3. 韩福瑞：这件蓝色的毛衣多少钱？
   售货员：这件毛衣199块。
   韩福瑞：这件白色的呢？
   售货员：也是199块。
   问：白色的毛衣多少钱？
4. 杨天爱：这双红色的鞋有37码的吗？
   售货员：不好意思，没有。这双蓝色的鞋是37码的。
   杨天爱：好，那我买这双。
   问：她买了什么颜色的鞋？
5. 杨天爱：这双黑色的鞋好看吗？
   韩福瑞：还可以，你试试那双蓝色的吧。
   杨天爱：我也喜欢这双蓝色的。
   韩福瑞：很漂亮。
   问：蓝色的鞋好看吗？
6. 杨天爱：这双红色的鞋能便宜一点儿吗？
   售货员：不好意思，这双红色的鞋不打折。这双黑色的鞋可以打八折。
   问：黑色的鞋打几折？
7. 售货员：请问要买点儿什么？
   杨天爱：苹果和香蕉多少钱一斤？
   售货员：苹果五块钱一斤，香蕉四块钱一斤。

杨天爱：我要两斤苹果，还要一个西瓜。
问：她想买什么？

8. 杨天爱：你好，苹果多少钱一斤？香蕉呢？
售货员：苹果六块钱一斤，香蕉两块五一斤。
杨天爱：我还要一个西瓜，这个西瓜多少钱？
售货员：这个西瓜五斤，十块钱。
问：西瓜多少钱一斤？

9. 杨天爱：我要这个西瓜和一斤香蕉，多少钱？
售货员：香蕉两块钱一斤，西瓜两块五一斤。这个西瓜三斤，一共九块五。
问：这个西瓜多少钱？

10. 韩福瑞：香蕉多少钱一斤？
售货员：两块一斤。
韩福瑞：苹果呢？
售货员：四块一斤。
韩福瑞：我要三斤苹果，两斤香蕉。
问：福瑞一共买了多少钱的水果？

五、听说练习。

（一）听后补全声母，并读出拼合后的音节。

1.m	2.j	3.x	4.j	5.sh
6.h	7.x	8.sh	9.d	10.h
11.m	12.y	13.g	14.g	15.zh

（二）看图片，听录音，根据图片内容说出句子。

我在商店买了一双鞋，花了一百五十块，我还买了两个西瓜，两块五一斤，一共七斤，花了十七块五。

（三）听录音，回答下列问题。

售货员：欢迎光临，请问要买点儿什么？
刘子龙：你好，这双黑色的鞋有四十二码的吗？
售货员：有，您稍等。你试试。

刘子龙：不是很好看，那双红色的鞋有四十二码的吗？
售货员：不好意思，没有。
刘子龙：蓝色的呢？
售货员：有，请稍等。
刘子龙：那我要这双蓝色的，多少钱？
售货员：这双五百九十九块。
刘子龙：能便宜一点吗？
售货员：可以打八折，四百八十块。
刘子龙：好的，我去付款。
售货员：谢谢。

作业 Homework

听力作业

一、听录音并跟读。

1.我去超市买了一双鞋，花了三十块，还买了两斤香蕉，三个苹果，花了二十块零五毛，一共花了五十块零五毛。

2.我在中华城买了一件蓝色的毛衣，打了七折，只花了三百六十块。

二、听对话，选择正确答案。

售货员：你们好，想买点什么水果？
李志强：青木，你喜欢什么水果？
青木：我喜欢西瓜，西瓜多少钱一斤？
售货员：两块钱一斤，这个西瓜五斤。
青木：我要这个西瓜，给你二十块。
售货员：谢谢，找你十块。
青木：志强，你买什么水果？
李志强：我要三斤香蕉吧。

售货员：香蕉两块五一斤，一共七块五。
李志强：好的，给你钱。
售货员：现在苹果打折，一斤四块钱。
青木：不用了，谢谢。

三、判断对错。

今天是二月二十二号，星期五。我和妈妈去中华城买鞋。我喜欢一双白色的鞋，白色的鞋没有43码的。我试了一双红色的鞋，妈妈说很漂亮。售货员说八百块，妈妈说太贵了。她问售货员“可以便宜点儿吗?”，售货员说可以打七折。我花了560块。

第 8 课　来一个鱼香肉丝

lái yí gè yú xiāng ròu sī

Let's have a Fish-flavored Shredded Pork

练习 Exercises

听力练习

一、声母和韵母练习。

（一）听录音，写韵母。

1.huì	2.cài	3.hǎo	4.jiù	5.wèi
6.nǎi	7.bāo	8.kǒu	9.wèi	10.xīn
11.fàn	12.guǎn	13.diǎn	14.shàng	15.qīng

（二）听录音，写声母。

1.zhēn	2.cháng	3.ròu	4.shì	5.fèn
6.dān	7.là	8.jī	9.hē	10.suān
11.tián	12.kè	13.bēi	14.jué	15.pàng

（三）选择你听到的音节。

1.hèi	2.cài	3.hǎo
4.jù	5.wèn	6.xīng
7.kāi	8.nǎi	9.bāng
10.fàn	11.guǎng	12.diǎn
13.shàng	14.qīn	15.kǒu

二、声调练习。

（一）听后标出声调。

1.yóunì	2.fànguǎn	3.hǎochī	4.jiùshì	5.diǎncài
6.shàngcài	7.qīngdàn	8.yǐnliào	9.kǒuwèi	10.nánguài

（二）判断对错。

1.yíhuì	2.fànguǎn	3.hǎochī	4.jiùshì	5.diǎncài
6.shàngcài	7.qīngdàn	8.chángchang	9.dǎbāo	10.kǒuwèi

三、句子练习。

听后跟读。

泰国菜跟中国菜不一样。中国菜很油腻，泰国菜很清淡，又酸又辣。中国不同地方的人喜欢的口味不一样，北方菜比较咸，南方菜比较甜，四川菜比较辣。我越来越习惯吃中国菜，我中午吃了一份宫保鸡丁，喝了一杯奶茶。

四、听力理解练习。

（一）听句子，选择合适的回答。

1.你去哪儿吃饭？
2.你们几位？
3.这是菜单，想吃点儿什么？
4.你喜欢吃什么口味的菜？
5.有什么鸡肉的菜吗？
6.这个菜辣吗？
7.你吃饱了吗？
8.你觉得好吃吗？
9.你喜欢吃哪国菜？
10.泰国菜什么口味？

（二）听对话，选择正确答案。

1. 李志强：一会儿你去哪儿吃饭？食堂还是饭馆儿？
黄小月：我去食堂，志强，你呢？
李志强：我今天去饭馆儿。
问：志强今天去哪儿吃饭？

2. 服务员：您好，欢迎光临！请问几位？
黄小月：你好，三位。
服务员：好的，今天星期一，可以打折。
黄小月：谢谢！
问：几个人去吃饭？

3. 李志强：这是菜单，小月，你想吃点什么？
黄小月：有不辣的菜吗？
李志强：宫保鸡丁和西红柿鸡蛋。
黄小月：我要一份宫保鸡丁。
问：小月点了什么菜？

4. 杨天爱：青木，你先点菜吧。
青木：好，那我就不客气了。来一个鱼香肉丝。天爱，你要吃什么？
杨天爱：再来一份猪颈肉怎么样？
青木：可以。
问：天爱点了什么菜？

5. 李志强：有甜的菜吗？
服务员：西红柿鸡蛋怎么样？甜的。
李志强：可以，再来一杯奶茶。
服务员：好的，稍等。
问：他喜欢什么口味？

6. 青木：小月，你喜欢冬阴功汤吗？
黄小月：冬阴功汤又酸又辣，我喜欢。
青木：我不喜欢吃辣，我喜欢吃咸的。
黄小月：来个鱼香肉丝。
问：小月喜欢什么口味？

7. 李志强：泰国菜真好吃。

杨天爱：中国菜有点儿油腻，泰国菜很清淡。
李志强：我喜欢吃汉堡，天爱，你喜欢吗？
杨天爱：我觉得有点咸。
问：天爱喜欢汉堡吗？

8. 青木：中国不同地方的人喜欢的口味不一样。
黄小月：青木，你喜欢吃甜的吗？
青木：不喜欢，我喜欢吃咸的。
黄小月：我也喜欢吃咸的。
问：青木喜欢什么口味？

9. 李志强：服务员，有什么猪肉的菜？
服务员：猪颈肉怎么样？
李志强：来一个猪颈肉，有什么鸡肉的菜？
服务员：宫保鸡丁，很好吃。
李志强：来一个宫保鸡丁。
问：志强点了什么鸡肉的菜？

10. 青木：服务员，买单！
服务员：好的，一共二百块，可以打八折。
问：青木花了多少钱？

五、听说练习。

（一）听后补全韵母，并读出拼合后的音节。

1.in	2.ui	3.uan	4.iu	5.ang
6.ing	7.an	8.ai	9.ian	10.ai
11.ao	12.ou	13.ei	14.ian	15.iao

（二）看图片，听录音，根据图片内容说出句子。

今天中午我在饭馆儿吃饭，我点了冬阴功汤，很辣。我还点了西红柿鸡蛋，又酸又咸，我喜欢吃咸的。

作业 Homework

听力作业

一、听录音并跟读。

1. 我今天去饭馆吃饭，又好吃又便宜。我喜欢吃甜的，我点了一份鱼香肉丝和奶茶，菜很好吃。

2. 中国菜很好吃，泰国菜很清淡。我不喜欢吃辣，我昨天点了有鸡肉的菜，宫保鸡丁，很好吃。

二、听对话，选择正确答案。

服务员：您好，欢迎光临！请问几位？

青木：你好，三位。

服务员：请跟我来，请坐。这是菜单，你们想吃点儿什么？

青木：我喜欢鱼香肉丝，又甜又咸。来一个鱼香肉丝吧，再来一个冬阴功汤。

服务员：冬阴功汤很好喝，又酸又辣。您还想喝点儿什么？

青木：再来三杯泰式奶茶。

服务员：好的。

青木：服务员，买单。

服务员：一共一百块，可以打九折。

三、判断对错。

今天，李志强、陈博文、杨天爱和我去饭馆吃饭。李志强点了冬阴功汤，又酸又辣，我觉得太辣，不好吃。我点了鱼香肉丝，杨天爱很喜欢。陈博文点了西红柿鸡蛋，还可以。我越来越习惯吃中国菜。

第 9 课　周末我们去爬山

zhōu mò wǒ men qù pá shān

Let's go mountain climbing this weekend

练习 Exercises

听力练习

一、声母和韵母练习。

（一）听录音，写韵母。

1.zhuāng	2.chuán	3.shùn	4.suì	5.qiáng
6.nián	7.xuě	8.qián	9.jiā	10.yuè
11.hào	12.cuò	13.wèn	14.gǎi	15.ruì

（二）听录音，写声母。

1.dǎ	2.bāo	3.xì	4.zhuāng	5.sān
6.tiān	7.qì	8.zhòng	9.liàng	10.jǐng
11.guān	12.rè	13.cì	14.jiē	15.miàn

（三）选择你听到的音节。

1.shǒujī	2.zúqiú	3.dǎchē
4.tiānqì	5.páshān	6.zhuānghuò
7.zhīdào	8.guàngjiē	9.fùxí
10.shìpín	11.chuángshàng	12.jīqì
13.gǎitiān	14.jiànmiàn	15.bāozi

二、声调练习。

（一）听后标出声调。

1.gāoxìng	2.kāimén	3.jiějué	4.jiàoshì	5.miànzi

6.piàoliang　7.tīnglì　8.shítáng　9.zhēnzhèng　10.zhǐshì

（二）判断对错。

1.jiāojì　2.shāoshuǐ　3.qiǎngzhì　4.mǎshàng　5.lǜhuà

6.nùqì　7.lóngzi　8.hǎoxì　9.xìngzhì　10.qiáoqiáo

三、句子练习。

听后跟读。

上周六天气不错，我和同学们去吃饭，泰国饭馆儿的菜很好吃，我们拍了很多照片。下周日是我的生日，我想请同学们吃饭。我们下周日晚上五点，先在学校门口见面，然后一起去泰国餐馆儿。我给许老师打电话，她要上课，不能来。

四、听力理解练习。

（一）听句子，选择合适的回答。

1.你最近忙不忙？

2.你的手机号码是多少？

3.星期天我们去爬山怎么样？

4.你知道怎么去吗？

5.早上六点出发怎么样？

6.山上的风景怎么样呀？

7.你的电子邮箱是多少？

8.晚上有时间一起吃饭吗？

9.好久不见。

10.你们去哪儿了？

（二）听对话，选择正确答案。

1.李志强：小月，你去哪儿了？

黄小月：我去学校旁边的银行取钱了。志强你呢？

李志强：我去食堂吃饭了。

问：小月去哪儿了？

2. 青木：天爱，你的手机号码是多少？

杨天爱：我的手机号码是18967836512。青木，你的电话呢？

青木：我的电话是18723854260。

问：青木电话是多少？

3. 刘子龙：最近天气不错，星期天我们去逛街怎么样？

阮氏英华：好呀。我和美玉也好久没买衣服了。

青木：问问小月和天爱吧！

阮氏英华：还有志强和青木。

问：星期天他们去做什么？

4. 刘子龙：你知道我们怎么去中华城吗？

杨天爱：我们坐公交车去。

刘子龙：我们坐几路公交？

杨天爱：958路公交。

问：他们怎么去中华城？

5. 青木：小月，星期六几点出发？

黄小月：下午五点出发怎么样？

青木：五点？太早了！

黄小月：哈哈哈，跟你开个玩笑！下午六点出发，可以吗？

青木：行。

问：他们几点出发？

6. 刘子龙：天爱，明天我们一起去逛街怎么样？

杨天爱：抱歉，我明天要去图书馆看书。

刘子龙：没关系，下次再一起去。

问：天爱明天要做什么？

7. 青木：小月，晚上一起吃饭吧！

黄小月：好呀，我们去哪儿吃饭？

青木：去泰国饭馆儿。

黄小月：行，那我们晚上五点，在宿舍楼下，不见不散。

青木：不见不散。

问：他们晚上在哪儿见面？

8. 刘子龙：天爱，晚上有时间一起吃饭吗？

杨天爱：不好意思，我今天晚上要复习课文。改天行吗？
刘子龙：那明天晚上吧？
杨天爱：行。
问：他们什么时候一起吃饭？

9. 青木：喂，小月，好久不见。
黄小月：青木，好久不见。
青木：最近忙吗？周末一起吃饭吧！
黄小月：最近比较忙，周末要加班。我很抱歉。
问：小月周末要做什么？

10. 刘子龙：天爱，我们周日一起去爬山吧！
杨天爱：好呀，我们早上五点出发？
刘子龙：五点出发？太早了！
杨天爱：哈哈哈，跟你开个玩笑！
问：天爱是什么意思？

五、听说练习。

（一）听后补全声母 并读出拼合后的音节 。

1.h	2.z	3.x	4.g	5.n
6.ch	7.q	8.y	9.j	10.zh
11.d	12.sh	13.k	14.j	15.l

（二）看图片，听录音，根据图片内容说出句子。

A：最近天气不错，周末我们去公园跑步怎么样？
B：好呀。我和山田也好久没运动了。
A：问问小月和天爱吧。
B：你知道怎么去吗？
A：我们坐公交去。
B：我们几点出发？
A：八点出发怎么样？
B：那我们七点五十，在学校门口，不见不散。
A：不见不散。

（三）听录音，回答下列问题。

刘子龙：美玉，你最近忙不忙？
林美玉：最近不忙。福瑞，你呢？
韩福瑞：我也不忙。
刘子龙：周末一起去爬山吧？
韩福瑞：好呀。我好久没运动了。
林美玉：问问子龙和青木吧。
韩福瑞：还有小月和天爱。
林美玉：子龙，你知道怎么去吗？
刘子龙：我们坐公交车去。
韩福瑞：星期天几点出发？
刘子龙：早上六点出发怎么样？
林美玉：六点？太早了！
刘子龙：那上午八点出发呢？
林美玉：行。
韩福瑞：我们星期天早上八点，在宿舍楼下，不见不散。
林美玉：不见不散。

作业 Homework

听力作业

一、听录音并跟读。

1. 上周六天气不错，我和同学们去吃饭，泰国餐厅的菜很好吃，我们拍了很多照片。

2. 周日是我的生日，我想请同学们吃饭。我们下周日晚上五点，先在学校门口见面，然后一起去泰国餐馆儿。我给许老师打电话，但是她要上课，不能来。

二、听对话，选择正确答案。

黄小月：福瑞，你好。
韩福瑞：小月，你好。
黄小月：你去哪儿了？
韩福瑞：我去食堂吃饭了。你呢？
黄小月：我去银行取钱了。好久不见，你最近忙不忙？
韩福瑞：不忙。
黄小月：你的手机号码是多少？
韩福瑞：我的手机号码是19723854260。你的电话呢？
黄小月：我的电话是18067839512。
韩福瑞：星期天我们去逛街怎么样？
黄小月：好呀。
韩福瑞：问问小月和天爱吧！
黄小月：还有志强和子龙。
韩福瑞：你知道怎么去吗？
黄小月：我们坐公交车去。
韩福瑞：星期天下午两点出发怎么样？
黄小月：那我们星期天下午两点，在学校门口，不见不散。
韩福瑞：不见不散。晚上有时间一起吃饭吗？
黄小月：不好意思，我今天晚上要复习课文。改天行吗？
韩福瑞：一言为定。再见！

三、判断对错。

今天天气不错，我和同学们去逛街，中华城的衣服很便宜，我们买了很多衣服。下周六是韩福瑞的生日，他想请我们吃饭。我们下周六下午五点，先在学校门口见面，然后一起去泰国饭馆儿。他给许老师打电话，但是她要上课，不能来。

第 10 课 请问银行怎么走？

qǐngwèn yín háng zěn me zǒu

How can I go to the bank?

练习 Exercises

听力练习

一、声母和韵母练习。

（一）听录音，写韵母。

1.yīn	2.wèi	3.duì	4.miàn	5.piào
6.gǎn	7.xiè	8.dì	9.sān	10.zhī
11.dào	12.shùn	13.biàn	14.wèn	15.lù

（二）听录音，写声母。

1.suo	2.zi	3.ke	4.qi	5.shou
6.piao	7.zhu	8.yi	9.di	10.tu
11.jin	12.lian	13.xi	14.kong	15.ge

（三）选择你听到的音节。

1.tǔ	2.tài	3.tǐng
4.piě	5.pàng	6.piào
7.zì	8.zǒu	9.cuò
10.zhēn	11.chǎo	12.zhī
13.gòu	14.kè	15.kāng

二、声调练习。

（一）听后标出声调。

1.fēngjǐng	2.míngpiàn	3.búcuò	4.dǔchē	5.xiànjīn

6.dìtiě　7.wènlù　8.dǎchē　9.mǎipiào　10.yínháng

11.dìtú　12.shùnbiàn　13.xiàcì　14.duìmiàn　15.gǎnxiè

（二）判断对错。

1.búzuò　2.kěyí　3.yìzhāng　4.suǒyǐ　5.yǒudiǎnr

6.mǎtóu　7.dǔchē　8.āyi　9.piàojià　10.dǎchē

三、句子练习。

听后跟读。

上周末，我约我的女朋友一起去鼓浪屿。我们坐地铁去码头，因为地铁又快又方便，地铁票也很便宜。我在地铁站售票处买了一张公交卡，到鼓浪屿票价是五块。中午我们要去饭馆儿吃饭，我的现金不够，所以去银行取钱。我向一位阿姨问路，顺便练习一下汉语。

四、听力理解练习。

（一）听句子，选择合适的回答。

1.星期五你有空吗?

2.最近怎么样?

3.坐地铁和公交车哪个便宜?

4.您知道第一医院怎么走吗?

5.您知道最近的银行在哪儿吗?

6.我想出去走走，你能陪我逛逛吗?

7.你有公交卡吗?

8.到厦门站票价多少?

9.明天几点，我们在哪儿见面?

10.你找人问路，顺便练习一下汉语怎么样?

（二）听对话，选择正确答案。

1.刘子龙：天爱，周末你有空吗?

杨天爱：星期六我有空。

刘子龙：我想出去走走，你能陪我逛逛吗?

杨天爱：好啊！我们去中华城怎么样？

问：周末天爱有空吗？

2. 青木：小月，咱们明天就去鼓浪屿吧！

黄小月：好。早上几点出发？

青木：七点半行吗？早点出发不堵车。

问：他们明天几点出发去鼓浪屿？

3. 黄小月：青木，咱们打车去学校吗？

青木：打车有点儿贵。咱们可以坐公交车，也可以坐地铁。

黄小月：那我们坐公交车吧。公交车比地铁便宜一点儿。

青木：好的。

问：他们怎么去学校？

4. 杨天爱：子龙，坐公交车和坐地铁哪个方便？

刘子龙：差不多。学校门口有公交站和地铁站。

杨天爱：哪个便宜？

刘子龙：差不多。但我觉得地铁比较快，人也比较少，还不用担心堵车。

问：坐公交车和坐地铁哪个比较快？

5. 青木：我的现金不够了，我想取点儿钱。

黄小月：是吗？那咱们现在找一家银行。

问：他们要找什么？

6. 刘子龙：阿姨，您知道最近的饭馆儿在哪儿吗？

阿姨：先一直走，然后在第一个路口左拐，饭馆儿在银行的旁边。

刘子龙：真是太感谢您了！

阿姨：没事，别客气！

问：饭馆儿在哪儿？

7. 黄小月：叔叔，您好，请问，您知道第二医院怎么走吗？

叔叔：不好意思，我也不知道。

黄小月：谢谢。

问：第二医院怎么走？

8. 黄小月：青木，你有公交卡吗？

青木：没有。

黄小月：那你去地铁站售票处买一张公交卡吧。

青木：地铁站在哪儿？你能陪我去吗？

黄小月：好啊，我陪你去。

青木：小月，你真够朋友！

问：小月要陪青木去哪儿？

9. 刘子龙：天爱，我们怎么去厦门站？

杨天爱：坐公交吧，坐公交便宜一点儿。

刘子龙：好，到厦门站票价多少？

杨天爱：一共九站，票价三块。

问：到厦门站票价多少？

10. 黄小月：您好，请问，您知道厦门大学怎么走吗？

男：先从这儿一直走，大概五分钟，然后在第三个路口右拐，再走两分钟就到了。

黄小月：太感谢您了！

男：没事，不客气！

问：厦门大学怎么走？

五、听说练习。

（一）听后补全声母，并读出拼合后的音节。

1.z	2.p	3.n	4.zh	5.d
6.g	7.y	8.z	9.g	10.zh
11.k	12.z	13.sh	14.b	15.x

（二）看图片，听录音，根据图片内容说出句子。

我约陈博文一起去鼓浪屿。我们坐地铁去码头，因为地铁又快又方便，地铁票也很便宜。

（三）听录音，回答下列问题。

李志强：您好，请问，您知道银行怎么走吗？

路人甲：不好意思，我也不知道。

李志强：谢谢。

志强：阿姨，您知道最近的银行在哪儿吗？

路人乙：先一直走，然后在第三个路口右拐，银行在学校的对面。

李志强：很远吗？

路人乙：不是很远，你可以坐公交车，也可以走路，走路十多分钟就到了。

李志强：那我走路过去吧，真是太感谢您了！

路人乙：没事，别客气。

作业 Homework

听力作业

一、听录音并跟读。

1. 阿姨，您知道最近的银行在哪儿吗？
2. 先一直走，然后在第三个路口右拐，银行在超市的对面。
3. 不远，走路十多分钟就到了。
4. 真是太感谢您了！
5. 没事，别客气。
6. 我的现金不够了，我想取点儿钱。
7. 到鼓浪屿票价多少？
8. 打车有点儿贵。
9. 坐公交便宜一点儿。
10. 别开玩笑，你不胖。

二、听对话，选择正确答案。

黄小月：福瑞我们怎么去第一医院？

韩福瑞：我们可以坐公交车，也可以坐地铁。

黄小月：坐公交车和坐地铁哪个方便？

韩福瑞：差不多。

黄小月：哪个便宜？

韩福瑞：坐公交便宜一点儿，但公交很慢。我觉得地铁比较快，人也比较少，还不用担心堵车。

黄小月：那地铁站离这儿远吗？

韩福瑞：不远，小月，从学校后门往右拐，再一直走五分钟就到了。

黄小月：好，那我们坐地铁吧。

黄小月：这就是第一医院啊！坐地铁真快！

韩福瑞：对啊！

黄小月：我的现金不够，我想取点儿钱。

韩福瑞：那咱们现在找一家银行。

黄小月：你知道银行在哪儿吗？

韩福瑞：不知道。

黄小月：那我找人问路。阿姨，您好，请问您知道银行怎么走吗？

阿姨：先一直走，然后在第二个路口左拐，银行在超市的对面。

黄小月：谢谢，真是太感谢您了！

阿姨：没事，别客气！

三、判断对错。

黄小月：博文，好久不见。

陈博文：小月，好久不见。最近怎么样？

黄小月：挺好的。博文，明天下午你有空吗？

陈博文：明天下午我有空。

黄小月：我想去厦门大学，你能陪我去吗？

陈博文：好啊！那里的风景很好！

黄小月：太棒了！你真够朋友！明天下午几点出发？

陈博文：一点一刻行吗，早点出发不堵车。

黄小月：好的，我们怎么去厦门大学？

陈博文：咱们可以坐公交车，也可以坐地铁。

黄小月：哪个方便？

陈博文：差不多。学校门口有公交站和地铁站。

黄小月：哪个比较快？
陈博文：地铁比较快，人也比较少，但坐公交便宜一点儿。
黄小月：那我们坐地铁吧。
陈博文：好。

wǒ yǒu diǎn er bù shū fu

第 11 课　我有点儿不舒服

I am a little uncomfortable

练习 Exercises

听力练习

一、声母和韵母练习。

（一）听录音，写韵母。

1.yī	2.zhí	3.kě	4.néng	5.bìng
6.jiǎ	7.dài	8.fú	9.yī	10.yuàn
11.shū	12.fú	13.lì	14.hài	15.gāi

（二）听录音，写声母。

1.ké	2.sòu	3.fā	4.shāo	5.zěn
6.me	7.zháo	8.liáng	9.kāi	10.jiǎ
11.tóu	12.téng	13.hài	14.zuò	15.zhōng

（三）选择你听到的音节。

1.dǔ	2.tóu	3.téng	4.pà	5.péi
6.biāo	7.chá	8.shǎo	9.shòu	10.zhí
11.zháo	12.zhù	13.gāi	14.kě	15.guò

二、声调练习。

（一）听后标出声调。

1.dànshì	2.kāixīn	3.zuòcài	4.lǐwù	5.zhōngyào
6.xíguàn	7.shēngrì	8.jígé	9.hàipà	10.zhǔyi

（二）判断对错。

1.yìzhí	2.nǎlǐ	3.hàipà	4.zhōngyào	5.jígé
6.zháojí	7.kěnéng	8.qǐngjià	9.fúyòng	10.dàifu

三、句子练习。

听后跟读。

昨天是我女朋友的生日，晚上我和她的朋友去宿舍给她过生日。我们送她礼物，她很开心。今天我头疼得厉害，上午我跟老师请了病假，下午同屋陪我去医院看大夫。大夫说我发烧了。他给我开了一些药，一天三次，一次六片，饭后服用。我想我可能是这两天着凉了。

四、听力理解练习。

（一）听句子，选择合适的回答。

1. 我有点儿不舒服，头很疼。
2. 你能陪我去医院看大夫吗？
3. 你知道医院怎么走吗？
4. 已经七点五十了，你怎么还在睡觉？
5. 老师，我发烧了，可以请个病假吗？
6. 你去看医生了吗？
7. 你应该多休息，不要着急来上课。
8. 你真是好学生啊！
9. 去医院怎么走？
10. 你昨天没来上课，怎么了？

（二）听对话，选择正确答案。

1. 老师：美玉，你怎么没来上课？

林美玉：老师，我有点儿不舒服，头疼得厉害。

老师：你应该多休息，注意饮食，多吃蔬菜和水果，不要着急来上课。

林美玉：那可不行！汉语这么难，不上课什么都忘了。

问：老师告诉美玉不要着急去哪儿？

2. 陈博文：老师，我感冒了，可以请个病假吗？

老师：博文，发烧了吗？

陈博文：我头很疼，还一直咳嗽。

老师：去医院吧！多喝热水，好好休息！

陈博文：好的，谢谢老师。

问：博文请好假了吗？

3. 老师：去看大夫了吗？

陈博文：看了。大夫说我感冒了。

老师：开药了吗？

陈博文：开了感冒药。一天两次，一次一片，饭后服用。

问：大夫开的感冒药一天吃几次？

4. 林美玉：今天是几月几号？

刘子龙：今天是三月八号，是王老师的生日。

林美玉：是吗？

刘子龙：是的，晚上我们要在教室给他过生日。

问：今天晚上他们要在哪儿过生日？

5. 青木：老师，我可以请个假吗？

老师：青木，怎么了？

青木：我姐姐牙疼，我下午要陪她去牙科看病。

老师：好的。

问：青木下午要去做什么？

6. 刘子龙：你知道小明饭店怎么走吗？

林美玉：我不太清楚。

刘子龙：那我用手机地图查一下。

林美玉：饭店离这儿远吗？

刘子龙：不远，走五分钟就到了。

问：小明饭店离这儿远吗？

7. 黄小月：青木，你昨天没来上课，怎么了？

青木：有点儿不舒服，头疼、咳嗽。

黄小月：去医院了吗？

青木：去了，我同屋陪我去了医院。
问：青木怎么了？

8. 刘子龙：美玉，已经七点五十了，你怎么还在睡觉？
林美玉：我有点儿不舒服，头很疼。
刘子龙：怎么了？是不是昨天睡得太晚了？还是感冒了？
林美玉：可能是感冒了。
问：美玉怎么了？

9. 黄小月：青木，你知道医院怎么走吗？
青木：我可以用手机地图查一下。
黄小月：怎么样，查到了吗？
青木：医院离这儿有点儿远。
黄小月：那我们坐地铁去吧。
青木：先坐一号线到镇海路站，然后转二号线，在第一医院站下地铁。
问：去第一医院要坐几次地铁？

10. 林美玉：子龙，你知道银行怎么走吗？
刘子龙：我可以用手机地图查一下。
林美玉：怎么样，查到了吗？
刘子龙：银行离这儿有点远。
林美玉：那我们坐公交车去吧。
刘子龙：先坐九零三路到厦门大学站，然后转九十路，在第一医院站下车。
问：去银行怎么走？

五、听说练习。

（一）听后补全声母，并读出拼合后的音节。

1.h	2.t	3.t	4.sh	5.k
6.d	7.ch	8.zh	9.q	10.j
11.s	12.zh	13.l	14.w	15.f

（二）看图片，听录音，根据图片内容说出句子。

志强陪我去医院看大夫。大夫说我发烧了，他给我打了一针，还开了一些药，一天三次，一次两片，饭后服用。

（三）听录音，回答下列问题。

韩福瑞：喂，请问是黄老师吗？

黄老师：我是，请问您是哪位？

韩福瑞：黄老师您好，我是韩福瑞。

黄老师：福瑞，怎么了？

韩福瑞：我同屋有点儿不舒服，我帮他请个病假。

黄老师：你同屋哪儿不舒服？

韩福瑞：他的头疼得厉害，还一直咳嗽。

黄老师：发烧了吗？

韩福瑞：有点儿发烧，可能是这两天着凉了。

黄老师：知道了，谢谢福瑞。如果你同屋病得厉害，请你陪他去医院看看大夫。

韩福瑞：好的，黄老师。

作业 Homework

听力作业

一、听录音并跟读。

1. 已经九点四十五了，你怎么还在睡觉？
2. 我有点儿不舒服，腿很疼。
3. 怎么了？
4. 是不是昨天睡得太晚了？还是感冒了？
5. 你能陪我去医院看大夫吗？
6. 医院离这儿有点儿远。
7. 坐公交车和坐地铁哪个便宜？
8. 开药了吗？

9.晚上二班的同学去他的宿舍给他过生日

10.我想我的肚子习惯了中国菜，还不习惯泰国菜。

二、听对话，选择正确答案。

杨天爱：小月，你昨天怎么没来上课？

黄小月：我昨天请假了。

青木：你怎么了？你生病了吗？

黄小月：没有，我的妹妹胃疼，我陪她去医院了。

青木：她病得厉害吗？

黄小月：大夫说她是肠胃炎，大夫开了药，一天吃三次。

青木：打针了吗？

黄小月：没有。

青木：你让你妹妹多喝热水，多休息，按时吃药。

黄小月：好的，谢谢你！

青木：我最近牙疼，想去牙科看看，你知道去医院怎么走吗？

黄小月：你可以坐公交去，先坐928路到新华书店站，然后转916路，在第一医院站下车。

三、判断对错。

昨天，同屋陪我去中山路玩儿，我们吃了姜母鸭和冰棍儿，我们都很开心。但是我的肚子今天疼得厉害。同屋陪我去医院看大夫，大夫给我开了一些药，一天两次，一次两片，饭后服用。我想我以后不能吃冰棍儿了。

wǒ men chū qu guàngguang ba

第12课 我们出去逛逛吧

Let's go out for a walk

练习 Exercises

听力练习

一、声母和韵母练习。

(一)听后补全音节。

1.yǔ	2.sǎn	3.shàng	4.huār	5.jīn
6.mǐng	7.qián	8.zǔ	9.běn	10.zhǐ
11.huáng	12.wēng	13.kěn	14.liáng	15.nuǎn

(二)选择你听到的韵母。

1.ua	2.iang	3.uang	4.uan	5.ia
6.uei	7.iao	8.ou	9.uen	10.ing

(三)选择你听到的音节。

1.zāng	2.zhèng	3.zūn	4.qī	5.juǎn
6.qiāng	7.gē	8.gàn	9.hùn	10.tān
11.duì	12.děng	13.nǚ	14.là	15.luǎn

二、声调练习。

(一)听后标出声调。

1.shāngchǎng	2.hǎokàn	3.bànfǎ	4.qǐngkè	5.xīnkuǎn
6.dāngrán	7.yǐnliào	8.jǐnzhāng	9.gàosu	10.xīwàng
11.jīnnián	12.chànggē	13.tiàowǔ	14.xǐhuān	15.shàngwǎng

（二）判断对错。

1.qǐlái	2.jiāojì	3.mǎshàng	4.lùhuà	5.jǐnzhāng
6.chuāncài	7.lóngzi	8.hǎoxì	9.xìngzhì	10.qiáoqiao
11.chéngzhī	12.rènzhēn	13.kělè	14.yùndòng	15.gōngzuò

三、句子练习。

听后跟读。

快要考试了，这几天总睡不着。子龙昨天陪我去看中医。医生说我太紧张了。他给我做了按摩和针灸，告诉我多运动，多吃水果和蔬菜。他还给我开了中药。中药很苦，我不喜欢吃。希望我能快点儿好起来。

四、听力理解练习。

（一）听句子，选择合适的回答。

1. 你在做什么？
2. 你又想买衣服了？
3. 去哪儿吃饭？食堂还是饭馆儿？
4. 这双鞋能打折吗？
5. 那家好吃的川菜馆儿在哪儿？
6. 喝什么饮料？
7. 晚饭还请客吗？
8. 你最近怎么样？
9. 这件衣服怎么样，好看吗？
10. 这件衣服多少钱？

（二）听对话，选择正确答案。

1. 杨天爱：周六下午陪我去逛街怎么样？
   青木：你要去买什么，天爱？
   杨天爱：我想去买上次在商场看到的那件衬衫。
   青木：好的，明天几点去？
   杨天爱：明天下午五点吧。

问：天爱要买什么？

2. 刘子龙：美玉，咱们晚上一起吃饭，怎么样？
林美玉：好呀子龙，去哪儿吃饭？食堂还是饭馆儿？
刘子龙：去饭馆儿吧，我请客。
林美玉：谢谢，你真好。
问：今天晚饭谁请客？

3. 李志强：你好！这件毛衣有白色的吗？
售货员：不好意思，没有白色的，只有黑色的和蓝色的。
李志强：我想试试黑色的。M码。
售货员：好的，试衣间在前面。
问：这件毛衣有什么颜色的？

4. 青木：这件衬衫多少钱？
售货员：这件三百八十九。
青木：能打折吗？
售货员：不好意思，这件是新款，不打折。
问：这件衬衫为什么不打折？

5. 黄小月：有什么特色菜吗？
服务员：我们的特色菜有水煮鱼、麻婆豆腐、辣子鸡丁和毛血旺。
黄小月：来一个麻婆豆腐，再来一个毛血旺。
服务员：好的，喝点儿什么？
黄小月：不用了，谢谢。
问：小月点了什么菜？

6. 青木：小月，你昨天没来上课，怎么了？
黄小月：我这几天总睡不着，去看医生了。
青木：没事儿吧？医生说什么？
黄小月：没事，医生告诉我多运动。
问：小月为什么没来上课？

7. 刘子龙：美玉，你周日去哪儿玩了？
林美玉：我和朋友一起去爬山了。子龙，你呢？
刘子龙：我去图书馆写作业了。下次一起去爬山吧。
林美玉：好的。

问：子龙周日在做什么？

8. 售货员：欢迎光临，你想买点儿什么？
李志强：苹果一斤多少钱？
售货员：苹果一斤五块钱。
李志强：香蕉呢？
售货员：香蕉一斤三块钱。
李志强：我要一斤苹果，两斤香蕉。
问：志强买水果一共花了多少钱？

9. 黄小月：你们有什么饮料？
服务员：有可乐、红茶和泰式奶茶。
黄小月：我要一杯红茶和一杯泰式奶茶。
服务员：好的，请稍等。
问：小月点了什么饮料？

10. 林美玉：您好，请问您知道最近的超市在哪儿吗？
路人甲：先一直走，然后在第二个路口左拐，超市在公交站的对面。
林美玉：好的，谢谢您！
路人甲：不客气。
问：最近的超市怎么走？

五、听说练习。

（一）听后补全韵母，并读出拼合后的音节。

1.en	2.e	3.an	4.ang	5.un
6.ong	7.ang	8.i	9.an	10.en
11.ie	12.ing	13.iang	14.ian	15.uan

（二）看图片，听录音，根据图片内容说出句子。

林美玉：衬衫没买，晚饭还请客吗？
刘子龙：说话算话，当然要请。听说附近有一家地道的川菜馆。
刘美玉：在哪儿？
刘子龙：往前走，再右拐就到了，在麦当劳楼上。
服务员：欢迎光临，请问几位？

刘子龙：两位。
服务员：这边坐吧。这是菜单，两位吃点儿什么？
刘子龙：有什么特色菜吗？
服务员：水煮鱼、麻婆豆腐、辣子鸡丁、毛血旺都不错。
林美玉：你喜欢吃鱼，咱们点一个水煮鱼吧。
刘子龙：好的，再来个回锅肉还是麻婆豆腐？
林美玉：来个回锅肉尝尝吧。再来个酸辣土豆丝怎么样？
刘子龙：好的。来个小份儿水煮鱼，一个回锅肉，一个酸辣土豆丝。
服务员：好的。喝什么饮料？
刘子龙：我要一瓶可乐，她要一瓶橙汁。

（三）听录音，回答下列问题。

李志强：英华，周六你有空吗？
阮氏英华：这个周六我有空，怎么了？
李志强：太好了，咱们一起去逛超市吧。
阮氏英华：好啊。志强，你想买什么？
李志强：我想买点儿香蕉和苹果，你呢？
阮氏英华：我想买点儿饮料。
李志强：好的，逛完超市，咱们一起去饭馆儿吃饭吧？你想吃什么菜？
阮氏英华：吃中国菜吧，我喜欢辣的菜。
李志强：听说超市附近有一家地道的川菜馆，咱们去尝尝？
阮氏英华：好啊，那家饭馆在哪儿？
李志强：从超市往前走五分钟，然后左拐就到了，在麦当劳楼上。
阮氏英华：嗯，挺近的。咱们什么时候去超市？
李志强：周六下午四点，我在宿舍楼下等你，怎么样？
阮氏英华：好的，咱们怎么去超市？坐地铁还是坐公交？
李志强：坐公交车吧。坐公交比坐地铁便宜一点儿。
阮氏英华：好的，周六不见不散。
李志强：好！

作业 Homework

听力作业

一、听录音并跟读。

1. 你好，请问这件毛衣有M码的吗？
2. 好，那我就不客气了。请问有不辣的菜吗？我不能吃辣。
3. 最近天气不错，星期天我们去爬山怎么样？
4. 我觉得地铁比较快，人也比较少，还不用担心堵车。
5. 你应该多休息，注意饮食，多吃蔬菜和水果，不要着急来上课。
6. 那我们星期天早上九点，在学校门口，不见不散。
7. 一共300块。请您到收银台付款。
8. 北方菜比较咸，南方菜比较甜，四川菜比较辣。
9. 那你这次用现金，下次可以在地铁站售票处买一张公交卡，比较方便。
10. 先坐306路到新华书店站，然后转901路，在第二人民医院站下车。

二、听对话，选择正确答案。

林美玉：子龙，你在干什么呢？
刘子龙：你好美玉，我在听音乐。
林美玉：哦。一会儿去逛街怎么样？
刘子龙：好啊，你想去哪儿逛？
林美玉：去中华城，我想去买上次在商场看到的那件毛衣。
刘子龙：上次你不是说太贵了吗？
林美玉：一分钱一分货，贵是贵了点儿，可是很好看啊！
刘子龙：好吧好吧，真拿你没办法。
林美玉：你真好！那我们先吃午饭，然后去逛街，怎么样？
刘子龙：好呀，去哪儿吃饭？食堂还是饭馆儿？
林美玉：去饭馆儿吃，我请客。你想吃什么？

刘子龙：我们去那家泰国饭馆儿吧。我想吃海鲜沙拉和冬阴功汤。
林美玉：好，那我十分钟后在楼下等你。
刘子龙：好的。

三、判断对错。

李志强：你好！这件衬衫有黑色的吗？
售货员：不好意思，没有黑色的，只有白色、蓝色和红色的。
李志强：啊？
售货员：您可以试试白色的。
李志强：好吧。我试一下白色的，M码。
售货员：请稍等。给您，试衣间在前边。
李志强：谢谢。怎么样，好看吗？
售货员：挺好看的。
李志强：这件多少钱？
售货员：这件389。
李志强：能打折吗？
售货员：不好意思，这件是新款，质量很好，不打折。
李志强：好的，那我再看看。谢谢。

《初级汉语听说》答案

第1课 你叫什么名字？

nǐ jiào shén me míng zi

What's your name?

听力练习

一、声母和韵母练习。

（二）听后补全音节。

1.ba	2.mu	3.pa	4.ti	5.nu
6.fu	7.da	8.lü	9.gu	10.ha

（三）选择你听到的音节。

1.ba	2.pu	3.na	4.lü	5.ke
6.he	7.ha	8.de	9.ne	10.fa

二、声调练习。

（二）听后标出声调。

1.gā	2.hǔ	3.bō	4.fǔ	5.dì
6.tǔ	7.nǚ	8.lú	9.gé	10.kā

（三）判断下列音节与你听到的是否一致（注意声调）。

1.[×]	2.[√]	3.[√]	4.[×]	5.[×]
6.[×]	7.[×]	8.[√]	9.[×]	10.[×]

四、听力理解练习。

（一）听句子，选择合适的回答。

1.A	2.D	3.B	4.D	5.A	6.C

（二）听对话，选择正确答案。

1.A　　2.A　　3.C　　4.B　　5.C

五、听说练习。

（一）听后补全声母，并读出拼合后的音节。

1.ba	2.po	3.le	4.mi	5.ju	6.nü
7.ka	8.mo	9.he	10.ti	11.du	12.qü

（二）看图片，听录音，根据图片内容说出句子。

李志强、叫、阮氏英华、越南人、老挝人、3号楼。

口语练习

四、听录音，回答下列问题。

1. 男的叫韩福瑞。
2. 黄小月是印尼人。
3. 韩福瑞是美国人。
4. 黄小月住6号楼。
5. 韩福瑞住3号楼。

听力作业

二、听对话，选择正确答案。

1.D　　2.C　　3.C　　4.A　　5.B

三、判断对错。

1.√　　2.×　　3.√　　4.×　　5.√

第 2 课　她是谁？

tā shì shuí

Who is she?

听力练习

一、声母和韵母练习。

（二）听后补全音节。

1.zao	2.shui	3.zhe	4.ni	5.guo
6.peng	7.jie	8.yu	9.nan	10.ran

（三）选择你听到的音节。

1.zhàng	2.zì	3.shěn	4.shān	5.ráo
6.jiāng	7.tuō	8.tǎng	9.bó	10.kēng

二、声调练习。

（二）听后标出声调。

1.tāng	2.nán	3.zhè	4.bān	5.huā
6.chuān	7.jīn	8.téng	9.yòng	10.zhuāng

（三）判断对错。

1.[√]	2.[√]	3.[×]	4.[×]	5.[×]
6.[√]	7.[√]	8.[√]	9.[×]	10.[√]

四、听力理解练习。

（一）听句子，选择合适的回答。

1.B	2.A	3.B	4.D	5.C

（二）听对话，选择正确答案。

1.B　2.D　3.B　4.C　5.B

五、听说练习。

（一）听后补全声母，并读出拼合后的音节。

1.nu nü　2.kai kuai　3.shao shou　4.ban bian　5.lei lüe
6.peng pen　7.sen sun　8.jie jia　9.zhua zhuo　10.chou chuo

（二）看图片，听录音，根据图片内容说出句子。

我叫小明，我是中国人，我今年10岁，我在1班。

口语练习

四、听录音，回答下列问题。

1.韩雪的同屋叫刘一。
2.韩雪的同屋是泰国人。
3.韩雪住8号楼。
4.刘一在2班。
5.韩福瑞在3班。

听力作业

二、听对话，选择正确答案。

1.C　2.B　3.B　4.D　5.C

三、判断对错。

1.×　2.√　3.√　4.×　5.√

第3课 你家有几口人？

nǐ jiā yǒu jǐ kǒu rén

How many people are there in your family?

听力练习

一、声母和韵母练习。

（二）听后补全音节。

1.jing	2.que	3.xuan	4.zuo	5.cuan
6.suo	7.zhuang	8.chuai	9.sheng	10.rang

（三）选择你听到的音节。

1.qǐng	2. xià	3. xù	4.qián	5.cài
6.zì	7. cuò	8.zòng	9.zhuān	10. shuān

二、声调练习。

（二）听后标出声调。

1.miǎn	2.xué	3.jiě	4.liú	5.piào
6.niú	7.chā	8.zhè	9.chuǎng	10.róng

（三）判断对错。

1.[√]	2.[×]	3.[×]	4.[√]	5.[√]
6.[×]	7.[×]	8.[√]	9.[×]	10.[×]

四、听力理解练习

（一）听句子，选择合适的回答。

1.C　2.A　3.A　4.A　5.B　6.D　7. A　8.B

（二）听对话，选择正确答案。

1.D	2.B	3.D	4.C	5.D
6.C	7.A	8.D	9.C	10.B

五、听说练习。

（一）听后补全声母，并读出拼合后的音节。

1.jia	2.qie	3.xiang	4.zuo	5.cun
6.sui	7.zhuan	8.chun	9.rong	10.shou

（二）看图片，听录音，根据图片内容说出句子。

这是林美玉的妈妈，她今年55岁。她是歌手，她喜欢唱歌。

口语练习

三、听录音，回答下列问题。

1. 青木是警察。
2. 杨天爱和陈博文是学生。
3. 青木在警察局工作。
4. 陈博文家有五口人。
5. 杨天爱的爸爸喜欢听音乐，妈妈喜欢唱歌，她喜欢上网。

听力作业

二、听对话，选择正确答案。

1.A　　2.D　　3.B　　4.B

三、判断对错。

1.×　　2.√　　3.×　　4.√　　5.√　　6.√

第 4 课　今天星期几？

jīn tiān xīng qī jǐ

What day is it today?

听力练习

一、声母和韵母练习。

（二）听后补全音节。

1.chīfàn yǐqián shàngkè xiàwǔ

2.shítáng zhōumò xīngqī míngtiān

3.shēngrì diànshì shàngwǎng zuòyè

4.bàba měiyǒu xuéshēng gōngzuò

5.xǐhuan chànggē lánqiú yīnyuè

（三）选择你听到的音节。

1.zhēn	2.zhè	3.zhǐ
4.piè	5.jiān	6.qiǔ
7.láng	8.lǘ	9.nín
10.bō	11.hāo	12.kēi
13.hǔ	14.sóng	15.lù

二、声调练习。

（二）听后标出声调。

1.xiànzài	2.shíhou	3.yíkè	4.chīfàn	5.láizì
6.zǎofàn	7.wǎnfàn	8.shàngkè	9.xiàkè	10.shítáng

（三）判断对错。

1.[×]　2.[√]　3.[×]　4.[√]　5.[√]
6.[√]　7.[×]　8.[×]　9.[√]　10.[×]

四、听力理解练习。

（一）听句子，选择合适的回答。

1.D　2.A　3.C　4.D　5.C　6.A　7.D　8.C

（二）听对话，选择正确答案。

1.B　2.C　3.A　4.D　5.C　6.D　7.C　8.B

五、听说练习。

（一）听后补全韵母，并读出拼合后的音节。

1.pai　2.jin　3.kong　4.hao　5.bian
6.miao　7.feng　8.deng　9.tun　10.zhuang

（二）看图片，听录音，根据图片内容说出句子。

今天是3月1号。现在七点半，我八点上课。

口语练习

五、听录音，回答下列问题。

1.今天星期五。
2.8月6号。
3.4点57分。/差3分5点。
4.他去打篮球。
5.她去图书馆看书。

听力作业

二、听对话，选择正确答案。

1.A　　2.B　　3.D　　4.A　　5.C

三、听录音判断正误。

1. ×　　2. ×　　3. ×　　4.√　　5. ×

第5课 请问，操场在哪儿？

qǐngwèn cāochǎng zài nǎ er

Excuse me, where is the sports field?

听力练习

一、声母和韵母练习。

（二）听后补全音节。

1. zhuang	2.chun	3.shang	4. rang	5.zeng
6. cuan	7. sun	8. juan	9.quan	10.xian

（三）选择你听到的音节。

1.zi	2.chao	3.shang	4.zhai	5.qian
6.xuan	7.qun	8.chun	9.sun	10.ci

二、声调练习。

（二）听后标出声调。

1.gāo	2.bái	3.fēi	4.dōu	5.gěi
6.zhēnzhèng	7.chāoshì	8.jiāoshū	9.quānzi	10.zhuāngchē

（三）判断下列音节与你听到的是否一致（注意声调）。

1.[√]	2.[×]	3.[√]	4.[√]	5.[√]
6.[×]	7.[×]	8.[√]	9.[×]	10.[√]

四、听力理解练习。

（一）听句子，选择合适的回答。

1.C　2.A　3.D　4.D　5.B　6.A　7.D　8.D

（二）听对话，选择正确答案。

1.D　　2.C　　3.A　　4.D　　5.B

6.D　　7.B　　8.D　　9.D　　10.B

五、听说练习。

（一）听后补全声母，并读出拼合后的音节。

1.zhan　　2.qian　　3.chuan　　4.yüan　　5.rang　　6.jiang

7.shuang　　8.cen　　9.sun　　10.zeng　　11.nong　　12.qiong

（二）看图片，听录音，根据图片内容说出句子。

我的学校里有图书馆、教学楼、宿舍楼、操场、食堂和超市。从大门一直走是图书馆。图书馆左边是教学楼，再往右拐是食堂，食堂的后边是操场。

口语练习

三、听录音，回答下列问题。

1. 现在下午两点。
2. 韩福瑞在102教室。
3. 他的教室在14号楼。
4. 图书馆在篮球场的后边。
5. 学校里有银行。

听力作业

二、听对话，选择正确答案。

1.C　　2.D　　3.B　　4.A　　5.D

三、判断对错。

1. ×　　2. ×　　3. √　　4. √　　5. √

第6课 欢迎大家来做客

huānyíng dà jiā lái zuò kè

Welcome, everyone

听力练习

一、声母和韵母练习。

（二）听后补全音节。

1.zǒngshì	2.xiàwǔ	3.shàngkè	4.xiànshí	5.qīwàng
6.jiànshè	7.xiězì	8.jíshǒu	9.cāochǎng	10. jīchǎng
11.kěyǐ	12.yànhuǒ	13.máoyī	14.zhēnzhèng	15.xǐhuan

（三）听后写出音节。

1.xīn	2.dōng	3.zhì	4.zuò	5.gāi
6.zhuō	7.zěn	8.nà	9.wán	10.ní
11.tuì	12.piàn	13.zhài	14.chōng	15.zuò

（四）选择你听到的韵母。

1.ou	2.ie	3.iou	4.uei	5.uai
6.üan	7.uen	8.uang	9.in	10.ing

（五）选择你听到的音节。

1.jīn	2.tóng	3.zhì	4.zuò	5.gāi
6.sài	7.zhuō	8.zhěn	9.hē	10.nà
11.wán	12.ní	13.tuì	14.miàn	15.zhài

二、声调练习。

（二）听后标出声调。

1.tóngxué	2.láizì	3.yóuxì	4.zěnme	5.lóuxià

6.duìmiàn 7.xuéxiào 8.dàmén 9.chēzhàn 10.xiàchē
11.dàjiā 12.zuòkè 13.dàxué 14.lǎoshī 15.yéye

四、听力理解练习。

（一）听句子，选择合适的问题。

1.C 2.C 3.A 4.B 5.A 6.B 7.D 8.C

（二）听对话，选择正确答案。

1.C 2.B 3.A 4.A 5.A 6.C 7.D 8.B

五、听说练习。

（一）听录音，圈出你听到的拼音，并跟读。

1.bà 2.biān 3.lǎo 4.nǔ 5.kǎo
6.qī 7.hěn 8.jiè 9.wǎng 10.guǎi

（三）听录音填空，并复述

1.美国人；泰国人；菲律宾人。
2.六；三。
3.日本人；二十八；二。
4.警察；公务员；老师。
5.唱歌；上网；打篮球。
6.六点五十五；七点一刻；七点半。
7.四；明天；天。
8.图书馆；操场；外边。
9.右；十；超市。
10.综合课；听说课；汉字课。

听力作业

二、听对话，选择正确答案。

1.A 2.C 3.B 4.A 5.C

三、判断对错。

1.× 2.√ 3.× 4.× 5.√

zhè jiàn duō shao qián

第 7 课　这件多少钱?

How much is this?

听力练习

一、声母和韵母练习。

（一）听录音，写韵母。

1.i	2.a	3.i	4.a	5.u
6.a	7.ü	8.u	9.i	10.ü
11.a	12.i	13.u	14.a	15.i

（二）听录音，写声母。

1.m	2.q	3.x	4.k	5.n
6.s	7.sh	8.g	9.zh	10.j
11.h	12.l	13.d	14.f	15.t

（三）选择你听到的音节。

1.shuāng	2.cāng	3.shǎng	4.shì	5.shāo
6.shuí	7.shāng	8.shōu	9.sè	10.kuài
11.kuāng	12.máo	13.shāo	14.guì	15.tái

二、声调练习。

（一）听后标出声调。

1.yīfu	2.shìyījiān	3.báisè	4.hóngsè	5.máoyī
6.yígòng	7.shōuyíntái	8.hēisè	9.lánsè	10.shāodēng
11.piányi	12.dǎzhé	13.xiāngjiāo	14.shuǐguǒ	15.xīguā

（二）判断对错。

1.[√]	2.[×]	3.[√]	4.[√]	5.[√]
6.[√]	7.[×]	8.[√]	9.[×]	10.[√]

四、听力理解练习。

（一）听句子，选择合适的回答。

1.C	2.A	3.B	4.B	5.C
6.A	7.A	8.B	9.A	10.D

（二）听对话，选择正确答案。

1.A	2.A	3.C	4.D	5.A
6.C	7.A	8.B	9.B	10.C

五、听说练习。

（一）听后补全声母，并读出拼合后的音节。

1.mai	2.jian	3.xiang	4.jin	5.shuang
6.hei	7.xie	8.shui	9.deng	10.hong
11.mao	12.you	13.gua	14.guo	15.zhe

（二）看图片，听录音，根据图片内容说出句子。

我在商店买了一双鞋，花了一百五十块，我还买了两个西瓜，两块五一斤，一共七斤，花了十七块五。

（三）听录音，回答下列问题。

1.子龙想买鞋。

2.他觉得不是很好看。

3.没有。

4.他买了蓝色的鞋。

5.他花了480块。

听力作业

二、听对话，选择正确答案。

1.C　　2.C　　3.D　　4.B　　5.D

三、判断对错。

1. ×　　2. √　　3. ×　　4. √　　5. ×

第 8 课 来一个鱼香肉丝

lái yí gè yú xiāng ròu sī

Let's have a Yu-shiang Shredded Pork

听力练习

一、声母和韵母练习。

（一）听录音，写韵母。

1.ui	2.ai	3.ao	4.iu	5.ei
6.ai	7.ao	8.ou	9.ei	10.in
11.an	12.uan	13.ian	14.ang	15.ing

（二）听录音，写声母。

1.zh	2.ch	3.r	4.sh	5.f
6.d	7.l	8.j	9.h	10.s
11.t	12.k	13.b	14.j	15.p

（三）选择你听到的音节。

1.hèi	2.cài	3.hǎo	4.jù	5.wèn
6.xīng	7.kāi	8.nǎi	9.bāng	10.fàn
11.guǎng	12.diǎn	13.shàng	14.qīn	15.kǒu

二、声调练习。

（一）听后标出声调。

1.yóunì	2.fànguǎn	3.hǎochī	4.jiùshì	5.diǎncài
6.shàngcài	7.qīngdàn	8.yǐnliào	9.kǒuwèi	10.nánguài

（二）判断对错。

1.[×]	2.[√]	3.[×]	4.[×]	5.[√]

6.[×]	7.[×]	8.[×]	9.[×]	10.[√]

四、听力理解练习。

（一）听句子，选择合适的回答。

1.D	2.C	3.A	4.B	5.C
6.B	7.B	8.C	9.D	10.B

（二）听对话，选择正确答案。

1.C	2.D	3.C	4.A	5.D
6.A	7.B	8.D	9.B	10.D

五、听说练习。

（一）听后补全韵母，并读出拼合后的音节。

1.xin	2.hui	3.guan	4.jiu	5.shang
6.qing	7.dan	8.kai	9.xian	10.nai
11.bao	12.kou	13.wei	14.qian	15.liao

（二）看图片，听录音，根据图片内容说出句子。

今天中午我在饭馆儿吃饭，我点了冬阴功汤，很辣。我还点了西红柿鸡蛋，又酸又咸，我喜欢吃咸的。

听力作业

二、听对话，选择正确答案。

1.C	2.C	3.D	4.D	5.B

三、判断对错。

1. ×	2. ×	3. ×	4. √	5. ×

zhōu mò wǒ men qù pá shān

第9课 周末我们去爬山

Let's go mountain climbing this weekend

听力练习

一、声母和韵母练习。

（一）听录音，写韵母。

1.uang	2.uan	3.un	4.uì	5.iang
6.ian	7.üe	8.ian	9.ia	10.üe
11.ao	12.uo	13.en	14.ai	15.ui

（二）听录音，写声母。

1.d	2.b	3.x	4.zh	5.s
6.t	7.q	8.zh	9.l	10.j
11.g	12.r	13.c	14.j	15.m

（三）选择你听到的音节。

1.shǒujī	2.zúqiú	3.dǎchē
4.tiānqì	5.páshān	6.zhuānghuò
7.zhīdào	8.guàngjiē	9.fùxí
10.shìpín	11.chuángshàng	12.jīqì
13.gǎitiān	14.jiànmiàn	15.bāozi

二、声调练习。

（一）听后标出声调。

1.gāoxìng	2.kāimén	3.jiějué	4.jiàoshì	5.miànzi
6.piàoliang	7.tīnglì	8.shítáng	9.zhēnzhèng	10.zhìshì

（二）判断对错。

1.[×]	2.[×]	3.[√]	4.[√]	5.[√]
6.[√]	7.[√]	8.[×]	9.[√]	10.[×]

四、听力理解练习。

（一）听句子，选择合适的回答。

1.C	2.D	3.A	4.B	5.A
6.B	7.D	8.B	9.C	10.B

（二）听对话，选择正确答案。

1.B	2.D	3.B	4.D	5.C
6.D	7.B	8.C	9.B	10.C

五、听说练习。

（一）听后补全声母，并读出拼合后的音节。

1.hai	2.zei	3.xian	4.guo	5.niao
6.chuang	7.que	8.yuan	9.jiong	10.zhun
11.dong	12.shan	13.kang	14.jian	15.liu

（二）看图片，听录音，根据图片内容说出句子。

A：最近天气不错，周末我们去公园跑步怎么样？

B：好呀。我和山田也好久没运动了。

A：问问小月和天爱吧。

B：你知道怎么去吗？

A：我们坐公交去。

B：我们几点出发？

A：8点出发怎么样？

B：那我们7点50，在学校门口，不见不散。

A：不见不散。

（三）听录音，回答下列问题。

1.林美玉最近不忙。

2. 他们周末去爬山。
3. 他们叫子龙、青木、小月、天爱一起。
4. 他们坐公交车去。
5. 他们上午八点出发。

听力作业

二、听对话，选择正确答案。

1.A　　2.D　　3.B　　4.D　　5.D

三、判断对错。

1. ×　　2. ×　　3. √　　4. √　　5. √

第 10 课 请问银行怎么走？

qǐngwèn yín háng zěn me zǒu

How can I go to the bank?

听力练习

一、声母和韵母练习。

（一）听录音，写韵母。

1.in	2.ei	3.ui	4.ian	5.iao
6.an	7.ie	8.i	9.an	10.i
11.ao	12.un	13.ian	14.en	15.u

（二）听录音，写声母。

1.s	2.z	3.k	4.q	5.sh
6.p	7.zh	8.y	9.d	10.t
11.j	12.l	13.x	14.k	15.g

（三）选择你听到的音节。

1.tǔ	2.tài	3.tǐng	4.piě	5.pàng
6.piào	7.zì	8.zǒu	9.cuò	10.zhēn
11.chǎo	12.zhī	13.gòu	14.kè	15.kāng

二、声调练习。

（一）听后标出声调。

1.fēngjǐng	2.míngpiàn	3.búcuò	4.dǔchē	5.xiànjīn
6.dìtiě	7.wènlù	8.dǎchē	9.mǎipiào	10.yínháng

11.dìtú　12.shùnbiàn　13.xiàcì　14.duìmiàn　15.gǎnxiè

（二）判断对错。

1.[×]　2.[×]　3.[√]　4.[√]　5.[√]

6.[×]　7.[√]　8.[×]　9.[×]　10.[×]

四、听力理解练习。

（一）听句子，选择合适的回答。

1.B　2.A　3.C　4.D　5.B

6.B　7.A　8.C　9.B　10.D

（二）听下列对话，选择正确答案。

1.B　2.A　3.B　4.B　5.A

6.C　7.C　8.C　9.B　10.D

五、听说练习。

（一）听后补全声母，并读出拼合后的音节。

1.zou　2.pei　3.neng　4.zhen　5.dan

6.gou　7.yue　8.zuo　9.guang　10.zhao

11.kuai　12.zan　13.shun　14.bian　15.xie

（二）看图片，听录音，根据图片内容完成句子。

我约陈博文一起去鼓浪屿。我们坐地铁去码头，因为地铁又快又方便，地铁票也很便宜。

（三）听录音，回答下列问题。

1.他想去银行。

2.先一直走，然后在第三个路口右拐。

3.不是很远。

4.他可以坐公交车或者走路。

5.他走路去银行。

听力作业

二、听对话，选择正确答案。

1.B　　2.B　　3.C　　4.B　　5.B

三、判断对错。

1. ×　　2. √　　3. ×　　4. ×　　5. √

wǒ yǒu diǎn er bù shū fu

第 11 课　我有点儿不舒服

I am a little uncomfortable

听力练习

一、声母和韵母练习。

(一) 听录音，写韵母。

1.i	2.i	3.e	4.eng	5.ing
6.ia	7.ai	8.u	9.i	10.uan
11.u	12.u	13.i	14.ai	15.ai

(二) 听录音，写声母。

1.k	2.s	3.f	4.sh	5.z
6.m	7.zh	8.l	9.k	10.j
11.t	12.t	13.h	14.z	15.zh

(三) 选择你听到的音节。

1.dǔ	2.tóu	3.téng	4.pà	5.péi
6.biāo	7.chá	8.shǎo	9.shòu	10.zhí
11.zháo	12.zhù	13.gāi	14.kě	15.guò

二、声调练习。

(一) 听后标出声调。

1.dànshì	2.kāixīn	3.zuòcài	4.lǐwù	5.zhōngyào
6.xíguàn	7.shēngrì	8.jígé	9.hàipà	10.zhǔyì

(二) 判断对错。

1.[√]	2.[√]	3.[×]	4.[×]	5.[√]

6.[×]　7.[√]　8.[√]　9.[×]　10.[×]

四、听力理解练习。

（一）听句子，选择合适的回答。

1.D　2.A　3.C　4.B　5.B

6.B　7.D　8.A　9.B　10.D

（二）听对话，选择正确答案。

1.C　2.A　3.B　4.D　5.D

6.C　7.D　8.B　9.B　10.B

五、听说练习。

（一）听后补全声母，并读出拼合后的音节。

1.hai　2.tou　3.teng　4.shu　5.kan

6.dai　7.cha　8.zhuan　9.qing　10.jia

11.sou　12.zhao　13.liang　14.wei　15.fu

（二）看图片，听录音，根据图片内容完成句子。

志强陪我去医院看大夫。大夫说我发烧了，他给我打了一针，还开了一些药，一天三次，一次两片，饭后服用。

（三）听录音，回答下列问题。

1. 福瑞给黄老师打电话。
2. 福瑞帮他的同屋请病假。
3. 福瑞的同屋头疼、咳嗽、发烧。
4. 福瑞的同屋着凉了。
5. 让福瑞陪他的同屋去医院看大夫。

听力作业

二、听对话，选择正确答案。

1.B　　2.C　　3.C　　4.B　　5.A

三、判断对错。

1.×　　2.√　　3.√　　4.×　　5.√

第12课 我们出去逛逛吧

wǒ men chū qu guàngguang ba

Let's go out for a walk

听力练习

一、声母和韵母练习。

（一）听后补全音节。

1.yǔ	2.sǎn	3.shàng	4.huār	5.jīn
6.mǐng	7.qián	8.zǔ	9.běn	10.zhǐ
11.huáng	12.wēng	13.kěn	14.liáng	15.nuǎn

（二）选择你听到的韵母。

1.ua	2.iang	3.uang	4.uan	5.ia
6.uei	7.iao	8.ou	9.uen	10.ing

（三）选择你听到的音节。

1.zāng	2.zhèng	3.zūn	4.qī	5.juǎn
6.qiāng	7.gē	8.gàn	9.hùn	10.tān
11.duì	12.děng	13.nǚ	14.là	15.luǎn

二、声调练习。

（一）听后标出声调。

1.shāngchǎng	2.hǎokàn	3.bànfǎ	4.qǐngkè	5.xīnkuǎn
6.dāngrán	7.yǐnliào	8.jǐnzhāng	9.gàosu	10.xīwàng
11.jīnnián	12.chànggē	13.tiàowǔ	14.xǐhuān	15.shàngwǎng

（二）判断对错。

1.[√]	2.[×]	3.[√]	4.[√]	5.[√]
6.[×]	7.[√]	8.[×]	9.[√]	10.[×]
11.[√]	12.[√]	13.[×]	14.[√]	15.[√]

四、听力理解练习。

（一）听句子，选择合适的回答。

1.C	2.B	3.C	4.D	5.A
6.D	7.B	8.C	9.D	10.C

（二）听对话，选择正确答案。

1.D	2.B	3.C	4.A	5.C
6.D	7.B	8.C	9.A	10.D

五、听说练习。

（一）听后补全韵母，并读出拼合后的音节。

1.fen	2.ke	3.han	4.dang	5.tun
6.zhong	7.chang	8.qi	9.zan	10.ren
11.jie	12.ming	13.niang	14.lian	15.xuan

（二）看图片，听录音，根据图片内容说出句子。

林美玉：衬衫没买，晚饭还请客吗？

刘子龙：说话算话，当然要请。听说附近有一家地道的川菜馆。

刘美玉：在哪儿？

刘子龙：往前走，再右拐就到了，在麦当劳楼上。

（在川菜馆里）

服务员：欢迎光临，请问几位？

刘子龙：两位。

服务员：这边坐吧。这是菜单，两位吃点什么？

刘子龙：有什么特色菜吗？

服务员：水煮鱼、麻婆豆腐、辣子鸡丁、毛血旺都不错。

林美玉：你喜欢吃鱼，咱们点一个水煮鱼吧。

刘子龙：好的，再来个回锅肉还是麻婆豆腐？

林美玉：来个回锅肉尝尝吧。再来个酸辣土豆丝怎么样？

刘子龙：好的。（对服务员）来个小份儿水煮鱼，一个回锅肉，一个酸辣土豆丝。

服务员：好的。喝什么饮料？

刘子龙：我要一瓶可乐，她要一瓶橙汁。

（三）听录音，回答下列问题。

1. 想和她逛超市。
2. 有空。
3. 他想买香蕉和苹果。
4. 她想买饮料。
5. 她喜欢辣的菜。
6. 在麦当劳楼上。
7. 周六下午四点。
8. 坐公交车去。

听力作业

二、听对话，选择正确答案。

1.D　　2.A　　3.B　　4.C　　5.A

三、判断对错。

1.×　　2.√　　3.×　　4.×　　5.√

《初级汉语听说》课文翻译

第 13 课　期末考试复习得怎么样？

qī mò kǎo shì fù xí de zěn me yàng

Are you ready for your final exam?

课文 Texts

1

（On the way to the library）

Liu Zilong: Qingmu, how are you doing recently?

Qingmu: I've been a little busy lately. The final exam is coming soon. I go to the library to review lessons every day.

Liu Zilong: I'm also preparing for the exam.

Qingmu: How are you doing with your review?

Liu Zilong: Not very good. My pronunciation is not very standard. Grammar is a little difficult. New words I can memorize them today but tomorrow, they'll escape my mind.

Qingmu: Don't worry. All you need is a pass!

Liu Zilong: Right! All I need is a pass!

Qingmu: I was ill last week, so I wasn't well-prepared. I'm worried about failing the exam!

Liu Zilong: You can study with Meiyu and me. Meiyu is good at spoken Chinese and listening. We can help each other.

Qingmu: Great, thank you! I'll treat you to dinner if I pass the exam!

Liu Zilong: OK! Let's study harder together.

2

(After the examination)

Huang Xiaoyue: Meiyu, how was your exam?

Lin Meiyu: OK, the exam is not too difficult.

Huang Xiaoyue: How many points did you get?

Lin Meiyu: 95 points on listening, 98 on speaking, 90 on comprehensive course and 97 on Chinese characters. What about you?

Huang Xiaoyue: My listening is 85, comprehensive course 82, Chinese characters 90. Speaking is too difficult. I didn't do well in the exam, so I will keep it a secret.

Lin Meiyu: Speaking is not difficult. You should talk to Chinese people more often.

Huang Xiaoyue: I dare not talk to Chinese people.

Lin Meiyu: Why?

Huang Xiaoyue: My pronunciation is not standard. When I talk to Chinese people, I worry that they don't understand me.

Lin Meiyu: Don't worry, take your time. Only by listening and speaking more can we learn Chinese well.

Huang Xiaoyue: You're right! I will talk to Chinese people more in the future.

3

(After class)

Han Furui: Excuse me, sir, I have a question.

Mr. Chen: What is it?

Han Furui: My listening skills are not up to par. I don't know how to practice. Do you have any suggestions?

Mr. Chen: How many points did you get in the final exam?

Han Furui: I failed. The listening test is too difficult.

Mr. Chen: Don't worry, take your time. Listen to the recording and practice more after class. When you listen, don't look at the answer, read it later. If you don't understand, then check the transcript of the recording.

Han Furui: Thank you, sir!

Mr. Chen: You can also listen to Chinese songs and watch Chinese movies.

Han Furui: That's a great idea! I like Chinese movies very much.

Mr. Chen: Only by listening and speaking more can you learn Chinese well! You can do it.

Han Furui: Thank you, sir!

Mr. Chen: You are welcome!

4

Han Furui: We have four courses this semester: comprehensive course, speaking course, listening course and Chinese character course. I like speaking course best, because the text is more interesting and the sentences in it are very useful. I don't like the comprehensive course because there is too much homework and grammar is too difficult. So the comprehensive course doesn't like me either. I failed my comprehensive course in the final exam. I will study hard next semester. I hope the comprehensive course will like me.

第 14 课　我要一个靠窗的座位

wǒ yào yí gè kào chuāng de zuò wèi

I want a seat by the window

课文 Texts

1

(Chen Bowen met Liu Zilong in the canteen)

Chen Bowen: Zilong, have you finished your exams?

Liu Zilong: Yes. What about you? Have you finished yours?

Chen Bowen: I won't finish them until the day after tomorrow. When are you going to return to your home country?

Liu Zilong: Around January 20th.

Chen Bowen: Have you bought a plane ticket?

Liu Zilong: Not yet. I don't know how to buy a ticket. Chinese people seem to book tickets online.

Chen Bowen: You can also call the airline to book tickets.

Liu Zilong: Really? Do you know the telephone number of the airline?

Chen Bowen: Call 9616796. I've been calling this number to book plane tickets.

Liu Zilong: OK, thank you!

2

(Liu Zilong calls the airline to book a ticket)

Customer Service: Hello, sir. What can I do for you?

Liu Zilong: I'd like to book a ticket to Bangkok.

Customer Service: What date would you like to book?

Liu Zilong: January 20th. Is there a flight leaving around 10 o'clock?

Customer Service: Just a moment, please! Let me check for you.

......

Customer Service: Hello, sir. Yes. Flight CZ7433 leaves at 9:50 a.m.

Liu Zilong: I'd like to book two tickets. How much?

Customer Service: 1100 yuan each, 2200 yuan in total. Please tell me your passport number.

Liu Zilong: ......

Customer Service: Sir, you can pay the tickets online with your bank card, or you can take your passport or ID card to the ticket office at the airport and pay for the tickets. Which payment method do you prefer?

Liu Zilong: I want to pay online.

(Liu Zilong paid up.)

Customer Service: I've booked it for you, sir. Please check in at the airport two hours in advance. Have a good trip!

3

(Liu Zilong and Lin Meiyu arrived at the airport to check in)

Staff: Hello, Sir and madam. Please show me your passport.

Liu Zilong: Here you are.

Staff: OK, just a moment, please.

Lin Meiyu: I want a window seat.

Staff: OK. Would you like to sit together?

Liu Zilong: Yes.

Staff: OK. Do you have any luggage to check in?

Liu Zilong: Yes, I'll check in these two suitcases.

Staff: Please take your laptop and power bank with you. Lighters are not allowed on the plane and liquids can't be checked in. Please double check and put your luggage on the machine.

Liu Zilong: OK.

Staff: Sir, your luggage has been checked in. Here is your passport and boarding pass. Please board at gate 18. Have a nice trip!

Liu Zilong: Thank you.

4

After the exam, Liu Zilong and Lin Meiyu planned to return to Thailand around 20th. Chen Bowen told Liu Zilong that he could call the airline to book tickets. So Liu Zilong booked two tickets for January 20th, totaling 2,200 yuan. He and Lin Meiyu arrived at the airport at 8 a.m. They got their boarding passes and checked in their luggage in the lobby. When they got on the plane, they found their seats. Liu Zilong said he wanted to see the scenery outside the window. Lin Meiyu changed her seat with him.

第 15 课　wǒ hán jià dǎ suan qù tài guó 我寒假打算去泰国

I am going to Thailand during the winter vacation

课文 Texts

1

（Han Furui is chatting with Chen Bowen on WeChat）

Han Furui: Bowen, how have you been?

Chen Bowen: I'm fine. I am in Beijing now, getting ready for the Spring Festival.

Han Furui: Is Beijing cold in winter?

Chen Bowen: Extremely cold. It snowed in Beijing yesterday.

Han Furui: Xiamen is warmer than Beijing, but it rained yesterday and it was a bit cold. I'm already wearing a thick coat.

Chen Bowen: I really envy you. I'm wearing a down jacket.

Han Furui: By the way, what are your plans after the Spring Festival?

Chen Bowen: I plan to travel abroad, but I haven't decided where to go yet.

Han Furui: Well, Liu Zilong invited us to visit Thailand after the

Spring Festival. Would you like to go with us?

Chen Bowen: Cool, I've always wanted to travel to Thailand.

Han Furui: Great! Let's call him first, and then pack our luggage.

2

(Chen Bowen and Liu Zilong are video chatting on WeChat)

Chen Bowen: Hello, Zilong, what are you going to do during the winter vacation?

Liu Zilong: I'm going on a trip to Thailand.

Chen Bowen: What's the weather like in Thailand?

Liu Zilong: Thailand is now in the cool season. It is not as hot as the hot season, nor is it always raining like the rainy season. It is the coolest season in Thailand.

Chen Bowen: I heard that many Chinese tourists are traveling to Thailand at this time.

Liu Zilong: Yes. Welcome to Thailand for winter vacation. I can be your guide, free of charge!

Chen Bowen: Really? Great! I've always wanted to go to Thailand!

Liu Zilong: Thailand is world-famous for its food and scenery!

Chen Bowen: Great! What should we wear for the cool season in

Thailand?

Liu Zilong: Now you can wear short sleeves and shorts.

Chen Bowen: That's great. What is there to do in Thailand right now?

Liu Zilong: March 15th is Thailand's Makha Bucha Festival. It's very exciting. There are many celebratory activities. They're quite interesting.

Chen Bowen: Great. I'm looking forward to it.

3

(Huang Xiaoyue and Han Furui are video chatting on WeChat)

Huang Xiaoyue: Furui, I heard that you are planning to travel to Thailand during the winter vacation?

Han Furui: Yes, you're so well informed. Do you want to go with us?

Huang Xiaoyue: I'm afraid I can't. I'm going back to Indonesia for the Spring Festival during the winter vacation.

Han Furui: You also celebrate the Spring Festival?

Huang Xiaoyue: Yes, the Spring Festival is also an important festival for Indonesian Chinese.

Han Furui: When is the Spring Festival?

Huang Xiaoyue: This year's Spring Festival is on January 25th, but the Spring Festival falls on a different date each year.

Han Furui: How do Indonesian Chinese celebrate the Spring Festival? Is it the same as the Chinese Spring Festival?

Huang Xiaoyue: About the same. We also eat New Year's Eve dinner, set off firecrackers and pay a New Year's call.

Han Furui: What is New Year's Eve dinner?

Huang Xiaoyue: It's a family reunion dinner on New Year's Eve. There are many traditional Indonesian cuisines, but we seldom eat dumplings.

Han Furui: Do the elders also give the younger generation lucky money during the Spring Festival?

Huang Xiaoyue: Yes. When I was young, I received a lot of lucky money every Spring Festival. So I like Spring Festival very much.

Han Furui: It's so interesting. There's delicious food to eat, fun things to do, and lucky money to collect. I like Spring Festival, too.

Huang Xiaoyue: You are welcome to Indonesia next winter vacation. Come to my home for the Spring Festival!

4

Liu Zilong: There are four seasons in China, spring, summer, autumn and winter. Winter in northern China is very cold, and sometimes it snows, so we need to wear heavy down jackets. The most important festival in winter is the Spring Festival. This is the most important festival for Chinese people. No matter where they are, they will go home for reunion during the Spring Festival. People eat New Year's Eve dinner, set off firecrackers and pay New Year's calls. So lively! I hope to celebrate the Spring Festival in China next year. Han Furui and Chen Bowen are planning to visit Thailand this winter. I'm going to show them around Bangkok and let them experience Thailand's Makha Bucha Festival. I am looking forward to their arrival.

第 16 课　您预订了吗？

nín yù dìng le ma

Do you have a reservation?

课文 Texts

1

Huang Xiaoyue: Hey, Bowen, what are you doing?

Chen Bowen: Hi, Xiaoyue. I'm booking a plane ticket.

Huang Xiaoyue: You can book a flight on your phone? That's convenient! Teach me how to do it!

Chen Bowen: OK! First you download the software on your mobile phone, key in your departure and destination cities, and then choose a departure date to find the right flight.

Huang Xiaoyue: And then?

Chen Bowen: Choose the flight you want to take, click "Book" and fill in your personal information. last step, pay your ticket online.

Huang Xiaoyue: How convenient! Have you booked a hotel?

Chen Bowen: Yes, I also booked it online. It's cheaper to book a hotel online.

Huang Xiaoyue: Is it the same as booking a plane ticket?

Chen Bowen: Pretty much. First choose the date of checking in, find the hotel you like, and then pay your room online.

Huang Xiaoyue: Okay, sounds easy. Next time I'll try to book flight tickets and hotels online.

2

（Chen Bowen at the bank）

Chen Bowen: Hello, I want to apply for a visa card.

Clerk: Hello, please show me your ID card and fill in this application form. Write down your name, telephone number and address here.

Chen Bowen: OK, here you are.

Clerk: Just a moment, please. Please enter a six-digit password, sir.

（entering password）

Clerk: Your visa card is ready. What else can I do for you?

Chen Bowen: What's the exchange rate of RMB against baht today?

Clerk: One yuan to five baht.

Chen Bowen: Please help me convert 2000 yuan into Thai baht.

Clerk: OK. Please fill in the application form.

Chen Bowen: It's filled out. Here you are.

Clerk: Here is the Thai baht you exchanged. Please confirm the amount. If the amount is correct, please sign here.

Chen Bowen: It is correct. Thank you.

Clerk: You are welcome.

3

(Chen Bowen arrived at the hotel he booked)

Receptionist: Good evening, sir. Welcome to Bangkok Holiday Inn. Have you made a reservation?

Chen Bowen: Hello, I have a reservation for a single room.

Receptionist: OK. What's your name, please?

Chen Bowen: My name is Chen Bowen.

Receptionist: May I see your passport, please?

Chen Bowen: OK, here you are.

Receptionist: Just a moment, please. You have reserved a single room for check-in on 26th and check-out on 30th. Right?

Chen Bowen: Yes.

Receptionist: Your room number is 518. Here is your room card and passport.

Chen Bowen: I have a lot of suitcases. Could you ask the bellboy to bring them to my room?

Receptionist: No problem. Your luggage will be delivered in a minute. Enjoy your stay!

Chen Bowen: Thank you.

Receptionist: You’re welcome.

4

Chen Bowen: Before I went to Thailand, I made a lot of preparations. First, I went to the bank to exchange some baht, and then booked a flight and a hotel in advance. When I set out, I took two big suitcases and I had both of them checked in. I sat in a window seat where I could enjoy the beautiful scenery outside. After arriving in Thailand, I stayed at Bangkok Holiday Inn. I booked a single room. The room number is 518. I checked in on 26th and checked out on 30th. I had many suitcases. The bellboy at the hotel delivered them to my room for me. I like this hotel very much.

第 17 课　wǒ men yào xiān bàn yì zhāng jiù zhěn kǎ 我们要先办一张就诊卡

We need to apply for a medical card first

课文 Texts

1

（Chen Bowen calls Liu Zilong）

Chen Bowen: Hello, Bowen. I can’t go out with you today. I'm not feeling well.

Liu Zilong: What happened to you?

Chen Bowen: I have a headache and I feel chilly. Maybe I had a cold because I was caught in the rain yesterday.

Liu Zilong: Do you have a fever?

Chen Bowen: I don’t know. I didn’t take my temperature.

Liu Zilong: Then I’ll accompany you to the hospital. Where do you live?

Chen Bowen: Bangkok Holiday Inn. My room number is 518.

Liu Zilong: OK. Have your passport and cash ready. I’ll pick you up right away. I’ll be there in half an hour, Okay?

Chen Bowen: Okay, thank you. I’m sorry to bother you.

Liu Zilong: We're good friends. Don't worry about that!

2

(Chen Bowen and Liu Zilong went to the hospital)

Liu Zilong: Bowen, we need to apply for a medical card first.

Chen Bowen: OK. Does it need a passport?

Liu Zilong: Yes, you need to fill in your personal information.

......

Liu Zilong: The medical card is ready. Let's go register.

Chen Bowen: What department should I register for?

Liu Zilong: You should go to the internal medicine department. By the way, before you see a doctor, you should have your height, weight and blood pressure measured.

(After measuring height, weight and blood pressure)

Chen Bowen: I'm done. What shall we do now?

Liu Zilong: Now let's take the medical card and the medical record and go to see a doctor.

Chen Bowen: OK. What floor is the internal medicine department on?

Liu Zilong: On the fifth floor. Let's take the elevator.

3

（Liu Zilong accompanied Chen Bowen to see a doctor）

Doctor: Hello. What seems to be the problem?

Chen Bowen: I have a headache and I have no strength.

Doctor: How long have you had the headache lasted?

Chen Bowen: I began to have a headache after getting caught in the rain last night. It hurt even worse this morning.

Doctor: Besides the headache, Do you have any other symptoms?

Chen Bowen: I cough a little.

Doctor: OK. Please open your mouth and let me have a look......Your throat is a little inflamed. It is likely you've caught a cold. Let me take your temperature first.

......

Chen Bowen: Doctor, do I have a fever?

Doctor: 38.5℃. You have a fever. I'll prescribe you a day's worth of medicine first and well see how it goes. Remember to take the medicine on time, two pills each time, three times a day; take them after meals.

Chen Bowen: OK. Where can I get the medicine, please?

Doctor: You can get your medicine from the pharmacy on the first floor.

Chen Bowen: Thank you, doctor!

4

Liu Zilong: Bowen went to Thailand the day before yesterday and lived in Bangkok Holiday Inn. We were supposed to go to the Grand Palace yesterday, but Bowen called and said that he was not feeling well, so I accompanied him to the hospital to see a doctor. The doctor said that Bowen had a fever and needed to take his medicine on time. I accompanied him to the pharmacy to get the medicine first, and then took him back to the hotel. I bought him lunch and told him to have a good rest afterwards.

第 18 课　从哈尔滨回来的时候，我晕机了

cóng hā ěr bīn huí lai de shí hou　wǒ yùn jī le

I got airsick on the way back from Harbin

课文 Texts

1

(Yang Tian'ai and Huang Xiaoyue are discussing their travel plans)

Yang Tian'ai: Xiaoyue, let's go to Harbin for winter vacation.

Huang Xiaoyue: OK. I haven't been there yet. I heard that winter in Harbin is very cold.

Yang Tian'ai: Yes, it's very cold. The weather forecast says it's going to snow in Harbin recently.

Huang Xiaoyue: What's the temperature there?

Yang Tian'ai: The minimum temperature is minus 30 degrees or lower.

Huang Xiaoyue: It's freezing! Let's go and buy some heavy clothes.

Yang Tian'ai: OK, I want to buy a down jacket, as well as sweaters and snow boots. What about you?

Huang Xiaoyue: I already have two sweaters. Just need a down jacket and a pair of snow boots.

Yang Tian'ai: What else should we buy?

Huang Xiaoyue: We also have to buy hats, scarves and gloves.

Yang Tian'ai: There are so many things to buy. Let's go shopping in the mall.

Huang Xiaoyue: OK.

2

Yang Tian'ai: Let's book plane tickets and hotels first.

Huang Xiaoyue: Great! I know how to book then online.

Yang Tian'ai: Really? That would be great. Teach me.

Huang Xiaoyue: Download this software first, choose a departure date, and then you can see the flight information.

Yang Tian'ai: When do we leave?

Huang Xiaoyue: In mid-January. Let's see which days are cheaper to fly.

Yang Tian'ai: January 16th is the cheapest, 1200 yuan per ticket.

Huang Xiaoyue: Then let's book a flight for January 16th and book a hotel as well.

Yang Tian'ai: How about this one? Online reviews are good, and it is very cheap, only 198 yuan for a night. We can book a double room for less than 100 kuai per person.

Huang Xiaoyue: OK, let's book this one. How long are we going to stay in Harbin?

Yang Tian'ai: Five days, is that OK?

Huang Xiaoyue: In that case, we check in on 16th, and check out on 21st.

Yang Tian'ai: Yes. All done.

3

(Yang Tian' ai and Huang Xiaoyue got on the plane)

Huang Xiaoyue: Tian'ai, I feel uncomfortable and a little dizzy.

Yang Tian'ai: Are you airsick or hungry?

Huang Xiaoyue: Hungry and dizzy.

Yang Tian'ai: Wait a minute. I'll ask a flight attendant for help.

Flight attendant: How are you feeling, ma'am?

Huang Xiaoyue: I'm a little dizzy.

Flight attendant: Did you have breakfast before you got on the plane?

Huang Xiaoyue: No, I got up late and had no time to eat.

Flight attendant: Maybe your blood sugar gets too low because you didn't eat breakfast. wait a moment, please. I'll prepare a breakfast for you.

Huang Xiaoyue: OK, thank you.

(Huang Xiaoyue had breakfast)

Yang Tianai: Are you feeling better?

Huang Xiaoyue: Yes, not dizzy at all.

Yang Tianai: That's not airsick. You're just craving food.

4

Huang Xiaoyue :I heard that winter in Harbin is very cold. In order to travel to Harbin, Tian'ai and I specially bought some thick clothes. On the plane, I was a little airsick. The flight attendant gave me a breakfast. After getting off the plane, we first went to the hotel we booked in advance, and then went to see ice sculptures at the Ice and Snow world. We bought a lot of things on the Central Street. When we ran out of cash, we found an ATM to withdraw money. ATMs are so convenient that you can deposrt, withdraw and transfer money. When withdrawing money, you insert your bank card into the card reader slot, select the language you preferred, and then follow the instructions.

第 19 课　我想去一家中泰合资的公司当秘书

wǒ xiǎng qù yì jiā zhōng tài hé zī de gōng sī dāng mì shū

I want to work as a secretary in a Sino-Thai joint venture

课文 Texts

1

（Lin Meiyu met her former Chinese teacher in Thailand）

Lin Meiyu: Mr.Zhao, long time no see. How have you been?

Professor Zhao: Long time no see. I'm good. I still teach Chinese at the previous university. What about you?

Lin Meiyu: I went to China last year and I studied Chinese for half a year.

Professor Zhao: Really? No wonder your Chinese has improved so much.

Lin Meiyu: I'm so flattered. In China, I speak Chinese with everyone. The more you practice, the better you get.

Professor Zhao: Right, You can learn Chinese well as long as you listen and speak more. How are you doing there?

Lin Meiyu: It's OK. I think it is very convenient living in China. I can use my phone to shop on Taobao and order takeaways. You don't need to carry cash when you go out; you can scan Alipay's QR code to pay for anything.

Professor Zhao: Yes. I miss the days when I had eight packages to collect in one day.

Lin Meiyu: Ha ha! It seems like you are a big fan of Tao bao. Just like me.

2

(Lin Meiyu and Tian Yuanyuan are chatting in the café)

Tian Yuanyuan: Meiyu, I'm going to China to look for a job.

Lin Meiyu: Really?

Tian Yuanyuan: Yes. China's economic development has been promising in recent years, which opened up a lot of job opportunities. The salaries are pretty good, too.

Lin Meiyu: You're right. Thailand and China has been cooperating in many aspects. The relationship between them is getting better.

Tian Yuanyuan: So I want to go to China and work as a secretary in a Sino-Thai joint venture.

Lin Meiyu: The company my brother works in is a Sino-Thai joint venture engaged in import and export trade. I think he might be able to help.

Tian Yuanyuan: That's great. Would you ask him for me?

Lin Meiyu: Absolutely. I will let you know after I talk to him.

Tian Yuanyuan: Thank you.

3

(Tian Yuanyuan and Lin Meiyu's elder brother are chatting on Wechat)

Tian Yuanyuan: Hello, I'm Tian Yuanyuan, Meiyu's friend.

Meiyu's elder brother: Hello, Meiyu told me you want to come to China to work?

Tian Yuanyuan: Yes. I heard that you work in a Sino-Thail joint venture which is engaged in import and export business. Would you please advice me on how to find a job in China?

Meiyu's elder brother: You can go to job fairs first, or look for job vacancies on the Internet.

Tian Yuanyuan: I'll look for job opportunities on the Internet first and see if there are any suitable companies.

Meiyu's elder brother: OK. Remember to prepare a resume in Chinese.

Tian Yuanyuan: What should I include in my resume?

Meiyu's elder brother: Your resume must include your work experience, education background, office skills, Chinese level, etc.

Tian Yuanyuan: OK. I'll try to draft a resume. Could you please help me modify it when I'm done.

Meiyu's elder brother: No problem.

4

Lin Meiyu：In recent years, China's economy is developing so fast. More and more countries begin to cooperate with China, and many foreigners want to come to China to find jobs. My friend, Yuanyuan, who just graduated, plans to come to China to work. She speaks fluent Chinese and she wants to work as a secretary in a Sino–Thai joint venture. Mastering Chinese will also help me in my job, so I need to learn Chinese well too.

nín de qiānzhèngkuài guò qī le

第 20 课　您的签证快过期了

Your visa is about to expire

课文 Texts

1

（Liu Zilong is back in China. He is going through customs after getting off the plane）

Staff: Good morning, Sir. Your passport, please.

Liu Zilong: OK. Here you are.

Staff: When was the last time you came to China?

Liu Zilong: Last September.

Staff: Do you have anything to declare in your suitcase?

Liu Zilong: No. It’s just filled with clothes, items for daily use and my laptop.

Staff: Please open the suitcase for inspection.

Liu Zilong: I’m not a purchasing agent. Why are you checking my luggage?

Staff: Sir, Don’t worry. We’re just doing routine checks.

Liu Zilong: Fine, here’s the luggage.

(After the inspection.)

Staff: Everything is okay. Thank you for your cooperation. Oh, your visa's about to expire. Please renew in time.

Liu Zilong: Thanks for reminding me.

2

(Liu Zilong met Han Furui when school started)

Liu Zilong: Furui, did you see the notice from the college? It says if your visa is about to expire, you have to renew it.

Han Furui: I saw it. I was going to ask you. Do you want to go together to get the materials required for renewal?

Liu Zilong: OK. Let's go!

(They came to the office)

Han Furui: Hello, teacher. Our visas are about to expire. We're here to get the documents for visa renewal.

Teacher: Hello! Here are three forms. Fill them out.

(After a while)

Liu Zilong: We've filled out the forms. What else do you need?

Teacher: Your passport and your registration of accommodation.

Han Furui: That's a lot of paperwork. I just want to skip the process.

Teacher: It's not your decision to make. You'll be fined if your visa expires. Five hundred yuan a day.

Han Furui: It's too expensive. Zilong, Let's go and get the materials ready.

3

Liu Zilong: Furui, do you have time tomorrow? Let's renew our visas together.

Han Furui: OK. But do you know where should we go?

Liu Zilong: We should go to the Exit-Entry Administration. Take the subway line one, get off at the Zhongshan Park Station, exit from Exit A, walk 500 meters and you'll be there.

Han Furui: These are all the materials we need?

Liu Zilong: I'm not sure. I heard that Xiaoyue has already renewed her visa. Let's call and ask her.

(Han Furui is calling Huang Xiaoyue)

Han Furui: Xiaoyue, Zilong and I are going to the Exist-Eentry Administration to renew our visas tomorrow. Do you know how to do it?

Huang Xiaoyue: Do you have all the materials?

Han Furui: Passports, accommodation certificates and the

application forms are all here.

Huang Xiaoyue: Well. When you arrive at the Administration, take a number first, then line up. When it's your turn, give the materials to the staff, and pay the visa fee.

Han Furui: How long will it take?

Huang Xiaoyue: It'll be done in about an hour. Don't forget to ask when to pick up your passport.

Han Furui: Sure. Thank you so much.

4

When Liu Zilong went through customs, the staff told him that his visa was about to expire. After going back to school, he and Han Furui went to the teacher's office to get the materials required for visa renewal. The teacher asked them to fill out three forms and told them to bring their passports and registration of accommodation when renewing their visas. The teacher also said that overstaying one's visa is no joke. Visas must be renewed before they're expired, or you will be fined. They called Huang Xiaoyue for advice. There were a lot of visa applicants, so they waited two hours until everything was done, which was much longer than what it took for Xiaoyue. The staff told them to get their visas in two weeks.

第 21 课 我面试成功了

wǒ miàn shì chénggōng le

I aced my job interview

课文 Texts

1

（Meiyu, Tian Yuanyuan and Meiyu's elder brother are at the café）

Lin Meiyu: Are you busy lately, brother?

Meiyu's elder brother: Not too busy. Are you busy with your school work recently? After a long holiday, do you still remember how to speak Chinese?

Lin Meiyu: Ha ha, Everything seems new to me again! I guess I should study harder in the new semester. Let me introduce you to Tian Yuanyuan. It was her who contacted you earlier.

Meiyu's elder brother: Hi, Tian Yuanyuan, have you found a company you're happy about?

Tian Yuanyuan: Not yet. But, thanks for helping me with my resume last time.

Meiyu's elder brother: No big deal! Meiyu's friend is my friend. Oh, did you say you are looking for a job as a secretary?

Tian Yuanyuan: Yes. I majored in management, so I'd like to apply for a secretary position.

Meiyu's elder brother: It is such a coincidence that we are currently in need of a secretary. This is a position that requires a high level of Chinese. Your language proficiency should be equivalent to HSK Level 6 because you need to be able to translate documents.

Tian Yuanyuan: That's great! I've passed HSK Level 6. I have a good grasp of Chinese for daily communication. I can also read, write and translate.

Meiyu's elder brother: Wonderful. Bring your resume and come to our company for an interview next Monday at 10:00 a.m.

Tian Yuanyuan: Really? Thank you so much. You really help me a lot.

Meiyu's elder brother: We must help each other in China.

Lin Meiyu: Thank you!

2

(Tian Yuanyuan is being interviewed at the company)

Tian Yuanyuan: Good afternoon!

Interviewer: Good affernoon. Please introduce yourself.

Tian Yuanyuan: I......I'm, uh, I'm Tian Yuanuan.

Interviewer: Don't be nervous. Take it easy.

Tian Yuanyuan: Thank you. I'm Tian Yuanyuan. I'm from Thailand. I graduated from Chulalongkorn University in 2016. My major was management. I'd like to apply for a secretary position in your company.

Interviewer: Why do you want to work in China?

Tian Yuanyuan: Because I really like China and China's economy is booming.

Interviewer: How's your Chinese?

Tian Yuanyuan: I've passed HSK Level 6.

Interviewer: Great. Can you tell me what makes you a good fit for this job?

Tian Yuanyuan: Firstly, As a detail-oriented person, I'll be very organized at work. Secondly, I speak fluent Chinese; I can also, read, write and translate. I speak English as well and I had internship experience as a secretary.

Interviewer: You'll be working in Huli District from 9 a.m. to 5 p.m., with a monthly salary of about 5,000 yuan. Does that sound acceptable?

Tian Yuanyuan: OK. I want to get some work experience. As for salary, I'll be satified as long as it covers my basic expenses.

Interviewer: One more thing. You may need to work overtime if and when required.

Tian Yuanyuan: No problem. I'm okay with that.

Interviewer: Well. Thank you.

Tian Yuanyuan: Thanks.

3

Tian Yuanyuan: Meiyu, I haven't heard from your brother's company. Is it possible that they're not considering me for this position?

Lin Meiyu: No. Your Chinese is good and you have work experience. You got this.

(Tian Yuanyuan's phone rings)

Tian Yuanyuan: Hello, who's that?

Staff: Hello. Is that Tian Yuanyuan speaking?

Tian Yuanyuan: Yes, this is Tian Yuanyuan. Who's this?

Staff: Hello, Tian Yuanyuan. This is the Personnel Division of XX company. I'm Mr. Wang. I'm calling to inform you that you're hired for the position of Office Secretary.

Tian Yuanyuan: Really? Thank you so much.

Staff: Congratulations. Please report to the Personnel Division on the 12th floor of the company at 8:30 a.m. next Monday.

Tian Yuanyuan: Okay. I'll be there on time.

(Tian Yuanyuan hang up)

Tian Yuanyuan: Ah! Meiyu. I got the job!

Lin Meiyu: Terrific. I'm so happy for you.

Tian Yuanyuan: Let's go. It's my treat tonight.

Lin Meiyu: Well, I won't skimp on my appetite.

4

Tian Yuanyuan: I like China very much, and I've always wanted to work in China. Meiyu's elder brother recommended me for a job as an office secretary. I went to the company for an interview two days ago. I was a little nervous during the interview. The interviewer told me to relax. This afternoon the Personnel Division called and said that I was hired. I was so excited! I'm grateful to Meiyu and her elder brother. I'll be working in Huli District. The working hours are 9:00 a.m. to 5:00 p.m. I will report for duty next Monday.

第 22 课 我在中国当秘书

wǒ zài zhōng guó dāng mì shū

I work as a secretary in China

课文 Texts

1

Manager: Hello, everyone. This is Tian Yuanyuan, our new colleague.

Colleagues: (Together) Welcome!

Tian Yuanyuan: Hello, everyone. I'm Tian Yuanyuan. Today is my first day at work. It's a pleasure to be working with you all.

Manager: Yuanyuan, come with me. Let me show you around. This is our punch card machine. Don't forget to clock in and out.

Tian Yuanyuan: Got it.

Manager: This is your seat and you'll be using this computer. Your job is to translate documents, invite colleagues to meetings, handle client visits and so on.

Tian Yuanyuan: Which is to help organize daily operations, right?

Manager: Exactly. Our office is composed of young people who are easy to get along with. You're going to fit in very soon. If there's anything you don't understand, you can ask me anytime.

Tian Yuanyuan: Okay. I will bring myself up to speed as soon as possible.

2

(Tian Yuanyuan is in the manager's office)

Tian Yuanyuan: Hello, Mr. Lee. I'm the new secretary, Tian Yuanyuan. You can call me Xiao Tian.

Manager Lee: Hello, Xiao Tian. You're Thai, aren't you? You speak Chinese well.

Tian Yuanyuan: I'm so flattered. There's still room for improvement. I would be appreciative of any advice.

Manager Lee: Good. What's on today's schedule?

Tian Yuanyuan: We have a meeting at 3 p.m. in Conference Room 1101.We also have a dinner to attend in the evening.

Mr. Lee: Okay, I got it. Go and get ready for the meeting.

(Tian Yuanyuan calls the restaurant.)

Tian Yuanyuan: Hello, is this XX Restaurant? I would like to reserve a private dining room for tonight?

Receptionist: How many of you, please?

Tian Yuanyuan: Eight.

Receptionist: No problem. The "Xihu Dining Room" will be reserved for you. It's a nice and quiet room. What time will you arrive?

Tian Yuanyuan: We'll arrive at 5:30 p.m.

Receptionist: May I take your order now or later?

Tian Yuanyuan: Do you have any recommendations? Our clients are from the South. They can't have spicy food; seafood would be preferred.

Receptionist: You can choose our 999 set meal, which includes all the signature dishes of our restaurant. There are lots of seafood in it.

Tian Yuanyuan: Could you send me the menu?

Receptionist: No problem. We not only serves good food but also offers comfortable dining environment. We assured, you won't be disappointed.

3

(In the Xihu Dining Room)

Tian Yuanyuan: Hello, manager Ma. I'm Xiao Tian. Please come with me. Please have a seat here.

Manager Ma: We should let Mr. Lee take the seat of the host.

Manager Lee: No, no. You are the guest of honor. You should sit here and I'll be right next to you.

Manager Ma: Thank you, Mr. Lee. I really shouldn't, but if you insist.

(Everyone sits down)

Manager Lee: Mr. Ma is an old friend of mine. We've worked together many times. On behalf of the company, I would like to express my welcome to Mr. Ma and everyone else for coming. May we have a pleasant cooperation.

Manager Ma: We have always enjoyed working with your company. I hope our business will be more prosperous.

Manager Lee: Hear! Hear! Let's hope for more prosperous business. Mr. Ma , the "Buddha's Temptation" in this restaurant is very authentic. You should try it first.

Manager Ma: We are all good friends. Don't be so courteous. Let's cheers to our successful cooperation!

Everyone: Cheers!

4

Tian Yuanyuan: It was my first day at work. The manager showed me around the office and instructed me about my duties. My colleagues are very friendly. In the afternoon, I organized a meeting called a restaurant to reserve a room. During the dinner, the two managers toasted to a successful cooperation. On my first day at work, I was a little tired, but being able to eat authentic Buddha's Temptation at the dinner made me really happy.

第23课 这叫礼尚往来

zhè jiào lǐ shàngwǎng lái

This is called "one good turn deserves another"

课文 Texts

1

Colleague: Yuanyuan, are you free this weekend?

Tian Yuanyuan: Yes.

Colleague: Come to my house this weekend. I'll cook you my "signature dish".

Tian Yuanyuan: That's great. My weekend will not go to waste.

Colleague: How about you come to my house on Sunday around 11:00 a.m.?

Tian Yuanyuan: Alright. How do I get to your house?

Colleague: My house is in the neighborhood next to our company. You walk 500 meters east from the company's gate, turn north at the crossroad, and then keep going straight. You'll be there in 10 minutes.

Tian Yuanyuan: Isn't it XXX Estate?

Colleague: You know where it is.

Tian Yuanyuan: I pass it everyday on my way to work. I can take the subway line 1, and then transfer to bus 28.

Colleague: That'll do too, It's more convenient. I live in Room 2304, Unit 1, Building 2.

Tian Yuanyuan: Okay. Can't wait to satisfy my stomach this weekend.

2

(Tian Yuanyuan and Lin Meiyu are shopping for gifts at the supermarket)

Lin Meiyu: What would you like to buy?

Tian Yuanyuan: My colleague invites me to dinner at her house this weekend. It is a convention in China to repay others for their kindness, so I want to buy her a present to express my gratitude.

Lin Meiyu: You're very popular. It says a lot to be invited for dinner when you are still new to this job. Is it a male colleague or a female one?

Tian Yuanyuan: Of course it's a female colleague! Stop being so nosy and help me pick out a present.

Lin Meiyu: Let's see. How old is she?

Tian Yuanyuan: Maybe over 30. I heard she's a mother of two.

Lin Meiyu: Well, that's easy. You can buy some toys for the kids, and you can also buy some fruit, or bring her some Thai specialties.

Tian Yuanyuan: Good idea.

(Tian Yuanyuan go to the cashier to pay)

Tian Yuanyuan: Excuse me. I'll buy these toys and fruit.

Cashier: Do you need a shopping bag?

Tian Yuanyuan: I'll take one.

Cashier: 258 yuan. How do you pay?

Tian Yuanyuan: Alipay.

3

(Tian Yuanyuan arrives at her colleague's home)

Colleague: Yuanyuan, you are here. Come in. No need to change shoes.

Tian Yuanyuan: Alright. You have a warm home. I bring you some presents.

Colleague: Why do you bring so many things? You don't have to do that.

Tian Yuanyuan: Just a way to express my thanks. As the Chinese saying goes: The gift itself may be small but it's the thought that counts. Thank you for helping me at work.

Colleague: Thank you, Yuanyuan. This doesn't count as small. You are so thoughtful. Take a seat please. You can watch TV if you like. I'll make you some tea.

Tian Yuanyuan: Thank you. I really appreciate it. I love Chinese tea.

Colleague: You are right. Chinese tea is delicious. We have Tie Guanyin, Longjing, Biluochun, etc. Let's try Tieguanyin, the most famous tea in Fujian.

Tian Yuanyuan: Wow, it smells good. (Tian Yuanyuan take a gulp of tea)

Colleague: Ha ha. You have to sip. Savor it slowly. That's what we call "tea sampling" .

Tian Yuanyuan: Sorry. It seems that there is much to learn about tea. It's never too late to learn!

Colleague: You gave me so many gifts. I'll give you a box of tea in return. This is called "one good turn deserves another" .

4

Tian Yuanyuan: A colleague invited me over to her house on Sunday. This is the first time I went to my colleague's house, and I wanted to bring some gifts, so I went to the supermarket to buy toys and some fruit, and also brought her some Thai specialties. My colleague was very friendly. She brewed Tieguanyin, the most famous tea in Fujian, and cooked me a lot of authentic Minnan cuisine. It’s a pity that I knew nothing about “tea sampling” and I didn’t remember the names of the dishes. However, the tea tasted really good and the dishes were palatable. What a fun day!

liàngshēn dǎ zào de gōng zuò

第 24 课　量身打造的工作

A tailor-made job

课文 Texts

1

Tian Yuanyuan: Meiyu, do you have time tomorrow? I need to apply for a work visa at the Exit-Entry Administration. Could you please come with me?

Lin Meiyu: Sure, do you know how to apply for a work visa?

Tian Yuanyuan: I heard that Furui has already got a work visa. I'm going to call him and ask him about it.

Lin Meiyu: Why don't you call him now? Ask him what material we need so that we can be prepared.

Tian Yuanyuan: You are right. I will call him now.

(Tian Yuanyuan calls Han Furui)

Tian Yuanyuan: Furui, I want to apply for a work visa. Do you know what to prepare?

Han Furui: Your passport, the application form, certificate of employment, certificate of educational background, health certificate, and non-criminal certificate.

Tian Yuanyuan: That's a lot of paperwork. I wish I could skip the process anymore.

Han Furui: That's not your decision to make. You must have a work visa if you want to work in China.

Tian Yuanyuan: I am kidding. I'll get all the documents needed.

Han Furui: Oh. Don't forget to ask for a certificate from your company.

Tian Yuanyuan: What is that?

Han Furui: It's the document that verifies you're a current employee of the company you work for.

Tian Yuanyuan: Well, I will take care of that tomorrow. Thank you, Furui.

Han Furui: Don't mention it! I hope everything goes well.

2

Tian Yuanyuan: Dad, I have good news for you.

Dad: You got a job?

Tian Yuanyuan: Yes. I work in a Sino-Thail joint venture as a secretary. Meiyu's brother recommended me for this job.

Dad: Is that so?

Tian Yuanyuan: Yes. I was nervous during the interview. The interviewer asked me some questions. Because my major was management and I've passed HSK Level 6, which means I have a good grasp of Chinese, and I had an internship experience as a secretary, I did pretty well during the interview.

Dad: This job is tailor-made for you.

Tian Yuanyuan: Thanks, dad.

Dad: Are you busy at work?

Tian Yuanyuan: Yeah, a lot of things to deal with. Sometimes I have to work overtime.

Dad: It must be exhausting. How about the salary?

Tian Yuanyuan: I'm okay. Although the salary is not high, the company offers me an opporturity to accumulate experience.

Dad: You should work hard when you're young, but take care of yourself, too.

3

Tian Yuanyuan: Mr. Lee, a Sino-Thai joint venture is paying us a business visit this afternoon.

Manager Lee: Well. I see. What time do they arrive? How many people are coming?

Tian Yuanyuan: They arrive around 3:30 p.m. About five or six.

Manager Lee: Find a meeting room first, and make an appointment for dinner.

Tian Yuanyuan: OK. How about Room 1103?

Manager Lee: Alright. Go and get ready for the meeting.

(Manager Lee and Tian Yuanyuan accompany their guest, Manager Zhao, to a restaurant)

Manager Lee: Mr. Zhao, You are the guest of honor. You should be sitting here. I'll sit next to you.

Manager Zhao: Thank you, Mr. Lee. I shouldn't be, but if you insist.

(Everyone sat down)

Manager Lee: This is the first cooperation between us. On behalf of the company, I would like to express my welcome to Mr. Zhao and everyone else for coming.

Manager Zhao: We are officially business partners starting today. May we have a good working relationship.

Manager Lee: Mr. Zhao. I heard the Thai food here is very authentic. You can try it.

Manager Zhao: Thanks to you, I am able to taste hometown food again.

Manager Lee: Help yourself.

(After the meal)

Manager Lee: I hope you enjoyed your meal tonight.

Manager Zhao: Yeah, absolutely. Thank you very much for your warm hospitality.

4

Tian Yuanyuan: It's been over a month since I joined the company where Meiyu's brother also works. I always wanted to treat him to dinner to express my gratitude. However, he said I don't have to treat him to dinner and he was really appreciative of the thought. I heard that he's free this weekend, so I decided to visit him with Meiyu. I was told he likes tea, so I bought him Tieguanyin, a famous tea from Fujian. He liked it very much. But he said I don't have to be so courteous. He cooked us authentic Thai food in the evening. The food was very delicious. It feels good to have friends taking care of each other.

《初级汉语听说》听力文本

第13课 期末考试复习得怎么样？

qī mò kǎo shì fù xí de zěn me yàng

Are you ready for your final exam?

练习 Exercises

听力练习

一、声母和韵母练习。

（一）听录音，写韵母。

1.kǎo	2.shì	3.jiàn	4.yì	5.diàn
6.zhǔn	7.bèi	8.xī	9.wàng	10.yǒu
11.biāo	12.zhǔn	13.jì	14.zhù	15.fā

（二）听录音，写声母。

1.wàn	2.suì	3.jiā	4.yóu	5.yīn
6.xué	7.qī	8.yǒu	9.yuán	10.wén
11.yǒu	12.yòng	13.fāng	14.zhēn	15.bàng

（三）在横线上写出你听到的拼音。

1.Zuìjìn zěnmeyàng?

2.Nǐ fùxí de zěnmeyàng?

3.Wǒ de fāyīn bú tài biāozhǔn.

4.Wǒmén kéyǐ hùxiāng bāngzhù.

5.Nǐ kǎo le duōshǎo fēn?

6.Zhíyǒu duō tīng duō shuō cái néng xué hǎo hànyǔ.

7.Nín yǒu shénme jiànyì ma?

8.Rúguǒ bù dǒng，jiù kànkan lùyīn yuánwén.

9.Wǒ zuì xǐ huan kóuyǔ kè.

10.Yīnwèi kèwén bǐjiào yǒu yìsi.

11.Zhè xuéqī wǒmén yǒu sì mén kè.

12.Zhè ge fāngfǎ zhēn bàng.

13.Zhíyǒu duō tīng duō shuō cái néng xué hǎo hànyǔ.

14.Wǒ kǎo dé bù hǎo suóyǐ bǎomì.

15.Wǒmén yìqǐ jiāyóu ba.

（四）选择你听到的音节。

1.Kuài qīmò kǎoshì le.

2. Wǒ dānxīn bù jígé.

3.Wǒ bùgǎn gēn zhōngguórén liáotiānr.

4.Wǒ yě zài zhǔnbèi kǎoshì.

5.Dǎrǎo yí xià, wǒ yǒu yígè wèntí.

6.Xiàkè yǐhòu duō tīng lùyīn, duō zuò liànxí.

7.Zhège fāngfǎ zhēn bàng.

8.Kèwén zhōng de jùzi hěn yǒuyòng.

9.Xīwàng zōnghé kè néng xǐhuan wǒ.

10.Wǒ kǎode bù hǎo, suóyǐ bǎomì.

11.Wǒ de fāyīn bú tài biāozhǔn.

12.Shēngcí jīntiān jì zhù le, míngtiān yòu wàng le.

13.Nǐ de jiànyì hěn hǎo.

14.Wǒ měitiān dōu qù túshūguǎn fùxí.

15.Zhè bù diànyǐng hěn jīngcǎi.

二、声调练习。

（一）听后标出声调。

1.hēibái–fēnmíng　2.dàcái–xiǎoyòng　3.kǔjìn–gānlái

4.yǒubèi–wúhuàn　5.qīshàng–bāxià　6.shēngdōng–jīxī

7.zǒumǎ–guānhuā　8.yángrùhǔkǒu

（二）判断对错。

1.Wǒ fùxí de bú tài hǎo.

2.Wǒ zuì xǐhuan hànzì kè.

3.Wǒ bù dānxīn tāmen tīng bù dǒng.

4.Xiān bú yào kàn dá'àn.

5.Yīnwèi tīnglì bǐjiào róngyì.

6.Zhǐyǒu duō kàn diànyǐng cái néng xué hǎo kóuyǔ.

7.Jīntiān xué de shēngcí yòu wàng le.

8.Zōnghé kè de yúfǎ hěn yǒu yòng.

9.Wǒ shēngbìng le, suóyǐ kǎo de bú tài hǎo.

10.Wǒ de tīnglì hǎo, nǐ de kóuyǔ hǎo, wǒmen kéyǐ hùxiāngbāngzhù.

三、句子练习。

听后跟读。

这学期我们有五门课：综合课、口语课、听力课、汉字课和文化课。我最喜欢文化课，因为课文比较有意思，课文中的句子很有用。我不喜欢听力课，因为作业太难了，听力太快了。所以听力课也不喜欢我。期末考试，我的听力课不及格。下学期我要好好学习，希望听力课能喜欢我。

四、听力理解练习。

（一）听句子，选择合适的回答。

1.你复习得怎么样？

2.最近怎么样？

3.你考得怎么样？

4.你考了多少分？

5.你为什么不敢和中国人聊天儿？

6.我的口语不太好，您有什么建议吗？

7.你们怎么复习？

8.怎样才能学好汉语？

9.你最喜欢什么课？

10.你为什么喜欢口语课？

（二）听对话，选择正确答案。

1. 刘子龙：小月，最近怎么样？
黄小月：最近有点儿忙。
刘子龙：你在忙什么？
黄小月：我在准备期末考试，你呢，子龙？
刘子龙：我也是。
问：子龙在忙什么？

2. 韩福瑞：天爱，你复习得怎么样？
杨天爱：不太好，我的发音不标准。
韩福瑞：我们可以互相帮助。
杨天爱：真的吗？太好了。谢谢你！
问：天爱复习得怎么样？

3. 阮氏英华：生词今天记住了，明天又忘了。
李志强：别着急，英华，你要多听多说多写。
阮氏英华：我担心不及格。
李志强：加油，及格万岁。
问：英华该怎么办？

4. 青木：英华，你考得怎么样？
阮氏英华：还可以，我听力考得不好。
青木：你可以多看看中国电影。
阮氏英华：谢谢，我喜欢看中国电影。
问：英华喜欢做什么？

5. 林美玉：子龙，你考得怎么样？
刘子龙：考试有点儿难。你考了多少分？
林美玉：口语97分，听力92分，综合90分。
刘子龙：你真棒！
问：美玉的听力考了多少分？

6. 青木：小月，你考得怎么样？
黄小月：我生病了，所以考得不太好。
青木：我也考得不太好，听力85分。
黄小月：我听力87分，口语不太好，保密。

问：小月的口语考了多少分？

7. 杨天爱：博文，我的口语不好，怎么办？
陈博文：天爱，口语不难，你要多跟中国人聊天儿。
杨天爱：我不敢跟中国人聊天儿。
陈博文：为什么？
杨天爱：我的发音不标准，担心他们听不懂。
问：天爱为什么不敢跟中国人聊天？

8. 青木：天爱，打扰一下，我有个问题。
杨天爱：青木，什么问题？
青木：我听力不太好，你有什么建议吗？
杨天爱：你可以和中国人聊天儿，多听多说。
问：天爱有什么建议？

9. 韩福瑞：天爱，学听力你有什么建议？
杨天爱：福瑞，下课以后你要多听录音。
韩福瑞：我听不懂。
杨天爱：如果不懂，就看看录音原文。
韩福瑞：谢谢你。
问：福瑞听不懂录音怎么办？

10. 黄小月：志强，你要去上课吗？
李志强：对，小月。你也有课吗？
黄小月：是的，你有几门课？
李志强：我有三门课，口语、听力和阅读。
问：志强有几门课？

11. 杨天爱：这学期我有五门课，很累。
青木：我有三门课，不太累。
杨天爱：青木，你最喜欢什么课？
青木：我最喜欢听力课，因为课文很有意思。
问：青木为什么最喜欢听力课？

12. 青木：美玉，我考得不太好。
林美玉：青木，你考了多少分？
青木：我的综合课不及格，语法太难了。

林美玉：别着急，下学期好好学习，希望综合课能喜欢你。

问：青木什么课不及格？

五、听说练习。

（一）听录音，用给出的词回答问题。

1.最近怎么样？

2.你复习得怎么样？

3.我们可以互相帮助。

4.你考了多少分？

5.为什么你不敢跟中国人聊天儿？

6.我不知道怎么练习，您有什么建议吗？

7.你还可以听听中文歌、看看中国电影。

8.你最喜欢什么课？为什么？

9.我的发音不太标准。

10.我听不懂听力。

（二）听录音，回答下列问题。

韩福瑞：英华，最近在忙什么？

阮氏英华：我在准备期末考试。

韩福瑞：我也在图书馆复习。你复习得怎么样？

阮氏英华：我复习得还可以，但是生词今天记住了，明天又忘了。福瑞，你有什么建议吗？

韩福瑞：只有多听多说才能学好生词，你要多跟中国人聊天儿。

阮氏英华：我担心他们听不懂。

韩福瑞：别担心，慢慢来。我的听力不太好。

阮氏英华：你可以看电影，听音乐。我最喜欢看中国电影。

韩福瑞：这个方法很有意思。

作业 Homework

听力作业

一、听录音并跟读。

1. 快期末了，我在图书馆准备考试。我复习得还可以，因为我喜欢跟中国人聊天儿，所以我的口语和听力不错，只有多听多说才能学好汉语。我希望我有更多的中国朋友。

2. 这学期我有五门课，我最喜欢口语课，因为口语课很有用。如果多听多说，就能跟中国人聊天儿，能看中国电影了。口语我考了九十分，综合我考得不太好，所以保密。我希望下学期综合课能喜欢我。

二、听对话，选择正确答案。

阮氏英华：福瑞，期末考试你考得怎么样？
韩福瑞：还可以。口语88分，听力90分，综合89分。英华，你呢？
阮氏英华：口语92分，综合91分，我听力考得不太好，保密。
韩福瑞：只有多听才能学好听力。
阮氏英华：你有什么建议吗？
韩福瑞：你可以多听录音，多做练习。如果不懂，就看看录音原文。
阮氏英华：这个方法很有用。
韩福瑞：你还可以听听中国音乐，看看中国电影。
阮氏英华：谢谢福瑞。我们可以互相帮助。

三、判断对错。

黄小月：青木，这学期你最喜欢什么课？
青木：我最喜欢汉字课。你呢，小月？
黄小月：我汉字不太好。我最喜欢口语课，我口语考试考了95分。
青木：我的口语不太好，你有什么建议吗？

黄小月：你要多跟中国人聊天，只有多听多说才能学好口语。
青木：这个方法有意思。
黄小月：汉字有点儿难，我希望下学期能学好汉字。
青木：只有多写才能学好汉字。
黄小月：我们互相帮助吧！
青木：加油！

第 14 课　我要一个靠窗的座位

wǒ yào yí gè kào chuāng de zuò wèi

I want a seat by the window

练习 Exercises

听力练习

一、声母和韵母练习。

（一）听录音，写韵母。

1.áng	2.ì	3.ù	4.ù	5.è
6.ī	7.ǚ	8.ào	9.ōng	10.iàn
11.ēng	12. ī	13.òu	14.ī	15.āng

（二）听录音，写声母。

1.wán	2.suàn	3.piào	4.hǎo	5.shēn
6.shòu	7.fāng	8.chéng	9.shǒu	10.zuò
11.tuō	12.yè	13.jiāo	14.dǎ	15.yú

（三）在横线上写出你听到的拼音。

1. Nǐ kǎo de zěnmeyàng?

2.Nǐ dǎsuàn shénme shíhou huí guó.

3.Wǒ yùdìng de shì Nánfāng hángkōng gōngsī de jīpiào.

4.Yǒu xiàwǔ liǎng diǎn zuǒyòu qǐfēi de hángbān ma?

5.Qǐng nín dài shàng hùzhào, tíqián liǎng xiǎoshí dào jīchǎng bànlǐ chéngjī shǒuxù.

6.Wǒ xiǎngyào yí gè kào guòdào de zuòwèi.

7.Wǒ yào bànlǐ xíngli tuōyùn.

8.Qǐng ná hǎo nín de hùzhào hé dēngjīpái, dào sānshíèr hào dēngjīkǒu dēngjī.

9.Nínhǎo, zhè lǐmiàn shì wǒ de zuòwèi, qǐng ràng wǒ jìnqù yí xià.

10.Wǒ xiǎng kànkan chuāng wài de fēngjǐng, zánmen liǎ huàn gè zuòwèi ba.

11.Qǐng nín tíqián liǎng xiǎoshí dào jīchǎng bànlǐ chéngjī shǒuxù.

12.Zhù nín lǚtú yúkuài.

13.Qǐngwèn nín yǒu xíngli xūyào tuōyùn ma?

14.Dáhuǒjī bù néng dài shàng fēijī.

15.Yètǐ bù néng tuōyùn.

（四）选择你听到的音节。

1.Wǒ yìzhí dǎ zhè ge diànhuà yùdìng jīpiào.

2.Nǐ zuìjìn zěnmeyàng?

3.Nǐ kǎo wán shì le ma?

4.Nǐ juéde tīnglì nán ma?

5.Wǒ jīngcháng hé zhōngguó rén liáotiānr.

6.Nín kéyǐ shǐyòng yínháng kǎ zàixiàn zhīfù.

7.Wǒ zěnme zhīdào wǒ tīng de duìbúduì ne?

8.Zhíyǒu duōtīng duōshuō cái néng xué hǎo hànyǔ.

9.Yǒu shídiǎn zuǒyòu qǐfēi de hángbān ma?

10.Zhù nín lǚtú yúkuài.

11.Qǐng ná hǎo nín de hùzhào hé dēngjīpái, dào sānshíèrhào dēngjīkǒu dēngjī.

12.Zhè shì wǒ de zuòwèi.

13.Qǐng dào dàtīng bànlǐ dēngjī shǒuxù.

14.Wǒ xiǎng yào yíge kàochuāng de zuòwèi.

15. Dáhuǒjī bù néng dài shàng fēijī.

二、声调练习。

（一）听后标出声调。

1.xiāoyáo–fǎwài　　2.huìshēng–huìsè　　3.yǎotiǎo–shūnǚ

4.qīngguó–qīngchéng　　5.qiānjūn–wànmǎ　　6.huāhǎo–yuèyuan

7.niánnián–yǒuyú　　8.qīngméi–zhúmǎ

（二）判断对错。

1. Zánmen míngtiān jiù qù ba.

2. Wǒmen qù mái piào ba.

3.Píngguǒ wǔ kuài yì jīn.

4. Zhè shì nǐ de shǒujī ma？

5. Zhè shì yí gè shìpín.

6. Zuò wǔshíèr lù kéyǐ dào.

7. Zěnyàng cái néng xué hǎo hànyǔ？

8.Nǐmen shénme shíhou chī zǎofàn？

9.Qǐngwèn zhè jiān shì jiàoshì ma?

10. Wǒ yùdìng le bā yuè shíyī hào de jīpiào.

三、句子练习。

听后跟读。

考完试了，李志强打算一月二十五号左右回老挝。韩福瑞告诉李志强可以在航空公司官网订机票。最后，李志强订了一张一月二十五号的飞机票，花了一千五百块钱。他下午两点到了机场，在大厅办理了登机牌和行李托运，挑选了一张靠窗的座位。上了飞机，他找到了自己的座位。晚上八点他到了万象。

四、听力理解练习。

（一）听句子，选择合适的回答。

1.你考完试了吗?

2.你打算什么时候回国?

3.你知道航空公司的电话号码吗?

4.最早的航班几点起飞?

5.我想订两张机票，多少钱?

6. 请问您选择哪一种付款方式?
7. 您想坐哪儿?
8. 请问您有行李需要托运吗?
9. 从几号登机口登机?
10. 办理乘机手续需要什么?

（二）听对话，选择正确答案。

1. 黄小月：子龙，你最近在做什么?
刘子龙：我在准备考试。
黄小月：你准备得怎么样?
刘子龙：我觉得我的发音不太标准，语法有点儿难。
问：子龙觉得语法怎么样?

2. 刘子龙：志强，你觉得考试难吗?
李志强：我觉得考试很难。
刘子龙：那你考了多少分?
李志强：75分。
问：志强觉得考试难吗?

3. 韩福瑞：美玉，你的口语考了多少分?
林美玉：98分。
韩福瑞：你的口语怎么这么好?
林美玉：我经常和中国人聊天儿。
问：为什么美玉的口语这么好?

4. 刘子龙：老师，打扰一下，我有一个问题。
老师：子龙，什么问题?
刘子龙：我的听力不太好，有什么建议吗?
老师：你要多听录音，听的时候，先不要看答案，听完以后再看。
问：老师建议子龙怎么练习听力?

5. 阮氏英华：子龙，你知道医院怎么走吗?
刘子龙：从这儿一直走，看到食堂就到了。
阮氏英华：医院在食堂旁边?
刘子龙：是的。
问：医院在哪儿?

6. 林美玉：子龙，你打算什么时候回国？
刘子龙：1月25号左右。
林美玉：买机票了吗？
刘子龙：还没有。
问：子龙打算什么时候回国？

7. 陈博文：小月，你买机票了吗？
黄小月：还没有。博文，你知道怎么买机票吗？
陈博文：你可以在航空公司的网站上买。
黄小月：那你教教我吧。
问：可以怎么买机票？

8. 女：先生，您好！请问有什么可以帮您？
刘子龙：有1月20号去雅加达的航班吗？
女：1月20号有航班去雅加达。
刘子龙：好的，我想买一张。
问：他想去哪儿？

9. 刘子龙：1月30号去曼谷，最早的航班几点起飞？
女：早上八点起飞。
刘子龙：请问下一个航班几点起飞？
女：中午十二点起飞。
问：第二个去曼谷的航班几点起飞？

10. 杨天爱：您好，我想订两张周末去北京的机票。
男：请问您想要几点起飞的航班？
杨天爱：上午十点左右，多少钱？
男：一张800元，一共1600元。
问：两张机票一共多少钱？

11. 李志强：您好，我订这张机票。
女：好的，一张机票880元。请问您选择哪一种付款方式？
李志强：我刷卡支付。
女：请输入您的密码。
问：他选择哪一种付款方式？

12. 女：志强，你怎么还没坐上飞机？

李志强：我忘了带护照，没办法办理乘机手续。

女：下次要记得带护照。

李志强：记住了。

问：志强为什么没坐上飞机？

五、听说练习。

（一）听录音，用给出的词回答问题。

1.哪天的机票最便宜？

2.你的飞机票是怎么订的？

3.坐飞机需要托运什么？

4.你的航班几点起飞？

5.你可以用什么方式付钱？

6.你想要什么座位？

7.您的行李有多少？

8.什么不能托运？

9.为什么要提前两小时到机场？

10.你从几号登机口登机？

（二）听录音，回答下列问题。

女：先生，您好！请问有什么可以帮您？

刘子龙：请问，有1月30号去东京的航班吗？

女：1月30号有航班去东京。

刘子龙：最早的航班什么时候起飞？

女：早上八点起飞。

刘子龙：我想订一张机票，多少钱？

女：3200元。

刘子龙：好的，我就订这张。

女：好的先生，请问您选择哪一种付款方式？

刘子龙：我想在线支付。

女：先生，已经帮您订好了。请您提前两小时到机场办理乘机手续。祝您旅途愉快！

作业 Homework

听力作业

一、听录音并跟读。

1.考完试了，杨天爱打算2月5号左右回菲律宾。韩福瑞告诉杨天爱可以在航空公司的网站上订票。杨天爱订了2月5号的飞机票，花了1800元。

2.她下午两点到机场，在大厅办理了登机牌和行李托运，她选择了靠窗的座位想看看窗外的风景，上了飞机，她找到了自己的座位。

二、听对话，选择正确答案。

李志强：小月，考完试了吗?
黄小月：考完了。志强，你呢?
李志强：我星期五才考完。你打算什么时候回国?
黄小月：1月15号左右。
李志强：买机票了吗?
黄小月：还没有。我不知道怎么买机票。
李志强：你可以打这个电话。
黄小月：好的，谢谢你。
……
客服：女士，您好！请问有什么可以帮您?
黄小月：请问，有1月15号去雅加达的航班吗?
客服：1月15号没有航班去雅加达，1月16号有。
黄小月：最早的航班几点?
客服：上午八点半起飞。
黄小月：我想订一张，多少钱?
客服：2500元。
黄小月：好的。

客服：请问您选择哪一种付款方式？
黄小月：我想在线支付。
客服：女士，已经帮您订好了。请提前两小时到机场办理乘机手续。祝您旅途愉快！
……
工作人员：女士，您好！请您出示一下护照。
黄小月：好的。
工作人员：请稍等。
黄小月：我想要一个靠过道的座位。
工作人员：好。请问您有行李需要托运吗？
黄小月：嗯，这个行李需要托运。
工作人员：请把行李放在机器上。女士，行李托运已经办好了。这是您的护照和登机牌，请到36号登机口登机。祝您旅途愉快！
黄小月：谢谢你。

三、判断对错。

考完试了，韩福瑞打算2月2号左右回美国。他打电话给航空公司，订了2月5号的飞机票，一张机票3500元。他中午十二点到机场，在大厅办理了登机牌和行李托运。他想看看窗外的风景，所以要了一个靠窗的座位，他的登机口是18号。上了飞机，他找到了自己的座位。晚上十点左右他到了纽约。

wǒ hán jià dǎ suan qù tài guó

第 15 课　我寒假打算去泰国

I am going to Thailand during the winter vacation

练习 Exercises

听力练习

一、声母和韵母练习。

（一）听录音，写韵母。

1.tiān	2.miǎn	3.fèi	4.duǎn	5.nuǎn
6. hēi	7.kù	8.dòng	9.xiàn	10.zhòng
11.fú	12.chuán	13.tǒng	14.bèi	15.liáng

（二）听录音，写声母。

1.xí	2.qī	3.dǎo	4.yóu	5.wài
6.liáng	7.xià	8.yàn	9.chú	10.yā
11.qián	12.biān	13.pào	14.qī	15.qìng

（三）在横线上写出你听到的拼音。

1.Nǐ zuìjìn zěnmeyàng？

2.Zuótiān Běijīng xiàxuě le.

3. Xiàmén bǐ Běijīng nuǎnhuo.

4. Běijīng de dōngtiān lěng bù lěng?

5.Nǐ chūnjié hòu yǒu shénme dǎsuàn?

6. Wǒ dōu chuān yǔróngfú le.

7. Nǐ xiǎng gēn wǒmen yìqǐ qù ma？

8. Wǒ dǎsuàn chūguó lǚyóu.

9. Gēn Zhōngguó chūnjié de xísú yíyàng ma?

10. Nǐ de xiǎoxi zhēn língtōng.

11. Wǒ yǐjīng chuān hòu wàitào le.

12. Nǐ hánjià dǎsuan zěnme guò?

13. Wǒ kéyǐ gěi nǐmen dāng dǎoyóu, miǎnfèi.

14. Tàiguó de měishí hé měijǐng kěshì shìjiè wénmíng.

15. Chūnjié yě shì wǒmen Yìnní huárén de zhòngyào jiérì.

（四）选择你听到的音节。

1. Wǒ kéyǐ gěi nǐmen dāng dǎoyóu.

2. Nǐ hánjià dǎsuan zěnme guò?

3. Yǒu hěn duō qìngzhù huódòng, hén yǒu yìsi.

4. Liú Zǐlóng yāoqǐng wǒmen chūnjié hòu qù Tàiguó wánr.

5. Chuān shénme yīfu bǐjiào héshì ne?

6. Wǒ xiànzài zài Běijīng zhǔnbèi guò chūnjié.

7. Xiànzài kéyǐ chuān duǎnxiù hé duǎnkù.

8. Bú xiàng rèjì nàme rè, yě bú xiàng yǔjì zǒngshì xiàyǔ.

9.Chūnjié yě shì wǒmen Yìnní huárén de zhòngyào jiérì.

10.Wǒ yǐjīng chuān hòu wàitào le.

11.Nǐ de xiǎoxi zhēn língtōng.

12. Wǒ shōudào tā de xiǎoxi le.

13. Chūnjié de xísú shì bāo jiǎozi.

14. Rénmen kéyǐ miǎnfèi jiēzhòng xīn guān yìmiáo.

15. Wǒ qīdài hé nǐmen jiànmiàn.

二、声调练习。

（一）听后标出声调。

1.yōurán–zìdé	2.méifēi–sèwǔ	3.liàoshì–rúshén
4.píngyì–jìnrén	5.chízhīyǐhéng	6.bódà–jīngshēn
7.néngshuō–huìdào	8.báshān–shèshuǐ	

（二）判断对错。

1.Wǒ xiànzài zài Běijīng，zhǔnbèi guò chūnjié.

2.Lěng jí le. Jīntiān Běijīng xià dàxuě le.

3.Zhēn xiànmù nǐ,wǒ dōu chuān yǔróngfú le.

4. Tā yāoqǐng wǒmen chūnjié hòu qù Tàiguó wánr.

5. Liángjì shì Tàiguó zuì liángkuai de jìjié.

6. Wǒ kéyǐ gěi nǐmen dāng dǎoyóu， miǎnfèi！

7. Nǐ de xiāoxi zhēn língtōng.

8. Zhōngguó de dōngtiān děi chuān hòu yīfu.

9. WànfóJié hěn rènao， yǒu hěnduō qìngzhù huódòng.

10. Zhǎngbèi yě huì gěi wǎnbèi fā yāsuì qián ma?

三、句子练习。

听后跟读。

泰国有三个季节，热季、雨季、凉季，泰国一般很热，所以要穿短袖和短裤。在凉季我们有万佛节，我们会在寺庙和街上举行庆祝活动，热闹极了！我希望明年能在中国过春节，听说中国的春节会吃年夜饭，放鞭炮，很有意思！这个凉季福瑞和博文打算来泰国旅游。我打算带他们在曼谷逛逛，让他们体验一下泰国的万佛节。我非常期待他们的到来。

四、听力理解练习。

（一）听句子，选择合适的回答。

1.中国的夏天热不热?

2.今天的天气怎么样?

3.你想跟我们一起去吗?

4.你们也过春节?

5.春节的时候长辈也会给晚辈发压岁钱吗?

6.你万佛节后有什么打算?

7.你暑假打算怎么过?

8.你那里夏天穿什么衣服比较合适?

9.有什么好玩儿的?

10.什么是年夜饭？

（二）听对话，选择正确答案。

1. 陈博文：英华，你最近怎么样？
   阮氏英华：挺好的。
   陈博文：你在做什么呢？
   阮氏英华：我在哈尔滨旅游。
   问：英华在哪儿旅游？
2. 阮氏英华：志强，你在厦门吗？
   李志强：是呀，北京冷不冷？
   阮氏英华：冷极了，昨天北京下雪了。
   陈志强：厦门现在还不冷。
   问：北京的天气怎么样？
3. 韩福瑞：北京现在穿什么衣服比较合适？
   杨天爱：我都穿羽绒服了。
   韩福瑞：厦门比北京暖和，但昨天下雨了。
   杨天爱：那你穿什么衣服？
   韩福瑞：有点儿冷，我已经穿厚外套了。
   问：在厦门穿什么衣服比较合适？
4. 林美玉：博文，中国的春节快要到了吧？
   陈博文：是呀，我现在准备过春节了。
   林美玉：你春节后有什么打算？
   陈博文：我打算出国旅游。
   问：博文春节后有什么打算？
5. 青木：你想去哪个国家旅游？
   杨天爱：我还没想好去哪儿。你呢？
   青木：是这样的，小月邀请我们春节后去印尼玩儿，你想跟我们一起去吗？
   杨天爱：好呀，我一直很想去印尼旅游。
   问：他们打算去哪儿玩儿？
6. 黄小月：你寒假打算怎么过？
   李志强：我打算在老挝旅游。

黄小月：老挝的天气怎么样？
李志强：现在挺冷的，外边在下雨。
问：老挝的天气怎么样？

7. 青木：欢迎你们寒假来日本旅游，我可以给你们当导游。
阮氏英华：真的吗？太好了。
青木：对！你想去哪儿玩儿？
阮氏英华：我们可以一起去爬山！
问：他们打算去日本做什么？

8. 阮氏英华：博文，中国的夏天热吗？
陈博文：没有泰国热。
阮氏英华：那我们穿什么衣服比较合适呢？
陈博文：我们也要穿短袖和短裤。
问：中国的夏天穿什么衣服比较合适？

9. 林美玉：夏天有什么好玩儿的？
陈博文：你喜欢游泳吗？
林美玉：我很喜欢，在水里很凉快。
陈博文：在厦门，你可以常常去游泳。
问：厦门的夏天有什么好玩儿的？

10. 阮氏英华：春节的习俗真有意思！子龙，泰国也过春节吗？
刘子龙：我们不过春节。
阮氏英华：那你们最重要的传统节日是什么？
刘子龙：我觉得应该是泼水节。
问：子龙觉得泰国最重要的传统节日是什么？

11. 韩福瑞：我第一次在中国过春节。
黄小月：是吗，那祝你玩儿得高兴，别忘了晚上一起吃年夜饭。
韩福瑞：年夜饭？
黄小月：就是一家人在除夕，也就是今天晚上一起吃晚饭。
问：年夜饭是什么？

12. 黄小月：我听说春节会收到压岁钱？
陈博文：对呀，长辈会给晚辈压岁钱。
黄小月：哇，春节真好！

陈博文：哈哈，所以我特别喜欢过春节。

问：春节长辈会给晚辈什么？

五、听说练习。

（一）听录音，用给出的词回答问题。

1.厦门的天气怎么样？
2.你春节后有什么打算？
3.泰国的凉季冷不冷？
4.春节有什么好玩儿的？
5.什么是年夜饭？
6.泰国的热季穿什么衣服比较合适？
7.你想跟我们一起去吗？
8.我一直很想去泰国旅游。
9.你最近怎么样？
10.春节是几月几号？

（二）听录音，回答下列问题。

杨天爱：青木，快放暑假了，你打算做什么？
青木：我打算在中国旅游。
杨天爱：中国的夏天很热哦。
青木：那我穿什么衣服合适？
杨天爱：你得穿短袖和短裤，要带一件外套。
青木：我想去厦门，应该不用带外套。
杨天爱：对！厦门很热，你可以常常去游泳。
青木：中国的夏天有什么传统节日？
杨天爱：有端午节，很好玩！我们会划龙舟，吃粽子。
青木：谢谢你！我非常期待。

作业 Homework

听力作业

一、听录音并跟读。

1.陈博文在北京准备过春节，北京很冷，昨天下雪了。韩福瑞在厦门，厦门比北京暖和，陈博文打算去旅游，他和韩福瑞一起去泰国找刘子龙玩儿。

2.泰国现在是凉季，不像热季那么热，也不像雨季总是下雨，是泰国最凉快的季节。很多游客现在去泰国旅游，穿短袖和短裤比较合适，还有很多传统节日，很有意思。

二、听对话，选择正确答案。

青木：英华，你最近怎么样？
阮氏英华：挺好的，我暑假在厦门旅游。
青木：厦门的夏天热不热？
阮氏英华：热极了，外边的太阳非常大，我要带伞。
青木：哈哈，厦门好玩儿吗？
阮氏英华：很好玩儿，我很喜欢游泳。青木你最近怎么样？
青木：我在北京工作，不是很热，我经常爬山。
阮氏英华：真好。中国夏天有什么节日？
青木：中国夏天有端午节，庆祝活动很有意思。
阮氏英华：我很期待端午节，这是我第一次在中国过节。

三、判断对错。

快过寒假了，陈博文在北京准备过春节，北方的冬天很冷，陈博文需要穿羽绒服。他打算春节后和韩福瑞一起去泰国玩，刘子龙是他们的导游。刘子龙告诉他们去泰国穿短袖和短裤比较合适，可以在曼谷逛逛，万佛节有很多活动，很有意思。陈博文打算明年冬天邀请他们去中国过春节，他们非常期待。

第 16 课 您预订了吗？

nín yù dìng le ma

Do you have a reservation?

练习 Exercises

听力练习

一、声母和韵母练习。

（一）听录音，写韵母。

1.xià	2.qǐng	3.yè	4.wù	5.ruǎn
6.jiàn	7.zhù	8.shū	9.rù	10.chéng
11.zuò	12.jī	13.tián	14.xiě	15.gè

（二）听录音，写声母。

1.xīn	2.shǎng	3.tuì	4.shōu	5.fáng
6.kǎ	7.lǜ	8.zhù	9.cuò	10.dān
11.rén	12.jiā	13.qián	14.fáng	15.biǎo

（三）在横线上写出你听到的拼音。

1.Jiāo jiao wǒ zěnme dìng！

2.Qǐng tián yíxià zhè zhāng shēnqǐngbiǎo.

3.Qǐng wèn nín yùdìng fángjiān le ma?

4.Qǐng wèn nín yào bànlǐ shénme yèwù.

5.Qǐng shūrù yí gè liù wèi shù de mìmǎ.

6.Jīntiān rénmínbì duì tàizhū de huìlǜ shì duōshǎo？

7.Xiàcì wǒ yě shìshi zài wǎngshang yùdìng jīpiào hé jiǔdiàn.

8.Wǒ yùdìng le yígè dānrénjiān, shíliù hào rùzhù, èrshíhào tuìfáng.

9.Wǒ zuòzài yígè kàochuāng de zuòwèi, kěyǐ xīnshǎng chuāngwài de méijǐng.

10.Shūrù chūfādì hé mùdìdì, zài xuǎnzé chūfā shíjiān, jiù kěyǐ zhǎodào héshì de hángbān.

11.Yī yuán rénmínbì duìhuàn wǔ tàizhū.

12.Zhè shì nín huàn de tàizhū, qǐng quèrèn jīn'é.

13.Nín yùdìng le yígè dānrénjiān, èrshíliù hào rùzhù, sānshí hào tuìfáng duì ma?

14.Zài zhèlǐ tián shàng nín de xìngmíng diànhuà hé zhùzhǐ.

15.Rúguǒ jīn'é méiyǒu cuòwù qǐng nín zài zhèlǐ qiānzì.

（四）选择你听到的音节。

1.Tā xuéxí hěn kèkǔ.

2.Zhè shì tā de jiǎnlì.

3.Zhèlǐ de liánhuā hěn měi.

4.Tā de zhītǐ tài jiāngyìng le.

5.Wǒ sòng gěi tā yí shù xiānhuā.

6. Zhè liàng dàbāchē yán zhe huánxiàn xíngshǐ.

7. Diǎnjī yùdìng tiánxiě nǐ de gèrén xìnxī.

8. Xiàcì wǒ yě shìshi zài wǎngshang yùdìng jīpiào hé jiǔdiàn.

9. Měi nián chūnjié de shíhòu lái zhèr guānguāng de rén hěn duō.

10. Wǒ zuòzài yí gè kàochuāng de zuòwèi kěyǐ xīnshǎng chuāng wài de měijǐng.

11.Rúguǒ nín fāxiàn zhè běn shū yǒu shénme cuòwù,qǐng hé wǒmén liánxì.

12. Wǒ men xiànzài qù tuìfáng ba.

13. Wǒ jìnqíng xīnshǎng zhe xiāngshān hóngyè zuìrén de měijǐng.

14. Qǐng quèrèn wúwù hòu zài zhèlǐ qiānzì.

15. Zhè tào fángzi yǒu sān gè fángjiān.

二、声调练习。

（一）听后标出声调。

1.yíluòqiānzhàng　　2.hēibái–fēnmíng　　3.shēngsǐ–yōuguān

4.dàcái–xiǎoyòng　　5.lǐyìng–wàihé　　6.tānshēng–pàsǐ

7.qiánfù–hòujì　　8.tiānxuán–dìzhuàn

（二）判断对错。

1.Jiāojiao wǒ zěnme dìng.

2.Wǒ qù bǎ tā jiè guòlái.

3.Nǐ māma shénme shíhou huílái？

4.Wǒ shuō de shì tā de gèzi.

5. Běijīng de dōngtiān lěng bù lěng?

6.Zhè shuāng xiézi shì wǒ jiějie de.

7.Wǒmen guójiā méiyǒu jìjié biànhuà.

8.Qǐng nǐ shuōshuo nǐmen jiāxiāng de tiānqì.

9.Wǒ yùdìng le qī gè dānrénjiān.

10.Qǐng dào shísì hào dēngjī kǒu dēngjī.

三、句子练习。

听后跟读。

去印尼以前，我做了很多准备工作。先是去银行兑换了一些印尼盾，然后提前订好了机票和酒店。出发的时候，我一共带了两个行李，都托运了。我坐在一个靠窗的座位，可以欣赏窗外的美景。到印尼以后，我住在了雅加达四季酒店，我预订的是一个单人间，房间号是618。我十五号入住，十八号退房。我的行李有点儿多，酒店服务员帮我送到了我的房间。我住得很舒服。

四、听力理解练习。

（一）听句子，选择合适的回答。

1.你订酒店了吗?

2.订酒店和订机票一样吗?

3.你在干什么?

4.请问您要办理什么业务?

5. 厦门的冬天冷不冷？

6. 北京的冬天穿什么合适？

7. 请问您预订房间了吗？

8. 中国人春节怎么过？

9. 今天人民币兑泰铢的汇率是多少？

10. 教教我怎么订机票。

（二）听对话，选择正确答案。

1. 李志强：嘿，青木，你在干什么？

青木：是志强啊，我在订酒店。

李志强：手机就能订酒店？真方便！教教我怎么订！

青木：好啊！

问：志强请青木教他干什么？

2. 杨天爱：博文，教教我怎么在网上订机票？

陈博文：你先在手机上下载这个软件，然后输入出发地和目的地，再选择出发时间。

杨天爱：然后呢？

陈博文：选择你想乘坐的航班，点击“预订”，填写你的个人信息。最后，在网上支付就可以了。

问：网上订机票要先做什么？

3. 女：先生女士，请问你们有行李需要托运吗？

杨天爱：我有一个行李需要托运。

女：请把箱子放在机器上。

杨天爱:好的。

问：他们有行李需要托运吗？

4. 刘子龙：您好，请问26号登机口在哪儿？

女：从这里一直走。

刘子龙：谢谢你。

女：不客气。

问：他找几号登机口？

5. 女：请问您要办理什么业务？

青木：我想办一张银行卡。

女：请出示您的身份证，然后填一下这张申请表。在这里填上您的姓名、电话和住址，最后在这儿签名。

青木：好的。

问：办银行卡最后需要做什么？

6. 女：请问您还要办理什么业务？

韩福瑞：今天美元兑人民币的汇率是多少？

女：一美元兑换6.7元人民币。

韩福瑞：请帮我把100美元换成人民币。

问：今天美元兑人民币的汇率是多少？

7. 黄小月：博文，我们什么时候出发去泰国？

陈博文：过了春节我们就出发吧。

黄小月：春节是几月几号？

陈博文：每年春节的日期都不一样，今年是1月25日，去年是2月5日。

问：今年春节是几月几日？

8. 黄小月：中国人怎么过春节？

陈博文：我们会拜年、吃年夜饭。

黄小月：听说你们还要吃饺子。

陈博文：对，长辈们还会给我们压岁钱。

问：哪个不是春节时做的事？

9. 男：女士，您好，请问您预订房间了吗？

黄小月：我预订了一个双人间。

男：好的，请问您叫什么名字？

黄小月：我叫黄小月。

问：黄小月预订了什么房间？

10. 女：您预订了一个双人间，12号入住，18号退房。对吗？

李志强：对。

女：您的房间号是1218，这是您的房卡，请您收好。

李志强：谢谢！

问：他要在这家酒店住几天？

11. 阮氏英华：博文，厦门的冬天冷不冷？

陈博文：不太冷，比哈尔滨暖和多了。
阮氏英华：那你最近穿什么？
陈博文：里面一件毛衣，外面一件厚外套。
问：博文最近穿什么？

12. 黄小月：志强，你放假后有什么打算？
李志强：我打算先回老挝，然后再出国旅行，但还没想好去哪儿。
黄小月：青木邀请我们去日本玩儿，你想跟我们一起去吗？
李志强：好呀，我一直很想去日本旅游呢。
问：他们要去哪儿旅游？

五、听说练习。

（一）听录音，用给出的词语回答问题。

1. 你在干什么？
2. 怎么找到合适的航班？
3. 怎么预订航班？
4. 订酒店和订机票一样吗？
5. 办visa卡需要做什么？
6. 人民币兑泰铢的汇率是多少？
7. 兑换泰铢需要做什么？
8. 请问您预订房间了吗？
9. 去泰国以前，你做了什么准备工作？
10. 怎么请朋友教你订机票？

（二）听录音，回答下列问题。

黄小月：青木，听说你这周打算去上海旅游？
青木：对啊，小月。我跟老师请了星期四和星期五的假，加上星期六和星期日一共玩四天。
黄小月：你打算怎么去？
青木：我已经在手机上预订了机票，星期三晚上七点起飞。
黄小月：在手机上怎么预订机票？快教教我吧。
青木：你先在手机上下载这个软件，然后填写出发地和目的地，再选择出发时间。
黄小月：然后呢？
青木：选择合适的航班，点击"预订"，填写姓名、护照号、手机号这些个人信息，网上支付就可以了。
黄小月：好的，谢谢你，下次我也试试。对了，从厦门到上海的机票多少钱一张？
青木：打了2.2折，320块。
黄小月：真便宜。
青木：对啊，下周我要和子龙一起去台湾旅游，你要跟我们一起去吗？
黄小月：不好意思，下周我要和我的朋友一起去云南旅游。
青木：好，那我们下次再一起去旅游吧。

作业 Homework

听力作业

一、听录音并跟读。

1. 先在手机上下载这个软件，然后输入出发地和目的地，再选择出发时间，找到合适的航班后，选择你想乘坐的航班，点击"预订"，填写你的个人信息。最后，网上支付就可以了。

2. 先选择入住时间，然后选择你喜欢的酒店，选好了以后在网上支付就行了。

二、听对话，选择正确答案。

李志强：嘿，小月，你放假准备做什么？
黄小月：是志强啊，我准备去迪拜旅游。
李志强：你预订机票了吗？
黄小月：我用手机订了。
李志强：手机就能订机票？真方便！教教我怎么订！

黄小月：好啊！你先在手机上下载这个软件，然后输入出发地和目的地，再选择出发时间，就可以找到合适的航班啦。

李志强：然后呢？

黄小月：选择你想乘坐的航班，点击“预订”，填写你的个人信息。最后，在网上支付就可以了。我预订了1月18号的机票。

李志强：真方便！那你订酒店了吗？

黄小月：订好了，订酒店和订机票差不多，先选择入住时间，然后选择你喜欢的酒店，选好了以后在网上支付就行了。我订了个单人间，25号入住，30号退房。

李志强：好的，下次我也试试。小月，你知道怎么办visa卡吗？

黄小月：知道呀。到银行后，先出示护照，然后填一张申请表，填上你的姓名、电话和地址，最后签字。还要输入一个六位数的密码。

李志强：你知道怎么用美元换人民币吗？

黄小月：那你可问对人了，我刚在银行换了2000美元。也需要先填写申请表，拿到人民币后，确认金额。如果金额没有错误，签字就可以了。

李志强：谢谢你。你真厉害。

黄小月：不客气。

三、判断对错。

我叫杨天爱。去印尼之前，我做了很多准备工作。我先去银行兑换了一些印尼盾，然后我提前订好了机票和酒店。出发的时候，我一共带了两个行李，都托运了。我坐在一个靠窗的座位，可以欣赏窗外的美景。到印尼之后，我住在了巴厘假日酒店，我预订的是一个单人间，房间号是506。我12号入住，16号退房。我的行李有点儿多，酒店服务员帮我送到了我的房间。我很喜欢这家酒店。

第 17 课　我们要先办一张就诊卡

wǒ men yào xiān bàn yì zhāng jiù zhěn kǎ

We need to apply for a medical card first

练习 Exercises

听力练习

一、声母和韵母练习。

（一）听录音，写韵母。

1.shēn	2.kāi	3.zhāng	4.kāi	5.lěng
6.chá	7.liáng	8.yào	9.běn	10.tǐ
11.wēn	12.bìng	13.jiē	14.hào	15.yǐ

（二）听录音，写声母。

1.fà	2.huáng	3.dōng	4.lǐ	5.dìng
6.yuè	7.bā	8.lán	9.tì	10.lǎng
11.ná	12.hěn	13.mái	14.lèi	15.lē

（三）在横线上填出你听到的拼音。

1.Wǒ shēntǐ bú tài shūfu.

2. Kěnéng shì zuótiān línyǔ yóudiǎnr gǎnmào le.

3. Wǒ méiyǒu liáng tǐwēn.

4. Wǒ mǎshàng qù jiē nǐ.

5. Gěi nǐ tiān máfan le.

6. Hǎo péngyou bié jiànwài.

7. Xūyào hùzhào ma?

8. Wǒmen qù guàhào ba.

9. Yīnggāi guà nèikē.

10. Kàn yīshēng qián yào xiān cèliáng shēngāo.

11.Xiànzài zánmen ná zhe jiùzhěn kǎ hé bìnglì qù kàn yīshēng jiù xíng le.

12. Wǒmen zuò diàntī shàngqù ba.

13. Wǒ tóuténg méiyǒu lìqì.

14. Sǎngzi yóudiǎnr fāyán.

15. Jìde yào ànshí chīyào.

（四）选择你听到的音节。

1. Wǒ mǎshàng qù jiē nǐ.

2. Wǒmen qù guàhào ba.

3. Duìle kàn yīshēng qián yào xiān jiǎnchá shēngāo, tǐzhòng hé xuèyā.

4. Wǒmen zuò diàntī shàngqù ba.

5. Wǒ tóuténg， méiyǒu lìqi.

6. Chúle tóuténg yǐ wài, hái yǒunǎr bù shūfu ?

7. Jīntiān shàngwǔ téng de gèng lìhai le.

8.Wǒ xiān géi nǐ kāi diǎnr yào, guānchá yìtiān.

9.Sǎngzi yóudiǎnr fāyán kěnéng shì gǎnmào le.

10.Wǒmen běnlái dǎsuàn zuótiān qù Dàhuánggōng wán.

11.Xiànzài wǒmen ná zhe jiùzhěn kǎ qù kàn yīshēng jiù xíng le.

12.Gěi nǐ tiān máfan le.

13.Wǒmen yào xiān bàn yìzhāng jiùzhěn kǎ.

14.Zài yī lóu yàofáng ná yào.

15.Jìde yào ànshí chīyào.

二、声调练习。

（一）听后标出声调。

1.chènxīn–rúyì	2.jiànjīérxíng	3.tánhuāyíxiàn
4.yìyán–jiǔdǐng	5.wúkěhòufēi	6.búzìliànglì
7.yǒukǒu–wúxīn	8.yìshí–èrniǎo	

（二）判断对错。

1.Jìde yào ànshí chīyào, yìtiān sāncì, yícì liǎngpiàn, fànhòu chī.

2.Qǐngwèn zàinǎr náyào?
3.Chúle dùzi téng yǐwài, háiyǒu nǎr bù shūfu?
4.Duìle，kàn yīshēng qián yào xiān jiǎnchá shēngāo、tǐzhòng.
5.Yīnggāi guà shénme kē?
6.Jiùzhěn kǎ bàn hǎo le, wǒmen qù ná yào ba.
7.Wǒmen xiān yào bàn yìzhāng jiùzhěnkǎ.
8.Kěnéng shì jīntiān línyǔ, yóudiǎnr gǎnmào le.
9.Hǎo péngyou, bié jiànwài！
10.Gěi nǐ tiān máfan le.

三、句子练习。

听后跟读。

我的好朋友小明昨天到印尼，住在雅加达四季酒店。我们本来打算昨天去公园玩，但是小明打电话说她身体不舒服，所以我陪她去医院看医生。医生说，小明有点儿发烧，需要按时吃药。我先陪她到药房拿药，然后送她回酒店，我还给她买了晚饭，让她吃完饭好好休息。

四、听力理解练习。

（一）听句子，选择合适的回答。

1.喂，博文。我今天不能和你出去玩了。我身体不太舒服。
2.你住哪儿？
3.需要护照吗？
4.应该挂什么科？
5.你怎么了？哪儿不舒服？
6.发烧吗？
7.给你添麻烦了。
8.现在我们做什么？
9.除了头疼以外，还有哪儿不舒服？
10.请问在哪儿拿药？

（二）听对话，选择正确答案。

1. 韩福瑞：喂，小月。我今天不能和你出去玩了。我身体不太舒服。
   黄小月：福瑞，你怎么了？
   韩福瑞：我头疼，感觉很冷，可能有点儿感冒了。
   问：福瑞怎么了？
2. 黄小月：福瑞，我陪你去医院吧。你住哪儿？
   韩福瑞：曼谷假日酒店，我的房间号是518。
   黄小月：好的。你准备好护照和现金，我马上去接你。半个小时后到。
   问：福瑞要准备好什么？
3. 黄小月：我们要先办一张就诊卡。
   韩福瑞：好的。需要护照吗？
   黄小月：需要，你还要填一下个人信息。
   问：还要填一下什么？
4. 黄小月：就诊卡办好了，我们去挂号吧。
   韩福瑞：应该挂什么科？
   黄小月：挂外科。
   问：他们要挂什么科？
5. 黄小月：现在咱们拿着就诊卡去看医生就行了。
   韩福瑞：好的。外科在几楼？
   黄小月：在7楼。我们坐电梯上去吧。
   问：他们怎么去7楼？
6. 医生：你好。你怎么了？哪儿不舒服？
   阮氏英华：我牙疼。
   医生：牙疼多长时间了？
   阮氏英华：上周三就开始有点儿疼，今天早上疼得更厉害了。
   问：她哪儿不舒服？
7. 医生：除了头疼以外，还有哪儿不舒服？
   李志强：还有点儿咳嗽。
   医生：嗓子有点儿发炎，可能是感冒了。你先量一下体温吧。
   李志强：好的。

问：他除了头疼以外，还有哪儿不舒服？

8. 杨天爱：医生，我发烧了吗？
医生：39度，发烧了。
杨天爱：我感冒了吗，医生？
医生：有点儿感冒，我先给你开点儿药，观察一天。
问：她发烧多少度？

9. 医生：记得要按时吃药，一天3次，一次6片，饭后吃。
杨天爱：好的。请问在哪儿拿药？
医生：在一楼左边的药房拿药。
问：医生开的药一次吃几片？

10. 医生：你好。你怎么了？哪儿不舒服？
陈博文：我腿疼，没有力气。
医生：腿疼多长时间了？
陈博文：前天晚上就开始有点儿疼，今天早上疼得更厉害了。
问：他什么时候开始腿疼？

11. 刘子龙：就诊卡办好了，我们去挂号吧。
青木：应该挂什么科？
刘子龙：应该挂内科。对了，看医生前要先检查身高、体重和血压。
问：看医生前要先检查什么？

12. 刘子龙：牙科在几楼？
黄小月：在3楼。你可以坐电梯上去，很方便。
刘子龙：好的，谢谢你！
黄小月：不客气！
问：他们要去什么科看病？

五、听说练习。

（一）听录音，用给出的词回答问题。

1.那我陪你去医院吧。你住哪儿？

2.给你添麻烦了。

3.你怎么了？哪儿不舒服？

4. 需要护照吗？
5. 头疼多长时间了？
6. 除了头疼以外，还有哪儿不舒服？
7. 医生，我发烧了吗？
8. 请问在哪儿拿药？
9. 检查完了，现在我们做什么？
10. 内科在几楼？

（二）听录音，回答下列问题。

韩福瑞：小月，你怎么了？
黄小月：哎，福瑞，我头疼，感觉很冷，嗓子也疼。
韩福瑞：发烧吗？
黄小月：不知道，我没有量体温。
韩福瑞：是不是感冒了？
黄小月：可能吧。
韩福瑞：那我陪你去医院吧。
黄小月：好的，谢谢你陪我。
……
韩福瑞：我们去挂号吧。
黄小月：应该挂什么科？
韩福瑞：应该挂内科。对了，看医生前要先检查身高、体重和血压。
黄小月：检查完了，现在我们做什么？
韩福瑞：现在咱们拿着就诊卡去看医生就行了。
黄小月：好的。我们要去几楼？
韩福瑞：去3楼。我们坐电梯上去吧。
……
医生：你怎么了？哪儿不舒服？
黄小月：我头疼，没有力气。
医生：头疼多长时间了？
黄小月：昨天晚上吃完饭就开始有点儿头疼，今天中午疼得更厉害了。
医生：除了头疼以外，还有哪儿不舒服？
黄小月：嗓子也疼，有点儿咳嗽。

医生：好。张开嘴，我看看。…… 嗓子有点儿发炎，可能是感冒了。你先量一下体温吧。

黄小月：医生，我发烧了吗？

医生：37.8℃，有点儿发烧，但是不太严重。我先给你开点儿药，记得要按时吃药，一天三次，一次两片，饭后吃。

黄小月：好的医生，那我还需要注意什么吗？

医生：多穿衣服，好好休息，多喝水。

作业 Homework

听力作业

一、听录音并跟读。

1. 我们本来打算昨天去大皇宫玩，但是博文打电话说他身体不舒服，所以我陪他去医院看医生。

2. 除了头疼以外，还有哪儿不舒服？

二、听对话，选择正确答案。

医生：怎么了？你哪儿不舒服？

韩福瑞：我没有力气，肚子不太舒服。

医生：肚子疼多长时间了？

韩福瑞：昨天晚上吃完饭就开始疼，今天早上疼得更厉害了。

医生：除了肚子疼以外，还有什么不舒服？

韩福瑞：还有点儿想吐。

医生：好，我看看。…… 你昨晚吃了什么？

韩福瑞：我吃了很多肉，还喝了啤酒。

医生：我先给你开点儿药，观察一天。记得要按时吃药，一天两次，一次一片，饭后吃。

韩福瑞：好的。请问在哪儿拿药？

医生：在一楼的药房拿药。

三、判断对错。

山田前天到中国，住在365酒店。我们本来打算昨天去故宫玩，但是山田打电话说他身体不舒服，所以我陪他去医院看医生。医生说，山田的嗓子发炎了，有点儿感冒，需要打针，还要按时吃药。我先陪他去打针，然后到药房拿药，最后送他回酒店，再给他买了晚饭和水果，让他吃完饭好好休息。

第 18 课 从哈尔滨回来的时候，我晕机了

cóng hā ěr bīn huí lai de shí hou wǒ yùn jī le

I got airsick on the way back from Harbin

练习 Exercises

听力练习

一、声母和韵母练习。

（一）听录音，写韵母。

1.tè	2.kōng	3.jiě	4.chá	5.qì
6.wēn	7.zhuǎn	8.cāo	9.zuò	10.líng
11.xià	12.gēn	13.běn	14.wéi	15.jīn

（二）听录音，写声母。

1.shuāng	2.rén	3.jiān	4.yùn	5.jī
6.dī	7.xuè	8.táng	9.tóu	10.bīng
11.diāo	12. kōng	13.jiě	14.líng	15.xià

（三）在横线上填出你听到的拼音。

1. Yòu è yòu yūn.

2.Tīng shuō Hāěrbīn de dōngtiān tèbié lěng .

3.Qìwēn dàgài duōshǎo dù?

4.Qìwēn dàgài língxià sānshí duō dù.

5.Yī yuè zhōngxún, xiān kànkan nǎ tiān de jīpiào bǐjiào piányi.

6.Zhè jiā zěnme yàng? Wǎngshang de píngjià hěn hǎo.

7.Wǒmen dìng gè shuāngrénjiān.

8.Wǒ juéde bù shūfu yǒudiǎnr tóuyūn.

9.Zǎoshang qǐ wǎn le méi láidejí chī zǎocān.

10.Kěnéng shì yīnwèi méi chī zǎocān dīxuètáng le.

11.Tiānqì yùbào shuō Hā'ěrbīn zuìjìn yào xiàxuě.

12.Wǒmen hái děi mǎi màozi, wéijīn hé shǒutào.

13.Wǒ xiǎng mǎi yí jiàn yǔróngfú.

14.Wǒ hái xiǎng mǎi máoyī hé xuědìxuē.

15.Zhè jiā jiǔdiàn zhù yìwǎn zhǐyào yìbǎijiǔshíbā yuán.

（四）选择你听到的音节。

1.Shì yùnjī le hái shì è le ya？

2.Wǒ kàn nǐ zhè gēnběn búshì yùnjī jiùshì chán le.

3.Hǎole, yì diǎnr yě bù yūn le.

4.Zánmen zài Hā'ěrbīn wánr jǐ tiān？

5.Wǎng shàng de píngjià hěn hǎo, érqiě jiàgé hěn piányi.

6.Nà jiù mǎi yīyuè shíliù hào de jīpiào, shùnbiàn bǎ jiǔdiàn yě dìng le ba.

7.Wǒmen hái děi mǎi màozi, wéijīn hé shǒutào.

8.Zánmen qù mǎi jǐ jiàn hòu yīfu ba！

9.Tiānqì yùbào shuō Hā'ěrbīn zuìjìn yào xiàxuě.

10.Míngtiān zǎoshang wǒmen yìqǐ qù páshān ba.

11.Wǒ yǐjīng dìng hǎo jiǔdiàn le.

12.Bié wàngjì chī zǎocān.

13.Wǎnshang qìwēn yǒudiǎnr dī, zhùyì bǎonuǎn.

14.Zuótiān wǎnshang xiàxuě le.

15.Xiànjīn huā wán le, jiù zhǎo le yìtái ATM jī qǔqián.

二、声调练习。

（一）听后标出声调。

1.niǎoyǔ-huāxiāng	2.chūnguāng-míngmèi	3.mǎnyuán-chūnsè
4.chūnnuǎn-huākāi	5.yíyè-zhīqiū	6.chūnqù-qiūlái
7.bīngxuě-yánhán	8.dīshuǐ-chéngbīng	

（二）判断对错。

1.Wǒmen shǔjià yìqǐ qù Hā'ěrbīn wánr ba.

2.Wǒ hái méiyǒu qù guò nàr ne.
3.Zuìdī qìwēn língxià sānshí duō dù.
4.Wǒ xiǎng mǎi yí jiàn yǔróngfú.
5.Yīyuè xiàxún，xiān kànkan nǎ tiān de jīpiào bǐjiào piányi.
6.Zánmen zài Hā'ěrbīn wán jǐtiān?
7.Wǒmen dìng le yígè dānrénjiān.
8.Nà jiù shì jīntiān rùzhù，míngtiān tuìfáng.
9.Kěnéng shì yīnwèi méi chī zǎocān tóuténg le.
10.Zǎoshang qǐ wǎn le，méi láidejí chī.

三、句子练习。

听后跟读。

听说北京的冬天特别冷。为了去北京旅游，我和朋友特地买了几件厚衣服。在飞机上，我有点儿晕机，空姐给我送了一份早餐。下飞机后，我们先去提前预订的酒店，然后去了故宫。我们在王府井买了很多东西，现金花完了，就找了一台ATM机取钱。取钱的时候，先把银行卡插入插卡口，然后选择语言，再根据提示操作就行。

四、听力理解练习。

（一）听句子，选择合适的回答。

1.气温大概多少度?
2.还要买什么呢?
3.我们什么时候出发?
4.这家怎么样?
5.是晕机了还是饿了呀?
6.您上飞机前吃早餐了吗?
7.咱们在哈尔滨玩几天?
8.听说哈尔滨的冬天特别冷?
9.你知道怎么取钱吗?

10.ATM机可以做什么？

（二）听对话，选择正确答案。

1. 黄小月：青木，我们寒假一起去上海玩儿吧？
   青木：好的。我还没有去过上海呢。听说上海的冬天不太冷。
   黄小月：那也比我们这儿冷多了，需要穿羽绒服。
   青木：啊？我还以为只需要穿一件毛衣呢。
   问：青木觉得需要穿什么？
2. 陈博文：天气预报说北京最近要下雪。
   杨天爱：气温大概多少度？
   陈博文：最低气温2度，比我们这儿冷多了。
   杨天爱：可不是吗。厦门今天18度。
   问：厦门今天多少度？
3. 林美玉：子龙，咱们去买衣服吧？
   刘子龙：好的。天气热了，我想买几件短袖。
   林美玉：我也要去买短裤，天爱想去买裙子。
   刘子龙：那我们下午一起去商场买衣服吧。
   问：天爱要买什么？
4. 刘子龙：我们七月中旬出发吧，先看看哪天的机票比较便宜？
   林美玉：七月中旬的票都比较贵，只有7月底的票比较便宜。
   刘子龙：那就买张七月底的票吧。
   林美玉：好的，我订完了。
   问：他们可能什么时间出发？
5. 林美玉：我们在网上看看酒店吧。
   刘子龙：好呀美玉。你看这家怎么样？
   林美玉：这家看照片还不错，但是评价不太好。我们再换一家吧。
   刘子龙：那就这一家吧，这家的照片和评价都很好。
   问：美玉觉得第一家酒店怎么样？
6. 李志强：咱们几号到哈尔滨？我要提前预订酒店。
   韩福瑞：咱们23号到。
   李志强：咱们在哈尔滨玩几天？
   韩福瑞：3天。

问：他们订的酒店什么时候入住？什么时候退房？

7. 李志强：老师，我觉得不舒服，肚子有点儿疼？

许老师：志强，你中午吃什么了？

李志强：我在食堂吃完饭又吃了一个冰激凌。

许老师：你是吃坏肚子了，我陪你去医院看医生吧。

问：志强怎么了？

8. 黄小月：天爱，你吃早饭了吗？

杨天爱：我早上起晚了，没来得及吃。

黄小月：我这里还有两个包子，给你吃吧。

杨天爱：谢谢你，小月。还是你吃吧。我带了面包。

问：天爱吃早饭了吗？

9. 医生：你怎么了？

阮氏英华：我头疼，感觉很冷，昨天晚上下雨了，我出门没有带伞，今天有点感冒了。

医生：发烧吗？

阮氏英华：不知道，我没有量体温。

问：她为什么感冒了？

10. 韩福瑞：你用过ATM机吗？

黄小月：用过。ATM机很方便，可以存钱、取钱和转账。

韩福瑞：那你教教我怎么用吧。

黄小月：我们去找台ATM机，我教你。

问：ATM机不能做什么？

11. 医生：记得要按时吃药，一天两次，早晚各一次，一次两片，饭前吃。

林美玉：好的。请问在哪儿拿药？

医生：在三楼的药房拿药。

林美玉：谢谢医生！

问：医生开的药什么时候吃？

12. 林美玉：子龙，教教我怎么用ATM机吧？

刘子龙：先把银行卡插入插卡口，然后输入密码，再根据提示操作就行。

林美玉：中国银行的银行卡，可以在这里取钱吗？

刘子龙：可以。

问：使用ATM机先要做什么？

五、听说练习。

（一）听录音，用给出的词回答问题。

1.听说泰国的天气特别热？

2.气温大概多少度？

3.我们还要买什么呢？

4.我们什么时候出发？

5.这家酒店怎么样？

6.你早上吃饭了吗？

7.看医生之前要做什么？

8.这种药怎么吃？

9.ATM机可以做什么？

10.怎么取钱？

（二）听录音，回答下列问题。

阮氏英华：美玉，我们寒假一起去上海玩吧。

林美玉：好的。我还没有去过上海呢。听说上海的冬天不太冷。

阮氏英华：是的，但是比厦门冷。天气预报说上海最近要下雪。

林美玉：气温大概多少度？

阮氏英华：最低气温2度。

林美玉：我上次去哈尔滨的时候买了羽绒服和雪地靴，我把帽子、围巾和手套戴上就不冷了。

阮氏英华：我们什么时候出发？

林美玉：一月中旬吧，先看看哪天的机票比较便宜。

阮氏英华：1月18号最便宜，一张800元。

林美玉：那就买1月18号的机票，顺便把酒店也订了吧。

阮氏英华：这家怎么样？房间照片很好看。

美玉：这家评价不太好，我们再换一家。

阮氏英华：你看这家，评价和房间照片都不错，住一晚只要150块钱，我们订个双人间，一个人不到100块！
林美玉：好，就订这家吧。咱们在上海玩儿几天？
阮氏英华：3天，可以吗？
林美玉：可以，我们18号入住，20号退房。然后我们还可以去杭州玩儿两天。

作业 Homework

听力作业

一、听录音并跟读。

1.我已经有两件毛衣了，再买一件羽绒服和一双雪地靴就可以了。我们还得买帽子、围巾和手套。

2.ATM机真方便，可以查询余额、存钱和转账。取钱的时候，先把银行卡插入插卡口，然后选择语言，再根据提示操作就行。

二、听对话，选择正确答案。

李志强：青木，我们十一“黄金周”一起去广州玩儿吧！
青木：好的。我还没有去过那儿呢。听说广州这几天有点儿冷？
李志强：是的，跟我们这儿差不多。天气预报说广州最近要下雨。
青木：气温大概多少度？
李志强：最低气温16度。
青木：我买了长袖和长裤，再买个外套穿上就不冷了。
李志强：我们什么时候出发？
青木：先看看哪天的机票比较便宜。
李志强：10月4号最便宜，一张500元。
青木：那就买10月4号的机票，顺便把酒店也订了吧。
李志强：这家怎么样？评价还不错。

青木：我不喜欢这家的房间，我们再换一家。

李志强：你再看这家，房间照片挺好的。

青木：这家的评价不太好。

李志强：这家呢？评价和房间照片都很好，而且很便宜，住一晚只要168块钱，我们订个双人间，一个人不到100块！

青木：好，就订这家吧。咱们在广州玩儿几天？

李志强：2天，可以吗？

青木：可以，我们4号入住，6号退房。然后我们还可以去深圳玩儿两天再回学校。

三、判断对错。

听说海南的夏天特别热。为了去海南旅游，我和小月特地买了几件短袖。在飞机上，我有点儿晕机，空姐给我送了一份早餐。下飞机后，我们先去提前预订的酒店，然后去亚龙湾森林公园。我们在三亚买了很多东西，现金花完了，就找了一台ATM机取钱。ATM机真方便，可以存钱、取钱和转账。取钱的时候，先把银行卡插入插卡口，然后选择语言，再根据提示操作就行。

第19课 我想去一家中泰合资的公司当秘书

wǒ xiǎng qù yì jiā zhōng tài hé zī de gōng sī dāng mì shū

I want to work as a secretary in a Sino-Thai joint venture

◗ 练习 Exercises

听力练习

一、听句子，选择合适的问题。

1. 我想去中泰合资的公司当秘书。
2. 要有你的工作经历、教育背景、办公技能、汉语水平等信息。
3. 只要多听多说就能学好汉语。
4. 听说这几年中国的经济发展得不错，有很多工作机会，工资也挺高的。
5. 我觉得在中国生活挺方便的。可以用手机逛淘宝、点外卖，出门也不用带现金，刷支付宝就可以了。
6. 现在泰国和中国在很多方面都有合作，关系越来越好。
7. 我哥哥工作的公司是中泰合资的，做进出口贸易。
8. 没问题，我可以帮你修改。
9. 我挺好的，还在以前的大学教汉语。
10. 我的朋友是汉语老师，他应该能帮得上忙。

二、听句子，选择合适的回答。

1. 你在中国生活得怎么样？
2. 为什么你打算去中国找工作？
3. 为什么你的汉语进步这么大？

4. 我去年去中国了，在那儿学了半年汉语。
5. 你想去中国找一份什么样的工作？
6. 我的儿子病得厉害，你能帮帮我吗？
7. 简历中需要什么内容？
8. 你能帮我问问他关于工作的事吗？
9. 赵老师家里有些急事，已经迟到三十分钟了。
10. 青木考试考了100分，这是他第一次得到满分。

三、听下列对话，选择正确答案。

（一）

杨天爱：好久不见，李老师，最近怎么样？

李老师：好久不见，天爱，我挺好的，还和以前一样，在大学里教汉语。你呢？

杨天爱：我今年三月去中国了，在那儿学了一个学期的汉语。

李老师：真的吗？怪不得你的汉语进步这么大。

杨天爱：哪里，哪里。在中国，朋友们都和我说汉语，说得多了就有进步。

李老师：对，只要多说多练就能学好汉语。你在中国过得怎么样？

杨天爱：还不错，在中国生活非常方便。可以用手机点外卖、逛淘宝，出门也不用带现金，刷支付宝就可以了。

李老师：是啊，我也很怀念一天收六个快递的日子。

杨天爱：哈哈，看来老师也喜欢逛淘宝啊！

1. 李老师以前做什么工作？
2. 天爱今年三月做了什么？
3. 为什么李老师怀念收快递的日子？

（二）

李志强：天爱，我打算去中国找工作。

杨天爱：是吗？

李志强：是的。因为这几年中国的经济发展得很好，工作机会很多，工资也很高。

杨天爱：没错，志强。而且老挝和中国关系越来越好，合作也越来越多了。

李志强：所以，我准备去中国，找一家中老合资公司当秘书。

杨天爱：我姐姐工作的公司就是中老合资的，做进出口贸易。我觉得，她应该帮得上忙！

李志强：太好了，那你可以帮我问一下她吗？

杨天爱：没问题，你等我消息。

李志强：真的太感谢你了！

4.哪个不是志强打算去中国找工作的原因？

5.志强想去什么公司？

6.谁应该能帮得上志强的忙？

（三）

李志强：你好，我是李志强，是天爱的朋友。

杨天爱的姐姐：你好，天爱跟我说，你打算来中国找工作？

李志强：是的。听说您在中老合资的进出口公司工作，您可以帮我介绍一下吗？

杨天爱的姐姐：你可以先去招聘会，也可以上网找招聘信息。

李志强：我在网上找了一下招聘信息，没有找到合适的公司。

杨天爱的姐姐：那你可以带上中文简历，去招聘会。

李志强：简历中要有哪些内容呢？

杨天爱的姐姐：一定要有你的工作经历、汉语水平、办公技能等信息。

李志强：好的。我先做一份简历，做完了可以麻烦您帮忙修改一下吗？

杨天爱的姐姐：当然可以！

7.志强为什么要上网？

8.天爱的姐姐为什么让志强去招聘会？

9.简历中不需要什么内容？

（四）

刘子龙：小月，你看到林美玉的朋友圈了吗？田园园也准备来中国工作了。

黄小月：看到了，田园园的汉语很好，我相信她可以找到一份不错的工作。

刘子龙：我觉得来中国工作，汉语水平是最重要的，只有多说多练才能提高汉语水平。

黄小月：我也这样觉得，中国和许多国家在很多方面都有合作，以后会有越来越多人来中国工作。

刘子龙：到那个时候，大家都会发现，在中国生活有多么方便，出门不需要带现金，刷微信或者支付宝就可以了。

黄小月：还可以用手机逛淘宝，在家点外卖，不用出门就可以收到快递。

刘子龙：我好像知道田园园为什么喜欢中国了。

黄小月：哈哈，这都是因为中国快速发展的经济呀！

10.怎样才能提高汉语水平？

11.在中国工作，什么最重要？

12.为什么他们觉得以后会有越来越多人来中国工作？

四、听短文，完成问题。

（一）

青木：好久不见，小月。最近怎么样？

黄小月：好久不见，青木。我最近很忙。

青木：怎么了？你看起来很累。

黄小月：我最近在找工作，我想找一家中泰合资公司当秘书。

青木：怎么样？工作机会多吗？

黄小月：挺多的，听说最近有好几场招聘会，我想去试试看。

青木：你准备得怎么样了？

黄小月：我中文不太好，所以我找了一个中国朋友帮我修改简历。你呢？

青木：我最近也打算找工作。刚刚找老师帮我看了一下简历。

黄小月：老师怎么说？

青木：老师帮我修改了一些内容，他说简历中要有工作经历、教育背景、办公技能、汉语水平等信息。

黄小月：嗯嗯，我的朋友也这么说。我四点要去他家找他帮我修改简历。

青木：不用担心，你的中文水平这么高，一定没问题的。

黄小月：我在网上找了一些招聘信息。今天下午就有一场招聘会，你要去吗？

青木：我想去试试看。

黄小月：祝你好运。

2. 再听一遍录音，选择正确答案。

（1）青木和小月最有可能是什么关系？

（2）青木找谁帮忙修改简历了？

（3）他们说完话以后，小月最有可能去哪里？

（二）

1. 判断对错。

最近几年，中国的经济发展得越来越快，生活也越来越方便。在中国可以用淘宝买东西，用支付宝付钱，出门只要带手机就可以了。越来越多的国家开始跟中国合作，很多外国人也想来中国找工作，因为中国有很多工作机会，工资也挺高的。我的朋友王小丽打算来中国工作，她想找一家中菲合资的公司当秘书。她的汉语水平很高，办公技能也很好，所以她在中国找工作一定没问题。来中国需要办签证，到期了要续签。我的签证快到期了，但明天是星期六，周末出入境管理局不上班，所以我准备下周再去续签。以后我也想留在中国工作，所以我要努力学习汉语！

2. 再听一遍录音，选择正确答案。

（1）为什么很多外国人想来中国找工作？

（2）她的签证到期了，要去哪儿续签？

（3）她打算什么时候去续签？

作业 Homework

听力作业

一、听录音填空并跟读。

1. 我们现在学习的机会很多。
2. 为了找工作，我需要准备一份中文简历。
3. 回国半年了，我很怀念中国的生活。
4. 陈博文想去中泰合资公司工作。
5. 林美玉和田园园关系很好。
6. 林美玉的哥哥今天要收很多快递。
7. 韩福瑞想去进出口贸易公司当秘书。
8. 中国这几年发展很快。
9. 明天有一场招聘会，我想去试一试。
10. 今天中午，我点了一份喜欢的外卖。

二、听对话，选择正确答案。

（一）

刘子龙：小月，听说你的哥哥在中菲合资公司工作，您能不能帮我介绍一下？

黄小月：不好意思，子龙，他是一名医生，他帮不上忙。

刘子龙：看来我要自己想办法了。

黄小月：你可以先准备一份简历，要有你的工作经历、教育背景、汉语水平，我可以帮你修改。

1. 小月要怎样帮助子龙？
2. 简历中需要什么内容？

（二）

许老师：英华，你的汉语进步真大。

阮氏英华：谢谢，许老师。我去中国生活了一年，和大家都说汉语。

许老师：在中国生活习惯吗？

阮氏英华：我很习惯，有淘宝和支付宝，我觉得生活很方便。

3. 为什么英华汉语进步这么大？

4. 为什么英华觉得在中国生活很方便？

（三）

韩福瑞：美玉，帮我告诉大家，赵老师今天不能来上课了。

林美玉：福瑞，他怎么了？

韩福瑞：他的妈妈生病了，他昨天一直在医院。

林美玉：怪不得最近他总是不太开心。

5. 赵老师因为去哪儿不能来上课？

6. 为什么赵老师最近总是不太开心？

（四）

刘子龙：园园，今天的招聘会怎么样，你找到工作了吗？

田园园：招聘很顺利，我找到了一份秘书的工作。

刘子龙：太好了！看来只要努力，就会得到好结果。

田园园：谢谢你，子龙。如果没有你帮我修改简历，我就找不到这份工作。

7. 田园园找到了一份什么工作？

8. 田园园为什么感谢子龙？

三、判断对错。

我的妹妹美玉在中国学习一年以后，汉语进步非常大。在跟我聊天的时候，她总说中国的淘宝、支付宝让她觉得生活非常方便。最近这几年，中国和泰国在很多方面都有合作，关系越来越好。美玉的朋友田园园也想来中国工作。我告诉她，她的简历还需要修改，我会帮她修改简历。她也要努力提高自己的汉语水平，只要多说多练，汉语水平就能提高，也会有更多的工作机会。希望她能找到一个好工作。

nín de qiānzhèngkuài guò qī le

第20课　您的签证快过期了

Your visa is about to expire

练习 Exercises

听力练习

一、听句子，选择合适的问题。

1. 去年9月。
2. 没有，只有衣物、日用品和笔记本电脑。
3. 别担心，我们只是例行检查。
4. 好啊，说走就走。
5. 看到了，我正想问你呢。
6. 要准备护照和住宿登记。
7. 哦，对了，别忘了问取护照的时间。
8. 先取号，再排队，然后把所有资料交给工作人员。
9. 签证过期会罚款的，一天五百块。
10. 1个小时左右就办完了。

二、听句子，选择合适的回答。

1. 行李里有要申报的东西吗？
2. 为什么要检查我的行李？
3. 要一起去找老师拿续签的材料吗？
4. 还要什么材料吗？
5. 你们的材料准备好了吗？

6.多长时间能办完？
7.签证过期会怎么样？
8.办理续签要注意什么？
9.怎么办理续签？
10.你知道去哪儿办续签吗？

三、听对话，选择正确答案。

（一）

工作人员：先生，晚上好！请出示您的护照。
青木：没问题，给你。
工作人员：青木先生，您好。你上次来中国是什么时候呢？
青木：今年二月。
工作人员：行李箱里有什么？
青木：有衣物、日用品和笔记本电脑。
工作人员：先生，请打开行李箱接受检查。
青木：为什么要查我的行李，我不是“代购”。
工作人员：别担心，我们只是例行检查。谢谢您的配合。哦，对了，您的签证快到期了，请尽快续签。
青木：好的，谢谢提醒。
1.青木过海关的时候可能是几点？
2.工作人员为什么要检查青木的行李？
3.青木最近可能要去哪儿？

（二）

李志强：青木，你看到老师的微信通知了吗？老师让签证快到期的学生去续签。
青木：是吗？志强。我没看到。我的签证要续签了。
李志强：我也是，那我们一起去找老师拿续签的材料吧！
……
青木：老师好！我们来找你拿续签的材料。
老师：你们好！先填一下这几张表格。

青木：好的老师。还要什么材料吗？
老师：还要住宿登记和护照。
李志强：太麻烦了，我都不想办了。
青木：签证过期会罚款的，一天五百，我上次就被罚了1500元。
4. 谁的签证不用续签？
5. 续签不要什么材料？
6. 上次青木的签证过期了几天？

（三）

李志强：青木，明天咱们一起去续签吧。
青木：好的，志强。但是我不知道去哪儿办。
李志强：小月已经办好了，我打电话问问她。
……
李志强：小月，我和青木准备去办续签，但不知道去哪儿办。
黄小月：出入境管理局可以办续签。你们先坐地铁1号线，到中山公园站，出站后往前走，银行的右边就是出入境管理局。
李志强：怎么办理续签呢？
黄小月：要先取号，然后排队，到你们的时候，把材料和签证费交给工作人员就行了。
李志强：好的，谢谢你，小月！
7. 谁知道去哪儿续签？
8. 出入境管理局在哪儿？
9. 在出入境管理局，不用做什么？

（四）

韩福瑞：李志强和青木都去办理续签了，小月，你什么时候去？
杨天爱：我开学就去办了，我怕罚款。
韩福瑞：罚款？
杨天爱：我上次签证过期没有及时续签，被罚了1000元。
韩福瑞：那我下午就去续签。要准备什么材料吗？
杨天爱：要带住宿登记和护照。哦，对了，福瑞，周末不能办理续签，你明天再去吧。
韩福瑞：办续签大概要多长时间？

杨天爱：一个小时左右，人多的时候可能要等两个小时。
韩福瑞：好的，谢谢你！
10.谁还没有续签？
11.今天星期几？
12.人多的时候，续签大概要多长时间？

四、听短文，完成问题。

（一）

刘子龙：美玉，你今天下午有空吗？
林美玉：我下午有空，怎么了，子龙？
刘子龙：要不要一起去出入境管理局？
林美玉：嗯？去那儿做什么？
刘子龙：我们的签证都快过期了，学院通知说让我们去办续签。
林美玉：需要准备什么材料吗？
刘子龙：听小月说，要去找老师领续签的材料。
林美玉：需要带护照吗？
刘子龙：需要带护照，还有住宿证明和申请表。
林美玉：好像很麻烦，可以不去吗？
刘子龙：不行，老师说签证过期可不是闹着玩儿的，会罚款的。
林美玉：好吧，那我们什么时候去？
刘子龙：我打算下午两点半去找老师，可以吗？
林美玉：好啊。我们坐地铁去吗？
刘子龙：对。坐地铁1号线，到中山公园站，从C出口出站，再往前走300米就到了。
林美玉：好，下午见。
2.再听一遍录音，选择正确答案。
（1）美玉和子龙最有可能是什么关系？
（2）现在可能是几点？
（3）他们要从哪个出口出站？

（二）

刘子龙坐飞机回中国，下飞机以后过海关，工作人员告诉他，他的签证快过期了，要及时续签。刘子龙和韩福瑞一起去找老师拿续签的材料，老师让他们先填三张表格，还要准备护照和住宿登记。韩福瑞觉得很麻烦，不想办了。老师告诉他们，签证过期可不是闹着玩儿的，会罚款，一天罚五百！他觉得太贵了，所以他要去续签。他们问黄小月应该怎么办续签。小月告诉他们到出入境管理局，要先取号，然后排队，到他们的时候，把材料交给工作人员，交签证费就行了。大概1个小时就能办完，还要问取护照的时间。

2. 再听一遍录音，选择正确答案。

（1）韩福瑞找谁拿续签的材料？

（2）签证过期一天罚多少钱？

（3）到出入境管理局要先做什么？

作业 Homework

听力作业

一、听录音填空并跟读。

1. 我从泰国来中国上学，下飞机之后要过海关。
2. 明天你有时间陪我去出入境管理局办续签吗？
3. 青木告诉我，办续签要先取号，再排队。
4. 林美玉的签证快要过期了。
5. 工作人员要打开箱子例行检查。
6. 黄小月有一些行李要申报。
7. 你好，请出示你的护照。
8. 我们要坐地铁1号线去中山公园站。
9. 我已经准备好续签的材料了。
10. 我们去找老师帮忙，老师让我们填了三张表格。

二、听对话，选择正确答案。

（一）

工作人员：您好，请打开行李箱接受例行检查。

林美玉：好的，你看吧。

工作人员：没有问题，谢谢您的配合，对了，林美玉女士，您的签证快过期了，请及时续签。

林美玉：啊，是吗？谢谢提醒。

1.为什么工作人员要打开美玉的行李箱？

2.签证快到期了，怎么办？

（二）

韩福瑞：小月，续签需要什么材料？

黄小月：要准备护照和住宿登记。

韩福瑞：真麻烦，我都不想办了。

黄小月：那可不行，福瑞，签证过期会罚款的，一天罚五百！

3.续签要什么材料？

4.签证过期了会怎么样？

（三）

刘子龙：明天我们一起去续签吧。

林美玉：好啊，你知道怎么去出入境管理局吗？

刘子龙：当然，先坐地铁一号线，到中山公园站，再往前走500米就到了。

林美玉：太好了，明天下午四点，学校门口，不见不散。

5.怎么去出入境管理局？

6.他们明天什么时候见面？

（四）

刘子龙：小月，办签证要注意什么呢？

黄小月：把所有的材料交给工作人员，交签证费就行了。

刘子龙：多久能取护照呢？

黄小月：1个小时左右就办好了。但取护照的时间不一定。办完后记得问一问。

7.办签证要注意什么？
8.多久能取护照呢？

三、判断对错。

上个月我的签证快过期的时候，我去出入境管理局办续签。出入境管理局离学校有点儿远。先坐地铁1号线到中山公园站，从A出口出站，然后再往前走500米。到了出入境管理局，要先取号，然后排队，到我的时候，把材料交给工作人员，再交签证费就行了。一个星期后，我拿到了签证。韩福瑞和刘子龙还没有办续签，我告诉了他们，签证过期可不是闹着玩儿的，一定要及时续签，不然会被罚款。希望他们能早点儿拿到签证。

第21课 我面试成功了

wǒ miàn shì chénggōng le

I aced my job interview

练习 Exercises

听力练习

一、听句子，选择合适的问题。

1. 差不多，所以新学期要好好学汉语。
2. 还没有呢，谢谢你上次帮我改简历。
3. 这个工作对汉语的要求比较高，因为要翻译一些文件，HSK要达到六级。
4. 因为我很喜欢中国，还有中国的经济发展得很好。
5. 首先我是个很细心的人，我工作很有条理；其次，我的汉语水平不错，听、说、读、写都没问题。
6. 我想积累些工作经验，工资够用就行。
7. 没问题，加班也没问题。
8. 不会的，你汉语这么好，又有工作经验，一定没问题。
9. 你已经被我公司录用，岗位是办公室秘书。
10. 我面试成功了！

二、听句子，选择合适的回答。

1. 你的汉语怎么样？
2. 你学什么的？
3. 她想做什么工作？

4. 秘书需要做哪些工作？
5. 您为什么想做秘书？
6. 有时候工作忙，需要加班可以吗？
7. 她下周一去公司做什么？
8. 你面试怎么样了？
9. 你去公司要带什么？
10. 当田园园紧张时，面试官让田园园做什么？

三、听对话，选择正确答案。

（一）

杨天爱：哥，最近忙吗？

哥哥：不太忙。你假期过得怎么样？天爱，放假回来，汉语是不是快忘光了！

杨天爱：哈哈，差不多！介绍一下，这就是我的朋友王小丽。

哥哥：你好，王小丽。听天爱说你在找工作，找到合适的工作了吗？

王小丽：您好。还没有。谢谢您上次帮我改简历。

哥哥：小事儿！对了，你是不是想找个秘书的工作？

王小丽：对，我是管理专业的，想找个秘书的工作。

哥哥：真是太巧了，我们公司就需要一个秘书！这个工作对汉语的要求比较高，HSK要达到六级。

王小丽：太好了，我HSK已经通过六级了，一般的听、说我都没有问题。

哥哥：那太好了！你下周一上午9点带上简历来我们公司面试吧。

1. 王小丽找到合适的工作了吗？
2. 王小丽为什么想找个秘书的工作？
3. 王小丽什么时间去面试？

（二）

王小丽：早上好！

面试官：你好。请先介绍一下你自己。

王小丽：我叫王小丽，是泰国人。我2016年从朱拉隆功大学行政管理专业毕业。我想来贵公司应聘秘书。

面试官：为什么你觉得自己适合做秘书的工作？

王小丽：首先，我以前在泰国做过秘书工作。其次，我的汉语水平很好，听说能力很强。

面试官：上班地点在湖里区，早上八点上班，下午七点下班，工资6000块左右，你觉得可以吗？

王小丽：没问题。工资够用就可以。

面试官：有时候工作忙，需要加班可以吗？

王小丽：可以，我愿意为工作加班。

4. 王小丽为什么觉得自己适合这份工作？

5. 王小丽觉得工资6000块可以吗？

6. 王小丽认为加班可以吗？

（三）

王小丽：天爱，公司还没给我打电话。他们是不是没看上我啊？

杨天爱：不会的，你汉语通过了HSK6级，在泰国又做过秘书工作，一定没问题。

（手机铃声）

王小丽：喂，您好

工作人员：您好，请问是王小丽吗？

王小丽：我是王小丽，请问您是哪位？

工作人员：王小丽你好，这里是XX（某某）公司。打电话是想通知你，你已经被我公司录用了，岗位是办公室助理。

王小丽：真的？太感谢您了！

工作人员：恭喜你。请你下周一早上九点来公司14楼人事处报到。

王小丽：好的好的，我记住了。我一定准时到。

……

王小丽：啊！天爱，我面试成功了！今晚我请客！

杨天爱：真为你高兴！晚上我可得多吃点！

7. 王小丽为什么能够被公司录用？

8. 王小丽的工作是什么？

9. 王小丽下周一要去哪儿报道？

（四）

刘子龙：小月，你看到林美玉的朋友圈了吗？她说田园园已经找到了一份工作！

黄小月：我看到了！她找到了一份办公室秘书的工作。

刘子龙：朋友圈上还说，田园园要去湖里区上班。

黄小月：是的。湖里区风景很好，生活很方便。

刘子龙：真为她高兴。

黄小月：听说她面试的时候很紧张，我第一次参加面试时，也很紧张。

刘子龙：那你最后面试成功了吗？

黄小月：成功了，因为我的面试官告诉我"别着急，慢慢来"。

刘子龙：那真是太好了。

10. 田园园要去哪儿上班？

11. 湖里区怎么样？

12. 黄小月第一次面试怎么样？

四、听短文，完成问题。

（一）

陈博文：园园，好久不见，听说你在找工作，找到合适的工作了吗？

田园园：你好，博文，好久不见。虽然我已经找了几个工作了，但是都不合适。

陈博文：为什么呢？你以前在泰国做过秘书工作，汉语水平又好，HSK也通过了六级，应该很容易找到合适的工作呀。

田园园：因为有的工作要求太高了，有的公司地点太远了，有的工作面试不太顺利。

陈博文：真是无巧不成书，我们公司正好需要一个秘书，你愿意来面试吗？

田园园：真的吗？我愿意去面试。

陈博文：太好了，希望你面试顺利。

田园园：你们公司在哪里啊？

陈博文：我们公司在湖里区，那里交通很方便。
田园园：嗯嗯，那我去面试的话，需要带什么东西呢？
陈博文：带上你的简历和护照就可以了。你下周一早上9点到人事部面试，可以吗？
田园园：好的，真的是太感谢你了。

2. 再听一遍录音，选择正确答案。

（1）田园园和陈博文可能是什么关系？
（2）田园园周一可能去做什么？
（3）田园园为什么没找到合适的工作？

（二）

我是王小丽，我是泰国人。我很喜欢中国，来中国之后，我一直想在这里找一份秘书的工作。上周，杨天爱的哥哥告诉我，他们公司正好需要一个秘书，让我去面试。虽然我以前在泰国做过秘书，但在中国参加面试，我担心自己的中文水平不够，所以很紧张。天爱让我不要担心，慢慢来，她觉得我一定没问题。昨天我去她哥哥的公司面试，开始的时候我很紧张，但是我想起了天爱的话，慢慢说，就不紧张了。今天上午，公司人事处给我打电话，告诉我我被录用了，我真是太高兴了！公司在湖里区，工作时间是早九点到晚七点。下周我就可以开始工作了，我一定要努力工作。

2. 再听一遍录音，选择正确答案。

（1）王小丽面试前为什么紧张？
（2）王小丽面试通过了吗？
（3）王小丽什么时候去上班？

作业 Homework

听力作业

一、听录音填空并跟读。

1. 谢谢你上次帮我改简历。
2. 真是无巧不成书，我们公司正好需要一个秘书！

3. 我想来贵公司应聘秘书。
4. 你的汉语水平怎么样?
5. 我想积累些工作经验，工资够用就行。
6. 如果有时候工作需要加班，有问题吗?
7. 你汉语这么好，又有工作经验，一定没问题。
8. 好的好的，我一定准时到。
9. 美玉，我面试成功了!
10. 面试官让我别紧张，慢慢来。

二、听对话，选择正确答案。

（一）

韩福瑞：园园，听说你在找工作，找到合适的工作了吗?
田园园：还没有呢。我已经找了几个工作了，都不合适。
韩福瑞：对了，你是不是想找一个秘书的工作?
田园园：是的。因为我之前在泰国做过秘书工作。
1. 田园园找到工作了吗?
2. 田园园为什么想找一个秘书的工作?

（二）

面试官：你好田园园，你的汉语水平怎么样?
田园园：我通过了HSK6级。
面试官：说说你为什么适合这份工作?
田园园：首先，我是个很细心的人，我工作很有条理。其次，我的汉语水平不错，听、说、读、写都没问题。我的英语也还可以。我的专业是管理，有做秘书的实习经验。
3. 田园园的汉语水平怎么样?
4. 为什么田园园适合这份工作?

（三）

公司职员：田园园，打电话是通知你，你可以来公司上班了。
田园园：谢谢您。请问我需要带什么吗?
公司职员：请带上你的电脑和简历。下周一早上9点到人事部报到。

田园园：好的。

5.田园园需要带什么去公司？

6.田园园什么时间去人事部门报到？

（四）

青木：啊！美玉，我被录用了！我还以为这家公司看不上我呢。

林美玉：恭喜你青木！我就知道你肯定没问题，你第一次参加汉语面试，太紧张了。

青木：真是太开心了。今晚我请客。你说我们去哪儿吃？

林美玉：去湖里区吧？那儿风景又好，好吃的又多，交通还方便。

7.青木为什么担心自己不能被录用？

8.为什么美玉想去湖里区吃饭？

三、判断对错。

我妹妹美玉的朋友田园园大学毕业了，但一直没有找到合适的工作。我们聊天的时候，她告诉我她最近看了很多工作，但是都不太合适。我们公司正好需要一个秘书，所以我给她介绍了一份秘书的工作。我觉得田园园很适合这份工作，因为她是管理专业的，以前在泰国也当过秘书，汉语水平很不错，HSK通过了6级。听美玉说，面试开始的时候，田园园有点儿紧张，但是她还是通过了面试。我真为她感到高兴。

第22课 我在中国当秘书

wǒ zài zhōng guó dāng mì shū

I work as a secretary in China

练习 Exercises

听力练习

一、听句子，选择合适的问题。

1. 哪里哪里，还差得远呢！
2. 下午三点，有一个会议，晚上还安排了晚宴。
3. 没问题，给您安排在“西湖厅”吧。
4. 下午5点半到。
5. 您可以选择我们酒店的海鲜套餐，很不错。
6. 没问题，包在我们身上，我们店不仅饭菜好，而且环境也好，您放心吧。
7. 翻译文件、通知会议、接待客户。
8. 谢谢，那我就恭敬不如从命了。
9. 就是帮助领导安排日常工作。
10. 8个人。

二、听句子，选择合适的回答。

1. 你的主要工作是什么？
2. 能推荐一下特色菜吗？
3. 请问能预定今天晚上的包厢吗？
4. 请问你们几点到？
5. 菜单能先发给我看看吗？

6. 小田，今天有什么安排吗？
7. 这家店的佛跳墙味道怎么样？
8. 天爱，你汉语说得真好！
9. 小田，晚宴安排好了吗？
10. 跟马经理的合作愉快吗？

三、听对话，选择正确答案。

（一）

经理：园园，这是你的办公电脑。

田园园：好的，谢谢，请问我的主要工作是什么？

经理：秘书的工作很简单，比如收发文件、通知会议、接待客户等。

田园园：简单来说，就是帮助领导安排日常工作，对吧？

经理：对，你是年轻人，很快就能熟悉工作环境了。有不明白的地方，随时来问我。

田园园：好的。我一定尽快熟悉工作环境。

经理：哦，对了，上班和下班的时候别忘了刷卡。

1. 园园的主要工作内容是什么？
2. 园园做什么工作？
3. 园园上班和下班的时候需要做什么？

（二）

田园园：李经理您好，我是新来的秘书，我叫田园园，您可以叫我小田。

李经理：小田，你好。你是泰国人吧？汉语说得不错啊！

田园园：哪里哪里，还差得远呢！今后还请您多多指教。

李经理：今天有什么安排吗？

田园园：今天下午3点在1101会议室有一个会议，晚上还安排了晚宴。

李经理：知道了，你去预定晚宴的包厢吧。

田园园：好的，我这就去。

4. 田园园的汉语怎么样？
5. 下午三点在哪个会议室有个会议？
6. 今天有什么安排？

（三）

田园园：你好，是XX酒店吗？能预定今天晚上的包厢吗？

酒店前台：请问你们有多少人？

田园园：10个人。

酒店前台：没问题，那就安排在“厦门厅”吧，这个包厢的环境比较好。请问你们几点到？

田园园：大概下午5点半到。

酒店前台：现在点菜吗？

田园园：可以，菜单能先发给我吗？

酒店前台：好的，您的微信号是多少？我加您微信。

田园园：这个手机号就是微信号。

酒店前台：好的，发给您了。您可以看看我们的特色菜，我们有川菜、海鲜还有泰国菜。川菜又香又辣，海鲜又新鲜又好吃，泰国菜又酸又辣。我们还有999元的套餐，如果喜欢海鲜可以选这个套餐。

田园园：谢谢你，我先看看。

7.预定的包厢可以坐几个人？

8.什么菜又新鲜又好吃？

9.酒店有什么菜？

（四）

马经理：李经理，您好，请坐主位吧。

李经理：那可不行，马经理，您是贵客，您坐主位。我坐您旁边。

马经理：李经理，咱们是老朋友，已经合作过两次了，那我就恭敬不如从命了。

李经理：来，让我们热烈欢迎马经理的到来，祝我们合作愉快！

马经理：希望我们的生意能更上一层楼。

李经理：马经理您尝尝这家饭店的特色菜，佛跳墙。

马经理：托您的福，今天终于吃到地道的佛跳墙了。

李经理：别客气，我们都是一家人。来来来，为我们合作成功干杯。

10.谁坐主位？

11.这家饭店的特色菜是什么？

12. 这是马经理和李经理第几次合作？

四、听短文，完成问题。

（一）

朋友：园园，新工作怎么样？习惯吗？

田园园：挺好的，现在我已经很熟悉工作环境了。

朋友：你做什么工作？

田园园：我是秘书，主要工作是翻译文件、通知会议、接待客户。就是帮助领导安排日常工作。

朋友：这些工作都需要说汉语吧？那你汉语一定很好？

田园园：哪里哪里，工作中有不明白的地方，同事们都会帮助我。我们的客户都是泰国人，所以我在工作中也要说泰语。

朋友：你是泰国人，说泰语你没有问题。

田园园：昨天我接待了3个泰国客户，帮李经理准备了会议资料，还预定了晚宴包厢。

朋友：你可真忙啊！李经理对你的工作满意吗？

田园园：很满意，他说我预订的包厢不仅环境好，而且还很安静。

朋友：你喜欢你的工作吗？

田园园：我很喜欢。虽然在中国工作和在泰国工作不一样，但是我越来越习惯在中国工作，也越来越喜欢中国。

2. 再听一遍录音，选择正确答案 。

（1）田园园做什么工作？

（2）田园园不做什么工作？

（3）田园园预订的包厢怎么样？

（二）

我叫田园园，我是泰国人。我在中国工作已经一周了。上周一是我工作的第一天，领导把我介绍给同事们，他们很热情，也很好相处。我很快就熟悉了工作环境，我的主要工作是翻译文件、通知会议、接待客户什么的。上周三我接待了两位泰国客户，帮助李经理安排了会议，准备了会议材料，还预订了晚宴包厢。我打电话预订的包厢又大又安静。饭店给我推荐了几个地道的特色菜，但是我点了999块钱的海鲜套餐。李经理和客户们吃得很愉快，他们一起祝贺合作成功。李经理对我的工作很满意！我也越来越喜欢在中国工作了。

2. 再听一遍录音，选择正确答案。

（1）田园园上周一没做什么工作？

（2）上周三田园园没做什么工作？

（3）田园园在饭店点了什么菜？

作业 Homework

听力作业

一、听录音填空并跟读。

1. 我先带你熟悉一下工作环境。
2. 你的主要工作是帮助安排日常工作。
3. 今天是我第一天上班，请大家以后多多指教。
4. 我们酒店的特色菜是佛跳墙。
5. 我代表公司欢迎各位朋友。
6. 希望我们的生意能更上一层楼。
7. 我还没吃过地道的南方菜呢，托您的福，今天终于吃到了。
8. 在中国工作，上下班要刷卡。
9. 我给酒店打电话预订了一个包厢，点了海鲜套餐。
10. 我们一起为合作成功干杯。

二、听对话，选择正确答案。

经理：园园，我带你熟悉一下环境。这是打卡机，上班和下班的时候别忘了刷卡。

田园园：好的。

经理：你的主要工作是翻译文件、通知会议、接待客户等。就是帮助领导安排日常工作。有不明白的地方，随时来问我。

经理：好的，谢谢您。我一定尽快熟悉工作。

经理：你现在预定一下今天晚上的晚宴包厢吧。

经理：好的，包在我身上。

……

田园园：您好，我要预定一个8人的包厢。

酒店前台：没问题，那就安排在“西湖厅”吧，那个包厢环境好，而且也很安静。请问几点到？

田园园：下午5点半到。我们的客户都是南方人，不能吃辣，酒店有海鲜吗？

酒店前台：我们酒店的特色菜就是海鲜。您就放心吧。

1.田园园的主要工作是什么？

2.田园园订了几人间包厢？

3.他们几点到酒店？

4.田园园点了什么菜？

5.酒店的特色菜是什么？

三、判断对错。

我叫刘子龙，我是泰国人，我在中国工作一年了。中国的工作时间和泰国不一样。泰国上午8点30上班，下午4点30下班；中国上午9点上班，下午5点下班，但是常常加班。在中国，上下班都要刷卡；在泰国，上下班不用刷卡。我在一家公司做秘书，我的主要工作是翻译文件、通知会议、接待客户等。简单来说，就是帮助领导安排日常工作。今天上午九点半我接待了几个印尼客户，十点我给王经理准备了会议材料，下午我给酒店打电话预定了一个10个人的包厢，酒店给我推荐了几个特色菜，我又点了一个海鲜套餐。我今天晚上得加班，因为这是一个重要的晚宴。

第23课 这叫礼尚往来

zhè jiào lǐ shàngwǎng lái

This is called "one good turn deserves another"

练习 Exercises

听力练习

（一）听句子，选择合适的问题。

1. 我给你做拿手菜。
2. 好啊，我正愁没事儿干呢。
3. 我家就在咱们公司旁边的小区。
4. 我的人缘不错。
5. 快帮我挑礼物吧。
6. 当然，你真是太有心了。
7. 应该小口地喝，慢慢地回味。
8. 我昨天去同事家做客。
9. 我的同事非常热情。
10. 我吃了很多地道的闽南菜。

（二）听句子，选择合适的回答。

1. 去你家怎么走？
2. 我给同事送什么礼物？
3. 一共258块，您怎么支付？
4. 我要换鞋吗？
5. 你怎么带这么多东西？
6. 为什么去同事家做客要买礼物？
7. 中国茶有哪些？
8. 来尝尝福建最有名的铁观音吧！

9. 你喜欢喝什么茶？
10. 你知道怎么“品茶”吗？

三、听对话，选择正确答案。

（一）

陈博文：天爱，星期六来我家做客吧。

杨天爱：好啊，我正愁没事儿干呢。博文，你家怎么走？

陈博文：你从公司往西走500米，在第一个十字路口往北拐，再一直走5分钟就到我家了。

杨天爱：太好了，我从家里出发更方便。

陈博文：那你知道怎么坐车吗？

杨天爱：当然了，我从家门口坐地铁二号线，再转16路公交车就到了。

陈博文：好的。我家在3号楼2单元3208。

杨天爱：好，那星期六我就带上嘴巴去你家啦！

1. 从公司到博文家怎么走？
2. 天爱星期六要做什么？
3. 天爱怎么去博文家？

（二）

黄小月：天爱，你要买什么呀？

杨天爱：星期六朋友邀请我去他家吃饭。中国人讲究“礼尚往来”，我想买点礼物表示感谢。

黄小月：你的人缘真好，刚到中国就有朋友请你吃饭。你想买点什么呢？

杨天爱：我的朋友喜欢吃水果，买点水果吧。

黄小月：你可以买一点水果，再送一些菲律宾的特产。

杨天爱：好主意。

收银员：一共68块，您怎么支付？

杨天爱：我用现金支付。

4. 天爱为什么买礼物？
5. 天爱要送什么礼物？

6. 天爱怎么支付？

（三）

陈博文：天爱，快请进，不用换鞋。

杨天爱：好的好的。博文，你家真温馨！对了，我给你带了一些小礼物。

陈博文：怎么还带这么多东西？你太见外了。

杨天爱：俗话说“礼轻情意重”，谢谢你在学习的时候帮助我。

陈博文：你太有心了。

陈博文：随便坐，我去给你泡茶。这是福建最有名的铁观音。

杨天爱：我喜欢喝茶，老师告诉我“品茶”应该小口地喝，慢慢地回味。

陈博文：你知道不少喝茶的学问呢，真厉害！

杨天爱：“活到老，学到老”嘛！

陈博文：你送了我这么多礼物，我送你一盒茶叶吧。这叫“礼尚往来”。

7. 天爱为什么送礼物？

8. 怎么“品茶”？

9. 为什么博文送天爱一盒茶叶？

（四）

女：天爱说上周六她去朋友家做客了。

男：她买礼物了吗？

女：她买了水果，还带了一些菲律宾的特产。

男：她在朋友家做什么了？

女：天爱的朋友请她喝了铁观音，还送了她一盒茶叶。

男：我明天也去朋友家做客，买什么礼物呢？

女：你朋友喜欢什么？

男：我的朋友喜欢喝茶，但他只喝铁观音。

女：你可以送他一盒铁观音。

男：好主意。我还可以给他做地道的闽南菜，这是我的拿手菜。

女：祝你有一个愉快的周日！

10. 天爱上周六做什么？

11. 男的会给他朋友买什么礼物？

12. 男的的拿手菜是什么菜？

四、听短文，完成问题。

（一）

青木：园园，你周末有空吗？一起吃个饭怎么样？

田园园：不好意思，青木，周末同事邀请我去她家吃饭。

青木：不久前还听说，你在找工作，这么快就上班了？

田园园：是啊。我的同事非常热情，他们还请我喝茶。

青木：真的吗？中国茶真的很好喝，福建有名的铁观音闻着很香。

田园园：我不会品茶，我同事告诉我喝茶应该小口地喝，慢慢地品味。

青木：没想到喝茶还有不少学问，真是“活到老，学到老”！

田园园：是啊，她说周末要给我做她拿手的闽南菜。

青木：哇，你的同事真是太有心了。

田园园：是啊，所以我正愁给她带什么礼物呢！

青木：我陪你一起去中华城买礼物吧。

田园园：太好啦！我想给她买一点水果，再给她带一些泰国的特产，你觉得怎么样？

青木：我觉得很好，“礼轻情意重”嘛。

2. 再听一遍录音，选择正确答案。

（1）园园周末要去做什么？

（2）应该怎么品茶？

（3）园园要送什么礼物？

（二）

我朋友邀请我周六去他家做客。我从家出发，先坐地铁3号线，再转903路公交车到他住的小区。中国人讲究“礼尚往来”，所以我买了一点儿水果，还带了一些菲律宾特产。我的朋友非常热情，他请我喝福建最有名的铁观音，还送了我一盒茶叶。铁观音闻着很香，我特别喜欢。我朋友还告诉我喝茶应该小口地喝，慢慢品味。看来喝茶还有不少学问，真是“活到老，学到老”。他还给我做了地道的闽南菜，特别好吃。

2. 再听一遍录音，选择正确答案。

（1）她怎么去朋友家？

（2）她为什么买礼物？

（3）福建最有名的茶是什么？

作业 Homework

听力作业

一、听录音填空并跟读。

1. 我家附近有很多超市。
2. 田园园的人缘很好，有很多朋友。
3. 林美玉的拿手菜是冬阴功汤。
4. 陈博文先坐地铁再转公交车去中华城。
5. 小月做的泰国菜闻起来很香。
6. 林美玉给同学带了泰国特产。
7. 黄小月送给同学礼物，同学也送黄小月礼物，这叫礼尚往来。
8. 刘子龙正愁没事儿干呢。
9. 我朋友会做地道的闽南菜，听说很好吃。
10. 泡茶的学问真不少，我们应该活到老，学到老。

二、听对话，选择正确答案。

（一）

陈博文：英华，周六去我家吃饭怎么样？我给你做几个拿手菜。
阮氏英华：太好了，我正愁没地方去呢！听说你还会做地道的闽南菜？
陈博文：是啊。
阮氏英华：博文，你们厦门人很喜欢喝茶，你能教我怎么“品茶”吗？
陈博文：“品茶”很简单的，小口喝，慢慢回味就好啦。
阮氏英华：那我这周六就去你家“品茶”。

1. 博文会做什么菜？
2. 应该怎么“品茶”？

（二）

阮氏英华：喂？博文你家在哪里呀？我没有找到。

陈博文：就在公司附近的那个小区。

阮氏英华：是XX小区吗？

陈博文：是的。一号楼三单元6楼。

阮氏英华：好的，我这就过去。

（咚咚咚敲门声）

陈博文：快请进，英华！你还带了这么多礼物，还有越南的特产，太有心了。

阮氏英华：小小心意，中国有句俗话“礼轻情意重”，谢谢你的帮助。

3.博文的小区在哪儿？

4.英华送了博文什么礼物？

（三）

阮氏英华：我周末要去同事家玩，你帮我挑一下礼物可以吗？

田园园：让我想想，是男同事还是女同事啊？

阮氏英华：是女同事。

田园园：她今天多大了？

阮氏英华：快三十岁了，已经有两个孩子了。

田园园：那就好办了，英华，你可以给孩子买点吃的，再给她带一些菲律宾的特产。

阮氏英华：会不会有点少？要不再买点儿水果？

田园园：那就再买点儿水果吧。

5.英华的同事今年多大？

6.英华送了什么礼物？

（四）

青木：你好，我要这些水果，一共多少钱？

女：一共是180块，您怎么支付？

青木：我用支付宝。

女：买这么多水果，您是要去做客吗？

青木：是的，中国人讲究“礼尚往来”，去朋友家做客，礼物越多越好。

女：需要袋子吗？

青木：不要袋子了。你知道XX校区怎么走吗？

女：就在附近，出门往西走200米就到了。

7. 青木怎么支付？

8. 青木朋友的小区怎么走？

三、判断对错。

今天，同学邀请我去她家做客，她要给我做几个拿手菜。她家就在学校附近的小区。她是福建人，会做地道的闽南菜，我很喜欢她做的菜。她很喜欢喝茶，也会泡茶，她泡的茶闻起来非常香。我很喜欢喝中国茶。她告诉我“品茶”要小口地喝，慢慢地回味。真是“活到老，学到老”。我给她带了一些印尼的特产。她很高兴，送了我一盒碧螺春，她说这叫“礼尚往来”。

第24课 量身打造的工作

liàngshēn dǎ zào de gōng zuò

A tailor-made job

练习 Exercises

听力练习

一、听句子，选择合适的问题。

1. 对，在一家中泰合资公司当秘书。
2. 挺忙的，有时候需要加班。
3. 挺辛苦的，不过年轻人应该多吃苦。
4. 虽然工资不高，但是能够积累经验。
5. 就是你工作的公司的证明材料。
6. 今天下午有一家中泰合资公司来我们公司交流业务。
7. 下午三点半左右到。
8. 大约五六个人。
9. 可以！你去准备会议材料吧。
10. 一点心意，你就收下吧。

二、听句子，选择合适的回答。

1. 工作忙吗？
2. 工作辛苦吗？
3. 什么是公司证件？
4. 工作找到了？

5. 工资高吗？
6. 你知道怎么申请工作签证吗？
7. 你知道要准备什么材料吗？
8. 有什么招待不周的地方，请大家不要介意。
9. 我打算一会儿打电话问问他。
10. 真麻烦，我都不想办了。

三、听对话，选择正确答案。

（一）

林美玉：福瑞，好久不见，最近怎么样？
韩福瑞：美玉，好久不见，我挺好的，你呢？
林美玉：我正准备申请工作签证呢，我听田园园说你有经验，你知道要准备什么材料吗？
韩福瑞：要准备护照、申请表，还要准备工作证明、学历证明、健康证明和无犯罪证明。
林美玉：太麻烦了，我都不想办了。
韩福瑞：那可不行，在中国工作必须有工作签证。
林美玉：好，我一定认真准备，谢谢你。

1. 谁有申请工作签证的经验？
2. 申请工作签证不用准备什么？
3. 在中国工作必须有什么？

（二）

田园园：福瑞，最近工作怎么样？
韩福瑞：挺忙的，也挺辛苦的。你呢，园园？
田园园：最近我想找一家中泰合资的公司当秘书。
韩福瑞：真是无巧不成书，我们公司正好需要一个秘书！
田园园：我是学管理的，而且通过了HSK六级，一般的听、说、读、写、译都没有问题。
韩福瑞：这份工作就是为你量身打造的！下周三上午10点你带上简历来我们公司面试吧。

田园园：好！我一定认真准备，希望我能通过面试！
韩福瑞：祝你一切顺利！
4.福瑞在什么公司工作？
5.福瑞为什么说："这份工作就是为你量身打造的"？
6.园园什么时候去面试？

（三）

李经理：王经理，福瑞工作怎么样？
王经理：他工作很细心，很有条理。
李经理：明天中泰合资公司的人要来我们公司，就让他陪我去做翻译吧。
王经理：好主意！
……
王经理：福瑞，明天中泰合资的公司要来我们公司，你去给李经理做翻译吧！
韩福瑞：谢谢王经理给我这个机会，我一定认真准备！
王经理：这家公司能不能和我们正式合作，就看明天了。
韩福瑞：王经理，我一定好好翻译，尽力帮助促成这次合作！
7.为什么李经理让福瑞陪他去？
8.明天谁去做翻译？
9.明天这两家公司正式合作吗？

（四）

刘经理：王经理，您是贵客，您坐主位，我坐您旁边。
王经理：谢谢刘经理，您太客气了，那我就恭敬不如从命了。
刘经理：这是我们公司和贵公司的第一次合作，我代表公司欢迎王经理和各位朋友。
王经理：从今天开始我们就正式成为合作伙伴了，祝我们合作愉快。
刘经理：听说这家饭店的泰国菜很正宗，王经理，您先来尝一尝。
王经理：好的，托你的福，我又吃到家乡菜了。
刘经理：大家随便吃，不要客气。有什么招待不周的地方，请大家不要介意。
王经理：哪里哪里，感谢贵公司的款待。

10. 谁坐主位？
11. 参加晚宴的有多少人？
12. 这是两家公司的第几次合作？

四、听短文，完成问题。

（一）

田园园：林哥哥，最近忙吗？我想请你吃顿饭，感谢你的帮助。

林哥哥：园园，你太客气了，你的心意我领了，吃饭就不用了。不如你和美玉周末来我家坐坐吧。

田园园：那真是太好了，咱们周末见。

……

田园园：美玉，你说我送你哥哥什么礼物好呢？

林美玉：我哥哥喜欢品茶，你可以送他福建名茶铁观音。

田园园：好主意，我这就去买。

……

林哥哥：你们来了！快请进。怎么还带这么多东西？太见外啦！

田园园：一点儿心意，你就收下吧，这是你最喜欢的茶叶。

哥哥：你真是太有心了，谢谢你。

林美玉：园园，尝尝我哥哥的拿手菜吧。

田园园：哇！这菜闻着真香！这是我在中国吃到的最地道的泰国菜。

林哥哥：好吃你就多吃点儿。

2. 再听一遍录音，选择正确答案。

（1）为什么田园园想请林哥哥吃饭？

（2）他们在哪儿吃饭？

（3）为什么田园园送铁观音给林哥哥？

（二）

林美玉的哥哥给我介绍了一份秘书的工作，我面试成功了。因为我是学管理的，又通过了HSK六级，而且我还有做秘书的实习经验，所以这个工作很适合我，爸爸也说这份工作是为我量身打造的。虽然工作很辛苦，也挺忙的，但是能够积累经验，爸爸说年轻人就应该多吃苦。我挺喜欢这个工作的，公司的同事对我也很好，我在公司工作时学到了很多知识。感谢林哥哥帮我介绍工作，我一定会珍惜这个机会，努力工作！

2.再听一遍录音，选择正确答案。

（1）田园园的工作是谁介绍的？

（2）田园园觉得这份工作怎么样？

（3）哪一个不是田园园面试成功的原因？

作业 Homework

听力作业

一、听录音填空并跟读。

1.毕业后我想去中国的公司实习。

2.今天下午中泰合资公司的人要来我们公司交流业务。

3.谢谢你的款待，今天我很开心。

4.你的好意我心领了，不用送礼物了。

5.别介意，他没有那个意思。

6.他帮了我很多，我想请他吃一顿饭表示感谢。

7.得知他也是泰国人以后，我很高兴。

8.祝你一切顺利。

9.他在中国的学习经历对他以后的工作有帮助。

10.这份工作真是为你量身打造的。

二、听对话，选择正确答案。

（一）

男：你明天有空吗？能陪我去出入境管理局申请工作签证吗？

女：好啊，但是你知道怎么申请工作签证吗？

男：我不知道。不过我听说福瑞已经办好了，我打算一会儿打电话问问他。

女：不如现在打吧，问问他需要什么材料，早点儿准备。

1.他们去哪儿申请工作签证？

2.为什么现在给福瑞打电话？

（二）

男：告诉你一个好消息。

女：工作找到了？

男：对，在一家中韩合资公司当翻译，是我在网上找到的。

女：太棒了，真为你高兴。

3.他找到了什么工作？

4.他怎么找到工作的？

（三）

男：工作忙吗？

女：挺忙的，有时候需要加班。

男：那一定很辛苦吧？

女：不辛苦，因为我很喜欢这份工作。

5.她工作忙吗？

6.为什么她觉得工作不辛苦？

（四）

男：李经理，今天下午有一家中泰合资公司来我们公司交流业务。

女：好，我知道了。他们几点到？多少人？

男：下午两点半左右到，大约七八个人。

女：那你先安排一间会议室，晚上再安排一个晚宴。

7.中泰合资公司几点到？

8.女的让男的做什么？

三、听录音，判断正误。

星期三下午有一家中泰合资公司来我们公司交流业务，他们三点左右到，大约八九人。王经理让我安排了一间会议室，还让我安排了一个晚宴。开完会后，大家一起去酒店吃饭，王经理请中泰合资公司的赵经理坐主位，王经理坐在他的旁边。饭后赵经理说他今天很开心，不仅因为两家公司成为合作伙伴，还吃到了地道的家乡菜。这是我们的第一次合作，他希望以后有机会我们能多多合作。

《初级汉语听说》答案

第 13 课　期末考试复习得怎么样？

qī mò kǎo shì fù xí de zěn me yàng

Are you ready for your final exam?

练习 Exercises

听力练习

一、声母和韵母练习。

（一）听录音，写韵母。

1.ǎo	2.ì	3.iàn	4.ì	5.iàn
6.ǔn	7.èi	8.ī	9.àng	10.ǒu
11.iāo	12.ǔn	13.ì	14.ù	15.ā

（二）听录音，写声母。

1.w	2.s	3.j	4.y	5.y
6.x	7.q	8.y	9.y	10.w
11.y	12.y	13.f	14.zh	15.b

（三）在横线上写出你听到的拼音。

1.zuìjìn	2.fùxí	3.biāozhǔn	4.hùxiāng bāngzhù
5.duōshǎofēn	6.zhǐyǒu cáinéng	7.jiànyì	8.dǒng lùyīn
9.zuì kǒuyǔ	10.bǐjiào yǒuyìsi	11.xuéqī	12.zhēnbàng
13.duōtīng duōshuō		14.bǎomì	15.jiāyóu

（四）选择你听到的音节。

1.qīmò	2.dānxīn	3.liáotiānr	4.zhǔnbèi	5.dǎrǎo
6.lùyīn	7.fāngfǎ	8.yǒuyòng	9.xīwàng	10.bǎomì
11.biāozhǔn	12.shēngcí	13.jiànyì	14.fùxí	15.diànyǐng

二、声调练习。

（一）听后标出声调。

1.hēibái–fēnmíng　　2.dàcái–xiǎoyòng　　3.kǔjìn–gānlái

4.yǒubèi–wúhuàn　　5.qīshàng–bāxià　　6.shēngdōng–jīxī

7.zǒumǎ–guānhuā　　8.yángrùhǔkǒu

（二）判断对错。

1.[√]　2.[√]　3.[×]　4.[√]　5.[×]

6.[×]　7.[√]　8.[√]　9.[√]　10.[×]

四、听力理解练习。

（一）听句子，选择合适的回答。

1.C　2.B　3.D　4.C　5.A　6.B　7. D　8.C　9. B　10.A

（二）听对话，选择正确答案。

1.C　2.D　3.B　4.A　5.B　6.C

7.C　8.D　9.B　10.C　11.B　12.D

五、听说练习。

（一）听录音，用给出的词回答问题。

1.最近有点儿忙，每天都去图书馆复习。

2.发音很容易，语法有点儿难。

3.太好了，考试及格我请你吃饭。

4.我考得不好，所以保密。

5.我的发音不标准，担心他们听不懂。

6.别担心，多听多说就能学好汉语。

7.这个方法很棒，我喜欢看中国电影。

8.我最喜欢口语课。因为课文很有意思。

9.你可以多跟中国人聊天儿。

10.你先不要看答案，听完再看，如果不懂，就看看录音原文。

（二）听录音，回答下列问题。

1. 他最近在图书馆复习。
2. 她复习得还可以，但是生词今天记住了，明天又忘了。
3. 只有多听多说才能学好生词。
4. 她担心中国人听不懂。
5. 可以看电影，听音乐。

作业 Homework

听力作业

二、听对话，选择正确答案。

1.C　　2.A　　3.B　　4.C　　5.C

三、判断对错。

1.√　　2.√　　3.×　　4.×　　5.√

第 14 课　我要一个靠窗的座位

wǒ yào yí gè kào chuāng de zuò wèi

I want a seat by the window

练习 Exercises

听力练习

一、声母和韵母练习。

（一）听录音，写韵母。

1.áng	2.ì	3. ù	4.ù	5.è
6.ī	7.ǚ	8.ào	9.ōng	10.iàn
11.ēng	12.ī	13.òu	14.ī	15.āng

（二）听录音，写声母。

1.w	2.s	3.p	4.h	5.sh
6.sh	7.f	8.ch	9.sh	10.z
11.t	12.y	13.j	14.d	15.y

（三）在横线上写出你听到的拼音。

1.zěnmeyàng	2.dǎsuàn	3.yùdìng	4.hángbān	5.hùzhào
6.xiǎng yào	7.xíngli	8.dēngjīpái	9.zuòwèi	10.fēngjǐng
11.chéngjī shǒuxù	12.lǚtú yúkuài	13.tuōyùn	14.fēijī	15.Yètǐ

（四）选择你听到的音节。

1.jīpiào	2.zěnme	3.kǎowán	4.juéde	5.jīngcháng
6.shǐyòng	7.tīngde	8.duōshuō	9.qǐfēi	10.zhù
11.dēngjīkǒu	12.zuòwèi	13.dàtīng	14.kàochuāng	15.dǎhuǒjī

二、声调练习。

（一）听后标出声调。

1.xiāoyáo–fǎwài　　2.huìshēng–huìsè　　3.yǎotiǎo–shūnǚ

4.qīngguó–qīngchéng　　5.qiānjūn–wànmǎ　　6.huāhǎo–yuèyuán

7.niánnián–yǒuyú　　8.qīngméi–zhúmǎ

（二）判断对错。

1.[√]　　2.[×]　　3.[×]　　4.[√]　　5.[√]

6.[√]　　7.[√]　　8.[×]　　9.[√]　　10.[×]

四、听力理解练习。

（一）听句子，选择合适的回答。

1.D　2.C　3.B　4.B　5.B　6.A　7. C　8.B　9. C　10.C

（二）听对话，选择正确答案。

1.C　　2.B　　3.D　　4.C　　5.B　　6.C

7.D　　8.C　　9.D　　10.D　　11.B　　12.C

五、听说练习。

（一）听录音，用给出的词回答问题。

1. 1月18号的机票最便宜。

2. 我常常打电话订机票，你也可以网上订票。

3. 如果行李很多，需要托运行李。

4. 我的航班9点左右起飞。

5. 我可以在线支付。

6. 我想要一个靠窗的座位。

7. 我的行李不多，只有一个箱子。

8. 笔记本电脑、充电宝、打火机和液体不能托运。

9. 因为要办理登记手续，办理行李托运。

10. 我从28号登机口登机。

（二）听录音，回答下列问题。

1. 他想订1月30号的航班。
2. 他想要去东京。
3. 他订的机票早上八点起飞。
4. 一张机票3200元。
5. 他在线支付。

作业 Homework

听力作业

二、听对话，选择正确答案。

1.D　　2.B　　3.C　　4.A　　5.D

三、判断对错。

1. ×　　2. ×　　3.√　　4.√　　5.√

第 15 课　我寒假打算去泰国

wǒ hán jià dǎ suan qù tài guó

I am going to Thailand during winter vacation

练习 Exercises

听力练习

一、声母和韵母练习。

（一）听录音，写韵母。

1.iān	2.iǎn	3.èi	4.uǎn	5.uǎn
6. ēi	7.ù	8.òng	9.iàn	10.òng
11.ú	12.uán	13.ǒng	14.èi	15.iáng

（二）听录音，写声母。

1.x	2.q	3.d	4.y	5.w
6.l	7.x	8.y	9.ch	10.y
11.q	12.b	13.p	14.q	15.q

（三）在横线上写出你听到的拼音。

1.zuìjìn	2.xiàxuě	3.nuǎnhuo	4.dōngtiān	5.dǎsuàn
6.yǔróngfú	7.yìqǐ	8.lǚyóu	9.xísú	10.língtōng
11.hòu wàitào	12.hánjià	13.dǎoyóu	14.shìjiè wénmíng	15.zhòngyào

（四）选择你听到的音节。

1.dǎoyóu	2.hánjià	3.qìngzhù	4.yāoqǐng	5.héshì
6.zhǔnbèi	7.duǎnxiù	8.yǔjì	9.zhòngyào	10.wàitào
11.língtōng	12.xiāoxi	13.xísú	14.miǎnfèi	15.qīdài

二、声调练习。

（一）听后标出声调。

1.yōurán–zìdé　　2.méifēi–sèwǔ　　3.liàoshì–rúshén
4.píngyì–jìnrén　　5.chízhīyǐhéng　　6.bódà–jīngshēn
7.néngshuō–huìdào　　8.báshān–shèshuǐ

（二）判断对错。

1.[×]　　2.[×]　　3.[×]　　4.[×]　　5.[×]
6.[×]　　7.[√]　　8.[×]　　9.[×]　　10.[√]

四、听力理解练习。

（一）听句子，选择合适的回答。

1.B　2.C　3.B　4.C　5.B　6.C　7.C　8.C　9.B　10.C

（二）听对话，选择正确答案。

1.C　　2.B　　3.C　　4.D　　5.D　　6.C
7.A　　8.B　　9.A　　10.B　　11.C　　12.B

五、听说练习。

（一）听录音，用给出的词回答问题。

1.厦门这几天下雨，有点儿冷。
2.春节后，我打算跟爸爸妈妈出国，去泰国旅游。
3.泰国的凉季不冷，很凉快。
4.春节可以吃年夜饭，放鞭炮，还会收到压岁钱。
5.年夜饭就是除夕晚上一家人一起吃晚饭。
6.泰国的热季穿短袖和短裤。
7.太好了，我一直很想去泰国旅游。
8.我好期待，我可以给你当导游。
9.我最近在北京，准备过春节。
10.每年春节的日期都不一样，今年的春节是1月21号。

（二）听录音，回答下列问题。

1. 青木暑假打算在中国旅游。
2. 穿短袖和短裤合适。
3. 可以去游泳。
4. 夏天有端午节。
5. 人们会划龙舟，吃粽子。

作业 Homework

听力作业

二、听对话，选择正确答案。

1.C　　2.C　　3.D　　4.A　　5.A

三、判断对错。

1. ×　　2. ×　　3. ×　　4. √　　5. ×

第 16 课 您预订了吗?
nín yù dìng le ma

Do you have a reservation?

练习 Exercises

听力练习

一、声母和韵母练习。

（一）听录音，写韵母。

1.ià	2.ǐng	3.è	4.ù	5.uǎn
6.iàn	7.ù	8.ū	9.ù	10.éng
11.uò	12.ī	13.ián	14.iě	15.è

（二）听录音，写声母。

1.x	2.sh	3.t	4.sh	5.f
6.k	7.l	8.zh	9.c	10.d
11.r	12.j	13.q	14.f	15.b

（三）在横线上写出你听到的拼音。

1.jiāo	2.qǐng	3.yù	4.yè	5.shū
6.lǜ	7.shì	8.èr shí	9.shǎng	10.chūfādì
11.duìhuàn	12.quèrèn jīn'é	13.tuìfáng	14.zhùzhǐ	15.qiānzì

（四）选择你听到的音节。

1.kèkǔ	2.jiǎnlì	3.liánhuā	4.jiāngyìng	5.xiānhuā
6.huánxiàn	7.diǎnjī	8.shìshi	9.guāngguāng	10.kàochuāng
11.cuòwù	12.tuìfáng	13.xīnshǎng	14.quèrèn	15.fángjiān

二、声调练习。

（一）听后标出声调。

1.yíluòqiānzhàng　2.hēibái–fēnmíng　3.shēngsǐ–yōuguān
4.dàcái–xiǎoyòng　5.lǐyìng–wàihé　6.tānshēng–pàsǐ
7.qiánfù–hòujì　8.tiānxuán–dìzhuàn

（二）判断对错。

1.[√]	2.[√]	3.[√]	4.[√]	5.[√]
6.[×]	7.[√]	8.[×]	9.[×]	10.[√]

四、听力理解练习。

（一）听句子，选择合适的回答。

1.C	2.B	3.C	4.B	5.D
6.B	7.A	8.D	9.D	10.C

（二）听对话，选择正确答案。

1.C	2.D	3.B	4.D	5.D	6.C
7.C	8.B	9.B	10.D	11.A	12.B

五、听说练习。

（一）听录音，用给出的词语回答问题。

1.我在网上订机票和酒店呢。
2.先下载这个软件，然后输入出发地和目的地。
3.选择目的地，然后选择航班，点击确认，填写个人信息，再支付就可以了。
4.跟订机票差不多，支付的方法也一样。
5.要先出示护照，在申请表上填写姓名、电话和地址，再填写一个密码。
6.人民币兑泰铢的汇率是4.5。
7.兑换泰铢，要填写申请表，然后确认金额没有错误后，再签字。

8. 我预订了一个单人间，24号入住，26号退房。
9. 去泰国前，我做了很多准备，先兑换了一些泰铢，还提前预订了机票和酒店。
10. 快教教我怎么订机票。

（二）听录音，回答下列问题。

1. 青木请了两天假。
2. 青木预订了星期三晚上七点的航班。
3. 先在手机上下载软件，然后填写出发地和目的地，再选择出发时间。选择合适的航班，点击“预订”，填写姓名、护照号、手机号这些个人信息，网上支付就可以了。
4. 机票320块一张。因为打了2.2折。
5. 小月打算下周和她的朋友去云南旅游。

作业 Homework

听力作业

二、听对话，选择正确答案。

1.D　　2.C　　3.A　　4.C　　5.D

三、判断对错。

1. ×　　2. √　　3. √　　4. ×　　5. ×

wǒ men yào xiān bàn yì zhāng jiù zhěn kǎ

第 17 课　我们要先办一张就诊卡

We need to apply for a medical card first

练习 Exercises

听力练习

一、声母和韵母练习。

（一）听录音，写韵母。

1.ēn	2.āi	3.āng	4.āi	5.ěng
6.á	7.iáng	8.ào	9.ěn	10.ǐ
11.ēn	12.ìng	13.iē	14.ào	15.ǐ

（二）听录音，写声母。

1.f	2.h	3. d	4.l	5.d
6.y	7.b	8.l	9.t	10.l
11.n	12.h	13.m	14.l	15.l

（三）在横线上填出你听到的拼音。

1.shēn	2.yǔ	3.liáng	4.jiē	5.tiān
6.jiàn	7.zhào	8.guà	9.nèi	10.chá
11. bìnglì	12.diàntī	13.lìqì	14.fāyán	15.ànshí

（四）选择你听到的音节。

1.jiēnǐ	2.guàhào	3.duìle	4.diàntī	5.lìqi
6.chúle	7.lìhai	8.guānchá	9.fāyán	10.dǎsuàn
11.xiànzài	12.máfan	13.jiùzhěn	14.yàofáng	15.chīyào

二、声调练习。

（一）听后标出声调。

1.chènxīn-rúyì　2.jiànjīérxíng　3.tánhuāyíxiàn　4.yìyán-jiǔdǐng

5.wúkěhòufēi　6.búzìliànglì　7.yǒukǒu-wúxīn　8.yìshí-èrniǎo

（二）判断对错。

1.[√]　2.[√]　3.[×]　4.[×]　5.[√]

6.[×]　7.[√]　8.[×]　9.[√]　10.[√]

四、听力理解练习。

（一）听句子，选择合适的回答。

1.B　2.C　3.A　4.B　5.C　6.A　7.D　8.B　9.C　10.A

（二）听对话，选择正确答案。

1.A　2.C　3.A　4.D　5.B　6.C

7.A　8.B　9.D　10.B　11.D　12.A

五、听说练习。

（一）听录音，用给出的词回答问题。

1. 太好了，我住在如家酒店，我的房间号是1306。
2. 咱们是好朋友，别见外。
3. 我的头很疼，没有力气。
4. 需要护照，还要填一下你的个人信息。
5. 昨天晚上开始头疼，今天早上疼得更厉害了。
6. 还有点儿嗓子疼。
7. 发烧了，38度。
8. 你要去二楼的药房拿药。
9. 现在咱们拿着就诊卡去看医生就行了。
10. 内科在6楼，咱们坐电梯上楼吧。

（二）听录音，回答下列问题。

1.看医生前要检查身高、体重和血压。

2.内科在3楼，他们坐电梯上去。

3.她嗓子也疼，有点儿咳嗽。

4.她发烧37.8℃，但是不太严重。

5.记得要按时吃药，注意多穿衣服，好好休息，多喝水。

作业 Homework

听力作业

二、听对话，选择正确答案。

1.A　　2.B　　3.B　　4.C　　5.D

三、判断对错。

1.√　　2.×　　3.×　　4.√　　5.×

第 18 课 从哈尔滨回来的时候，我晕机了

cóng hā ěr bīn huí lai de shí hou wǒ yùn jī le

I got airsick on the way back from Harbin

练习 Exercises

听力练习

一、声母和韵母练习。

（一）听录音，写韵母。

1.è	2.ōng	3.iě	4.á	5.ì
6.ēn	7.uǎn	8.āo	9.uò	10.íng
11.ià	12.ēn	13.ěn	14.éi	15.īn

（二）听录音，写声母。

1.sh	2.r	3.j	4.y	5.j
6.d	7.x	8.t	9.t	10.b
11.d	12. k	13.j	14.l	15.x

（三）在横线上填出你听到的拼音。

1.yūn	2.tèbié	3.dàgài	4.duō	5.zhōngxún
6.píngjià	7.shuāngrén	8.tóuyūn	9.zǎocān	10.dī xuètáng
11.yùbào	12.shǒutào	13.yǔróngfú	14.xuědìxuē	15.zhǐyào

（四）选择你听到的音节。

1.yùnjī	2.chán	3.yūn	4.wán	5.píngjià
6.shùnbiàn	7.màozi	8. hòu	9.yùbào	10.zǎoshang
11.jiǔdiàn	12.zǎocān	13.qìwēn	14.xiàxuě	15.xiànjīn

二、声调练习。

（一）听后标出声调。

1.niǎoyǔ–huāxiāng　　2.chūnguāng–míngmèi　　3.mǎnyuán–chūnsè

4.chūnnuǎn–huākāi　　5.yíyè–zhīqiū　　6.chūnqù–qiūlái

7.bīngxuě–yánhán　　8.dīshuǐ–chéngbīng

（二）判断对错。

1.[×]　　2.[√]　　3.[√]　　4.[√]　　5.[×]

6.[√]　　7.[×]　　8.[×]　　9.[×]　　10.[√]

四、听力理解练习。

（一）听句子，选择合适的回答。

1.B　2.A　3.C　4.D　5.B　6.A　7.A　8.B　9.D　10.A

（二）听对话，选择正确答案。

1.D　　2.D　　3.C　　4.D　　5.B　　6.B

7.B　　8.B　　9.A　　10.D　　11.D　　12.D

五、听说练习。

（一）听录音，用给出的词回答问题。

1.是的，天气预报说明天最高温度37度。

2.最低气温零下12度。

3.还要买雪地靴、帽子、围巾和手套。

4.我们下个月中旬出发怎么样？

5.我看网上的评价还不错，而且很便宜，双人间一晚只要200块。

6.没吃，早上起晚了，没来得及。

7.看医生前要先量身高、体重和血压。

8.要按时吃，一天三次，一次两片，饭后吃。

9.ATM机可以存钱、取钱，还可以转账。

10.先把银行卡插入插卡口，然后根据提示操作就行了。

（二）听录音，回答下列问题。

1. 她们要去上海玩。
2. 她要穿羽绒服、雪地靴，戴帽子、围巾和手套。
3. 1月18号。
4. 她觉得评价不太好。
5. 她们18号入住，20号退房。

作业 Homework

听力作业

二、听对话，选择正确答案。

1.D　　2.B　　3.C　　4.D　　5.B

三、判断对错。

1.√　　2.×　　3.√　　4.×　　5.×

第19课 我想去一家中泰合资的公司当秘书

wǒ xiǎng qù yì jiā zhōng tài hé zī de gōng sī dāng mì shū

I want to work as a secretary in a Sino-Thai joint venture

练习 Exercises

听力练习

一、听句子，选择合适的问题。

1.A 2.C 3.C 4.B 5.D 6.A 7.A 8.C 9.C 10.A

二、听句子，选择合适的回答。

1.D 2.D 3.B 4.D 5.C 6.A 7.D 8.B 9.B 10.B

三、听对话，选择正确答案。

（一）1.B 2.C 3.D （二）4.C 5.D 6.B

（三）7.C 8.B 9.C （四）10.C 11.A 12.B

四、听短文，完成问题。

（一）

1.判断对错。

（1）√ （2）× （3）√ （4）√ （5）×

2.再听一遍录音，选择正确答案。

（1）B （2）A （3）B

（二）1.判断对错。

（1）×　（2）√　（3）√　（4）×　（5）√

2.再听一遍录音，选择正确答案。

（1）C　（2）D　（3）D

听力作业

一、听录音填空并跟读。

1.我们现在学习的机会很多。
2.为了找工作，我需要准备一份中文简历。
3.回国半年了，我很怀念中国的生活。
4.陈博文想去中泰合资公司工作。
5.林美玉和田园园关系很好。
6.林美玉的哥哥今天要收很多快递。
7.韩福瑞想去进出口贸易公司当秘书。
8.中国这几年发展很快。
9.明天有一场招聘会，我想去试一试。
10.今天中午，我点了一份喜欢的外卖。

二、听对话，选择正确答案。

（一）1.D　2.D　（二）3.C　4.A
（三）5.C　6.B　（四）7.B　8.C

三、判断对错。

1.×　2.√　3.√　4.×　5.×　6.×　7.√　8.√

第20课 您的签证快过期了

nín de qiānzhèng kuài guò qī le

Your visa is about to expire

练习 Exercises

听力练习

一、听句子，选择合适的问题。

1.A 2.C 3.B 4.A 5.B 6.C 7.A 8.A 9.B 10.C

二、听句子，选择合适的回答。

1.B 2.A 3.A 4.B 5.D 6.D 7.A 8.B 9.D 10.A

三、听对话，选择正确答案。

（一）1.D 2.C 3.D （二）4.C 5.B 6.C
（三）7.B 8.D 9.C （四）10.D 11.C 12.D

四、听短文，完成问题。

（一）

1.判断对错。

（1）√ （2）√ （3）√ （4）√ （5）×

2. 再听一遍录音，选择正确答案。

（1）B （2）C （3）C

（二）

1. 判断对错。

（1）×　（2）×　（3）×　（4）√　（5）√

2. 再听一遍录音，选择正确答案。

（1）C　（2）B　（3）B

作业 Homework

听力作业

一、听录音填空并跟读。

1. 我从泰国来中国上学，下飞机之后要过海关。
2. 明天你有时间陪我去出入境管理局办续签吗?
3. 青木告诉我，办续签要先取号，再排队。
4. 林美玉的签证快要过期了。
5. 工作人员要打开箱子例行检查。
6. 黄小月有一些行李要申报。
7. 你好，请出示你的护照。
8. 我们要坐地铁1号线去中山公园站。
9. 我已经准备好续签的材料了。
10. 我们去找老师帮忙，老师让我们填了三张表格。

二、听对话，选择正确答案。

（一）1.A　2.B　（二）3.C　4.B

（三）5.C　6.B　（四）7.C　8.D

三、判断对错。

1.√　2.×　3.√　4.×　5.×　6.√　7.√　8.×

第 21 课　我面试成功了

wǒ miàn shì chénggōng le

I aced my job interview

练习 Exercises

听力练习

一、听句子，选择合适的问题。

1.D　2.A　3.D　4.B　5.D　6.C　7.B　8.D　9.C　10.A

二、听句子，选择合适的回答。

1.A　2.D　3.C　4.D　5.B　6.A　7.A　8.B　9.B　10.A

三、听对话，选择正确答案。

（一）1.C　2.B　3.C　（二）4.A　5.A　6.D

（三）7.A　8.B　9.A　（四）10.C　11.C　12.D

四、听短文，完成问题。

（一）

1.判断对错。

（1）√　（2）√　（3）√　（4）×　（5）×

2.再听一遍录音，选择正确答案。

（1）A　（2）C　（3）D

（二）

1.判断对错。

（1）√ （2）× （3）× （4）√ （5）√

2.再听一遍录音，选择正确答案。

（1）B （2）A （3）B

作业 Homework

听力作业

一、听录音填空并跟读。

1.谢谢你上次帮我改简历。
2.真是无巧不成书，我们公司正好需要一个秘书！
3.我想来贵公司应聘秘书。
4.你的汉语水平怎么样？
5.我想积累些工作经验，工资够用就行。
6.如果有时候工作需要加班，有问题吗？
7.你汉语这么好，又有工作经验，一定没问题。
8.好的好的，我一定准时到。
9.美玉，我面试成功了！
10.面试官让我别紧张，慢慢来。

二、听对话，选择正确答案。

（一）1.B 2.D （二）3.D 4.D
（三）5.C 6.D （四）7.C 8.D

三、判断对错。

1.√ 2.√ 3.× 4.√ 5.√ 6.× 7.× 8.√

第22课 我在中国当秘书

wǒ zài zhōngguó dāng mìshū

I work as a secretary in China

练习 Exercises

听力练习

一、听句子，选择合适的问题。

1.C 2.B 3.C 4.A 5.B 6.A 7.A 8.A 9.B 10.C

二、听句子，选择合适的回答。

1.B 2.C 3.D 4.B 5.A 6.C 7.C 8.C 9.C 10.D

三、听对话，选择正确答案。

（一）1.C 2.B 3.D （二）4.C 5.B 6.A

（三）7.B 8.D 9.B （四）10.A 11.C 12.C

四、听短文，完成问题。

（一）

1.判断对错。

（1）× （2）√ （3）× （4）√ （5）×

2.再听一遍录音，选择正确答案。

（1）C （2）D （3）B

（二）

1. 判断对错。

（1）×　　（2）√　　（3）×　　（4）×　　（5）√

2. 再听一遍录音，选择正确答案。

（1）D　　（2）D　　（3）C

作业 Homework

听力作业

一、听录音填空并跟读。

1. 我先带你熟悉一下工作环境
2. 你的主要工作是帮助安排日常工作
3. 今天是我第一天上班，请大家以后多多指教。
4. 我们酒店的特色菜是佛跳墙。
5. 我代表公司欢迎各位朋友。
6. 希望我们的生意能更上一层楼。
7. 我还没吃过地道的南方菜呢，托您的福，今天终于吃到了。
8. 在中国工作，上下班要刷卡。
9. 我给酒店打电话预定了一个包厢，点了海鲜套餐。
10. 我们一起为合作成功干杯。

二、听对话，选择正确答案。

1.C　　2.A　　3.C　　4.D　　5.C

三、判断对错。

1. ×　　2. √　　3. ×　　4. ×　　5. √

第23课 这叫礼尚往来

zhè jiào lǐ shàngwǎng lái

This is called "one good turn deserves another"

练习 Exercises

听力练习

一、听句子，选择合适的问题。

1.C　2.B　3.D　4.D　5.C　6.A　7.B　8.D　9.C　10.B

二、听句子，选择合适的回答。

1.C　2.B　3.D　4.C　5.A　6.D　7.D　8.B　9.C　10.D

三、听对话，选择正确答案。

（一）1.C　2.B　3.B　（二）4.A　5.D　6.C
（三）7.B　8.C　9.A　（四）10.D　11.A　12.B

四、听短文，完成问题。

（一）

1.判断对错。

（1）√　（2）×　（3）√　（4）×　（5）√

2.再听一遍录音，选择正确答案。

（1）C　（2）A　（3）A

（二）听短文，完成问题。

1.判断对错。

（1）×　　（2）×　　（3）√　　（4）√　　（5）×

2. 再听一遍录音，选择正确答案。

（1）C　　（2）D　　（3）C

作业 Homework

听力作业

一、听录音填空并跟读。

1.我家附近有很多超市。

2.田园园的人缘很好，有很多朋友。

3.林美玉的拿手菜是冬阴功汤。

4.陈博文先坐地铁再转公交车去中华城。

5.小月做的泰国菜闻起来很香。

6.林美玉给同学带了泰国特产。

7.黄小月送给同学礼物，同学也送黄小月礼物，这叫礼尚往来。

8.刘子龙正愁没事儿干呢。

9.我朋友会做地道的闽南菜，听说很好吃。

10.泡茶的学问真不少，我们应该活到老，学到老。

二、听对话，选择正确答案

（一）1.A　　2.C　　（二）3.B　　4.D

（三）5.A　　6.C　　（四）7.B　　8.C

三、判断对错。

1.×　2.√　3.×　4.√　5.×　6.√　7.√　8.×

liàngshēn dǎ zào de gōng zuò

第 24 课 量身打造的工作

A tailor-made job

练习 Exercises

听力练习

一、听句子，选择合适的问题。

1.D 2.A 3.B 4.C 5.A 6.A 7.B 8.C 9.D 10.D

二、听句子，选择合适的回答。

1.A 2.B 3.A 4.C 5.A 6.D 7.C 8.D 9.C 10.D

三、听对话，选择正确答案。

（一）1.B 2.D 3.B （二）4.B 5.D 6.C

（三）7.B 8.C 9.C （四）10.A 11.D 12.A

四、听短文，完成问题。

（一）

1.判断对错。

（1）× （2）√ （3）√ （4）× （5）×

2.再听一遍录音，选择正确答案。

（1）C （2）C （3）A

（二）

1.判断对错。

（1）√　　（2）√　　（3）×　　（4）×　　（5）√

2. 再听一遍录音，选择正确答案。

（1）C　　（2）D　　（3）C

作业 Homework

听力作业

一、听录音填空并跟读。

1. 毕业后我想去中国的公司实习。
2. 今天下午泰中合资公司的人要来我们公司交流业务。
3. 谢谢你的款待，今天我很开心。
4. 你的好意我心领了，不用送礼物了。
5. 别介意，他没有那个意思。
6. 他帮了我很多，我想请他吃一顿饭表示感谢。
7. 得知他也是泰国人以后，我很高兴。
8. 祝你一切顺利。
9. 他在中国的学习经历对他以后的工作有帮助。
10. 这份工作真是为你量身打造的。

二、听对话，选择正确答案

（一）1.C　　2.D　　（二）3.D　　4.C

（三）5.C　　6.B　　（四）7.C　　8.D

三、听录音判断正误

1.√　2.√　3.×　4.×　5.×　6.√　7.√　8.×

华侨大学教材建设资助项目

初级汉语听说

CHU JI HAN YU TING SHUO

下册

盛译元 编著

中央民族大学出版社
China Minzu University Press

人物表

陈博文（中国）

韩福瑞（美国）

黄小月（印尼）

李志强（老挝）

林美玉（泰国）

刘子龙（泰国）

青木（日本）

阮氏英华（越南）

杨天爱（菲律宾）

目 录

第 13 课　期末考试复习得怎么样？

qī mò kǎo shì fù xí de zěn me yàng

Are you ready for your final exam?

目标 Objectives

- 复习询问近况和表达感谢。Review how to exchange greetings and express gratitude.
- 复习课程的类型。Review how to talk about course types.
- 学习询问学习方法。Learn to ask about learning methods.
- 学习提供学习方法，给出学习建议。Learn to offer advice on learning methods.

生词 New Words

L13N1

1.	期末	qīmò	end of school term
2.	考试	kǎoshì	examination, test, quiz
3.	复习	fùxí	to review lessons
4.	准备	zhǔnbèi	to prepare, to get ready
5.	发音	fāyīn	pronunciation
6.	标准	biāozhǔn	standard
7.	生词	shēngcí	new word
8.	记住	jìzhù	to remember
9.	忘	wàng	to forget
10.	万岁	wànsuì	hooray, long live

11.	生病	shēngbìng	to fall ill, to get ill
12.	担心	dānxīn	to worry, to feel anxious
13.	口语	kǒuyǔ	spoken language, speaking
14.	听力	tīnglì	listening, aural comprehension
15.	互相帮助	hùxiāng bāngzhù	to help each other
16.	加油	jiāyóu	make a greater effort, work harder, come on
17.	分	fēn	point, mark
18.	保密	bǎomì	keep something secret
19.	聊天儿	liáotiānr	to chat
20.	敢	gǎn	to dare, to venture
21.	为什么	wèishénme	why
22.	时候	shíhou	time, when
23.	懂	dǒng	understand, know
24.	只有……才	zhǐyǒu …… cái	only if … then …
25.	打扰	dǎrǎo	to disturb
26.	建议	jiànyì	to suggest; suggestion
27.	录音	lùyīn	to record; recording
28.	答案	dá'àn	answer
29.	如果……就	rúguǒ …… jiù	if … then …
30.	原文	yuánwén	a transcript of a pre–recorded file
31.	电影	diànyǐng	film, movie
32.	方法	fāngfǎ	method, means, way
33.	棒	bàng	great
34.	学期	xuéqī	semester

35.	门	mén	measure word used for subjects of study
36.	最	zuì	most
37.	有意思	yǒuyìsi	interesting, enjoyable
38.	有用	yǒuyòng	useful
39.	希望	xīwàng	to hope; to wish

课文 Texts

1 L13T1

（在去图书馆的路上）

刘子龙：青木，最近怎么样？

青木：最近有点儿忙。快**期末考试**(qī mò kǎo shì)了，我每天都去图书馆**复习**(fù xí)。

刘子龙：我也在**准备**(zhǔnbèi)考试。

青木：你复习得怎么样？

刘子龙：不太好，我的**发音**(fā yīn)不太**标准**(biāozhǔn)，语法有点儿难，**生词**(shēng cí)今天**记住**(jì zhù)了，明天又**忘**(wàng)了。

青木：别着急，及格**万岁**(wàn suì)！

刘子龙：对！及格万岁！

青木：我上周**生病**(shēngbìng)了，所以复习得也不太好，我**担心**(dān xīn)不及格！

刘子龙：你可以跟我和美玉一起复习，美玉的**口语**(kǒu yǔ)和**听力**(tīng lì)都好，我们可以**互相帮助**(hù xiāngbāngzhù)。

青木：太好了，谢谢你！考试及格请你们吃饭！

刘子龙：好啊！那我们一起**加油**(jiā yóu)吧！

回答问题。Answer the questions according to the text.

1. 青木最近在忙什么？
2. 子龙复习得怎么样？
3. 青木复习得怎么样？为什么？
4. 他们要怎么复习？
5. 青木考试及格后做什么？

完成对话。Complete the dialogues.

1. A：你复习得怎么样？
   B：__________，我的__________，语法__________。
2. A：我上周__________，所以复习得不太好。
   B：你可以和我一起复习，我的__________好，我们可以__________。

2 L13T2

（考试结束以后）

黄小月：美玉，你考得怎么样？

林美玉：还可以，考试不太难。

黄小月：你考了多少分？

林美玉：听力九十五**分**(fēn)，口语九十八分，综合九十分，汉字九十七分。你呢？

黄小月：我听力八十五，综合八十二，汉字九十。口语太难了，我考得不好，所以**保密**(bǎo mì)。

林美玉：口语不难，你要多跟中国人**聊天儿**(liáotiānr)。

黄小月：我不**敢**(gǎn)跟中国人聊天儿。

林美玉：**为什么**(wèishénme)？

黄小月：我的发音不标准，跟中国人聊天的**时候**(shí hou)，担心他们听不**懂**(dǒng)。

林美玉：别着急，慢慢来。**只有**(zhí yǒu)多听多说**才**(cái)能学好汉语。

黄小月：你说得对！我以后多跟中国人聊天儿。

回答问题。Answer the questions according to the text.

1. 美玉考得怎么样？
2. 美玉汉字课考了多少分？
3. 小月哪门课考得不好？
4. 小月为什么不敢跟中国人聊天儿？
5. 美玉觉得小月应该怎么做？

完成对话。Complete the dialogues.

1. A：你考得怎么样？
   B：__________，__________。
   A：你考了多少分？
   B：__________分，__________分，__________分。
2. A：我不敢__________。
   B：为什么？
   A：我的__________，__________。
   B：只有__________才能__________。

3 L13T3

（下课后）

韩福瑞：老师，**打扰**(dá rǎo)一下，我有一个问题。

陈老师：什么问题？

韩福瑞：我听力不太好，不知道怎么练习，您有什么**建议**（jiànyì）吗？

陈老师：期末考试，你考了多少分？

韩福瑞：不及格。听力考试太难了。

陈老师：别着急，慢慢来。下课以后多听**录音**（lù yīn），多做练习。听的时候，先不要看**答案**（dá àn），听完以后再看。**如果**（rú guǒ）不懂，**就**（jiù）看看录音**原文**（yuánwén）。

韩福瑞：谢谢老师！

陈老师：你还可以听听中文歌，看看中国**电影**（diànyǐng）。

韩福瑞：这个**方法**（fāng fǎ）真**棒**（bàng）！我很喜欢看中国电影。

陈老师：只有多听多说才能学好汉语。加油！

韩福瑞：谢谢老师！

陈老师：不客气！

回答问题。Answer the questions according to the text.

1. 福瑞的问题是什么？
2. 福瑞期末考试考得怎么样？
3. 老师觉得福瑞该怎么练习听力？
4. 福瑞喜欢看什么？
5. 怎样才能学好汉语？

完成对话。Complete the dialogues.

1. A：打扰一下，我有一个问题。
   B：什么问题？
   A：我________不太好，不知道怎么_____，您有什么建议吗？

B：别着急，慢慢来。下课以后________________。

2. A：你还可以______________。

B：这个方法真棒。我很喜欢________。

A：只有____________才能___________。

4 L13T4

韩福瑞：这**学期**(xué qī)我们有四**门**(mén)课：综合课、口语课、听力课和汉字课。我**最**(zuì)喜欢口语课，因为课文比较**有意思**(yǒu yì si)，课文中的句子很**有用**(yǒuyòng)。我不喜欢综合课，因为作业太多了，语法太难了。所以综合课也不喜欢我。期末考试，我的综合课不及格。下学期我要好好学习，**希望**(xī wàng)综合课能喜欢我。

根据提示复述课文。Retell the text according to the information provided.

这学期我们有……门课：……课、……课、……课和……课。我最喜欢……，因为……。我不喜欢……，因为……，……。所以……课也不喜欢我。期末考试，我的……课不及格。下学期我要好好学习，……能喜欢我。

注释 Notes

一、快（要）……了

“快（要）……了”is used to indicate that something will happen very soon.

Examples：

（1）快（要）吃饭了。（It’s almost time for breakfast/lunch/dinner.）

（2）快（要）下雨了。（It is going to rain.）

（3）快（要）考口语了。（The speaking test is about to take place.）

二、…… 得怎么样？

“v./adj.+得+怎么样” is used to ask whether something is successful or enjoyable.

Examples：

（1）听力考得怎么样？（How was the listening test?）

（2）你复习得怎么样？（How was your review?）

（3）他汉语说得怎么样？（How well does he speak Chinese?）

三、及格万岁

When someone says “及格万岁”，it means that they would be happy if they passed an exam, and there is no need to score highly.

Examples：

（1）A：我考得不太好。（I didn't do very well in the exam.）

B：没关系，及格万岁。（That's OK. It is good enough to pass the exam.）

（2）A：我复习得不太好。（I wasn't well-prepared for the test.）

B：加油，及格万岁。（That's OK. All you need is a pass.）

练习 Exercises

听力练习

一、声母和韵母练习。Initials and finals exercises.

（一）听录音，写韵母。Listen and Write down the finals. L13E1

1.k____	2.sh____	3.j____	4.y____	5.d____
6.zh____	7.b____	8.x____	9.w____	10.y____
11.b____	12.zh____	13.j____	14.zh____	15.f____

（二）听录音，写声母。Listen and write down the initials. L13E2

1.____àn	2.____uì	3.____iā	4.____óu	5.____īn

6.____ué　7.____ī　8.____ǒu　9.____uán　10.____én

11.____ǒu　12.____òng　13.____āng　14.____ēn　15.____àng

（三）在横线上写出你听到的拼音。Write down the pinyin you hear in the blank. L13E3

1.__________ zěnmeyàng？

2.Nǐ _________ de zěnmeyàng？

3.Wǒ de fā yīn bú tài ___________.

4.Wǒ men kě yǐ ___________________.

5.Nǐ kǎo le _______________ ？

6._________ duō tīng duō shuō ___________ xué hǎo hàn yǔ.

7.Nín yǒu shénme __________ ma？

8.Rúguǒ bù ________，jiù kànkan __________ yuán wén.

9.Wǒ ______ xǐhuan ________ kè.

10.Yīnwèi kèwén _______________.

11.Zhè______wǒmén yǒu sì mén kè.

12.Zhè ge fāngfǎ______.

13.Zhǐyǒu_______________cái néng xué hǎo hànyǔ.

14.Wǒ kǎo de bù hǎo，suǒyǐ________.

15.Wǒmén yìqǐ ______ba.

（四）选择你听到的音节。Choose the syllables you hear. L13E4

1.qīmò — jìmò　2.tānxīn — dānxīn　3.niáotiānr — liáotiānr

4.zhǔnbèi — chǔnbèi　5.dǎrǎo — dǎráo　6.lǜyīn — lùyīn

7.pāngfǎ — fāngfǎ　8.yǒuyòng — yóuyǒng　9.xīwàng — xīwàn

10.pǎomì — bǎomì　11.biāozhǔn — biāochǔn　12.shēngcí — shēncí

13.jiànyì — qiànyì　14.fùxí — fùqí　15.diànyǐng — diànyǐn

二、声调练习。Tone exercises.

（一）听后标出声调。Listen and mark the tones. L13E5

heibai–fenming　dacai–xiaoyong　kujin–ganlai　youbei–wuhuan

1.黑白分明　2.大材小用　3.苦尽甘来　4.有备无患

qishang-baxia	shengdong-jixi	zouma-guanhua	yangruhukou
5.七上八下	6.声东击西	7.走马观花	8.羊入虎口

（二）判断对错。True or false. L13E6

1.Wǒ fùxí de bú tài hǎo. [ ]

2.Wǒ zuì xǐhuan hànzì kè. [ ]

3.Wǒ dānxīn tāmen tīng bù dǒng. [ ]

4.Xiān bú yào kàn dá' àn. [ ]

5.Yīnwèi tīnglì bǐjiào nán. [ ]

6.Zhǐyǒu duō kàn diànyǐng cái néng xué hǎo tīnglì. [ ]

7.Jīntiān xué de shēngcí yòu wàng le. [ ]

8.Zōnghé kè de yǔfǎ hěn yǒuyòng. [ ]

9.Wǒ shēngbìng le，suǒyǐ kǎo de bú tài hǎo. [ ]

10.Wǒ de kǒuyǔ hǎo，nǐ de tīnglì hǎo，wǒmen kěyǐ hùxiàng bāngzhù. [ ]

三、句子练习。Sentence exercises.

听后跟读。Listen and read. L13E7

这学期我们有五门课：综合课、口语课、听力课、汉字课和文化课。我最喜欢文化课，因为课文比较有意思，课文中的句子很有用。我不喜欢听力课，因为作业太难了，听力太快了。所以听力课也不喜欢我。期末考试，我的听力课不及格。下学期我要好好学习，希望听力课能喜欢我。

四、听力理解练习。Listening comprehension exercises.

（一）听句子，选择合适的回答。Listen to the sentences and choose the right answer. L13E8

1.A. 口语	B. 标准	C. 不太好	D. 不懂
2.A. 期末	B.有点儿忙	C.忘了	D.生词
3.A. 难	B.生病	C.听力	D.还可以
4.A. 担心	B.录音	C.保密	D.答案
5.A. 发音不标准	B.有意思	C.问题	D.打扰

6.A. 多听录音　B.多聊天　C.看答案　D.准备考试
7.A. 打扰　B. 考试　C. 准备　D.互相帮助
8.A. 看电影　B. 不懂　C. 多听多说　D. 方法
9.A. 聊天儿　B. 口语课　C. 发音　D. 有用
10.A. 有意思　B. 标准　C. 生病　D. 生词

（二）听对话，选择正确答案。 Listen to the dialogues and choose the right answer. L13E9

1.A. 综合课　B. 发音标准　C. 准备期末考试　D. 听力
2.A. 很好　B.准备　C.保密　D.不太好
3.A. 多听多说　B.多听多说多写　C.多听多写　D.多说
4.A. 看电影　B.准备考试　C.听音乐　D.录音
5.A.82分　B.92分　C. 90分　D. 97分
6.A.85分　B.87分　C. 保密　D. 95分
7.A. 听力不好　B. 语法不好　C. 发音不标准　D. 有用
8.A. 看电影　B. 听音乐　C. 看录音原文　D.和中国人聊天
9.A. 建议　B. 看录音原文　C. 看电影　D.看书
10.A. 四门　B. 口语　C. 三门　D. 听力
11.A. 课文有用　B. 课文有意思　C. 生词有用　D. 生词有意思
12.A. 听力课　B. 汉字课　C. 口语课　D. 综合课

五、听说练习。Listen and speak.

（一）听录音，用给出的词回答问题。 Listen to the recording and answer questions with the given words. L13E10

1.忙、图书馆
2.发音、语法、难
3.及格、吃饭
4.不好、保密
5.标准、听不懂
6.担心、多听多说
7.方法、很喜欢

8. 口语、有意思

9. 中国人、聊天儿

10. 答案、录音原文

（二）听录音，回答下列问题。Listen to the recording and answer the following questions. L13E11

1. 福瑞最近在忙什么？

2. 英华复习得怎么样？

3. 怎样才能学好生词？

4. 英华担心什么？

5. 怎样才能学好听力？

口语练习

一、找出正确的句子，并读一读。 Find out the correct sentences and read.

1. Wǒ kǎo de bù hǎo，suǒyǐ bǎomì.
   Wǒ kǎo de bù hǎo，suǒyǐ pǎomī.
2. Gēn Zhōngguó rén liáotiānr de shí hou，dānxīn tāmen tīng bù dǒng.
   Gēn Zhōngguó rén niáotiǎnr de shí hou，dānxīn tāmen tīng bù dǒng.
3. Zhǐyǒu duōtīng duōshuō cáinéng xué hǎo hànyǔ.
   Zhǐyǒu tuōdīng tuōchuō cáinéng xué hǎo hànyǔ.
4. Rúguǒ bùdǒng，jiù kànkan lùyīn yuánwén.
   Rúguǒ bùdǒng，jiù kànkan lǜyīng yuánwén.
5. Shēngcí jīntiān jìzhù le，míngtiān yòu wàng le.
   Shēngcí jīntiān qìchù le，míngtiān yòu wàng le.

二、朗读下列句子。Read the following sentences.

1. 我上周生病了，所以复习得也不太好。

2. 美玉的口语和听力都很好，我们可以互相帮助。

3. 这个方法真棒！我很喜欢看中国电影。
4. 跟中国人聊天儿的时候，担心他们听不懂。
5. 我最喜欢口语课，因为课文比较有意思。
6. 我不喜欢综合课，因为作业太多了，语法太难了。
7. 下学期我要好好学习，希望综合课能喜欢我。
8. 听的时候，先不要看答案，听完以后再看。
9. 口语太难了，我考得不好，所以保密。
10. 生词今天记住了，明天又忘了。

三、根据你的情况说一说。Practice speaking with your own information.

这学期我们有______课：______、______、______和______。我最喜欢______课，因为______比较______，课文中的句子______。我不喜欢______，因为______太多了，______太难了。所以______也不喜欢我。期末考试，我的______不及格。下学期我要好好学习，希望______能喜欢我。

四、完成对话。Complete the dialogues.

（一）

A：最近在忙什么？

B：我在____________考试。

A：你复习得怎么样？

B：我____________，发音________，听力________。

A：我的口语和听力都好。

B：我的___________不错。我们可以_________。

（二）

A：你考得怎么样？

B：_______我生病了，_________考得_______。

A：别着急，及格万岁。

B：你有什么_______吗？

A：你要________，只有________，才________。

B：这个方法________。

（三）

A：你考了多少分？

B：________分，________分，________不太好，________。

A：______不难，你要________。

B：我不敢________。

A：为什么？

B：因为________。

A：如果________，就________。

B：你说得对！我以后________。

五、根据提示完成对话。Complete the dialogues with the information provided.

关键词：快（要）……了、……得怎么样、因为……所以……、只有……才……、如果……就……

1. 提示：

A：________考试，你________？

B：我生病了，我________不太好。

2. 提示：

A：我的听力不太好，________不听录音，不做练习，________不及格。

B：你要多________。还可以听听________，看看________。

A：这个方法真棒！

3. 提示：

A：汉字太难了。你的汉字怎么样？

B：还可以。

A：你有什么好办法吗？

B：________多练多写，________能学好汉字。

课堂活动

一、两人一组，复述第二篇和第三篇课文。In groups of two, retell text 2 and text 3.

提示：

黄小月问林美玉考得怎么样，林美玉考得还可以……

韩福瑞的听力不太好……

二、说一说，上学期你考得怎么样？你喜欢什么课，不喜欢什么课，为什么？How did you do in the exam last semester? What classes do you like, what classes don't you like, and why?

作业 Homework

听力作业

一、听录音并跟读。Listen to the recording and read after it.

L13H1

1. 快期末了，我在图书馆准备考试。我复习得还可以，因为我喜欢跟中国人聊天，所以我的口语和听力不错，只有多听多说才能学好汉语。我希望我有更多的中国朋友。

2. 这学期我有五门课，我最喜欢口语课，因为口语课很有用。如果多听多说，就能跟中国人聊天儿，能看中国电影了。口语我考了九十分，综合我考得不太好，所以保密。我希望下学期综合课能喜欢我。

二、听对话，选择正确答案。Listen to the dialogues and choose the right answer.

L13H2

1. 福瑞综合考了多少分？

A.90分　　B.88分　　C.89分　　D.91分

2. 英华听力考了多少分？

A. 保密　B. 90分　C. 92分　D. 91分

3. 福瑞有什么建议？

A. 多说　B. 多听　C. 多听多说　D. 多听多写

4. 如果不懂怎么办？

A. 看电影　B. 打扰老师　C. 看录音原文　D. 听录音

5. 英华觉得这个方法怎么样？

A. 有意思　B. 不太好　C. 有用　D. 互相帮助

三、判断对错。True or false.　L13H3

1. 青木最喜欢汉字课。　[ ]
2. 小月的口语很好。　[ ]
3. 只有多说才能学好汉字。　[ ]
4. 小月希望学好听力。　[ ]
5. 青木和小月互相帮助。　[ ]

口语作业

问问朋友们复习得怎么样，考得怎么样，最喜欢什么课，最不喜欢什么课，为什么？把你们的对话写下来。Ask your friends about their final exams and what class they like or dislike the most, and why? Write down your conversation.

自我评价 Self- Evaluation

学完这一课，你对自己的表现满意吗？

评价表 Evaluation Form					
完成质量 Level of completion / 本课目标 Objectives	5 很好	4 好	3 一般	2 较差	1 很差
1.复习询问近况和表达感谢。 Review how to exchange greetings and express gratitude.					
2.复习课程的类型。 Review how to talk about course types.					
3.学习询问学习方法。 Learn to ask about learning methods.					
4.学习提供学习方法，给出学习建议。 Learn to offer advice on learning methods.					
5.自己需要注意的问题：Self-reflection: make a note of what needs to be improved, such as your attitude towards learning or any language-related issue you have.					

第 14 课 我要一个靠窗的座位

wǒ yào yí gè kào chuāng de zuò wèi

I want a seat by the window

目标 Objectives

- 复习询问近况、联系方式和商品的价格。Review how to ask someone how they are doing, how to ask for contact information, and how to ask price.
- 学习购买机票。Learn to buy a plane ticket.
- 学习乘机的相关用语。Learn words and sentences related to air travel.

生词 New Words

L14N1

1.	完	wán	to end, to finish, to complete, to be over
2.	打算	dǎsuàn	to plan; intention
3.	左右	zuǒyòu	about, or so
4.	机票	jīpiào	plane ticket
5.	好像	hǎoxiàng	seem, be like
6.	订	dìng	to book (seats, tickets, etc.)
7.	航空公司	hángkōng gōngsī	airline
8.	预订	yùdìng	[formal] to book
9.	起飞	qǐfēi	(of an aircraft) to take off
10.	航班	hángbān	flight (number)

11.	护照	hùzhào	passport
12.	银行卡	yínhángkǎ	bank card
13.	在线支付	zàixiàn zhīfù	online payment; pay something online
14.	或者	huòzhě	or
15.	身份证	shēnfènzhèng	ID card
16.	机场	jīchǎng	airport
17.	选择	xuǎnzé	to choose
18.	种	zhǒng	kind, type
19.	方式	fāngshì	way, method, means
20.	提前	tíqián	in advance
21.	办理	bànlǐ	to handle, to conduct; to deal with
22.	乘机手续	chéngjī shǒuxù	check–in procedure
23.	祝	zhù	to wish
24.	旅途	lǚtú	journey, trip
25.	愉快	yúkuài	happy, joyful
26.	出示	chūshì	to show
27.	靠窗	kàochuāng	by the window
28.	座位	zuòwèi	seat
29.	行李	xíngli	luggage, baggage
30.	需要	xūyào	to necessitate
31.	托运	tuōyùn	to check; in luggage
32.	随身	suíshēn	carry something with one
33.	携带	xiédài	to carry
34.	检查	jiǎnchá	to check up; to inspect
35.	把	bǎ	to keep
36.	机器	jīqì	machine

37.	登机牌	dēngjīpái	boarding pass
38.	登机口	dēngjīkǒu	boarding gate
39.	大厅	dàtīng	lobby; hall
40.	各自	gèzì	each, by oneself
41.	交换	jiāohuàn	to exchange

补充词汇和表达 Additional words and expressions

1.	曼谷	Màngǔ	Bangkok
2.	笔记本电脑	bǐjìběn diànnǎo	notebook computer; laptop
3.	充电宝	chōngdiàn bǎo	bank power; portable battery
4.	打火机	dǎhuǒjī	lighter
5.	液体	yètǐ	liquid

课文 Texts

1 L14T1

（陈博文和刘子龙在食堂）

陈博文：子龙，考完(wán)试了吗？

刘子龙：考完了。你呢？你考完了吗？

陈博文：我后天才考完。你打算(dǎ suàn)什么时候回国？

刘子龙：一月二十号左右(zuǒyòu)。

陈博文：买机票(jī piào)了吗？

刘子龙：还没有。我不知道怎么买机票。中国人好像(hǎoxiàng)都上

dìng
网订票。

hángkōnggōng sī
陈博文：你也可以给**航空公司**打电话订机票。

刘子龙：是吗？那你知道航空公司的电话号码吗？

yù dìng
陈博文：你打9616796吧。我一直打这个电话**预订**机票。

刘子龙：好的，谢谢你！

回答问题。Answer the questions according to the text.

1. 博文考完试了吗？
2. 子龙打算什么时候回国？
3. 子龙买机票了吗？
4. 中国人一般怎么订机票？
5. 博文怎么订机票？

完成对话。Complete the dialogues.

1. A：子龙，你__________了吗？
   B：__________，你呢？__________？
   A：__________。
2. A：你__________什么时候回国？
   B：__________。
   A：买机票了吗？
   B：__________。

2 L14T2

（刘子龙给航空公司打电话订机票）

客服：先生，您好！请问有什么可以帮您？

màn gǔ
刘子龙：我想订一张去**曼谷**的机票。

客服：您想订几号的？

刘子龙：一月二十号的。有十

qǐ fēi hángbān

点左右**起飞**的**航班**吗？

客服：请稍等！我帮您查一下。

……

客服：先生，您好！有。CZ

七四三三航班，上午九点

五十起飞。

刘子龙：我想订两张，多少钱？

hù zhào

客服：一张一千一百块，一共两千二百块。请说一下您的**护照**号码。

刘子龙：……

yín háng kǎ zài xiàn zhī fù

客服：先生，您可以用**银行卡在线支付**，也可以带着护照

huò zhě shēn fèn zhèng jī chǎng xuǎn

或者身份证到**机场**售票处付款取票，请问您**选**

zé zhǒng fāng shì

择哪一**种**付款**方式**呢？

刘子龙：我想在线支付。

（刘子龙付完款）

tí qián bàn lǐ

客服：先生，已经帮您订好了。请**提前**两小时到机场**办理**

chéng jī shǒu xù zhù lǚ tú yú kuài

乘机手续。**祝**您**旅途愉快**！

回答问题。Answer the questions according to the text.

1. 子龙怎么订机票？

2. 子龙想订几点起飞的航班？

3. 电话订票需要什么？

4. 子龙可以选择哪几种付款方式？

5. 子龙选择了什么付款方式？

完成对话。Complete the dialogues.

1. A：你想订几号的机票？

   B：__________，有__________起飞的__________吗？

   A：有/没有。

2. A：__________，您可以使用__________支付，也可以__________付款。请问您选择哪一种__________呢？

   B：我想__________支付。

3 L14T3

（刘子龙和林美玉到机场办理登机手续）

工作人员：先生、女士，您好！请出示(chū shì)一下护照。

刘子龙：给您。

工作人员：好的，请稍等。

林美玉：我想要一个靠窗(kàochuāng)的座位(zuòwèi)。

工作人员：好的，两位要坐在一起吗？

刘子龙：对。

工作人员：好的。请问您有行李(xíng li)需要(xū yào)托运(tuō yùn)吗？

刘子龙：嗯，这两个箱子需要托运。

工作人员：笔记本电脑(bǐ jì běn diàn nǎo)、充电宝(chōng diàn bǎo)请随身携带(suí shēn xié dài)，打火机(dǎ huǒ jī)不能带上飞机，液体(yè tǐ)不能托运。请检查(jiǎnchá)一下，然后把(bǎ)行李放在机器(jī qì)上。

刘子龙：好的。

工作人员：先生，行李托运办好了。这是您的护照和**登机**(dēng jī)**牌**(pái)，请到十八号**登机口**(dēng jī kǒu)登机。祝您旅途愉快！

刘子龙：谢谢你。

回答问题。Answer the questions according to the text.

1. 美玉想要哪儿的座位？
2. 他们有行李需要托运吗？
3. 什么不能随身携带？什么不能托运？
4. 办理登机手续后，他们拿到了什么？

5 他们在哪儿登机？

完成对话。Complete the dialogues.

1. A：________还有________的位置吗？我想要一个________的座位。
   B：有/没有。
2. A：请问您有__________需要__________吗？
   B：这个箱子需要托运/不需要。
   A：请您________一下，然后把_________放在________上。

4 L14T4

考完试了，刘子龙和林美玉打算一月二十号左右回泰国。陈博文告诉刘子龙可以打电话给航空公司订票。刘子龙订了两张一月二十号的飞机票，一共两千二百元。他和林美玉早上八点到了机场，在**大厅**(dà tīng)办理了登机牌和行李托运。上了飞机，他们找到了**各自**(gè zì)的座位，刘子龙说他想看看窗外的风景，林美玉跟他**交换**(jiāohuàn)了座位。

根据提示复述课文。Retell the text according to the information provided.

考完试了，刘子龙和林美玉 …… 一月二十号 …… 回泰国。陈博文 …… 刘子龙 …… 打电话给航空公司 …… 。刘子龙订了两张 …… 的飞机票，…… 元。他和林美玉早上八点到了 ……，在 …… 办理了 …… 和 …… 。上了 ……，他们找到了 ……，刘子龙说他 ……，林美玉跟他 …… 。

注释 Notes

一、打算

"打算" can be used as a verb or a noun in Chinese, meaning "to plan to do sth." or "plans".

Examples:

（1）你打算去哪儿？（Where are you planning to go?）

（2）他打算回家吃饭。（He plans to go home for dinner.）

（3）星期天的活动你有什么打算？（What are your plans for Sunday's activities?）

二、左右

"左右" is used after numerals or numeral phrases to denote approximation.

Examples:

（1）他爷爷今年70岁左右。（His grandfather is about 70 years old.）

（2）现在十点左右。（It's about ten o'clock now.）

（3）这台电脑五千元左右。（This computer costs about 5,000 yuan.）

练习 Exercises

听力练习

一、声母和韵母练习。 Initials and finals exercises.

（一）听录音，写韵母。Listen and write down the finals. L14E1

1.h____	2.sh____	3.ch____	4.h____	5.g____
6.x____	7.l____	8.k____	9.ch____	10.d____
11.d____	12.j____	13.g____	14.j____	15.f____

（二）听录音，写声母。Listen and write down the initials. L14E2

1.____án	2.____suàn	3.____iào	4.____ǎo	5.____ēn
6.____òu	7.____āng	8.____éng	9.____ǒu	10.____uò
11.____uō	12.____è	13.____iāo	14.____ǎ	15.____ú

（三）在横线上写出你听到的拼音。Write down the pinyin you hear in the blank. L14E3

1.Nǐ kǎo de____?

2.Nǐ ____shénme shíhou huí guó?

3.Wǒ ____de shì Nánfāng hángkōng gōngsī de jīpiào.

4.Yǒu xiàwǔ liǎng diǎn zuǒyòu qǐfēi de____ma?

5.Qǐng nín dài shàng____, tíqián liǎng xiǎoshí dào jīchǎng bànlǐ chéngjī shǒuxù.

6.Wǒ____yí gè kào guòdào dezuòwèi.

7.Wǒ yào bànlǐ ____tuōyùn.

8.Qǐng ná hǎo nín de hùzhào hé____, dào sānshíèr hào dēngjīkǒu dēngjī.

9.Nínhǎo, zhè lǐmiàn shì wǒ de____, qǐng ràng wǒ jìnqù yí xià.

10.Wǒ xiǎng kànkan chuāng wài de____, zánmen liǎ huàn gè zuòwèi ba.

11.Qǐng nín tíqián liǎng xiǎoshí dào jīchǎng bànlǐ________.

12.Zhù nín________.

13.Qǐngwèn nín yǒu xíngli xūyào________ma?

14.Dǎhuǒjī bù néng dài shàng____.

15.____ bù néng tuōyùn.

（四）选择你听到的音节。Choose the syllables you hear. L14E4

1.jīpiào — jībiào	2.shénme — zěnme	3. kǎowán — gǎowán
4.xuéde — juéde	5.píngcháng — jīngcháng	6.zhǐyòng — shǐyòng
7.tīngde — dīngde	8.duōshuō — duōzuò	9.qǐfēi — qīfēi
10.zhù — chù	11.dēngjīkǒu — dēngjīgǒu	12.zhuòwèi — zuòwèi
13.dàtīng — dàdīng	14.kàochuāng — kàocuāng	15.dǎhuǒjī — tǎhuǒjī

二、声调练习。Tone exercises.

（一）听后标出声调。Listen and mark the tones. L14E5

xiaoyao-fawai	huisheng-huise	yaotiao-shunü	qingguo-qingcheng
1.逍遥法外	2.绘声绘色	3.窈窕淑女	4.倾国倾城
qianjun-wanma	huahao-yueyuan	niannian-youyu	qingmei-zhuma
5.千军万马	6.花好月圆	7.年年有余	8.青梅竹马

（二）判断对错。True or false. L14E6

1.Zánmen míngtiān jiù qù ba. [ ]

2.Wǒmen qù mǎi piáo ba. [ ]

3.Píngguǒ sì kuài yì jīn. [ ]

4.Zhè shì nǐ de shǒujī ma？ [ ]

5.Zhè shì yí gè shìpín. [ ]

6.zuò wǔshíèr lù kéyǐ dào. [ ]

7.Zěnyàng cái néng xué hǎo hànyǔ？ [ ]

8.Nǐmen shénme shíhou chī wánfàn？ [ ]

9.Qǐngwèn zhè jiān shì jiàoshì ma？ [ ]

10.Wǒ yùdìng le bá yuè shí hào de jīpiào. [ ]

三、句子练习。Sentence exercises.

听后跟读。Listen and read. L14E7

考完试了，李志强打算一月二十五号左右回老挝。韩福瑞告诉李志强可以在航空公司官网订机票。最后，李志强订了一张一月二十五号的飞机票，花了一千五百块钱。他下午两点到了机场，在大厅办理了登机牌和行李托运，挑选了一个靠窗的座位。上了飞机，他找到了自己的座位。晚上八点他到了万象。

四、听力理解练习。Listening comprehension exercises.

（一）听句子，选择合适的回答。 Listen to the sentences and choose the right answer. L14E8

1.A.听力考试　B.口语考试　C.明天考试　D.考完了

2.A.考完了　B.买机票了　C.下周末　D.后天考试

3.A.谢谢你　B.9616796
C.aichina.@126.com　D.1月20号

4.A.星期一　B.8点　C.1月20号　D.周末

5.A.一张机票800元　B.两张机票2000元
C.在线支付　D.一张机票1800元

6.A.现金支付　B.护照　C.身份证　D.学生证

7.A.星期天　B.10点　C.靠窗　D.登机

8.A.这是我的箱子　B.有　C.靠窗　D.10点

9.A.12点起飞的航班　B.我这周末才考完试
C.从58号登机口登机　D.10点登机

10.A.需要学生证　B.需要警官证
C.需要护照或身份证　D.需要学生卡

（二）听对话，选择正确答案。 Listen to the dialogues and choose the right answer. L14E9

1.A.简单　B.不太标准　C.有点儿难　D.不知道

2.A.难　B.很难　C.有点儿难　D.不太难

3.A.她喜欢口语　B.她的口语很好
C.她喜欢聊天儿　D.她喜欢和中国人聊天儿

4.A.看书　B.多写　C.多听　D.多练

5.A.图书馆旁边　B.食堂旁边　C.后门旁边　D.操场旁边

6.A.1月10号	B.这周末	C.1月25号	D.10点
7. A.去机场买	B.打电话买	C.找别人帮忙买	D.在网上买
8. A.曼谷	B.万象	C.雅加达	D.北京
9. A.8点	B.10点	C.11点	D. 12点
10.A.800元	B.1000元	C. 1200元	D.1600元
11.A. 手机支付	B.刷卡支付	C.现金支付	D.支付宝支付
12.A. 来晚了	B.没带钱	C.没带护照	D.没带行李

五、听说练习。Listen and speak.

（一）听录音，用给出的词回答问题。Listen to the recording and answer questions with the given words. L14E10

1.1月18号

2.网上订票

3.行李

4.9点左右

5.在线支付

6.靠窗

7.一个箱子

8.笔记本电脑、充电宝、打火机和液体

9.登机牌、行李、托运

10.28号登机口

（二）听录音，回答下列问题。 Listen to the recording and answer the following questions. L14E11

1.他想订几号的航班？

2.他想要去哪儿？

3.他订了几点的航班？

4.一张机票多少钱？

5.他怎么支付？

口语练习

一、找出正确的句子，并读一读。 Find out the correct sentences and read.

1. Zǐlóng gěiwǒ kànle yígè chǔfāng.
   Zǐlóng gěiwǒ kànle yígè chúfáng.
2. Zǒngsuàn duǒguò le zhècì kǎoshì.
   Zǒngsuàn tōngguò le zhècì kǎoshì.
3. Chúle fúshì háiyǒu biéde dōngxi.
   Chúle fùxí háiyǒu biéde dōngxi.
4. Xiǎo dìfang méiyǒu gōngyuán.
   Xiǎo dìfang méiyǒu gōngyǎn.
5. Qǐng jièshào yíxià tiānqì.
   Qǐng jièshào yíxià diànqì.

二、朗读下列句子。Read the following sentences.

1. 你打算什么时候回国？
2. 你可以打电话给航空公司订机票。
3. 请问，有五号去曼谷的航班吗？
4. 最早的航班什么时候起飞？
5. 我想订两张机票，多少钱？
6. 请问您选择哪一种付款方式呢？
7. 请您提前两小时到机场办理乘机手续。
8. 我想要一个靠窗的座位。
9. 请问您有行李需要托运吗？
10. 请您拿好护照和登机牌，到三号登机口登机。

三、根据你的情况说一说。Practice speaking with your own information.

__________了，刘子龙和林美玉打算一月二十号__________回泰国。陈博文告诉刘子龙可以给航空公司__________。刘子龙订了两张一月二十号的__________，一共两千二百元。他和林美玉早上八点到了__________，在__________办理了__________和__________。上了飞机，他们找到了各自的__________。

四、完成对话。Complete the dialogues.

（一）

A：考____________试了吗？

B：____________，你呢？

A：我也____________。你____________什么时候回国？

B：____________号左右。

A：买____________了吗？

B：还没有。我不知道怎么买机票，你____________我吧。

A：__________。

（二）

A：先生，您好！请问____________？

B：请问，有____________号去____________的航班吗？

A：____________号有航班去____________。

B：最早的航班____________起飞？

A：____________起飞。

B：我____________，多少钱？

A：____________元。

B：好的。

A：先生，请问您选择哪一种____________？

B：我想____________。

A：先生，已经帮您__________了。请您________两小时到机场办理

_______________。祝您_______________！

（三）

A：（先生/女士），您好！请您出示一下__________。

B：给你。

A：好的，请_______________。

B：我想要一个_______________的座位。

A：请问您有行李需要__________吗？

B：嗯，这个__________需要托运。

A：请您_______________，然后把行李放在__________上。

A：（先生/女士），__________办好了。这是您的__________和___________，请到_______号________登机。祝您__________！

B：谢谢你。

五、根据提示完成对话。Complete the dialogues with the information provided.

1.关键词：打算

提示：A：这个星期天你有什么打算？

B：我打算……。

2.关键词：左右

提示：A：她今年多大？

B：她今年……岁左右。

3.关键词：好像

提示：A：许老师有什么爱好？

B：她……。

课堂活动

五人一组，互相询问回家时间、购买机票的方式等，完成表格。In groups of five, ask each other such questions as “When do you plan to go home?” and “How did you pay for your flight?”, and then complete the table below.

姓名	回家时间	购买机票方式	机票价格	付款方式	座位	行李托运	登机口
刘子龙	1月20号早上10点	电话订票	2200	在线支付	靠窗	有	18

作业 Homework

听力作业

一、听录音并跟读。 Listen to the recording and read after it.

L14H1

1.考完试了，杨天爱打算2月5号左右回菲律宾。韩福瑞告诉杨天爱可以在航空公司的网站上订票。杨天爱订了2月5号的飞机票，花了1800元。

2.她下午两点到机场，在大厅办理了登机牌和行李托运，她选择了靠窗的位置，想看看窗外的风景。上了飞机，她找到了自己的座位。

二、听对话，选择正确答案。 Listen to the dialogues and choose the right answer.

L14H2

1.志强什么时候考完试？

A.明天　　B.后天　　C.星期四　　D.星期五

2.小月买了什么时候的机票？

A.1月15号　　B.1月16号　　C.1月18号　　D.1月20号

3.小月的机票多少钱？

A.1800 B.2000 C.2500 D.2800

4.小月的座位在哪儿?

A.靠过道 B.靠窗 C.靠中间 D.靠后

5.小月的登机口是几号?

A.16 B.26 C.30 D.36

三、判断对错。True or false. L14H3

1.韩福瑞打算2月12号回美国。 [ ]

2.韩福瑞在网上订机票。 [ ]

3.韩福瑞订了2月5号的飞机票。 [ ]

4.韩福瑞的座位靠窗。 [ ]

5.韩福瑞在18号登机口登机。 [ ]

口语作业

快期末考试了，你准备考试结束就回家，请打电话告诉你的妈妈这个消息，内容包括：考完试的时间、回家的时间、乘坐的航班等信息。The final exam is coming, and you plan to go home after the exam. please call your mother and talk to her about your plan, including when the exam will be over, when will you be home, your flight information, etc.

自我评价 Self- Evaluation

学完这一课，你对自己的表现满意吗?

评价表 Evaluation Form					
完成质量 Level of completion / 本课目标 Objectives	5 很好	4 好	3 一般	2 较差	1 很差
1. 复习询问近况、联系方式和商品的价格。 Review how to ask someone how they are doing, how to ask for contact information, and how to ask price.					
2. 学习购买机票。 Learn to buy a plane ticket.					
3. 学习乘机的相关用语 Learn words and sentences related to air travel.					
4. 自己需要注意的问题：Self-reflection: make a note of what needs to be improved, such as your attitude towards learning or any language-related issue you have.					

第 15 课　我寒假打算去泰国

wǒ hán jià dǎ suan qù tài guó

I am going to Thailand during the winter vacation

目标 Objectives

- 复习发出邀请、接受邀请和婉言谢绝。 Review how to give out, accept or decline an invitation.
- 学习谈论天气和着装。 Learn to talk about weather and what to wear.
- 学习谈论节日和习俗。Learn to talk about festivals and customs.

生词 New Words

L15N1

1.	冬天	dōngtiān	winter
2.	极了	jíle	extremely
3.	雪	xuě	snow
4.	比	bǐ	than
5.	暖和	nuǎnhuo	warm
6.	穿	chuān	to wear
7.	厚	hòu	thick
8.	外套	wàitào	overcoat
9.	羡慕	xiànmù	to admire, to envy
10.	羽绒服	yǔróngfú	down jacket/coat
11.	邀请	yāoqǐng	to invite

12.	寒假	hánjià	winter vacation
13.	凉季	liángjì	the cool season
14.	热季	rèjì	the hot season
15.	雨季	yǔjì	the rainy season
16.	总是	zǒngshì	always
17.	凉快	liángkuài	（weather）pleasantly cool
18.	季节	jìjié	season
19.	游客	yóukè	visitor, tourist
20.	导游	dǎoyóu	tour guide
21.	免费	miǎnfèi	free of charge
22.	合适	héshì	suitable
23.	短袖	duǎnxiù	short sleeves
24.	短裤	duǎnkù	shorts, short pants
25.	庆祝	qìngzhù	to celebrate
26.	活动	huódòng	activity
27.	期待	qīdài	to expect, to anticipate, to look forward to
28.	消息	xiāoxi	news, information
29.	灵通	língtōng	well-informed, having quick access to information
30.	华人	huárén	Chinese
31.	重要	zhòngyào	important
32.	节日	jiérì	festival, holiday
33.	日期	rìqī	date
34.	习俗	xísú	custom, convention
35.	传统	chuántǒng	traditional
36.	长辈	zhǎngbèi	elder
37.	会	huì	will

38.	晚辈	wǎnbèi	younger
39.	春天	chūntiān	spring
40.	夏天	xiàtiān	summer
41.	秋天	qiūtiān	autumn
42.	体验	tǐyàn	to experience

补充词汇和表达 Additional words and expressions

1.	春节	chūnjié	the Spring Festival
2.	世界闻名	shìjièwénmíng	world-renowned
3.	万佛节	wànfójié	Makha Bucha Festival
4.	年夜饭	niányèfàn	family reunion dinner on the Lunar New Year's Eve
5.	放鞭炮	fàng biānpào	to set off firecrackers
6.	拜年	bàinián	to pay a New Year's call, to wish sb. a happy new year
7.	除夕	chúxī	Chinese New Year's Eve
8.	压岁钱	yāsuìqián	lucky money (money given to children as a Lunar New Year gift)

课文 Texts

1 L15T1

(韩福瑞和陈博文微信聊天儿)

韩福瑞：博文，你最近怎么样？

陈博文：挺好的。我现在在北京，准备过春节(chūn jié)。

韩福瑞：北京的冬天(dōngtiān)冷不冷？

陈博文：冷**极了**（jí le）。昨天北京下**雪**（xuě）了。

韩福瑞：厦门**比**（bǐ）北京**暖和**（nuǎnhuo），但昨天下雨了，有点儿冷。我已经**穿厚外套**（chuān hòu wàitào）了。

陈博文：真**羡慕**（xiànmù）你，我都穿**羽绒服**（yǔróngfú）了。

韩福瑞：对了，你春节后有什么打算？

陈博文：我打算出国旅游，但还没想好去哪儿。

韩福瑞：是这样的，刘子龙**邀请**（yāoqǐng）我们春节后去泰国玩儿，你想跟我们一起去吗？

陈博文：好呀，我一直很想去泰国旅游呢。

韩福瑞：太好了！我们先打电话问问他，再准备行李。

回答问题。Answer the questions according to the text.

1. 博文最近怎么样？
2. 北京的冬天很冷吗？穿什么衣服？
3. 现在在厦门穿什么？
4. 博文春节后有什么打算？
5. 福瑞一会儿先做什么？再做什么？

完成对话。Complete the dialogues.

1. A：__________的冬天是不是很__________？
   B：__________极了，昨天__________。
2. A：__________比__________，我现在穿__________。
   B：真羡慕你，我都穿__________。

（陈博文和刘子龙微信视频聊天）

陈博文：喂，子龙，你**寒假**(hán jià)打算怎么过？

刘子龙：我打算在泰国旅游。

陈博文：泰国的天气怎么样？

刘子龙：泰国现在是**凉季**(liáng jì)，不像**热季**(rè jì)那么热，也不像**雨季**(yǔ jì)**总是**(zǒng shì)下雨，是泰国最**凉快**(liángkuai)的**季节**(jì jié)。

陈博文：听说很多中国**游客**(yóu kè)都在这个时候去泰国旅游。

刘子龙：是的。欢迎你们寒假来泰国旅游。我可以给你们当**导游**(dǎoyóu)，**免费**(miǎn fèi)！

陈博文：真的吗？太好了！我一直很想去泰国！

刘子龙：泰国的美食和美景可是**世界闻名**(shì jiè wénmíng)！

陈博文：太好了！那泰国凉季穿什么衣服比较**合适**(hé shì)呢？

刘子龙：现在可以穿**短袖**(duǎn xiù)和**短裤**(duǎn kù)。

陈博文：好啊，现在泰国有什么好玩儿的？

刘子龙：三月十五号是泰国**万佛节**(wàn fó jié)，很热闹，有很多**庆祝**(qìngzhù)**活动**(huódòng)，很有意思。

陈博文：好极了，我非常**期待**(qī dài)！

回答问题。Answer the questions according to the text.

1. 子龙寒假打算怎么过？

2. 现在泰国的天气怎么样？

3. 泰国的什么世界闻名？
4. 泰国的凉季穿什么衣服比较合适？
5. 去泰国有什么好玩儿的？

完成对话。Complete the dialogues.

1. A：__________的天气怎么样？
   B：__________现在是__________，不像__________，也不像__________，__________的季节。
2. A：穿什么衣服__________呢？
   B：现在可以穿__________。

3 L15T3

（黄小月和韩福瑞微信聊天）

黄小月：福瑞，听说你们寒假打算去泰国旅游？

韩福瑞：是的，你的**消息**(xiāo xi)真**灵通**(língtōng)。你想跟我们一起去吗？

黄小月：不好意思，我寒假要回印尼过春节。

韩福瑞：你也过春节？

黄小月：是的，春节也是我们印尼**华人**(huárén)的**重要节日**(zhòngyào jié rì)。

韩福瑞：春节是几月几号？

黄小月：今年的春节在一月二十五日，每年春节的**日期**(rì qī)都不一样。

韩福瑞：印尼华人怎么过春节？跟中国春节的**习俗**(xí sú)一样吗？

黄小月：差不多，我们也会吃**年夜饭**(nián yè fàn)、**放鞭炮**(fàngbiānpào)、**拜年**(bàinián)。

韩福瑞：什么是年夜饭？

chú xī　　　　　　　　　　　　　　　chuántǒng

黄小月：就是一家人在**除夕**一起吃晚饭，有很多印尼**传统**美食，我们一般很少吃饺子。

zhǎngbèi　huì　wǎnbèi　yā suì qián

韩福瑞：春节的时候**长辈**也**会**给**晚辈**发**压岁钱**吗？

黄小月：会。我小的时候，每年春节都能收到很多压岁钱。所以我特别喜欢过春节。

韩福瑞：真是太有意思了，又有好吃的，又有好玩儿的，又有压岁钱，我也喜欢过春节。

黄小月：欢迎你明年寒假来印尼旅游，来我家过春节！

回答问题。Answer the questions according to the text.

1. 小月去泰国吗？
2. 今年春节是几月几号？
3. 印尼华人怎么过春节？
4. 什么是年夜饭？
5. 谁给谁压岁钱？

完成对话。Complete the dialogues.

1. A：你的消息真__________。你想跟我们一起去吗？
   B：__________。
2. A：__________跟__________的习俗一样吗？
   B：__________我们__________。

4　　　　　　　　　　　　　　　　　　L15T4

chūntiān　xià tiān　qiū tiān

刘子龙：中国有四个季节，**春天**、**夏天**、**秋天**和冬天。北方的冬天很冷，有时候下雪，所以要穿很厚的羽绒服。冬天最重要的传统节日是春节。中国人春节都要回家，人们吃年夜饭、放鞭炮、拜年，热闹极了！我希望明年能在中国过春节。今年冬天，福瑞和博文打算来泰国旅游。我打算带他们在曼谷逛逛，让他们体验（tǐ yàn）一下泰国的万佛节。我非常期待他们的到来。

根据提示复述课文。Retell the text according to the information provided.

…… 有 …… 个季节，…… 和 ……。北方的 …… 很 ……，有时候 ……，所以要穿很厚的 ……。冬天最重要的传统节日是 ……。中国人春节都要 ……，人们吃 ……、放 ……、……，…… 极了！我希望 ……。今年冬天，福瑞和博文打算 ……。我打算带他们在曼谷 ……，让他们 …… 一下泰国的万佛节。我非常 …… 他们的到来。

注释 Notes

一、A 比 B + adj.

“A 比 B+adj.” is used to compare A and B, meaning A is more … than B.

Examples:

（1）他比我高。（He is taller than I am.）

（2）我觉得冬天比夏天舒服。（I think winter is more comfortable than summer.）

（3）手机支付比现金支付方便。（Mobile payment is more convenient than cash.）

二、对了

“对了” is used when someone suddenly remembers something they wanted to mention.

Examples:

（1）A：我先走啦！（I'm gonna go.）

B：对了，你的书还在我这儿。（By the way, I still have your book.）

（2）A：我把快递放在你的桌子上了。（I put the package on your desk.）

B：好的，谢谢。对了，周五有空吗？来我家吃饭吧。（Okay, thank you.By the way, are you free on Friday? Come over to my house for dinner.）

（3）A：李从要结婚了。（Li Cong is getting married.）

B：是吗？对了，他现在在哪儿上班？（Is he? By the way, where does he work now?）

三、是这样的

"是这样的" is often used in dialogues to introduce an explanation, comment or opinion that relates to something that has just been said.

Examples：

（1）A：我觉得二楼的米粉挺好吃的，我们去那儿吃吧！（I think the rice noodles on the second floor are very delicious. How about we go there!）

B：是这样的，我和美云已经说好去三楼吃饭了。（Well the thing is Meiyun and I have agreed to have dinner on the third floor.）

（2）A：要不我们周六去爬山。（Let's go mountain climbing on Saturday.）

B：是这样的，我周六还要上班，就不出去玩了。（Here's the thing. I have to work on Saturday, so I can't go out.）

（3）A：我还不知道要选哪件衣服。（I don't know which one to choose.）

B：是这样的，我觉得这件衬衫很适合你，价格也不贵。（Well, I think this shirt suits you well and it's not expensive.）

四、你的消息真灵通

"你的消息真灵通" means you're very well-informed. It refers to someone's ability to have full access to information in a timely manner.

Examples：

（1）A：下周你要订婚了，是真的吗？（Is it true that you will be engaged

next week?）

B：是的，你的消息真灵通。（Yes, you're very well informed.）

（2）A：听说你上周去泰国旅游了？（I heard that you visited Thailand last week?）

B：挺好玩儿的，你的消息真灵通。（Yes, you're very well informed.）

（3）A：汤姆告诉我今天是你的生日，祝你生日快乐！（Tom told me today is your birthday. Happy birthday to you!）

B：谢谢！你的消息真灵通。（Yes, you're very well informed.）

练习 Exercises

听力练习

一、声母和韵母练习。Initials and finals exercises.

（一）听录音，写韵母。Listen and write down the finals. L15E1

1.t____ 2.m____ 3.f____ 4.d____ 5.n____

6.h____ 7.k____ 8.d____ 9.x____ 10.zh____

11.f____ 12.ch____ 13.t____ 14.b____ 15.l____

（二）听录音，写声母。Listen and write down the initials. L15E2

1.___í 2.___ī 3.___ǎo 4.___óu 5.___ài

6.___iáng 7.___ià 8.___àn 9.___ú 10.___ā

11.___ián 12.___iān 13.___ào 14.___ī 15.___ìng

（三）在横线上写出你听到的拼音。Write down the pinyin you hear in the blank. L15E3

1. Nǐ ________ zěnme yàng？
2. Zuótiān Běijīng ________ le.
3. Xiàmén bǐ Běijīng ________.
4. Běijīng de ________ lěng bu lěng？
5. Nǐ chūnjié hòu yǒu shénme ________？
6. Wǒ dōu chuān ________ le.

7. Nǐ xiǎng gēn wǒmen ________ qù ma ?

8. Wǒ dǎsuàn chū guó ________.

9. Gēn Zhōngguó chūnjié de ________ yíyàng ma ?

10.Nǐ de xiāoxi zhēn ________.

11.Wǒ yǐjīng chuān ________le.

12.Nǐ ________dǎsuàn zěn me guò?

13.Wǒ kěyǐ gěi nǐ men dāng________, miǎnfèi.

14.Tàiguó de měishí hé měijǐng kěshì________.

15.Chūnjié yě shì wǒmén yìnní huárén de________ jiérì.

（四）选择你听到的音节。Choose the syllables you hear. L15E4

1.dǎoyóu — bāoyóu	2.fàngxià — hánjià	3.qìngzhù — qínzhù
4. yāoqǐng — yāoxǐng	5.géshì — héshì	6.zhǔnbèi — chūbèi
7. tuǎnxiū — duǎnxiù	8.yǔjì — yùjì	9.chòngdiào — zhòngyào
10.wàitào — tàitào	11.língdōng — língtōng	12.xiāoxi — xiāojī
13.xísú — xíshú	14.miǎnhèi — miǎnfèi	15.qīdài — xīdài

二、声调练习。Tone exercises.

（一）听后标出声调。Listen and mark the tones. L15E5

youran–zide	meifei–sewu	liaoshi–rushen	pingyi–jinren
1. 悠然自得	2. 眉飞色舞	3. 料事如神	4. 平易近人
chizhiyiheng	boda–jingshen	nengshuo–huidao	bashan–sheshui
5. 持之以恒	6. 博大精深	7. 能说会道	8. 跋山涉水

（二）判断对错。True or false. L15E6

1.Wǒ xiànzài zài Běijīng，zhǔnbèi guò chúnjiē. [ ]

2.Lěng jí le. Zuótiān Běijīng xià dàxuè le. [ ]

3.Zhēn qiànmù nǐ，wǒ dōu chuān yǔróngfú le. [ ]

4.Tā yàoqǐng wǒmen chūnjié hòu qù Tàiguó wánr. [ ]

5.Liángjì shì Tàiguó zuì liángkuài de jìjiē. [ ]

6.Wǒ kěyǐ gěi nǐmen dāng dàoyǒu，miǎnfèi！ [ ]

7.Nǐ de xiāoxi zhēn língtōng. [ ]

8.Zhōngguó de dōngtiān dé chuān hòu yīfu. [ ]

9.WànfóJié hěn rènao, yǒu hěnduō jìngchù huódòng. [ ]

10.Zhǎngbèi yě huì gěi wǎnbèi fā yāsuì qián ma? [ ]

三、句子练习。Sentence exercises.

听后跟读。Listen and read. L15E7

泰国有三个季节，热季、雨季、凉季，泰国一般很热，所以要穿短袖和短裤。在凉季我们有万佛节，我们会在寺庙和街上举行庆祝活动，热闹极了！我希望明年能在中国过春节，听说中国的春节会吃年夜饭、放鞭炮，很有意思！这个凉季福瑞和博文打算来泰国旅游。我打算带他们在曼谷逛逛，让他们体验一下泰国的万佛节。我非常期待他们的到来。

四、听力理解练习。Listening comprehension exercises.

（一）听句子，选择合适的回答。Listen to the sentences and choose the right answer. L15E8

1.A.很冷　B.很热　C.太阳很大　D.下雨

2. A.夏天　B.冬天　C.挺好的　D.太阳

3.A.谢谢你　B.好呀　C.凉季　D.不用客气

4.A.星期一　B.1月25日　C.是呀　D.重要节日

5.A.200块　B.会呀　C.500块　D.好呀

6.A.穿短袖和短裤　B.得穿羽绒服
C.在泰国旅游　D.吃年夜饭、放鞭炮、拜年

7.A.吃早饭　B.10点起床　C.去工作　D.登机

8.A.穿厚外套　B.穿羽绒服　C.穿短袖和短裤　D.冷极了

9.A.期待他们的到来　B.有很多庆祝活动
C.重要节日　D.你的消息真灵通

10.A.就是一起去街上玩　B.就是一起吃饭
C.就是一家人在除夕晚上一起吃晚饭　D.就是一起过春节

（二）听对话，选择正确答案。Listen to the dialogues and choose the right answer. L15E9

1.A.北京	B.厦门	C.哈尔滨	D.曼谷
2.A.下雨了	B.下雪了	C.出太阳	D.阴天
3.A.羽绒服	B.短袖	C.厚外套	D.短裤
4.A.在中国旅游	B.在北京旅游	C.在厦门旅游	D.出国旅游
5.A.泰国	B.老挝	C.越南	D.印尼
6.A.很热	B.太阳很大	C.下雨	D.下雪
7.A.爬山	B.导游	C.游泳	D.滑雪
8.A.短裤	B.短袖和短裤	C.外套	D.短袖
9.A.游泳	B.跑步	C.旅游	D.打球
10.A.春节	B.泼水节	C.圣诞节	D.元宵节
11.A.吃午饭	B.吃晚饭	C.在除夕吃晚饭	D.在春节吃饭
12.A.钱	B.压岁钱	C.糖	D.肉

五、听说练习。Listen and speak.

（一）听录音，用给出的词回答问题。Listen to the recording and answer questions with the given words. L15E10

1. 下雨、有点冷
2. 出国、旅游、泰国
3. 不冷、凉快
4. 年夜饭、鞭炮、压岁钱
5. 除夕、晚饭
6. 短袖、短裤
7. 一直、旅游
8. 导游、期待
9. 北京、准备、春节
10. 今年、每年、日期

（二）听录音，回答下列问题。Listen to the recording and answer the following questions. L15E11

1. 青木暑假打算做什么？
2. 中国的夏天穿什么衣服合适？
3. 厦门有什么好玩儿的？
4. 夏天有什么节日？
5. 端午节有什么习俗？

口语练习

一、找出正确的句子，并读一读。Find out the correct sentences and read.

1.Xiàmén bǐ běijīng nuǎnhuo.
Shàmén bǐ běijīng nuǎnhuo.
2.Wǒ kěyǐ gěi nǐ dāng dǎoyóu.
Wǒ kěyǐ gěi nǐ dāng hǎoyǒu.
3.Yǒu hěn duō qìngzhù huódòng，hěn yǒu yìsi.
Yǒu hěn duō qìngsù huódòng，hěn yǒu yícì.
4.Nǐ de xiāoxī zhēn língtōng.
Nǐ de xiāoqī zhēn língdōng .
5.Wǒ dě chuān jǔróngfú.
Wǒ děi chuān yǔróngfú.

二、朗读下列句子。Read the following sentences.

1.我现在在北京，准备过春节。
2.但昨天下雨了，有点儿冷。
3.但还没想好去哪儿。
4.我们先打电话问问他，再准备行李。
5.不像热季那么热，也不像雨季总是下雨。

6. 泰国的美食和美景可是世界闻名！

7. 那有什么好玩儿的呢？

8. 所以我特别喜欢过春节。

9. 真羡慕你，我都穿羽绒服了。

10. 我非常期待他们的到来。

三、根据你的情况说一说。Practice speaking with your own information.

________有______个季节，________和________。________的__________很______，有时候________，所以要穿________。__________里最重要的传统节日是________。________人________节都要________，人们________，热闹极了！我希望明年能在______过______。今年冬天韩福瑞和陈博文打算来______旅游。我打算带他们在________逛逛，让他们体验一下________的________。我非常期待他们的到来。

四、完成对话。Complete the dialogues.

（一）

A：__________的夏天热不热？

B：__________极了，昨天__________度。

A：__________比__________凉快，我已经穿__________了。

B：真羡慕你，我们每天穿__________。

A：你__________后有什么打算？

B：我打算__________。

（二）

A：__________的天气怎么样？

B：__________现在是__________，不像__________，也不像__________。

A：真好！那__________穿什么衣服比较合适呢？

B：现在可以穿__________。

A：有什么好玩儿的呢？

B：__________月__________号是__________，__________。

（三）

A：你暑假跟我们一起去__________吗？

B：不好意思，我暑假要__________。

A：__________是几月几号？

B：是__________，我们会__________、__________。

五、根据提示完成对话。Complete the dialogues with the information provided.

（一）关键词：…… 比 ……

1. 提示：

A：飞机和火车哪个快？哪个慢？

B：……

2. 提示：

A：北京的冬天和厦门的冬天，哪个冷？哪个暖和？

B：……

（二）关键词：是这样的

1. 提示：

A：没有靠窗的座位了，看来大家都喜欢靠窗的座位啊。

B：……，靠窗的座位可以 …… 。

（三）关键词：不像 …… 也不像

1. 提示：

A：什么季节比较舒服？

B：春天，…… 夏天那么热，…… 冬天那么冷。

2. 提示：

A：这件羽绒服怎么样？

B：挺好的，…… 白色的外套那么薄，…… 那件羽绒服那么贵。

课堂活动

四人一组，和朋友说一说你家乡有几个季节？天气怎么样？穿什么衣服合适、有什么好玩儿的？ In groups of four, tell your friends how many seasons there are in your hometown, what the weather is like, what to wear in different seasons and what's fun to do?

作业 Homework

听力作业

一、听录音并跟读。Listen to the recording and read after it.

L15H1

1. 陈博文在北京准备过春节，北京很冷，昨天下雪了。韩福瑞在厦门，厦门比北京暖和，陈博文打算去旅游，他和韩福瑞一起去泰国找刘子龙玩儿。

2. 泰国现在是凉季，不像热季那么热，也不像雨季总是下雨，是泰国最凉快的季节。很多游客现在去泰国旅游，穿短袖和短裤比较合适，还有很多传统节日，很有意思。

二、听对话，选择正确答案。Listen to the dialogues and choose the right answer.

L15H2

1. 英华暑假在哪儿？

A. 昆明　　B. 北京　　C. 厦门　　D. 哈尔滨

2. 厦门的夏天要带什么？

A. 短袖　　B. 短裤　　C. 伞　　D. 水

3. 青木在北京喜欢做什么？

A. 游泳　　B. 跑步　　C. 骑自行车　　D. 爬山

4. 夏天有什么节日？

A. 端午节　　B. 万佛节　　C. 春节　　D. 泼水节

5. 英华第几次在中国过节？

A. 第一次　　B. 第二次　　C. 第三次　　D. 第四次

三、判断对错。True or false.　　L15H3

1. 陈博文准备在厦门过春节。　[ ]
2. 陈博文需要穿厚外套。　[ ]
3. 韩福瑞是他们的导游。　[ ]
4. 曼谷有很多活动。　[ ]
5. 韩福瑞打算明年冬天邀请他们去中国过春节。　[ ]

口语作业

利用课下时间，采访几位同学，完成表格。Use after-class time to interview several students and complete the table below.

姓名	寒假打算	家乡天气	穿什么衣服	好玩儿的
Eg. 刘子龙	出国旅游	晴天	短袖和短裤	万佛节

自我评价 Self- Evaluation

学完这一课，你对自己的表现满意吗？

评价表 Evaluation Form					
完成质量 Level of completion / 本课目标 Objectives	5 很好	4 好	3 一般	2 较差	1 很差
1.复习询问发出邀请、接受邀请和婉言谢绝。 Review how to give out, accept or decline an invitation.					
2.学习谈论天气和着装。 Learn to talk about weather and what to wear.					
3.学习谈论节日和习俗。 Learn to talk about festivals and customs.					
4.自己需要注意的问题：Self-reflection: make a note of what needs to be improved, such as your attitude towards learning or any language-related issue you have.					

第 16 课　您预订了吗？

nín yù dìng le ma

Do you have a reservation?

目标 Objectives

- 复习购买机票。Review how to buy a plane ticket.
- 学习在网上预订机票和酒店。Learn to book flights and hotels online.
- 学习办理银行卡和货币兑换。Learn to apply for bank cards and exchange money.
- 学习入住酒店的相关用语。Learn words and sentences related to hotel check-in.

生词 New Words

L16N1

1.	下载	xiàzài	to download
2.	软件	ruǎnjiàn	software
3.	输入	shūrù	to input
4.	目的地	mùdìdì	destination
7.	乘坐	chéngzuò	to ride, to take（a transportation）
8.	点击	diǎnjī	to click
9.	填写	tiánxiě	to fill in
10.	个人	gèrén	personal
11.	信息	xìnxī	information

12.	酒店	jiǔdiàn	hotel
13.	入住	rùzhù	to check in
14.	申请表	shēnqǐngbiǎo	application form
15.	姓名	xìngmíng	full name
16.	住址	zhùzhǐ	address
17.	数	shù	number, figure
18.	密码	mìmǎ	password
19.	业务	yèwù	business
20.	兑	duì	to exchange（money）
21.	汇率	huìlǜ	exchange rate
22.	兑换	duìhuàn	[formal] to exchange money
23	成	chéng	into
24.	确认	quèrèn	to affirm, to confirm
25.	金额	jīn’é	amount of money, sum of money
26.	错误	cuòwù	mistake, error, fault
27.	签字	qiānzì	to sign（your name）
28.	先生	xiānsheng	Mister
29.	房间	fángjiān	room
30.	单人间	dānrénjiān	single room
31.	退房	tuìfáng	to check out
32.	房卡	fángkǎ	room card
33.	收	shōu	to receive, to accept
34.	欣赏	xīnshǎng	to appreciate, to enjoy, to admire

补充词汇和表达 Additional words and expressions

1.	人民币	rénmínbì	Renminbi
2.	泰铢	tàizhū	Thai Baht
3.	前台	qiántái	receptionist
4.	曼谷假日酒店	Màngǔjiàrì jiǔdiàn	Holiday Inn Bangkok

课文 Texts

1

L16T1

黄小月：嘿，博文，你在干什么？

陈博文：是小月啊，我在订机票。

黄小月：手机就能订机票？真方便！教教我怎么订！

陈博文：好啊！你先在手机上**下载**(xià zài)这个**软件**(ruǎnjiàn)，然后**输入**(shū rù)出发地和**目的地**(mù dì dì)，再选择出发时间，就可以找到合适的航班啦。

黄小月：然后呢？

陈博文：选择你想**乘坐**(chéngzuò)的航班，**点击**(diǎn jī)"预订"，**填写**(tián xiě)你的**个人信息**(gè rén xìn xī)。最后，在网上支付就可以了。

黄小月：真方便！那你订**酒店**(jiǔ diàn)了吗？

陈博文：订好了，也是在网上订的，在网上订酒店比较便宜。

黄小月：和订机票一样吗？

陈博文：差不多，先选择**入住**(rù zhù)时间，然后选择你喜欢的酒店，选好了以后在网上支付就行了。

黄小月：好的，好像不难。下次我也试试在网上预订机票和酒店。

回答问题。Answer the questions according to the text.

1. 博文在干什么？
2. 在网上订机票要先做什么？
3. 怎么找到合适的航班？
4. 订酒店和订机票一样吗？
5. 怎么预订酒店？

完成对话。Complete the dialogues.

1. A：手机________？_______！教教我怎么______！

   B：你______在手机上_______这个_______，然后_______和____，再_______，就可以__________。

2. A：和__________一样吗？

   B：差不多，先__________，然后________，选好了以后_______就可以了。

2 L16T2

（陈博文在银行）

陈博文：你好！我想办一张visa卡。

工作人员：您好，请出示一下身份证，然后填写一下这张**申请表**（shēnqǐngbiǎo）。在这里填上您的**姓名**（xìngmíng）、电话和**住址**（zhùzhǐ）。

陈博文：好的，给你。

工作人员：请稍等。…… 先生，请输入一个六位**数**（shù）的**密码**（mìmǎ）。……

工作人员：您的visa卡办好了。请问您还要办理什么**业务**(yè wù)？

陈博文：今天**人民币兑泰铢**(rénmín bì duì tài zhū)的**汇率**(huì lǜ)是多少？

工作人员：一元人民币**兑换**(duìhuàn)五泰铢。

陈博文：请帮我把两千元人民币换**成**(chéng)泰铢。

工作人员：好的，请填一下申请表。

陈博文：填好了，给你。

工作人员：这是您换的泰铢，请**确认金额**(quèrèn jīn é)。如果金额没有**错误**(cuò wù)请您在这里**签字**(qiān zì)。

陈博文：没有错误，谢谢你。

工作人员：不客气。

回答问题。Answer the questions according to the text.

1. 博文去银行先办理什么业务？
2. 办理一张visa卡需要做什么？
3. 人民币兑换泰铢的汇率是多少？
4. 人民币兑换泰铢需要做什么？
5. 工作人员最后让博文确认什么？

完成对话。Complete the dialogues.

1. A：请问您要__________什么__________？
   B：__________。
2. A：人民币兑__________的汇率是多少？
   B：一元人民币兑换__________。

（陈博文在预订的酒店）

前台：**先生**（xiānsheng），晚上好！欢迎光临**曼谷假日酒店**（màn gǔ jià rì jiǔ diàn）。请问您预订**房间**（fángjiān）了吗？

陈博文：你好，我预订了一个**单人间**（dānrénjiān）。

前台：好的，请问您叫什么名字？

陈博文：我叫陈博文。

前台：我能看一下您的护照吗？

陈博文：好的，给你。

前台：请您稍等。……您预订了一个单人间，二十六号入住，三十号**退房**（tuì fáng）。对吗？

陈博文：对。

前台：您的房间号是518，这是您的**房卡**（fáng kǎ），还有护照，请您**收**（shōu）好。

陈博文：对了，我的行李有点儿多，可以请服务员帮我送到房间吗？

前台：没问题。行李一会儿就送到，祝您入住愉快！

陈博文：谢谢！

前台：不客气。

回答问题。Answer the questions according to the text.

1. 陈博文预订了一个什么房间？
2. 陈博文几号入住？
3. 陈博文几号退房？
4. 前台请博文收好什么？
5. 陈博文请服务员做什么？

完成对话。Complete the dialogues.

1. A：请问您__________房间了吗？
   B：我预订了一个__________。
2. A：您__________，二十六号_____，三十号_____。对吗？
   B：_______。

4 L16T4

陈博文：去泰国以前，我做了很多准备工作。我先去银行兑换了一些泰铢，然后提前订好了机票和酒店。出发的时候，我一共带了两个行李，都托运了。我坐在一个靠窗的座位，可以**欣赏**(xīn shǎng)窗外的风景。到泰国以后，我住在曼谷假日酒店，我预订的是一个单人间，房间号是518。我二十六号入住，三十号退房。我的行李有点儿多，酒店服务员帮我送到了我的房间。我很喜欢这家酒店。

根据提示复述课文。Retell the text according to the information provided.

去 …… 以前，我做了很多 …… 。我先去银行 …… 了一些 …… ，然后 …… 订好了 …… 和 …… 。出发的时候，我一共带了两个 …… ，都 …… 了。我坐在一个 …… 的 …… ，可以 …… 。到 …… 以后，我住在 …… ，我预订的是一个 …… ，房间号是 …… 。我二十六号 …… ，三十号 …… 。我的 …… 有点儿多， …… 帮我送到了我的房间。我很……这家酒店。

注释 Notes

一、对了……

"对了……" is used at the beginning of a sentence to indicate that something suddenly comes to mind.

Examples:

（1）对了，有件事忘了告诉你。（By the way, there is something I forgot to tell you.）

（2）对了，还有件事要麻烦你。（By the way, there is one more thing I need to trouble you.）

练习 Exercises

听力练习

一、声母和韵母练习。Initials and finals exercises.

（一）听录音，写韵母。Listen and write down the finals. L16E1

1.x____	2.q_____	3.y_____	4.w_____	5.r_____
6.j_____	7.zh_____	8.sh_____	9.r_____	10.ch_____
11.z_____	12.j_____	13.t_____	14.x_____	15.g_____

（二）听录音，写声母。Listen and write down the initials. L16E2

1._____īn	2._____ǎng	3._____uì	4._____ōu	5._____áng
6._____ǎ	7._____ǜ	8._____ù	9._____uò	10._____ān
11._____én	12._____ā	13._____iān	14._____áng	15._____iǎo

（三）在横线上写出你听到的拼音。Write down the pinyin you hear in the blank. L16E3

1. Jiāo______ wǒ zěnme dìng！

2. Qǐng tián yíxià zhè zhāng shēn______biǎo.

3. Qǐngwèn nín ______dìng fángjiān le ma ?

4. Qǐngwèn nín yào bànlǐ shénme ______wù ?

5. Qǐng_______rù yígè liùwèishù de mìmǎ.

6. Jīntiān rénmínbì duì tàizhū de huì_______shi duōshǎo ?

7. Xiàcì wǒ yě _______shi zài wǎngshàng yùdìng jīpiào hé jiǔdiàn.

8. Wǒ yùdìng le yígè dānrénjiān，shíliùhào rùzhù，_______hào tuìfáng.

9. Wǒ zuòzài yígè kàochuāng de zuòwèi，kěyǐ xīn_____ chuāngwài de měijǐng.

10.Shūrù_______hé mùdìdì，zài xuǎnzé chūfā shíjiān jiù kěyǐ zhǎodào héshì de hángbān.

11.Yìyuán rénmínbì _______wǔ tàizhū.

12.Zhè shì nín huàn de tàizhū，qǐng_______.

13.Nín yùdìng le yígè dānrénjiān，èrshíliù hào rùzhù，sānshí hào_______, duì ma?

14.Zài zhèlǐ tián shàng nín de xìngmíng、diànhuà hé _______.

15.Rúguǒ jīn’é méiyǒu cuòwù qǐng nín zài zhèlǐ _______.

(四)选择你听到的音节。Choose the syllables you hear. L16E4

1.gēwǔ — kèkǔ　2.jiǎnlì — kèkǔ　3.liánhuā — niánhuà

4.jiāngyìng — qiángyìng　5.xiānhuā — xuānhuā　6.huángxiàn — huánxiàn

7.dānjī — diǎnjī　8.shíshí — shìshi　9.guāngguāng — guàngguàng

10.kàochuáng — kàochuāng　11.cuòwù — cuòhù　12.tuìfáng — duìfáng

13.xīnshǎng — qīnshǎng　14.quèrèn — quèlèn　15.fángjiān — fángqiān

二、声调练习。Tone exercises.

(一)听后标出声调。Listen and mark the tones. L16E5

yiluoqianzhang	heibai–fenming	shengsi–youguan	dacai–xiaoyong
1.一落千丈	2.黑白分明	3.生死攸关	4.大材小用
liying–waihe	tansheng–pasi	qianfu–houji	tianxuan–dizhuan
5.里应外合	6.贪生怕死	7.前赴后继	8.天旋地转

（二）判断对错。True or false. L16E6

1. Jiāojiao wǒ zěnme dìng! [ ]
2. Wǒ qù bǎ tā jiè guòlái. [ ]
3. Nǐ māma shénme shihou huílái？ [ ]
4. Wǒ shuō de shì tā de gèzi. [ ]
5. Běijīng de dōngtiān lěng bù lěng? [ ]
6. Zhè shuāng xiézǐ shì wǒ jiějie de. [ ]
7. Wǒmen guójiā méiyǒu jìjié biànhuà. [ ]
8. Qǐng nǐ shuōshuō nǐmen jiāxiāng de tiānqì. [ ]
9. Wǒ yùdìng le yī gè dānrénjiān. [ ]
10. Qǐng dào shísì hào dēngjīkǒu dēngjī. [ ]

三、句子练习。Sentence exercises.

听后跟读。Listen and read. L16E7

去印尼以前，我做了很多准备工作。先是去银行兑换了一些印尼盾，然后提前订好了机票和酒店。出发的时候，我一共带了两个行李，都托运了。我坐在一个靠窗的座位，可以欣赏窗外的美景。到印尼以后，我住在了雅加达四季酒店，我预订的是一个单人间，房间号是618。我十五号入住，十八号退房。我的行李有点儿多，酒店服务员帮我送到了我的房间。我住得很舒服。

四、听力理解练习。Listening comprehension exercises.

（一）听句子，选择合适的回答。Listen to the sentences and choose the right answer. L16E8

1. A. 我在订机票　B. 订好机票了　C. 订好了　D. 不知道
2. A. 不太难　B. 差不多　C. 更便宜　D. 很方便
3. A. 我订好了　C. 我吃完了
   C. 我在订机票　D. 找到合适的航班了
4. A. 我订好了火车票　B. 我想办一张银行卡

C. 我预订了房间　　D. 我叫陈博文

5. A. 我穿了羽绒服　　B. 四个季节
   C. 我只穿了一件外套　　D. 厦门的冬天不太冷

6. A. 衬衫和短裤　　B. 羽绒服和厚裤子
   C. 短袖和短裤　　D. 长袖和长裤

7. A. 我预订了一个单人间　　B. 我预订了一张机票
   C. 我预订了一个座位　　D. 我预订了一张火车票

8. A. 我们会划龙舟　　B. 我们会吃水果
   C. 我们会吃月饼　　D. 我们会拜年、放鞭炮、吃年夜饭

9. A. 1美元兑7元人民币　　B. 1元人民币兑16日元
   C. 1元人民币兑170韩元　　D. 1元人民币兑换5泰铢

10. A. 先选择入住时间，然后选择你喜欢的酒店，在网上支付就行了
    B. 先出示身份证，然后填写申请表，填上姓名、电话和住址
    C. 先在手机上下载这个软件，然后输入出发地和目的地，再选择出发时间，找到合适的航班后，选择你想乘坐的航班，点击“预订”，填写你的个人信息。最后，在网上支付就可以了
    D. 先填写申请表，拿到人民币后，确认金额。如果金额没有错误，签字就可以了

（二）听对话，选择正确答案。 Listen to the dialogues and choose the right answer.　　L16E9

1. A. 订机票　　B. 订餐　　C. 订酒店　　D. 订火车票

2. A. 输入出发地和目的地　　B. 选择出发时间
   C. 填写个人信息　　D. 在手机上下载软件

3. A. 没有　　B. 有一个行李　　C. 有两个行李　　D. 有一个包

4. A. 18　　B. 20　　C. 24　　D. 26

5. A. 出示身份证　　B. 填申请表　　C. 确认金额　　D. 签名

6. A. 1美元兑换110日元　　B. 1美元兑换31泰铢
   C. 1美元兑换6.7元人民币　　D. 1人民币兑换6.7美元

7. A. 1月5日　　B. 1月15日　　C. 1月25日　　D. 2月5日

8. A. 吃年夜饭　　B. 划龙舟　　C. 给压岁钱　　D. 拜年

9. A. 单人间　　B. 双人间　　C. 三人间　　D. 标准间

10. A.3天　　B. 4天　　C. 5天　　D. 6天

11. A. 毛衣和厚外套　　B. 羽绒服和厚裤子

C. 短袖和短裤　　D. 长袖和长裤

12. A.老挝　　B.日本　　C.泰国　　D.迪拜

五、听说练习。Listen and speak.

（一）听录音，用给出的词回答问题。Listen to the recording and answer questions with the given words. L16E10

1. 订机票、酒店
2. 软件、出发地、目的地
3. 选择、航班、点击、填写、支付
4. 差不多、支付
5. 出示、申请表、姓名、电话、住址、密码
6. 人民币、兑、泰铢、汇率
7. 申请表、确认、金额、错误、签字
8. 预订、单人间、入住、退房
9. 准备、兑换、提前、机票、酒店
10. 教教、订

（二）听录音，回答下列问题。Listen to the recording and answer the following questions. L16E11

1. 青木请了几天假？
2. 青木预订了几点的航班？
3. 怎么订机票？
4. 青木的机票多少钱一张？为什么这么便宜？
5. 小月下周打算做什么？

口语练习

一、找出正确的句子，并读一读。Find out the correct sentences and read.

1. Jiāojiao wǒ zěnme dǐng.
   Jiāojiao wǒ zěnme dìng.
2. Qǐng shūrù yí gè liùwèi shù de mímǎ.
   Qǐng shūrù yí gè liùwèi shù de mìmǎ.
3. Zhōngguó de jīngjì fāzhǎn hěnkuài.
   Zhōngguó de jīngjì huāzhǎn hěnkuài.
4. Qǐngwèn nín hái yào bànlǐ shěnme yèwù?
   Qǐngwèn nín hái yào pànlǐ shěnme yèwù?
5. Jīntiān rénmínbì duì tàizhū de huìlǜ shì duōshǎo?
   Jīntiān rénmínbì duì tàizhū de hùlǜ shì duōshǎo?

二、朗读下列句子。Read the following sentences.

1. 教教我怎么订！
2. 请问您预订房间了吗？
3. 请问您还要办理什么业务？
4. 下次我也试试在网上预订机票和酒店。
5. 你好！我想办一张visa卡。
6. 请输入一个六位数的密码。
7. 今天人民币兑泰铢的汇率是多少？
8. 请帮我把人民币换成泰铢。
9. 我预订了一个单人间，14号入住，20号退房。
10. 请确认金额。如果金额没有错误，请您在这里签字。

三、根据你的情况说一说。Practice speaking with your own information.

去________以前，我做了很多准备工作。先去银行________了一些________，然后_____预订了______和______。出发的时候，我一共带了两个________，都________了。我坐在了一个________的___________，可以________。到_______以后，我住在________，我预订的是一个________，房间号是________。我_______号_______，________号________。我的______有点儿多，___________帮我送到了我的房间。我很_______这家酒店。

四、完成对话。Complete the dialogues.

（一）

A：嘿，你在干什么？

B：啊，我在_____机票。

A：手机就能订机票？真__________！__________我怎么订！

B：好啊！你先在手机上_________，然后_________，再_______，就可以_________。

A：然后呢？

B：选择你想_________，_______“预订”，________你的个人信息。最后，在网上______就可以了。

A：真方便！那你订______了吗？

B：订好了，订______和订______差不多，先选择______，然后选择______，选好了以后在______就行了。

A：好的，下次我也试试在网上预订________和________。

（二）

A：我想办_________。

B：您好，请______，然后_______，要填上________。最后要______一个六位数的______。

A：好的。

B：请问您还要办理什么__________？

A：今天________兑________的汇率是多少？

B：一元________兑换_____元_______。

A：请帮我把_______元________换成________。

B：这是您换的______，请______。如果金额______，请您在这里______。

A：没有错误，谢谢你。

B：不客气。

（三）

A：________，晚上好！欢迎光临________。请问您_________了吗？

B：我预订了一个__________。

A：好的，请出示一下您的_________。

B：给你。

A：您预订了一个______，_____号_____，______号______。对吗？

B：对。

A：您的______是______，这是您的_______，还有护照，请您_______。

B：谢谢！

A：不客气。

六、根据提示完成对话。Complete the dialogues with the information provided.

关键词：差不多

1. 提示：

 A：哪个苹果大？

 B：……

2. 提示：

 A：谁最高？

 B：……

3. 提示：

A：老师讲了多久了？

B：……

课堂活动

一、根据下面步骤，和同桌练习对话。Follow the steps below and make up a conversation with your deskmate.

（一）订机票

step1：下载软件

step2：输入出发地和目的地

step3：选择出发时间，找到合适航班

step4：选择想乘坐的航班

step5：点击“预订”

step6：填写个人信息

step7：网上支付

（二）订酒店

step1：下载软件

step2：选择入住时间

step3：选择喜欢的酒店

step4：点击“预订”

step5：填写个人信息

step6：网上支付

（三）办visa卡

step1：出示身份证或护照

step2：填写申请表（姓名、电话、住址）

step3：输入六位数的密码

（四）换钱

step1：填写申请表

step2：给工作人员你想换的钱

step3：拿到换好的钱后，确认金额

step4：签字

作业 Homework

听力作业

一、听录音并跟读。Listen to the recording and read after it.

L16H1

1.先在手机上下载这个软件，然后输入出发地和目的地，再选择出发时间，找到合适的航班后，选择你想乘坐的航班，点击“预订”，填写你的个人信息。最后，网上支付就可以了。

2.先选择入住时间，然后选择你喜欢的酒店，选好了以后在网上支付就行了。

二、听对话，选择正确答案。Listen to the dialogues and choose the right answer.

L16H2

1.小月放假打算做什么？

A.回家　　B.在学校　　C.在中国旅游　　D.去迪拜旅游

2.小月订了什么时候的机票？

A.1月15号　　B.1月16号　　C.1月18号　　D.1月20号

3.小月预订了什么房间？

A.单人间　　B.双人间　　C.三人间　　D.标准间

4.小月换了多少钱？

A.1000块钱　　B.2000块钱　　C.2000美元　　D.1000美元

5.办visa卡不需要填什么？

A.姓名　　B.电话　　C.地址　　D.性别

三、判断对错。True or false.　　L16H3

1. 天爱去了泰国。　[ ]
2. 去旅游之前，天爱去银行换钱。　[ ]
3. 天爱提前订好了机票和酒店。　[ ]
4. 天爱住在印尼四季酒店。　[ ]
5. 天爱的房间号是516。　[ ]

口语作业

询问你的朋友怎么办visa卡，怎么换钱，完成下面的表格。Ask your friend how to apply for a visa card, how to exchange money and complete the table below.

（姓名）的步骤	预定机票	预订酒店	办visa卡	换钱
Step1	下载app	下载app	出示身份证	填写申请表
Step2				

自我评价 Self- Evaluation

学完这一课，你对自己的表现满意吗？

评价表 Evaluation Form					
完成质量 Level of completion / 本课目标 Objectives	5 很好	4 好	3 一般	2 较差	1 很差
1. 复习购买机票。 Review how to buy a plane ticket.					
2. 学习网上预订机票、酒店。 Learn to book flights and hotels online.					
3. 学习办理银行卡和货币兑换。 Learn to apply for bank cards and exchange money.					
4. 学习入住酒店的相关用语。 Learn words and sentences related to hotel cheek-in.					
5. 自己需要注意的问题：Self-reflection make a note of what needs to be improved, such as your attitude towards learning or any language-related issue you have.					

wǒ men yào xiān bàn yì zhāng jiù zhěn kǎ

第 17 课　我们要先办一张就诊卡

We need to apply for a medical card first

目标 Objectives

- 复习描述一般的病症。 Review how to describe symptoms of an illness.
- 复习看医生、吃药的相关用语。Review words related to seeing a doctor or taking medicine.
- 学习就医相关用语。Learn words related to seeking medical advice.
- 学习照顾朋友的相关用语。Learn words related to looking after friends.

生词 New Words

L17N1

1.	身体	shēntǐ	body
2.	感觉	gǎnjué	to feel, to become aware of
3.	冷	lěng	cold
4.	淋雨	línyǔ	to get wet in the rain
5.	量	liáng	to measure
6.	体温	tǐwēn	temperature
7.	接	jiē	to meet, to pick up
8.	添	tiān	to add, to increase
9.	麻烦	máfan	trouble
10.	就诊	jiùzhěn	seek medical advice, see a doctor

11.	挂号	guàhào	to register (at a hospital, etc.)
12.	科	kē	department (a division of an administrative uniy)
13.	着	zhe	a particle that indicate the continuous aspect in Chinese
14.	电梯	diàntī	lift, elevator
15.	力气	lìqi	physical strength
16.	多长	duōcháng	how long
17.	开始	kāishǐ	to begin, to start, to initiate
18.	更	gèng	more, further
19.	除了	chúle	except
20.	以外	yǐwài	beyond (a certain range, boundary)
21.	张开	zhāngkāi	to open
22.	嘴	zuǐ	mouth
23.	嗓子	sǎngzi	throat
24.	发炎	fāyán	to become inflamed
25.	度	dù	Degree Celsius
26.	观察	guānchá	to observe, to inspect
27.	记得	jìde	to remember, to keep in memory
28.	按时	ànshí	on time, on schedule
29.	吃药	chīyào	to take medicine
30.	药房	yàofáng	pharmacy, dispensary
31.	本来	běnlái	originally, formerly
32.	休息	xiūxi	to have a rest

补充词汇和表达 Additional words and expressions

1.	别见外	bié jiànwài	Don't stand on ceremony

2.	内科	nèikē	internal medicine
3.	身高	shēn'gāo	height
4.	体重	tǐzhòng	weight
5.	血压	xuèyā	blood pressure
6.	病历	bìnglì	medical record
7.	大皇宫	Dà huánggōng	Bangkok Grand Palace

课文 Texts

1 L17T1

（陈博文给刘子龙打电话）

陈博文：喂，子龙。我今天不能和你出去玩了。我**身体**(shēn tǐ)不太舒服。

刘子龙：你怎么了？

陈博文：我头疼，**感觉**(gǎn jué)很**冷**(lěng)，可能是昨天**淋雨**(lín yǔ)，有点儿感冒了。

刘子龙：发烧吗？

陈博文：不知道，我没有**量体温**(liáng tǐ wēn)。

刘子龙：那我陪你去医院吧。你住哪儿？

陈博文：曼谷假日酒店，我的房间号是518。

刘子龙：好的。你准备好护照和现金，我马上去**接**(jiē)你。半个小时后到，可以吗？

陈博文：可以，谢谢。给你**添麻烦**(tiānmáfan)了。

刘子龙：好朋友，**别见外**(bié jiànwài)！

回答问题。Answer the questions according to the text.

1. 博文为什么给子龙打电话？
2. 博文昨天怎么了？
3. 博文发烧了么？
4. 去看病要准备什么？
5. 博文住在哪儿？

完成对话。Complete the dialogues.

1. A：你怎么了？
   B：我身体不太舒服，我__________，感觉__________，可能是__________。
2. A：准备好__________和__________，我马上来__________你。__________到，可以吗？
   B：可以，谢谢你。__________。

2 L17T2

（陈博文和刘子龙在医院）

刘子龙：博文，我们要先办一张**就诊**(jiù zhěn)卡。

陈博文：好的。需要护照吗？

刘子龙：需要，你还要填一下个人信息。

……

刘子龙：就诊卡办好了，我们去挂号（guàhào）吧。

陈博文：应该挂什么科（kē）？

刘子龙：应该挂内科（nèi kē）。对了，看医生前要先检查身高（shēngāo）、体重（tǐzhòng）和血压（xuè yā）。

（检查完身高、体重和血压后）

陈博文：检查完了，现在我们做什么？

刘子龙：现在咱们拿着（zhe）就诊卡和病历（bìng lì）去看医生就行了。

陈博文：好的。内科在几楼？

刘子龙：在五楼。我们坐电梯（diàn tī）上去吧。

回答问题。Answer the questions according to the text.

1. 到医院要先做什么？
2. 就诊卡办好之后要去做什么？
3. 看医生前要先做什么？
4. 看医生的时候要拿着什么？
5. 内科在哪儿？怎么去？

完成对话。Complete the dialogues.

1. A：我们要先办一张__________。
   B：好的。需要__________吗？
2. A：我们应该__________什么科？
   B：应该挂____________。对了，看医生前要先______________、____________和____________。

（刘子龙陪陈博文看医生）

医生：你好。你怎么了？哪儿不舒服？

陈博文：我头疼，没有**力气**（lì qi）。

医生：头疼**多长**（duōcháng）时间了？

陈博文：昨天晚上淋雨后就**开始**（kāi shǐ）有点儿头疼，今天早上疼得**更**（gèng）厉害了。

医生：**除了**（chú le）头疼**以外**（yǐ wài），还有哪儿不舒服？

陈博文：还有点儿咳嗽。

医生：好。**张开嘴**（zhāng kāi zuǐ），我看看。……**嗓子**（sǎng zi）有点儿**发炎**（fā yán），可能是感冒了。你先量一下体温吧。

……

陈博文：医生，我发烧了吗？

医生：三十八**度**（dù）五，发烧了。我先给你开点儿药，**观察**（guānchá）一天。**记得**（jì de）要**按时**（àn shí）吃药，一天三次，一次两片，饭后吃。

陈博文：好的。请问在哪儿拿药？

医生：在一楼的**药房**（yàofáng）拿药。

陈博文：谢谢医生！

回答问题。Answer the questions according to the text.

1. 博文哪儿不舒服？
2. 博文的嗓子怎么了？

3. 博文体温多少度？他发烧了吗？
4. 医生开的药怎么吃？
5. 他们去哪儿拿药？

完成对话。Complete the dialogues.

1. A：你怎么了？哪儿不舒服？
   B：我__________，__________没有力气。
   A：__________多长时间了？
   B：__________就开始，__________疼得__________了。
2. A：除了__________以外，还有哪儿不舒服？
   B：还有点__________。
   A：我先给你__________药。要__________，一天三次，一次__________片，饭后吃。
   B：谢谢医生。

4 L17T4

刘子龙：博文前天到泰国，住在曼谷假日酒店。我们**本来**(běn lái)打算昨天去**大皇宫**(dà huánggōng)玩，但是博文打电话说他身体不舒服，所以我陪他去医院看医生。医生说，博文发烧了，需要按时吃药。我先陪他到药房拿药，然后送他回酒店，再给他买了午饭，让他吃完饭好好**休息**(xiū xi)。

根据提示复述课文。Retell the text according to the information provided.

博文前天到……，住在……。我们……去大皇宫玩，但是博文……说……，所以……。医生说，博文……，需要……。我先陪他到……，然后……，再给他……，让他吃完饭……。

注释 Notes

一、给你添麻烦了

"给你添麻烦了" is used to express your gratitude, politeness and respect to someone who helps you, and to apologize for bothering him/her.

Examples:

（1）你从北京赶过来看我，给你添麻烦了！（You came to see me from Beijing, which I'm so grateful for!）

（2）谢谢你一直在医院陪我，给你添麻烦了！（Thank you for being with me in the hospital. You must be really tired!）

二、见外

"见外" means "treating someone as a stranger". If you give a close friend something as a token of gratitude, your friend may say "你太见外了" "你怎么这么见外" or "别见外". This can bring friends closer and also imply that excessive courtesy between friends is unnecessary.

Examples:

（1）我送你去医院是应该的，你太见外了！（Taking you to the hospital is what I should do. You don't have to thank me!）

（2）我们是最好的朋友，你还跟我说谢谢，太见外了！（We are best friends. There's no need to say thank you!）

（3）别见外！我们是好朋友，我愿意教你学汉语。（Don't stand on ceremony! We are good friends. I would love to teach you Chinese.）

三、记得要……

"记得要……" is used to remind others of something that they might have forgetten.

Examples:

（1）明天有雨，大家记得带雨伞。（It's going to rain tomorrow. Everyone remembers to take an umbrella.）

（2）明天早晨我们去银行办卡，记得带上护照。（Tomorrow morning we'll go to the bank to apply for a card. Remember to bring your passport.）

练习 Exercises

听力练习

一、声母和韵母练习。Initials and finals exercises.

（一）听录音，写韵母。Listen and write down the finals. L17E1

1.sh____	2.k____	3.zh_____	4.k_____	5.l____
6.ch____	7.l____	8.y____	9.b____	10.t____
11.w____	12.b____	13.j_____	14.h____	15.y____

（二）听录音，写声母。Listen and write down the initials. L17E2

1.___à	2.___uáng	3.___ōng	4.___ǐ	5.___ìng
6.___uè	7.___ā	8.___án	9.___ì	10.___ǎng
11.___á	12.___ěn	13.___ái	14.___èi	15.___ē

（三）在横线上填出你听到的拼音。Write down the pinyin you hear in the blank. L17E3

1.Wǒ______tǐ bú tài shūfu.

2.Kěnéng shì zuótiān lín______, yǒudiǎnr gǎnmào le.

3.Wǒ méiyǒu______tǐwēn.

4.Wǒ mǎshàng qù______ nǐ.

5.Gěi nǐ______máfan le.

6.Hǎo péngyou，bié______ wài!

7.Xūyào hù______ ma?

8.Wǒmen qù______hàoba.

9.Yīnggāi guà______kē.

10.Kàn yīshēng qián yào xiān jiǎn______shēn'gāo.

11.Xiànzài zánmen názhe jiùzhěnkǎ hé______ qù kàn yīshēng jiù xíng le.

12.Wǒmén zuò______shàng qù ba.

13.Wǒ tóuténg méiyǒu ______.

14.Sǎngzi yǒudiǎnr ______.

15.Jìde yào ______chīyào.

（四）选择你听到的音节。Choose the syllables you hear. L17E4

1.jiēnǐ — qiēnǐ	2.guàkào — guàhào	3.tuìle — duìle
4.tiāntī — diàntī	5.lìqi — dǐqi	6.zhúle — chúle
7.lìhai — yǐwài	8.guānzhá — guānchá	9.fāyuán — fāyán
10.dǎsuàn — dǎzuàn	11.xiànzài — xiàngzài	12.máfan — máfán
13.jiùzhěn — jiùzhěng	14.yàofáng — yàofāng	15.zīyào — chīyào

二、声调练习。Tone exercises.

（一）听后标出声调。Listen and mark the tones. L17E5

chenxin-ruyi	jianjierxing	tanhuayixian	yiyan-jiuding
1.称心如意	2.见机而行	3.昙花一现	4.一言九鼎
wukehoufei	buziliangli	youkou-wuxin	yishi-erniao
5.无可厚非	6.不自量力	7.有口无心	8.一石二鸟

（二）判断对错。True or false. L17E6

1.Jìde yào ànshí chīyào, yìtiān sāncì, yícì liǎngpiàn, fànhòu chī. [ ]

2.Qǐngwèn zàinǎr náyáo? [ ]

3.Chúle dùzi téng yǐwài, háiyǒu nǎr bù shūfú? [ ]

4.Duìle，kàn yīsēng qián yào xiān jiǎnchá shēn’gāo、tǐzhòng. [ ]

5.Yīnggāi guà shénme kē? [ ]

6.Jiùzhěng kǎ bàn hǎo le, wǒmen qù náyào ba. [ ]

7.Wǒmen xiān yào bàn yì zhāng jiùzhěnkǎ. [ ]

8.Kěnéng shì jīntiān língyǔ yóudiǎnr gǎnmào le. [ ]

9.Hǎo péngyou, bié jiànwài！ [ ]

10.Gěi nǐ tiān máfan le. [ ]

三、句子练习。Sentence exercises.

听后跟读。 Listen and read. L17E7

我的好朋友小明昨天到印尼，住在雅加达四季酒店。我们本来打算昨天去公园玩，但是小明打电话说她身体不舒服，所以我陪她去医院看医生。医生说，小明有点儿发烧，需要按时吃药。我先陪她到药房拿药，然后送她回酒店，我还给她买了晚饭，让她吃完饭好好休息。

四、听力理解练习。Listening comprehension exercises.

（一）听句子，选择合适的回答。Listen to the sentences and choose the right answer. L17E8

1. A. 发烧吗？　B. 你怎么了？
   C. 你住哪儿？　D. 不知道。
2. A. 18号入住。　B. 在5楼。
   C. 曼谷假日酒店518房间。　D. 很方便。
3. A. 需要。　B. 在5楼。
   C. 办就诊卡。　D. 坐电梯。
4. A. 我们去挂号吧。　B. 应该挂内科。
   C. 检查完了。　D. 我们坐电梯上去吧。
5. A. 早上疼得更厉害了。　B. 张开嘴，我看看。
   C. 我头疼，没有力气。　D. 饭后吃。
6. A. 不知道，我没有量体温。　B. 我头疼。
   C. 我马上去接你。　D. 有点咳嗽。
7. A. 可以，谢谢。　B. 观察一天。
   C. 没有力气。　D. 好朋友，别见外。
8. A. 我们坐电梯上去吧。
   B. 现在咱们拿着就诊卡去看医生就行了。
   C. 应该挂内科。
   D. 你还要填一下个人信息。
9. A. 记得要按时吃药。　B. 38度5，发烧了。

C.还有点儿咳嗽。　　　　D.谢谢医生。

10. A.在一楼的药房拿药。

B.一天三次，一次两片，饭后吃。

C.就诊卡办好了，我们去挂号吧。

D.昨天晚上淋雨后就开始有点儿头疼，今天早上疼得更厉害了。

（二）听对话，选择正确答案。Listen to the dialogues and choose the right answer. L17E9

1.A.感冒了	B.淋雨了	C.发烧了	D.不能出去玩了
2.A.就诊卡	B.护照	C.护照和现金	D.现金
3.A.个人信息	B.就诊卡	C.护照	D.现金
4.A.内科	B.牙科	C.神经科	D.外科
5.A.走上去	B.坐电梯	C.打车	D.散步
6.A.淋雨了	B.头疼	C.牙疼	D.发烧了
7.A.有点儿咳嗽	B.头疼	C.牙疼	D.发烧
8.A. 39度5	B. 39度	C. 38度5	D. 38度
9.A.一天六次	B.一天三次	C.一次三片	D.一次六片
10.A.今天早上	B.前天晚上	C.昨天晚上	D.今天晚上
11.A.体重	B.内科	C.量体温	D.身高、体重和血压
12.A.牙科	B.外科	C.内科	D.眼科

五、听说练习。Listen and speak.

（一）听录音，用给出的词回答问题。Listen to the recording and answer questions with the given words. L17E10

1.如家酒店、房间号、1306

2.朋友、见外

3.头、力气

4.填、个人信息

5.开始、更、厉害

6.有点儿、嗓子

7.38度、发烧

8.二楼、药房

9.就诊卡、医生

10.6楼、电梯

（二）听录音，回答下列问题。 Listen to the recording and answer the following questions. L17E11

1.看医生前要做什么？

2.内科在几楼？他们怎么上去？

3.小月除了头疼以外，还有哪儿不舒服？

4.小月发烧多少度？严重吗？

5.医生告诉小月要记得做什么？注意什么？

口语练习

一、找出正确的句子，并读一读。 Find out the correct sentences and read.

1. Wǒ mǎshàng qù jiēnǐ.
   Wǒ mǎshàng qù jiànnǐ.
2. Zhāngkāizuǐ，wǒkànkan.
   Chǎngkāizuǐ，wǒkànkan.
3. Méiyǒu lìqi.
   Méiyǒu dǐqi.
4. Zǎochén wǒ tùle sāncì.
   Zǎochén wǒ dǔle sāncì.
5. Wǒ péinǐ qù yīyuàn kànbìng ba.
   Wǒ bēinǐ qù yīyuàn kànbìng ba.

二、朗读下列句子。 Read the following sentences.

1.给你添麻烦了。

2.好朋友，别见外！

3. 对了，看医生前要先检查身高、体重和血压。
4. 就诊卡办好了，我们去挂号吧。
5. 你怎么了？哪儿不舒服？
6. 请问在哪儿拿药？
7. 昨天晚上淋雨后就开始有点儿头疼，今天早上疼得更厉害了。
8. 除了头疼以外，还有哪儿不舒服？
10. 记得要按时吃药，一天三次，一次两片，饭后吃。

三、根据你的情况说一说。Practice according to your own situation.

我的朋友________到________找我玩儿，住在________。我们本来打算________去玩，但是________打电话说他身体________，所以我________他去________看________。我们挂了________科，医生说________，医生给他________，让他记得________，一天________，一次________，________吃。我先陪他到__________拿药，然后送他回________，再给他买了饭，让他吃完饭好好________。

四、完成对话。Complete the dialogues.

（一）

A：喂，我今天不能____________。我身体____________。

B：你怎么了？

A：我____________疼，感觉很____________，可能是____________，有点儿____________了。

B：____________吗？

A：不知道。

B：那我陪你去医院吧。你准备好____________和____________，我马上去接你。____________后到。

A：谢谢，____________。

B：好朋友，____________！

（二）

A：我们先要办一张____________卡。

B：好的。需要____________吗？

A：需要，你还要填一下____________。

B：卡办好了，我们____________去吧。应该____________？

A：应该挂____________。对了，看医生前要先检查____________、____________和____________。

B：好的。内科在几楼？

A：在5楼。我们____________上去吧。

（三）

A：你怎么了？哪儿不舒服？

B：我____________疼，没有力气。

A：____________疼多长时间了？

B：____________后就开始有点儿疼，今天____________。

A：除了____________疼以外，还有哪儿不舒服？

B：还有点____________。

A：好。____________，我看看。……可能是____________了。我先给你____________，____________一天。记得要按时吃药，一天____________，____________片，饭后吃。

五、根据提示完成对话。Complete the dialogues with the information provided.

（一）关键词：除了……以外……

1. 提示：

A：除了看书以外，你喜欢做什么？

B：……

2. 提示：

A：除了衣服以外，你还要买什么？

B：……

3. 提示：
A：谁是你的好朋友？
B：……

（二）关键词：记得要……

1. 提示：
A：今天天气怎么样？
B：……
2. 提示：
A：老师说什么了？
B：……
3. 提示：
A：明天周几？
B：……

课堂活动

制作一张去医院看病的过程图，给大家讲解你看病的流程，并给大家介绍你去医院看病的经验。Draw a picture that shows the process of seeing a doctor in a hospital and tell us your experience of seeing a doctor in a hospital.

作业 Homework

听力作业

一、听录音并跟读。Listen to the recording and read after it. L17H1

1. 我们本来打算昨天去大皇宫玩，但是博文打电话说他身体不舒服，所以我陪他去医院看医生。
2. 除了头疼以外，还有哪儿不舒服？

二、听对话，选择正确答案。Listen to the dialogues and choose the right answer. L17H2

1. 他哪儿不舒服？

A. 肚子　B. 牙　C. 头　D. 腿

2. 他什么时候开始肚子疼？

A. 今天早上　B. 昨天晚上吃完饭

C. 昨天中午吃完饭　D. 今天晚上吃完饭

3. 除了肚子疼以外，还有什么不舒服？

A. 头疼　B. 想吐　C. 发烧　D. 感冒

4. 他昨晚没有吃什么？

A. 肉　B. 啤酒　C. 蔬菜　D. 肉和啤酒

5. 医生开的药怎么吃？

A. 一天三次，一次一片　B. 一天三次，一次两片

C. 一天一次，一次一片　D. 一天两次，一次一片

三、判断对错。True or false. L17H3

1. 山田前天入住在365酒店。[ ]

2. 他们本来打算昨天去爬长城。[ ]

3. 医生说，山田发烧了。[ ]

4. 山田除了要吃药以外，还需要打针。[ ]

5. 我给山田买了肉和啤酒。[ ]

口语作业

讲述你去医院看病的一次经历，内容包括：看病的流程、用药建议、注意事项等。Tell us about an experience you had when you went to the hospital to see a doctor, including the process of medical treatment, advice on medication and prescriptions.

自我评价 Self- Evaluation

学完这一课，你对自己的表现满意吗？

评价表 Evaluation Form					
完成质量 Level of completion / 本课目标 Objectives	5 很好	4 好	3 一般	2 较差	1 很差
1.复习描述一般的病症。 Review how to describe symptoms of an illness.					
2.复习看医生、吃药的相关用语。 Review words related to seeing a doctor or taking medicine.					
3.学习就医相关用语。 Learn words related to seeking medical advice.					
4.学习照顾朋友的相关用语。 Learn words related to looking after friends.					
5.自己需要注意的问题：Self-reflection make a note of what needs to be improved, such as your attitude towards learning or any language-related issue you have.					

第 18 课　从哈尔滨回来的时候，我晕机了

cóng hā ěr bīn huí lai de shí hou wǒ yùn jī le

I got airsick on the way back from Harbin

目标 Objectives

- 复习谈论天气和着装。Review how to talk about weather and what to wear.
- 复习谈论计划和打算。 Review how to talk about plans.
- 复习网上预订机票、酒店。 Review how to book flights and hotels online.
- 学习在飞机上求助。Learn how to ask for help on the plane.
- 学习使用ATM机。Learn how to use an ATM.

生词 New Words

L18N1

1.	特别	tèbié	especially, particularly, specially
2.	预报	yùbào	forecast, prediction
3.	气温	qìwēn	atmospheric temperature
4.	低	dī	low
5.	零下	língxià	below zero
6.	雪地靴	xuědì xuē	snow boot
7.	得	děi	need
8.	帽子	màozi	cap, hat
9.	围巾	wéijīn	scarf
10.	手套	shǒutào	glove

11.	中旬	zhōngxún	the middle ten days of a month
12.	评价	píngjià	to appraise, to evaluate
13.	而且	érqiě	not only ... but（also）; and that
14.	只要	zhǐyào	only, just, simply, merely
15.	双人间	shuāngrénjiān	double room
16.	头晕	tóuyūn	dizzy
17.	晕机	yùnjī	airsickness; to get airsick
18.	空姐	kōngjiě	flight attendant
19.	早餐	zǎocān	breakfast
20.	根本	gēnběn	fundamental
21.	馋	chán	greedy, gluttonous
22.	为了	wèile	for, in order to
23.	特地	tèdì	specially, for a special purpose
24.	存	cún	to save
25.	转账	zhuǎnzhàng	to transfer money
26.	插入	chārù	to insert
27.	插卡口	chākǎkǒu	card reader slot
28.	语言	yǔyán	language
29.	提示	tíshì	instruction
30.	操作	cāozuò	to operate, to handle

补充词汇和表达 Additional words and expressions

1.	哈尔滨	Hāěrbīn	Harbin
2.	来得及	láidejí	be able to do sth. in time
3.	低血糖	dīxuètáng	hypoglycemia, low blood sugar

4.	冰雪大世界	bīngxuě dà shìjiè	Harbin Ice and Snow World
5.	冰雕	bīngdiāo	ice sculpture
6.	中央大街	zhōngyāng dàjiē	the Central Street

课文 Texts

1 L18T1

（杨天爱和黄小月讨论出游计划）

杨天爱：小月，我们寒假一起去**哈尔滨**(hā ěr bīn)玩吧。

黄小月：好的。我还没有去过那儿呢。听说哈尔滨的冬天**特别**(tè bié)冷？

杨天爱：是的，特别冷。天气**预报**(yù bào)说哈尔滨最近要下雪。

黄小月：**气温**(qì wēn)大概多少度？

杨天爱：最**低**(dī)气温**零下**(líng xià)三十多度。

黄小月：好冷啊！咱们去买几件厚衣服吧！

杨天爱：好的，我想买一件羽绒服，还想买毛衣和**雪地靴**(xuě dì xuē)。你呢？

黄小月：我已经有两件毛衣了，再买一件羽绒服和一双雪地靴就可以了。

杨天爱：还要买什么呢？

黄小月：我们还**得**(děi)买**帽子**(mào zi)、**围巾**(wéi jīn)和**手套**(shǒu tào)。

杨天爱：要买的东西真多，我们去商场逛逛吧！

黄小月：好的。

回答问题。Answer the questions according to the text.

1. 小月和天爱寒假打算去哪儿？
2. 哈尔滨的天气怎么样？
3. 哈尔滨的气温大概多少度？
4. 去哈尔滨要穿什么衣服？
5. 她们要买什么衣服？

完成对话。Complete the dialogues.

1. A：听说哈尔滨的冬天________？
   B：是的，特别冷。________说最近要________。
   A：________大概多少度？
   B：最低气温________。
2. A：咱们去买几件________吧。
   B：好的，我想买一件________，还想买________。你呢？
   A：我已经有________，再买________就可以了。
   B：我们还得买________________。

2 L18T2

杨天爱：我们先订机票和酒店吧！

黄小月：好啊！我知道怎么在网上订。

杨天爱：真的？那太好了！快教教我。

黄小月：你先下载这个软件，然后选择出发时间，就可以看到航班信息了。

杨天爱：我们什么时候出发？

黄小月：一月中旬(zhōngxún)，先看看哪天的机票比较便宜。

杨天爱：一月十六号的机票最便宜，一张一千二百元。

黄小月：那就买一月十六号的机票，顺便把酒店也订了吧。

杨天爱：这家怎么样？网上的**评价**(píng jià)很好，**而且**(ér qiě)价格很便宜，住一晚**只要**(zhǐ yào)一百九十八元，我们订个**双人间**(shuāng rén jiān)，一个人不到一百块。

黄小月：好，我们就订这家吧。咱们在哈尔滨玩几天？

杨天爱：五天，可以吗？

黄小月：那就是十六号入住，二十一号退房。

杨天爱：对。我订好啦。

回答问题。Answer the questions according to the text.

1. 怎么在网上订机票？
2. 她们什么时候出发？
3. 她们买了哪天的票？
4. 她们订了什么房间？
5. 她们玩几天？什么时候入住，什么时候退房？

完成对话。Complete the dialogues.

1. A：快教教我________。
   B：先________，然后________，就________。
   A：我们什么时候________？
   B：________，先看看________。
2. A：顺便________。
   B：这家________？网上的________，而且________，住一晚________。
   A：我们就________。咱们在________？
   B：________。咱们________入住，________退房。

3 L18T3

（杨天爱和黄小月在飞机上）

黄小月：天爱，我觉得不舒服，有点**头晕**(tóuyūn)。

杨天爱：是**晕机**(yùn jī)了，还是饿了呀？

黄小月：又饿又晕。

杨天爱：等一下，我叫**空姐**(kōng jiě)过来帮忙。

空姐：这位女士，请问您怎么了？

黄小月：我有点儿头晕。

空姐：您上飞机前吃**早餐**(zǎocān)了吗？

黄小月：没有，早上起晚了，没**来得及**(lái de jí)吃。

空姐：可能是因为没吃早餐**低血糖**(dī xuètáng)了。请您稍等，我去给您准备一份早餐。

黄小月：好的，谢谢你。

（黄小月吃完早餐）

杨天爱：你好点儿了吗？

黄小月：好了，一点也不晕了。

杨天爱：我看你这**根本**(gēnběn)不是晕机，就是**馋**(chán)了。

回答问题。Answer the questions according to the text.

1. 小月怎么了？
2. 小月上飞机前吃早餐了吗？
3. 没吃早餐会怎么样？
4. 空姐帮小月做了什么？
5. 天爱觉得小月怎么了？

完成对话。Complete the dialogues.

1. A：我觉得不舒服，有点＿＿＿＿＿＿。
   B：你是＿＿＿＿＿还是＿＿＿＿＿＿？
   A：＿＿＿＿＿又＿＿＿＿＿＿。
   B：等一下，我叫＿＿＿＿＿＿过来帮忙。
2. A：这位＿＿＿＿＿＿，请问您怎么了？
   B：我有点儿＿＿＿＿＿＿。
   A：您上飞机之前＿＿＿＿＿＿？
   B：没有，＿＿＿＿＿＿，没来得及＿＿＿＿＿＿。

4 L18T4

黄小月：听说哈尔滨的冬天特别冷。**为了**(wèi le)去哈尔滨旅游，我和天爱**特地**(tè dì)买了几件厚衣服。在飞机上，我有点儿晕机，空姐给我送了一份早餐。下飞机后，我们先去提前预订的酒店，然后去**冰雪大世界**(bīngxuě dà shì jiè)看**冰雕**(bīngdiāo)。我们在**中央大街**(zhōngyāng dà jiē)买了很多东西，现金花完了，就找了一台ATM机取钱。ATM机真方便，可以**存**(cún)钱、取

zhuǎnzhàng　　　　　　　　　　　　　　　　chā rù chā kǎ kǒu　　　　　　yǔ
钱和**转账**。取钱的时候，先把银行卡**插入插卡口**，然后选择**语**
yán　　　　tí shì cāozuò
言，再根据**提示操作**就行。

根据提示复述课文。Retell the text according to the information provided.

听说哈尔滨的冬天……。为了去哈尔滨……，我和天爱……买了几件……。在飞机上，我有点儿……，……给我送了一份……。下飞机后，我们先去……预订的酒店，然后去……看……。我们在……买了很多东西，……花完了，就找了一台ATM机……。ATM机真方便，可以……、……和……。取钱的时候，先把银行卡……，然后选择语言，再根据提示……就……。

注释 Notes

一、一点儿也不……

“一点儿也不……” means “not … at all”.

Examples:

（1）泰国的凉季一点儿也不热。（Thailand’s cold season is not hot at all.）

（2）上飞机前我吃了早餐，现在一点儿也不饿。（I had breakfast before I got on the plane, so I am not hungry at all.）

（3）这双雪地靴很适合我，一点儿也不大。（This pair of snow boots suits me very well. It’s not big at all.）

练习 Exercises

听力练习

一、声母和韵母练习。Initials and finals exercises.

（一）听录音，写韵母。Listen and write down the finals.　　L18E1

1.t____　　2.k____　　3.j____　　4.ch____　　5.q____

6.w____ 7.zh____ 8.c____ 9.z____ 10.l____

11.x____ 12.g____ 13.b____ 14.w____ 15.j____

（二）听录音，写声母。Listen and write down the initials. L18E2

1.___uāng 2.___én 3.___iān 4.____ùn 5.____ī

6.___ī 7.___uè 8.___áng 9.___óu 10.___īng

11.___iāo 12.___ōng 13.___iě 14.___íng 15.___ià

（三）在横线上填出你听到的拼音。Write down the pinyin you hear in the blank. L18E3

1. Yòu è yòu___.

2. Tīngshuō，Hāěrbīn de dōngtiān___lěng.

3.Qìwēn___ duōshǎo dù?

4.Qìwēn dàgài sānshí___dù.

5. Yī yuè___, xiān kànkan nǎ tiān de jīpiào bǐjiào piányi.

6. Zhè jiā zěnme yàng? Wǎngshàng de___hěn hǎo.

7. Wǒmen dìng ge___jiān.

8. Wǒ juéde bù shūfu, yǒudiǎnr___.

9. Zǎoshang qǐ wǎn le, méi láidejí chī___.

10. Kěnéng shì yīnwèi méi chī zǎocān____le.

11.Tiānqì ____shuō Hāěrbīn zuìjìn yào xiàxuě.

12.Wǒmén hái děimǎi màozi,wéijīn hé ____.

13.Wǒ xiǎng mǎi yí jiàn____.

14.Wǒ hái xiǎng mǎi máoyī hé ____.

15.Zhè jiā jiǔdiàn zhù yìwǎn ____yìbǎijiǔshíbā yuán.

（四）选择你听到的音节。Choose the syllables you hear. L18E4

1.yūnqī — yùnjī 2.chán — cháng 3.jūn — yūn

4.wán — wáng 5.píngjià — pìngjià 6.shùnbiàn — sùnbiàn

7.màozi — páozi 8. hòu — gòu 9.jùbà — yùbào

10.zǎoshang — cǎoshang 11.jiǔdiàn — jiǔtiàn 12.zǎocān — zhǎocān

13.qìwēn — qìwēng 14.xiàxuě — jiàxuě 15.xiànjīn — xiāngjīng

二、声调练习。Tone exercises.

（一）听后标出声调。Listen and mark the tones. L18E5

niaoyu-huaxiang	chunguang-mingmei	manyuan-chunse	chunnuan-huakai
1.鸟语花香	2.春光明媚	3.满园春色	4.春暖花开
yiye-zhiqiu	chunqu-qiulai	bingxue-yanhan	dishui-chengbing
5.一叶知秋	6.春去秋来	7.冰雪严寒	8.滴水成冰

（二）判断对错。True or false. L18E6

1.Wǒmen shǔjià yìqǐ qù Hāěrbīn wánr ba. [ ]

2.Wǒ hái méiyǒu qù guò nàr ne. [ ]

3.Zuìdī qìwēn língxià sānshí duō dù. [ ]

4.Wǒ xiǎng mǎi yí jiàn yǔróngfú. [ ]

5.Yīyuè xiàxún，xiān kànkàn nǎ tiān de jīpiào bǐjiào piányi. [ ]

6.Zánmen zài Hāěrbīn wán jǐtiān? [ ]

7.Wǒmen dìng le yíge dānrénjiān. [ ]

8.Nà jiù shì jīntiān rùzhù，míntiān tuìfáng. [ ]

9.Kěnéng shì yīnwéi méi chī zǎocān tóuténgle. [ ]

10.Zǎoshang qǐ wǎn le，méi láidéjí chī. [ ]

三、句子练习。Sentence exercises.

听后跟读。Listen and read. L18E7

听说北京的冬天特别冷。为了去北京旅游，我和朋友特地买了几件厚衣服。在飞机上，我有点儿晕机，空姐给我送了一份早餐。下飞机后，我们先去提前预订的酒店，然后去了故宫。我们在王府井买了很多东西，现金花完了，就找了一台ATM机取钱。取钱的时候，先把银行卡插入插卡口，然后选择语言，再根据提示操作就行。

四、听力理解练习。Listening comprehension exercises.

（一）听句子，选择合适的回答。Listen to the sentences and choose the right answer. L18E8

1. A.18号入住　　B.最低气温零下三十多度
   C.38度，发烧了　　D.36度，没发烧
2. A.我们还得买帽子和手套　　B.我已经有两件毛衣了
   C.好冷啊　　D.很方便
3. A.真的吗　　B.那太好了
   C.二月中旬　　D.明天入住
4. A.好，我们就订这家吧　　B.我们订个双人间
   C.我订好啦
   D.这家网上的评价很好，而且价格很便宜
5. A.早上疼得更厉害了　　B.又饿又晕
   C.我头疼，没有力气　　D.我觉得不舒服
6. A.没有，早上起晚了，没来得及吃　　B.我去给您准备一份早餐
   C.好的，谢谢你　　D.有点咳嗽
7. A.5天，可以吗　　B.观察一天
   C.好，我们就订这家吧　　D.好的
8. A.我们还得买帽子、围巾和手套
   B.是的，特别冷，天气预报说哈尔滨最近要下雪
   C.应该挂内科
   D.好冷啊
9. A.先一直走，再往左拐
   B.可以存钱、取钱和转账
   C.现金花完了
   D.取钱的时候，先把银行卡插入插卡口，然后选择语言，再根据提示进行操作就行
10. A.可以存钱、取钱和转账　　B.可以取钱
    C.可以存钱　　D.可以转账

（二）听对话，选择正确答案。Listen to the dialogues and choose the right answer. L18E9

1. A. 羽绒服　B. 短袖　C. 一件外套　D. 毛衣
2. A.2度　B.8度　C.12度　D.18度
3. A. 短袖　B. 短裤　C. 裙子　D. 毛衣
4. A.7月2号　B.7月15号　C.7月18号　D.7月28号
5. A. 照片不好　B. 评价不好　C. 照片很好　D. 评价很好
6. A.23号入住，24号退房　B.23号入住，25号退房
   C.23号入住，26号退房　D.23号入住，27号退房
7. A. 头晕　B. 肚子疼　C. 头疼　D. 腰疼
8. A. 吃了　B. 没吃　C. 来得及吃　D. 不知道
9. A. 淋雨了　B. 下雨了　C. 穿长袖了　D. 发烧了
10. A. 取钱　B. 存钱　C. 转账　D. 换钱
11. A. 早上　B. 中午　C. 晚上　D. 早上和晚上
12. A. 输入密码　B. 取钱　C. 退卡　D. 插入银行卡

五、听说练习。Listen and speak.

（一）听录音，用给出的词回答问题。Listen to the recording and answer questions with the given words. L18E10

1. 天气预报、最高、温度
2. 最低、气温、零下
3. 雪地靴、帽子、围巾、手套
4. 中旬
5. 评价、便宜、双人间、一晚
6. 没、来得及
7. 身高、体重、血压
8. 按时、一天三次、一次两片、饭后
9. 存钱、取钱、转账
10. 插入、插卡口、提示、操作

（二）听录音，回答下列问题。Listen to the recording and answer the following questions. L18E11

1. 她们寒假要去哪儿玩？
2. 美玉要穿什么衣服？
3. 她们什么时候出发？
4. 美玉觉得第一家酒店怎么样？
5. 她们什么时候入住？什么时候退房？

口语练习

一、找出正确的句子，并读一读。Find out the correct sentences and read.

1. Tāmen gōngfèi lǚxíng.
   Tāmen kōngfèi lǚxíng.
2. Zhètiáo fángxiàn hěncháng.
   Zhètiáo hángxiàn hěncháng.
3. Nǐ yào hǎohǎo zhāodài.
   Nǐ yào hǎohǎo jiāodài.
4. Zhèzhòng huācài duōshǎo qián？
   Zhèzhǒng huàcái duōshǎo qián？
5. Diànshìshang chūxiàn de shì yángqún.
   Diànshìshang chūxiàn de shì yángqín.

二、朗读下列句子。Read the following sentences.

1. 咱们在哈尔滨玩儿几天？
2. 是晕机了还是饿了呀？
3. 早上起晚了，没来得及吃。
4. 最低气温零下三十多度。
5. 我们还得买帽子、围巾和手套。

6. 天气预报说哈尔滨最近要下雪。

7. 我想买一件羽绒服，还想买毛衣和雪地靴。

8. ATM机真方便，可以存钱、取钱和转账。

9. 先把银行卡插入插卡口，然后选择语言，再根据提示操作就行。

10. 网上的评价很好，而且价格很便宜，住一晚只要一百九十八元。我们订个双人间，一个人不到一百块！

三、根据你的情况说一说。Practice speaking with your own information.

我和美玉打算去__________玩。出发前，我们去__________买了几件__________。在网上预订了酒店，我们选了一间__________，一晚只要__________，我们打算住__________。到_______后，我们先去逛_______，买了很多_______。我们还去_______吃了_______，拍了很多照片。

四、完成对话。Complete the dialogues.

（一）

A：__________，我们__________一起去__________玩儿吧。

B：好的。我还没有去过那儿呢。听说______________的冬天__________。

A：是的，__________。天气预报说__________最近__________。

B：气温大概多少度？

A：最低气温____度。

B：______！咱们去买几件__________吧！

A：好的，我想买一件________，还想买_______和_______。你呢？

B：我已经有________了，再买一件__________和一双________可以了。

A：还要买什么呢？

B：我们还得买__________。

（二）

A：我们先订__________和__________吧！

B：好啊！我知道怎么在网上订。

A：真的？那太好了！快教教我。

B：你先__________，然后__________，就__________。

A：我们什么时候出发？

B：__________，先看看哪天的机票比较便宜。

A：__________的机票最便宜，一张____元。

B：那就买__________的机票，__________把__________也订了吧。

A：这家怎么样？__________很好，而且__________很便宜，住一晚只要____元，我们订个__________，一个人不到____块！。

B：好，我们就订这家吧。咱们在__________玩几天？

A：__________，可以吗？

B：可以。

（三）

A：我觉得不舒服，有点儿头晕。

B：是__________了还是__________了呀？

A：又____又____。

B：吃早饭了吗？

A：没有，早上__________，没__________吃。

B：可能是因为__________。我去给你买一份__________。

A：好的，谢谢你。

B：你好点儿了吗？

A：好了，一点也不____了。

B：我看你这根本不是__________，就是____了。

五、根据提示完成对话。Complete the dialogues with the information provided.

（一）关键词：特地

1. 提示：

A：这是你做的吗？

B：……

2. 提示：

A：在机场见到你很高兴！你也刚到吗？真是无巧不成书！

B：……

（二）关键词：来得及

1. 提示：

A：我可能赶不上飞机了。

B：……

2. 提示：

A：快点儿，我们要迟到了。

B：……

3. 提示：

A：现在几点？电影开始了吗？

B：……

课堂活动

两人一组，讨论去北京玩要做哪些准备，内容包括：出行的时间、衣物、酒店、机票等。In groups of two, discuss what to prepare for a trip to Beijing, including when to go, what to wear, what hotel to stay in, how to book plane tickets, etc.

作业 Homework

听力作业

一、听录音并跟读。Listen to the recording and read after it.

L18H1

1.我已经有两件毛衣了，再买一件羽绒服和一双雪地靴就可以了。我们还得买帽子、围巾和手套。

2.ATM机真方便，可以查询余额、存钱和转账。取钱的时候，先把银行卡插入插卡口，然后选择语言，再根据提示操作就行。

二、听对话，选择正确答案。Listen to the dialogues and choose the right answer.

L18H2

1.他们十一去哪儿玩儿？

A.上海　　B.北京　　C.哈尔滨　　D.广州

2.广州最近天气怎么样？

A.晴天　　B.要下雨　　C.要下雪　　D.要刮风

3.青木买了什么？

A.长袖　　B.长裤　　C.长袖和长裤　　D.短袖和短裤

4.他们什么时候出发？

A.10月1号　　B.10月2号　　C.10月3号　　D.10月4号

5.他们订的酒店住一晚多少钱？

A.158块钱　　B.168块钱　　C.185块钱　　D.186块钱

三、判断对错。True or false.

L18H3

1.海南的夏天特别热。 [ ]

2.小月特地买了几件短裤。 [ ]

3.他们先去酒店，然后去公园。 [ ]

4. 我们没有买东西。 [ ]

5. ATM 机不可以转账。 [ ]

口语作业

问一问同学们的出游计划，然后完成下面的表格。Ask your classmates about their trip plan and complete the table below.

姓名	地点	景点	出发时间	旅游时间	温度	机票（时间；价格）	酒店（评价；价格）	买的东西
杨天爱 黄小月	哈尔滨	冰雪大世界；中央大街	一月中旬	五天	零下三十度	1月16号；1200元	评价很好；198元	毛衣、雪地靴、帽子、围巾、手套

自我评价 Self- Evaluation

学完这一课，你对自己的表现满意吗？

评价表 Evaluation Form					
完成质量 Level of completion / 本课目标 Objectives	5 很好	4 好	3 一般	2 较差	1 很差
1. 复习谈论天气和着装。 Review how to talk about weather and what to wear.					
2. 复习谈论计划和打算。 Review how to talk about plans.					
3. 复习网上预订机票、酒店。 Review how to book flights and hotels online.					

本课目标 Objectives \ 完成质量 Level of completion	5 很好	4 好	3 一般	2 较差	1 很差
4. 学习在飞机上求助。 Learn how to ask for help on the plane.					
5. 学习使用ATM机。 Learn how to use an ATM.					
6. 自己需要注意的问题：Self-reflection make a note of what needs to be improved, such as your attitude towards learning or any language-related issue you have.					

wǒ xiǎng qù yì jiā zhōng tài hé zī de gōng sī dāng mì shū

第 19 课　我想去一家中泰合资的公司当秘书

I want to work as a secretary in a Sino-Thai joint venture

目标 Objectives

- 复习和学校生活有关的常用词汇。Review common vocabulary related to school life.
- 学习和工作有关的常用语句。 Learn common words and phrases related to work.
- 学习如何表达自己的求职意向。 Learn how to express your job preference.

生词 New Words

L19N1

1.	进步	jìnbù	progress
2.	外卖	wàimài	takeout
3.	刷	shuā	to scan
4.	怀念	huáiniàn	to miss
5.	快递	kuàidì	package, parcel
6.	看来	kànlái	it seems that
7.	经济	jīngjì	economy
8.	发展	fāzhǎn	development
9.	机会	jīhuì	opportunity
10.	工资	gōngzī	salary

11.	高	gāo	high salary, well-paid
12.	方面	fāngmiàn	aspect, field
13.	合作	hézuò	to cooperate
14.	关系	guānxì	relationship
15.	合资	hézī	joint venture
16.	当	dāng	to work as
17.	秘书	mìshū	secretary
18.	进口	jìnkǒu	import
19.	出口	chūkǒu	export
20.	贸易	màoyì	trade
21.	招聘会	zhāopìn huì	job fair
22.	简历	jiǎnlì	resume
23.	内容	nèiróng	content
24.	经历	jīnglì	experience
25.	教育	jiàoyù	education
26.	背景	bèijǐng	background
27.	办公	bàngōng	office work
28.	技能	jìnéng	skill, technique
29.	水平	shuǐpíng	level
30.	等	děng	and so on, etc.
31.	修改	xiūgǎi	to modify
32.	刚	gāng	only a short while ago
33.	毕业	bìyè	to graduate

补充词汇和表达 Additional words and expressions

1.	怪不得	guàibudé	No wonder

2.	淘宝	táobǎo	Taobao（an online shopping platform）
3.	支付宝	zhīfùbǎo	Alipay（an online payment platform）

课文 Texts

1

L19T1

（林美玉在泰国遇见了自己以前的汉语老师）

林美玉：赵老师，好久不见，最近怎么样？

赵老师：好久不见，我挺好的，还在以前的大学教汉语。你呢？

林美玉：我去年去中国了，在那儿学了半年的汉语。

赵老师：是吗？**怪不得**(guàibu dé)你的汉语**进步**(jìn bù)这么大。

林美玉：哪里，哪里。在中国，我和大家都说汉语，练得多了就会说了。

赵老师：对，只要多听多说就能学好汉语。在那边过得怎么样？

林美玉：还可以，我觉得在中国生活挺方便的。可以用手机逛逛**淘宝**(táobǎo)、点**外卖**(wàimài)，出门也不用带现金，**刷支付宝**(shuā zhī fù bǎo)就可以了。

赵老师：对啊，我也很**怀念**(huáiniàn)一天收八个**快递**(kuài dì)的日子。

林美玉：哈哈，**看来**(kàn lái)老师和我一样，也喜欢逛淘宝啊！

回答问题。Answer the questions according to the text.

1. 赵老师最近怎么样？
2. 林美玉的汉语现在怎么样？
3. 为什么林美玉的汉语进步这么大？
4. 怎样就能学好汉语？
5. 为什么林美玉觉得在中国生活挺方便的？

完成对话。Complete the dialogues.

1. A：我去年去中国了，______________________________。
   B：是吗？__________你的汉语__________那么大。
2. A：在中国，我和大家都说汉语，______________________________。
   B：对，______________________________。
3. A：在中国过得怎么样？
   B：还可以，我觉得在中国生活挺_______的。可以用手机_______、__________，__________也不用带现金，__________就可以了。
   A：对啊，______________________________。

2 L19T2

（林美玉和田园园在咖啡馆聊天）

田园园：美玉，我打算去中国找工作。

林美玉：真的吗？

田园园：真的。这几年中国的**经济**(jīng jì)**发展**(fā zhǎn)得不错，有很多工作**机会**(jī hui)，**工资**(gōng zī)也挺**高**(gāo)的。

林美玉：对，而且泰国和中国在很多**方面**(fāngmiàn)都有**合作**(hé zuò)，**关系**(guān xi)越来越好。

田园园：所以，我想去中国，找一家中泰**合资**(hé zī)公司**当秘书**(dāng mì shū)。

林美玉：我哥哥工作的公司就是中泰合资的，做**进出口贸**(jìn chūkǒumào)

yì
易。我想，他可能能帮得上忙！

田园园：太好了，那你能帮我问问他吗？

林美玉：当然可以，你等我消息。

田园园：谢谢你！

回答问题。Answer the questions according to the text.

1. 田园园打算做什么？
2. 为什么田园园想去中国找工作？
3. 泰国和中国的关系怎么样？
4. 田园园想找什么工作？
5. 林美玉的哥哥在哪里工作？

完成对话。Complete the dialogues.

1. A：我打算去中国找工作。
   B：真的吗？
   A：真的。这几年 ______________________________，有很多工作__________，__________也挺高的。
2. A：我想去中国，找一家________________当__________。
   B：我哥哥工作的________就是__________的，做__________。我想，他可能__________！

3　　L19T3

（田园园和林美玉的哥哥微信聊天）

田园园：你好，我是田园园，是美玉的好朋友。

美玉的哥哥：你好，听美玉说，你想来中国找工作？

田园园：是的。听说您在中泰合资的进出口公司工作，您能不能帮我介绍一下？

美玉的哥哥：你可以先去**招聘会**（zhāo pìn huì），也可以在网上找招聘信息。

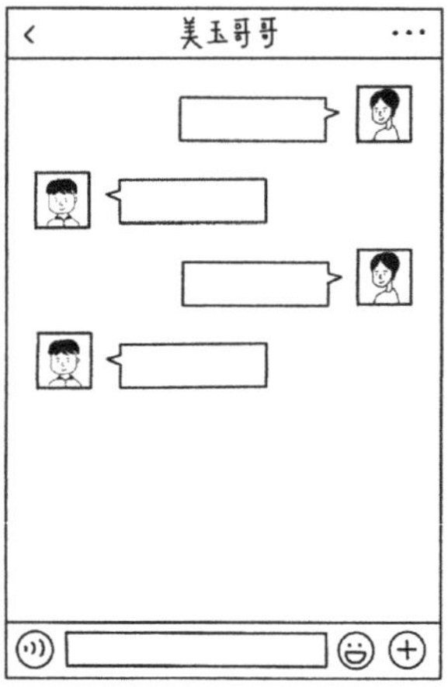

田园园：那我先在网上找找招聘信息，看看有没有合适的公司。

美玉的哥哥：行，记得准备一份中文**简历**（jiǎn lì）。

田园园：简历中需要什么**内容**（nèiróng）？

美玉的哥哥：简历中要有你的工作**经历**（jīng lì）、**教育背景**（jiào yù bèijǐng）、**办公技能**（bàngōng jì néng）、汉语**水平**（shuǐpíng）**等**（děng）信息。

田园园：好。我先试着做一做，做完了可以请您帮忙**修改**（xiū gǎi）一下吗？

美玉的哥哥：没问题。

回答问题。Answer the questions according to the text.

1. 为什么田园园请林美玉的哥哥帮她介绍工作？
2. 林美玉的哥哥要田园园怎么做？
3. 找工作要准备什么？
4. 简历中需要什么内容？
5. 田园园请美玉的哥哥帮她做什么？

完成对话。Complete the dialogues.

1. A：你好，听美玉说，你想来中国找工作？
   B：是的。听说您在__________的__________工作，您能不能帮我介绍一下？
   A：你可以先去__________，也可以在网上找__________。
2. A：简历中需要什么__________？

B：简历中要有你的工作__________、__________、__________、汉语__________等信息。

A：好。我先试着做一做，做完了可以请您帮忙__________一下吗？

B：没问题。

4 L19T4

林美玉：这几年，中国的经济发展得真快，越来越多的国家开始跟中国合作，很多外国人都想来中国找工作。我的朋友田园园**刚毕业**(gāng bì yè)，也打算来中国工作。她的汉语很好，想找一家中泰合资的公司当秘书。学好汉语对我的工作也有很大的帮助，所以我也要好好学汉语。

根据提示复述课文。Retell the text according to the information provided.

这几年，中国……，……开始……，很多……想来中国……。我的朋友刚……，也打算……。……很好，想找……当……。……对我也有……，所以……。

注释 Notes

一、怪不得

"怪不得" means "no wonder" and is used for showing that you are not surprised by a particular situation or event.

Examples：

（1）下雪了，怪不得这么冷！（It's snowing. No wonder it's so cold!）

（2）小月在北京住过两年，怪不得她汉语说得这么好！（Xiao Yue has lived in Beijing for two years. No wonder she speaks Chinese so well!）

（3）他听说课考了满分，怪不得他那么高兴。（He got a full mark in

Listening and Speaking. No wonder he was so happy! ）

二、帮得上忙

The “得 / 不” after “帮” indicates possibility.

Examples：

1. To express ability.

（1）你舅舅在医院工作，他一定帮得上忙。（Your uncle works in the hospital. He must be able to help.）

（2）我爸爸是一名警察，他能帮得上忙。（My father is a police officer. He can help.）

（3）学习是自己的事，谁也帮不上忙。（Learning is one’s own business and no one can help.）

2. To show friendship with each other in a polite way.

（1）如果有我帮得上忙的，尽管开口。（If there’s anything I can do for you, don’t hesitate to ask me.）

（2）如果我帮得上忙，我一定帮你。（If I can help, I will help you.）

练习 Exercises

听力练习

一、听句子，选择合适的问题。Listen to the sentences and choose the right question. L19E1

1. A. 你打算做什么工作？ B. 你能帮我介绍工作吗？
   C. 你来中国多久了？ D. 你在中国过得怎么样？
2. A. 你找到工作了吗？ B. 你的哥哥能帮助我吗？
   C. 简历中需要什么内容？ D. 你真的要去中国工作吗？
3. A. 你来中国多久了？ B. 你的汉语水平怎么样？
   C. 怎样才能学好汉语？ D. 你喜欢学习汉语吗？

4. A. 你觉得在中国生活方便吗？ B. 你为什么想在中国找工作？
C. 你打算来中国工作吗？ D. 你的材料准备好了吗？
5. A. 我的简历还有哪儿需要修改？ B. 你打算在中国工作吗？
C. 你最近在家干什么？ D. 你觉得在中国生活方便吗？
6. A. 现在中国和泰国的关系怎么样？ B. 你在中国过得习惯吗？
C. 在中国工作好还是在泰国工作好？ D. 你喜欢在中国生活吗？
7. A. 你哥哥做什么工作？ B. 你哥哥喜欢什么工作？
C. 你哥哥想去哪儿工作？ D. 你哥哥在中国工作吗？
8. A. 你可以帮我介绍工作吗？ B. 你可以提高一下汉语水平吗？
C. 你可以帮我修改一下简历吗？ D. 你可以帮我点外卖吗？
9. A. 赵老师，今天上什么课？ B. 赵老师，您最近去哪儿旅行了？
C. 赵老师，您最近过得怎么样？ D. 赵老师，您想去泰国工作吗？
10. A. 我的汉语不太好，怎么办？ B. 我没带现金，怎么办？
C. 我没有准备简历，怎么办？
D. 我想去中国工作，您能帮我介绍一下吗？

二、听句子，选择合适的回答。Listen to the sentences and choose the right answer. L19E2

1. A. 中国和泰国在很多方面都有合作
B. 在中国，出门不用带现金
C. 在中国，我和大家都说汉语，练得多了就会说了
D. 我觉得生活很方便，可以用手机逛淘宝、点外卖
2. A. 因为只要多听多说就能学好汉语
B. 因为我很怀念一天收八个快递的日子
C. 因为我的汉语进步很大
D. 因为我听说这几年中国的经济发展得不错，机会多，工资也高
3. A. 怪不得我的汉语这么好
B. 我和中国的朋友都说汉语，只要练得多了就会进步
C. 谢谢你
D. 当然可以，因为我很想进步

4. A. 中国有很多好玩儿的地方
B. 看来你和我一样，喜欢刷支付宝，不用带现金
C. 泰国和中国在很多方面都有合作
D. 怪不得你的汉语进步这么大
5. A. 我想去中国学一年汉语
B. 中国有很多工作机会，工资也挺高的
C. 我想去找一家中泰合资公司当秘书
D. 我想，我的哥哥能帮得上忙，你等我消息
6. A. 我的朋友在医院工作，我想，他应该能帮得上忙
B. 我可以帮你修改一下
C. 你可以先去招聘会看看，记得准备一份简历
D. 你先试着做一做，我等你消息
7. A. 你可以先在网上找找招聘信息
B. 我做进出口贸易，可以帮得上忙
C. 我可以给你介绍一家中泰合资公司
D. 要有你的工作经历、教育背景、汉语水平等信息
8. A. 我帮不上忙
B. 当然可以，你等我的消息吧
C. 中国这几年有很多工作机会，工资也很高
D. 真的吗？太好了
9. A. 只要老师来，我们就下课
B. 看来赵老师今天没办法来上课了
C. 我很想赵老师
D. 学习是自己的事，谁也帮不上忙
10. A. 真的吗？看来他很高兴
B. 怪不得他高兴得跳了起来
C. 太好了，那你能帮我问问他吗
D. 学好汉语对我的帮助很大，所以我也要好好学汉语

三、听对话，选择正确答案。Listen to the dialogues and choose the right answer. L19E3

（一）

1. A. 服务员　B. 大学老师　C. 公务员　D. 律师
2. A. 在大学教汉语　B. 去中国找工作　C. 去中国学汉语　D. 去中国看朋友
3. A. 喜欢点外卖　B. 生活非常方便　C. 可以刷支付宝　D. 他喜欢逛淘宝

（二）

4. A. 中国经济发展得很好　B. 中国的工作机会很多　C. 中国的风景很漂亮　D. 中国的工资很高
5. A. 中国公司　B. 老挝公司　C. 进出口贸易公司　D. 中老合资公司
6. A. 杨天爱　B. 杨天爱的姐姐　C. 公司的秘书　D. 志强的姐姐

（三）

7. A. 做简历　B. 修改简历　C. 找招聘信息　D. 学汉语
8. A. 男的有中文简历　B. 男的没有找到合适的公司　C. 招聘会上有很多的工作　D. 男的汉语水平很高
9. A. 工作经历　B. 办公技能　C. 个人爱好　D. 汉语听说能力

（四）

10. A. 多逛逛淘宝　B. 多出门旅行　C. 多说汉语，多练习汉语　D. 经常来中国工作
11. A. 汉语水平　B. 办公技能　C. 电脑操作　D. 书写记录
12. A. 越来越多人会说汉语　B. 中国跟许多国家都有合作　C. 越来越多人想用支付宝、微信　D. 中国的生活很方便

四、听短文，完成问题。Listen to the dialogues and finish the question.

（一） L19E4

1.判断对错。True or false.

（1）小月在找工作。 [ ]

（2）青木找了中国朋友帮忙修改简历。 [ ]

（3）小月四点要去找朋友。 [ ]

（4）下午有一场招聘会。 [ ]

（5）青木在网上找了一些招聘信息。 [ ]

2.再听一遍录音，选择正确答案。Listen to the dialogues again and choose the right answer.

（1）A. 朋友 B. 同学 C. 同事 D. 师生

（2）A. 老师 B. 朋友 C. 同学 D. 同事

（3）A. 早餐店 B. 朋友家 C. 医院 D. 学校

3.根据录音内容说一说。Answer the questions according to the recording.

（1）简历中应该有什么内容？

（2）他们的简历准备得怎么样了？

（二） L19E5

签证	qiānzhèng	Visa
续签	xùqiān	Visa renewal
出入境管理局	chūrùjìngguǎnlǐjú	Exit & Entry Administration

1.判断对错。True or false.

（1）在中国生活不太方便。 [ ]

（2）很多外国人打算来中国找工作。 [ ]

（3）她的朋友王小丽想在中菲合资的公司当秘书。 [ ]

（4）她的签证到期了。 [ ]

（5）她还没有续签。 [ ]

2. 再听一遍录音，选择正确答案。Listen to the dialogues again and choose the right answer.

（1）A. 可以用淘宝买东西　　B. 可以用支付宝付钱
　　C. 中国的工作机会多　　D. 中国的生活不方便

（2）A. 公司　　B. 公安局
　　C. 学校　　D. 出入境管理局

（3）A. 星期五　　B. 星期六
　　C. 星期天　　D. 星期一

3. 根据录音内容说一说。Answer the questions according to the recording.

（1）为什么王小丽可以在中非合资公司当秘书？

（2）为什么杨天爱要下周去续签？

口语练习

一、读一读下列句子。Read the following sentences.

1. 我打算去中国找工作。

　　中华城逛街
　　电影院看电影
　　银行取钱

2. 听说这几年中国的经济发展得不错。

　　环境保护
　　合资公司经营
　　地铁建设

3. 找一个中泰合资公司当秘书。

饭馆儿	服务员
医院	医生
学校	老师

二、补全句子。Complete the sentences.

1. 我__________以前__________的大学。
2. 我__________一天__________的日子。
3. 我们都喜欢__________。
4. 我在__________找工作。
5. 近几年，__________发展得__________。
6. 找__________公司当__________。
7. 可以在__________找__________。
8. 简历包括______________________________等信息。

三、完成对话。Complete the dialogues.

（一）

A：__________，好久不见，__________？

B：好久不见，我挺好的，还在___________________。你呢？

A：我去年去中国了，在那儿学了半年的汉语。

B：是吗？__________你的汉语__________这么大。

A：哪里，哪里。在中国，我和大家都说汉语，__________________。

B：对，__________多听多说__________能学好汉语。在那边过得怎么样？

A：还可以，我觉得在中国生活__________。可以用手机__________、点__________，__________也不用带现金，__________就可以了。

B：对啊，我也很___________________的日子。

A：哈哈，__________老师和我一样，也喜欢__________啊！

（二）

A：美玉，我_________去中国找__________。

B：真的吗？

A：真的。听说这几年中国的__________，有很多__________，__________也挺高的。

B：对，而且__________和中国_______________，关系越来越好。

A：所以，我想去中国，____________________________。

B：我哥哥工作的_______就是_______的，我想，他可能_______！

A：太好了，那你能____________________？

B：当然可以，你____________________。

A：谢谢你！

（三）

A：你好，我是__________，是美玉的__________。

B：你好，听美玉说，你想来中国__________？

A：是的。听说您在___________________工作，您能不能___________？

B：你可以先去_________，也可以____________找_________________。

A：那我先___________________，看看有没有__________。

B：行，记得准备一份__________。

A：__________中需要什么__________？

B：简历中要有你的__________、__________、__________、__________等信息。

A：好。我先试着做一做，做完了可以___________________？

B：没问题。

四、根据提示完成对话。Complete the dialogue with the information provided.

（一）关键词：只要……就……

1.提示：

A：你要买这件衬衫吗？

B：……

2. 提示：

A：请问，招聘会在哪儿？

B：……

3. 提示：

A：请问怎么付款？

B：…… 支付宝 ……

（二）关键词：看来

4. 提示：

A：外面下雨了。

B：……

5. 提示：

A：现在才早上7点。

B：……

6. 提示：

A：我喜欢……

B：……

（三）关键词：怪不得

7. 提示：

A：我很喜欢…… 。

B：…… 音乐课。

8. 提示：

A：我有点…… 。

B：你发烧了，怪不得…… 。

9. 提示：

A：我的爱好是…… 。

B：……

（四）关键词：帮得上忙

10. 提示：

A：我的书忘记带回来了。

B：小明在图书馆，……

11. 提示：

A：……

B：小红的成绩很好，……。

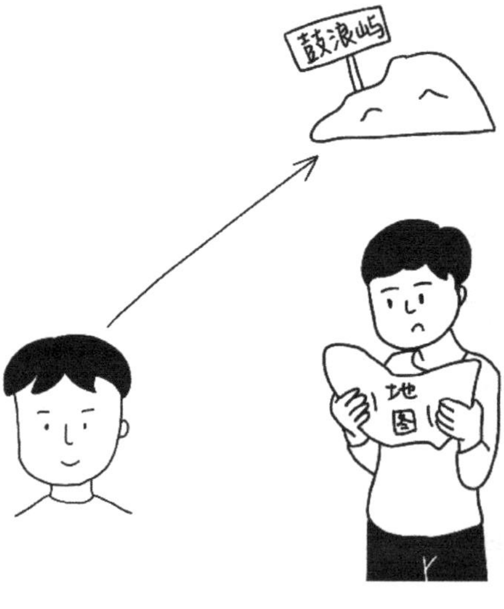

12. 提示：

A：我不知道怎么去鼓浪屿。

B：我有地图。

课堂活动

一、你的工作是什么？工作内容是什么？你喜欢现在的工作吗？为什么？两人一组问答。What's your job? What do you do on a daily basis? Do you like your job? Why? Ask and answer these questions in pairs.

二、四人一组，讨论中文简历该怎么写。一人担任面试官，其余三人扮演应聘者，表演招聘会上找工作的过程。Work in groups of four to discuss how to write your resume in Chinese. One person acts as the interviewer and the other three act as candidates simulate a job interview at a job fair.

三、根据提示和关键词完成对话。Complete the dialogue with the information provided.

关键词：工作、经济、发展、合资、公司、秘书、招聘会

提示：我想找一份工作……

作业 Homework

听力作业

一、听录音填空并跟读。 Listen to the recording, fill in the blanks and read. L19H1

机会 关系 公司 发展 秘书 外卖 简历 怀念 快递 招聘会

1. 我们现在学习的__________很多。
2. 为了找工作，我需要准备一份中文__________。
3. 回国半年了，我很__________中国的生活。
4. 陈博文想去中泰合资__________工作。
5. 林美玉和田园园__________很好。
6. 林美玉的哥哥今天要收很多__________。
7. 韩福瑞想去进出口贸易公司当__________。
8. 中国这几年__________很快。
9. 明天有一场__________，我想去试一试。

10. 今天中午，我点了一份喜欢的__________。

二、听对话，选择正确答案。Listen to the dialogues and choose the right answer. L19H2

（一）

1. A. 让自己的哥哥给他介绍工作　B. 带子龙去医院
   C. 给子龙一份工作　D. 帮子龙修改简历
2. A. 工作经历　B. 教育背景
   C. 汉语水平　D. 以上都需要

（二）

3. A. 因为她经常用支付宝
   B. 因为她觉得在中国生活很方便
   C. 因为她在中国经常说汉语、练习汉语
   D. 因为她经常去中国旅行
4. A. 因为有淘宝和支付宝　B. 因为她的中文进步很大
   C. 因为她经常去中国旅行　D. 因为她很喜欢中国

（三）

5. A. 因为他生病了　B. 因为他最近不开心
   C. 因为他在医院　D. 因为天气不好
6. A. 因为他不能来上课　B. 因为他的妈妈生病了
   C. 因为天气不好　D. 因为他生病了

（四）

7. A. 老师　B. 秘书
   C. 修改简历　D. 医生
8. A. 因为子龙帮她介绍了这份工作
   B. 因为她在子龙的公司工作
   C. 因为子龙帮她修改简历
   D. 因为她很认真

三、判断对错。True or false. L19H3

1. 美玉在中国学习汉语三年了。 [ ]
2. 美玉的汉语进步很大。 [ ]
3. 美玉觉得中国的生活很方便。 [ ]
4. 田园园想在泰国工作。 [ ]
5. 美玉的哥哥帮不上田园园的忙。 [ ]
6. 田园园的简历不用修改了。 [ ]
7. 多说多练可以提高汉语水平。 [ ]
8. 提高汉语水平能帮助田园园找到一个好工作。 [ ]

口语作业

利用课下时间，问一问同学们的求职意向和他们的简历准备情况，完成下面的表格。After class, ask your classmates about their job preference and what they will include in their resumes, and then complete the table below.

姓名	求职意向	简历里包含的内容
田园园	秘书	工作经历、教育背景

自我评价 Self- Evaluation

学完这一课，你对自己的表现满意吗？

评价表 Evaluation Form					
完成质量 Level of completion / 本课目标 Objectives	5 很好	4 好	3 一般	2 较差	1 很差
1. 复习和学校生活有关的常用词汇。 Review common vocabulary related to school life.					
2. 学习和工作有关的常用语句。 Learn common words and phrases related to work.					
3. 学习如何表达自己的求职意向。 Learn how to express your job preference.					
4. 自己需要注意的问题：Self-reflection make a note of what needs to be improved, such as your attitude towards learning or any language-related issue you have.					

第20课 您的签证快过期了

nín de qiānzhèng kuài guò qī le

Your visa is about to expire

目标 Objectives

- 复习问路和指路。Review how to ask for and give directions.
- 学习办理签证的相关用语。 Learn words related to application.
- 学习出入境时的相关用语。Learn words related to going through customs.

生词 New Words

L20N1

1.	出示	chūshì	to show, to present
2.	申报	shēnbào	to declare
3.	东西	dōngxi	thing
4.	衣物	yīwù	clothes and other articles
5.	日用品	rìyòngpǐn	items for daily use
6.	打开	dǎkāi	open
7.	箱	xiāng	suitcase
8.	接受	jiēshòu	to accept
9.	代购	dàigòu	purchasing agent
10.	只是	zhǐshì	only, just
11.	例行	lìxíng	routine
12.	配合	pèihé	cooperation

13.	签证	qiānzhèng	visa
14.	过期	guòqī	overdue; expire
15.	及时	jíshí	in time
16.	续签	xùqiān	to renew a visa/passport
17.	提醒	tíxǐng	reminder
18.	通知	tōngzhī	to notice
19.	正	zhèng	just, exactly, right
20.	材料	cáiliào	material
21.	表格	biǎogé	table, list
22.	住宿登记	zhùsù dēngjì	registration of accommodation
23.	罚款	fákuǎn	fine
24.	出口	chūkǒu	exit
25.	米	mǐ	meter
26.	取号	qǔhào	to take a number
27.	排队	páiduì	to line up
28.	交费	jiāofèi	to pay a fee
29.	海关	hǎiguān	customs
30.	让	ràng	let, allow, make
31.	不然	bùrán	otherwise

补充词汇和表达 Additional words and expressions

1.	说走就走	shuōzǒujiùzǒu	to leave without hesitation
2.	出入境管理局	Chūrùjìng guǎnlǐjú	Exit–Entry Administration
3.	中山公园	Zhōngshān gōngyuán	Zhongshan Park

课文 Texts

1 　　　　L20T1

（刘子龙坐飞机回中国，下飞机以后准备过海关）

工作人员：先生，早上好！请**出示**(chū shì)您的护照。

刘子龙：好的，给你。

工作人员：你上次来中国是什么时候？

刘子龙：去年九月。

工作人员：行李里有要**申报**(shēnbào)的**东西**(dōng xi)吗？

刘子龙：没有，只有**衣物**(yī wù)、**日用品**(rì yòngpǐn)和笔记本电脑。

工作人员：请**打开行李箱**(dǎ kāi xíng li xiāng)，**接受**(jiē shòu)检查。

刘子龙：我又不是“**代购**(dàigòu)”，为什么要查我的行李？

工作人员：先生，别担心，我们**只是例行**(zhǐ shì lì xíng)检查。

刘子龙：好吧，那你看吧！

（工作人员检查后）

工作人员：没有问题，谢谢您的**配合**(pèi hé)。对了，先生，您的**签证**(qiān zhèng)快**过期**(guò qī)了，请**及时续签**(jí shí xù qiān)。

刘子龙：啊，是吗？谢谢**提醒**(tí xǐng)。

回答问题。Answer the questions according to the text.

1. 刘子龙的行李里有要申报的东西吗？
2. 刘子龙的行李箱里有什么？
3. 工作人员让刘子龙做什么？
4. 刘子龙的签证过期了吗？
5. 签证快过期了要做什么？

完成对话。Complete the dialogues.

1. A：行李里有要__________的东西吗？
   B：没有，只有__________、__________和__________。
   A：____________________，__________。
2. A：我又不是__________，为什么要查我的__________？
   B：先生，别担心，我们只是__________。
3. A：先生，您的__________快__________了，请__________。
   B：啊，是吗？谢谢__________。

2 L20T2

（开学后，刘子龙遇见了韩福瑞）

刘子龙：福瑞，你看到学院的**通知**(tōngzhī)了吗？通知上说：签证快过期的学生要去续签。

韩福瑞：看到了，我**正**(zhèng)想问你，要一起去找老师拿续签的**材料**(cáiliào)吗？

刘子龙：好啊，**说走就走**(shuōzǒu jiù zǒu)。

（两人来到办公室）

韩福瑞：老师好！我们的签证快过期了，来找您拿续签的材料。

老师：你们好！这里有三张表格(biǎo gé)，你们先填一下。

（过了一会儿）

刘子龙：老师，填好了。还要什么材料吗？

老师：还要准备护照和住宿登记(zhù sù dēng jì)。

韩福瑞：好吧，真麻烦，我都不想办了。

老师：那可不行，签证过期会罚款(fá kuǎn)的，一天罚五百！

韩福瑞：太贵了！子龙，咱们快去准备材料吧！

回答问题。Answer the questions according to the text.

1. 学院的通知上说什么？
2. 韩福瑞和刘子龙找老师干什么？
3. 签证续签要准备什么材料？
4. 签证过期不续签会怎么样？
5. 韩福瑞要去准备材料吗？为什么？

完成对话。Complete the dialogues.

1. A：你看到学院的__________了吗？__________上说：__________的学生要去__________。

   B：看到了，我正想问你，要一起去找老师拿__________？

2. A：老师好！我们的__________快__________了，来找您拿__________。

   B：这里有三张__________，你们先__________。

   A：老师，填好了。____________________？

   B：还要准备护照和__________。

3 L20T3

刘子龙：福瑞，明天你有空吗？咱们一起去续签吧。

韩福瑞：好啊。可是你知道去哪儿办续签吗？

刘子龙：去**出入境管理局**(chū rù jìngguǎn lǐ jú)。坐地铁1号线，到**中山公园**(zhōngshāngōngyuán)站，从A**出口**(chūkǒu)出站，再往前走500**米**(mǐ)就到了。

韩福瑞：带这些材料就可以了？

刘子龙：我也不知道。听说小月已经办好了，我们打电话问问她吧。

（韩福瑞给黄小月打电话）

韩福瑞：小月，我和子龙打算明天去出入境管理局办续签。你知道怎么办吗？

黄小月：你们的材料准备好了吗？

韩福瑞：护照、住宿证明、申请表都准备好了。

黄小月：哦。到了出入境管理局，要先**取号**(qǔ hào)，然后**排队**(pái duì)，到你的时候，把材料交给工作人员，**交**(jiāo)签证**费**(fèi)就行了。

韩福瑞：哦，多长时间能办完？

黄小月：一个小时左右就办完了。哦，对了，别忘了问取护照的时间。

韩福瑞：好的，谢谢你啦！

回答问题。Answer the questions according to the text.

1.他们应该去哪儿办续签？怎么去？

2.刘子龙知道怎么办续签吗？谁知道？

3.怎么办续签？

4. 多长时间能办完续签？

5. 办完续签后要记得做什么？

完成对话。Complete the dialogues.

1. A：明天你有空吗？咱们一起去__________吧。

 B：好啊。可是你知道____________________？

 A：去__________，坐__________，到__________，从__________出站，再__________就到了。

2. A：我打算明天去__________办__________。你知道怎么办吗？

 B：你们的__________准备好了吗？

 A：__________、__________、__________都准备好了。

 B：哦。到了__________，要先__________，然后__________，__________的时候，__________，__________就行了。

4 L20T4

刘子龙过**海关**(hǎi guān)的时候，工作人员告诉他签证快过期了。回学校以后，他和韩福瑞一起去找老师拿办理续签的材料。老师**让**(ràng)他们填三张表格，告诉他们办签证还要带护照和住宿登记，还说签证过期可不是闹着玩儿的，一定要及时续签，**不然**(bù rán)会罚款的。他们打电话问黄小月办理续签要注意什么。办签证的人很多，他们等了两个小时才办完，比小月慢多了。工作人员让他们两周后去取。

根据提示复述课文。Retell the text according to the information provided.

刘子龙……的时候，工作人员……。回学校以后，他和韩福瑞一起……。老师让他们……，告诉他们……，还说……可不是……，一定要……，不然会……。他们打电话问黄小月……要注意什么。……很多，他们……才办完，比小月慢多了。工作人员让他们……。

注释 Notes

一、说V就V

If someone“说V就V”，they act as soon as they say they will. It means doing something without hesitation, acting on the thought immediately.

Examples：

（1）说走就走。（Let's just leave.）

（2）说干就干。（Let's just do it.）

（3）他很有钱，喜欢的衣服说买就买。（He is very rich and he'll buy the clothes he likes in the blink of an eye.）

二、把材料交给工作人员

“把字句” is a useful structure for constructing longer sentences which focus on the influence of an action on someone or something. The sentence structure is “S+把+O+V+在/到……” or “S+把+O+V+给……”.

Examples：

（1）老师把课本放在桌子上了。（The teacher put the textbook on the desk.）

（2）他把椅子搬到前面了。（He moved the chair to the front.）

（3）她把信寄给妈妈了。（She sent the letter to her mother.）

三、可不是闹着玩儿的

“可不是闹着玩儿的” is often used to remind someone that something is important and cannot be taken lightly, otherwise the consequences will be serious.

Examples：

（1）签证过期可不是闹着玩儿的。（Overstaying your visa is no joke.）

（2）别把护照带在身上乱走，丢了可不是闹着玩儿的。（Don't carry your passport around, because the consequences of losing it will be serious.）

练习 Exercises

听力练习

一、听句子，选择合适的问题。Listen to the sentences and choose the right question. L20E1

1. A. 你上次来中国是什么时候？ B. 现在是几月？
   C. 你打算几月去泰国？ D. 你来中国多久了？
2. A. 你能陪我去商场逛逛吗？ B. 学校里有超市吗？
   C. 行李箱里有要申报的东西吗？ D. 为什么要查我的行李？
3. A. 这是你的行李箱吗？ B. 为什么要查我的行李？
   C. 你是代购吗？ D. 为什么去泰国旅游？
4. A. 要一起去找老师拿续签的材料吗？ B. 下课以后你要做什么？
   C. 星期天几点出发？ D. 你知道最近的银行在哪儿吗？
5. A. 请问您有行李要托运吗？ B. 你看到学院的通知了吗？
   C. 要一起去找老师拿续签的材料吗？ D. 昨天你去看电影了吗？
6. A. 带这些材料就可以了？ B. 明天你有空吗？
   C. 续签要什么材料？ D. 续签要填表格吗？
7. A. 还要注意什么？ B. 带这些材料可以吗？
   C. 你的材料准备好了吗？ D. 你交护照了吗？
8. A. 怎么办理续签？ B. 怎么去出入境管理局？
   C. 要排队吗？ D. 办理续签要注意什么？
9. A. 怎么办理续签？ B. 签证过期了会怎么样？
   C. 签证快过期了要续签吗？ D. 办理续签要注意什么？
10. A. 你上次来中国是什么时候？ B. 带这些材料就可以了？

C. 多长时间能办完？　　　　　　　　D. 明天你有空吗？

二、听句子，选择合适的回答。Listen to the sentences and choose the right answer.　　L20E2

1. A. 这是我的护照
   B. 没有，只有衣物、日用品和笔记本电脑
   C. 咱们一起去续签吧
   D. 好的，给你
2. A. 别担心，我们只是例行检查
   B. 没有，只有衣物、日用品和笔记本电脑
   C. 咱们一起去续签吧
   D. 我也不知道
3. A. 好啊，说走就走
   B. 老师，填好了
   C. 看到了，我正想问你
   D. 咱们快去准备材料吧
4. A. 咱们一起去续签吧
   B. 还要准备护照和住宿登记
   C. 好的，给你
   D. 好的，谢谢你啦
5. A. 别忘了取护照的时间
   B. 我不知道怎么办续签
   C. 那可不行，签证过期会罚款的
   D. 护照、住宿证明、申请表都准备好了
6. A. 办签证的人很多
   B. 我来找您拿续签的材料
   C. 太贵了！咱们快去准备材料吧
   D. 3个半小时左右就办完了
7. A. 签证过期会罚款的
   B. 签证过期可不是闹着玩儿的

C. 工作人员告诉他签证快过期了
D. 我不知道怎么办

8. A. 小月告诉他们怎么办续签
B. 一定要及时续签
C. 真麻烦，我都不想办了
D. 我不知道去哪儿办续签

9. A. 带这些材料就可以了
B. 签证过期可不是闹着玩儿的
C. 他们等了两个多小时才办完
D. 先取号，再排队，然后把资料交给工作人员

10. A. 去出入境管理局
B. 带这些材料就可以了
C. 真麻烦，我都不想办了
D. 咱们快去准备材料吧

三、听对话，选择正确答案。 Listen to the dialogues and choose the right answer. L20E3

（一）

1. A. 8：00 B. 12：00
C. 16：00 D. 20：00

2. A. 今年二月来了中国 B. 男生是“代购”
C. 海关的例行检查 D. 男生的签证快到期了

3. A. 学校 B. 地铁站
C. 银行 D. 出入境管理局

（二）

4. A. 青木 B. 李志强
C. 老师 D. 签证快到期的学生

5. A. 表格 B. 学生证
C. 住宿登记 D. 护照

6. A. 1天　　B. 2天
C. 3天　　D. 4天

（三）

7. A. 李志强　　B. 黄小月
C. 青木　　D. 工作人员

8. A. 地铁站旁边　　B. 中山公园前边
C. 出站口右边　　D. 银行的右边

9. A. 排队　　B. 交签证费
C. 填表　　D. 取号

（四）

10. A. 志强　　B. 小月
C. 青木　　D. 福瑞

11. A. 星期五　　B. 星期六
C. 星期日　　D. 星期一

12. A. 45分钟　　B. 60分钟
C. 90分钟　　D. 120分钟

四、听短文，完成问题。Listen to the dialogues and finish the question.

（一）　　L20E4

1. 判断对错。True or false.

（1）子龙今天下午想去出入境管理局。　[　]

（2）美玉的签证快过期了。　[　]

（3）美玉觉得续签很麻烦。　[　]

（4）签证过期会罚款。　[　]

（5）他们打算三点去找老师。　[　]

2. 再听一遍录音，选择正确答案。Listen to the dialogues again and choose the right answer.

（1）A. 朋友　　B. 同学　　C. 同事　　D. 师生

（2）A. 下午三点　　B. 晚上七点

C. 早上十点　　D. 下午四点

（3）A. A出口　　B. B出口

C. C出口　　D. D出口

3. 根据录音内容说一说。Answer the questions according to the recording.

（1）续签要准备什么材料？

（2）怎么去出入境管理局？

（二） L20E5

1. 判断对错。True or false.

（1）刘子龙的签证已经过期了。 [　]

（2）签证过期不会罚款。 [　]

（3）办续签交签证费就行了。 [　]

（4）到了出入境管理局，要先取号。 [　]

（5）大概1个小时就能办完续签。 [　]

2. 再听一遍录音，选择正确答案。Listen to the dialogues again and choose the right answer.

（1）A. 刘子龙　　B. 黄小月　　C. 老师　　D. 工作人员

（2）A. 三百　　B. 五百　　C. 六百　　D. 七百

（3）A. 交费　　B. 取号　　C. 排队　　D. 交材料

3. 根据录音内容说一说。Answer the questions according to the recording.

（1）为什么韩福瑞不想办续签了？

（2）签证快过期了，怎么续签？

口语练习

一、读一读下列句子。Read the following sentences.

1. 把材料交给工作人员。

礼物送给同学

作业带到图书馆

船停在码头

2. 到了出入境管理局，要先取号，然后排队。

地铁站　　　　　买票　　　安检

饭馆儿　　　　　点菜　　　买单

机场　　　　　　办理乘机手续　登机

3. 他们比小月慢多了。

秋天　夏天　凉快

奶茶　可乐　好喝

四川菜闽南菜　辣

二、补全句子。Complete the sentences.

1. ________里只有________、和________。
2. 请________，接受________。
3. 先生，________快________，请________。
4. 你要拿________吗？
5. 去________，坐________，到________，从________，再________就到了。
6. 到了________，要________，然后________。
7. ________时候，把________给________，交________。
8. 签证过期，一定要________，不然________。

三、完成对话。Complete the dialogues.

（一）

A：先生，早上好！请________您的________。

B：好的，给你。

A：你上次________是什么时候呢？

B：去年9月。

A：行李里有________的东西吗？

B：没有，只有________、________和________。

A：____________________，__________。

B：我又不是__________，为什么要____________________？

A：先生，别担心，____________________。

B：好吧，那你看吧！

A：没有问题，__________。对了，先生，____________________，请及时__________。

B：啊，是吗？__________。

（二）

A：你看到____________了吗？通知上说：____________的学生要去__________。

B：看到了，__________，要一起去找老师拿__________吗？

A：好啊，说走就走。

B：老师好！我们的签证__________，来找您拿__________。

老师：你们好！这里有__________，你们__________。

A：老师，__________。还要__________吗？

老师：还要准备__________和__________。

B：好吧，__________，我__________。

老师：那可不行，__________________会__________，一天罚五百！

B：太贵了，__________，咱们快去________________！

（三）

A：__________，明天你有空吗？咱们一起去__________吧。

B：好啊。可是____________________吗？

A：去__________，坐地铁1号线，到__________，从A__________出站，再往前走500米就到了。

B：带__________就可以了？

A：我也不知道。听说____________________，我们打电话问问她吧。

B：__________，我和__________打算明天去办____________________。你知道怎么办__________吗？

C：你们准备好__________了吗？

B：__________、__________、__________都准备好了。

C：哦。到了__________，要先__________，然后__________，到你的

时候，____________________，__________就行了。

B：哦，多长时间能办完？

C：__________就办完了。哦，对了，别忘了问__________。

B：好的，谢谢你啦！

四、根据提示完成对话。Complete the dialogues with the information provided.

（一）关键词：把

1. 提示：

A：你把书放哪儿了？

B：……

2. 提示：

A：你把足球放哪儿了？

B：……

3. 提示：

A：你把礼物送给谁了？

B：……

（二）关键词：只是

4. 提示：

A：你成绩真好！

B：哪里哪里。……

5. 提示：

A：你的汉语水平真高！

B：……

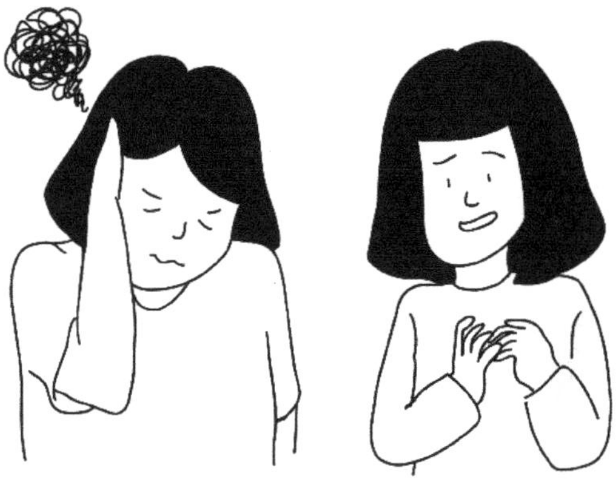

6. 提示：

A：你怎么了？

B：没事，……

（三）关键词：可不是闹着玩儿的

7.提示：

A：我想出去逛街。

B：……

8.提示：

A：我想吃冰淇淋。

B：……

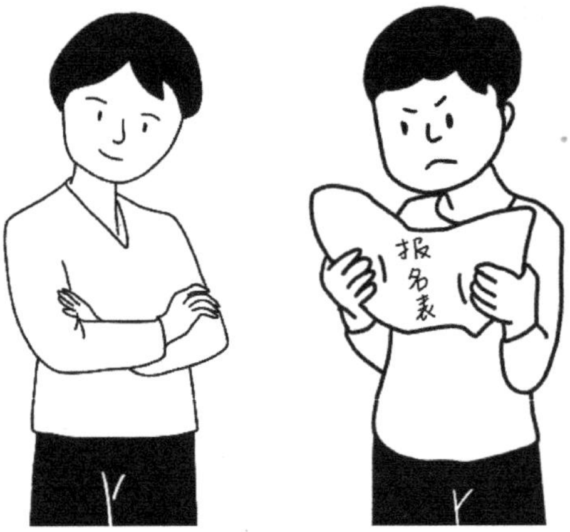

9. 提示：

A：我想参加书法比赛。

B：……

（四）关键词：说V就V

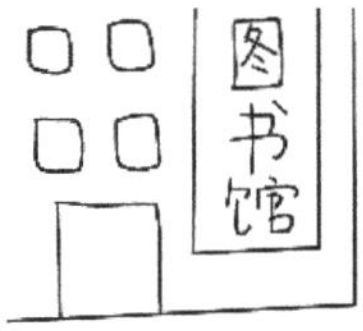

10. 提示：

A：我们去图书馆吧！

B：……

11. 提示：

A：我们中午用手机点外卖怎么样？

B：……

12. 提示：

A：吃泰国菜吗？

B：太好了，____________________。

课堂活动

一、两人一组，分享第一次办理签证或第一次给签证续签的经历。Work in pairs to share the experience of applying for a visa or renewing a visa for the first time.

二、根据提示和关键词完成对话。Complete the dialogue with the information provided.

关键词：签证、过期、续签、排队、取号、出入境管理局

提示：我的签证快要过期了……

作业 Homework

听力作业

一、听录音填空并跟读。Listen to the recording，fill in the blanks and read. L20H1

出入境管理局　取号　例行　检查　海关　申报

中山公园站　过期　出示　材料　表格

1. 我从泰国来中国上学，下飞机后要过__________。
2. 明天你有时间陪我去__________办续签吗?
3. 青木告诉我，办续签要先__________，再排队。
4. 林美玉的签证快要__________了。
5. 工作人员要打开行李箱__________。
6. 黄小月有一些行李要__________。
7. 你好，请__________你的护照。
8. 我们要坐地铁1号线去__________。
9. 我已经准备好续签的__________了。
10. 我们去找老师帮忙，老师让我们填了三张__________。

二、听对话，选择正确答案。Listen to the dialogues and choose the right answer. L20H2

（一）

1. A. 例行检查　　B. 工作人员想看里面有什么
   C. 美玉是代购　　D. 不知道
2. A. 要接受检查　　B. 要及时续签
   C. 要交罚款　　D. 以上都不对

（二）

3. A. 护照　　B. 住宿登记
   C. 护照和住宿登记　　D. 以上都不对
4. A. 续签　　B. 罚款　　C. 申报　　D. 不知道

（三）

5. A. 先坐地铁一号线到中山公园站，再转500路就到了。
   B. 先坐公交车，再转地铁。
   C. 先坐地铁一号线到中山公园站，再走500米就到了。
   D. 以上都不对。
6. A. 上午十点　　B. 下午四点　　C. 下午十点　　D. 晚上十点

（四）

7. A. 交材料　　B. 交签证费
   C. 交材料和签证费　　D. 交材料、签证费和学费
8. A. 1个小时左右　　B. 两个星期
   C. 3个月　　D. 不知道

三、判断对错。True or false. L20H3

1. 她的签证没有过期。 [ ]
2. 出入境管理局离这儿不远。 [ ]
3. 到了出入境管理局要先取号。 [ ]
4. 到了出入境管理局就可以交材料。 [ ]
5. 黄小月半个月就拿到签证了。 [ ]

6. 韩福瑞和刘子龙还没有办续签。 [ ]

7. 签证过期会罚款。 [ ]

8. 韩福瑞和刘子龙已经办了续签。 [ ]

口语作业

问一问同学们的签证什么时候到期，并询问他们是如何办理续签手续的。Ask your classmates when their visas will expire and how they will renew them.

例：志强：青木，你签证快要过期了吗？

青木：是的。

志强：你知道怎么办理续签吗？

青木：我知道，先要准备护照和住宿登记，然后去找老师要续签的表格，填好表格之后，就可以去出入境管理局办理手续。

志强：……

自我评价 Self- Evaluation

学完这一课，你对自己的表现满意吗？

评价表 Evaluation Form					
完成质量 Level of completion / 本课目标 Objectives	5 很好	4 好	3 一般	2 较差	1 很差
1. 复习问路和指路。 Review how to ask for and give directions.					
2. 学习签证办理的相关用语。 Learn words related to application.					
3. 学习出入境时的相关用语。 Learn words related to going through customs.					

完成质量 Level of completion / 本课目标 Objectives	5 很好	4 好	3 一般	2 较差	1 很差
4. 自己需要注意的问题：Self-reflection make a note of what needs to be improved, such as your attitude towards learning or any language-related issue you have.					

wǒ miàn shì chénggōng le

第21课 我面试成功了

I aced my job interview

目标 Objectives

- 复习和工作有关的常用语句。Review common words and phrases related to work.
- 学习找工作的常用语句。Learn common words and phrases related to job hunting.
- 学习工作面试中的常用语句。Learn common words and phrases used in job interviews.

生词 New Words

L21N1

1.	光	guāng	used up
2.	联系	liánxì	to contact
3.	不过	bùguò	however, but
4.	管理	guǎnlǐ	administration, management
5.	专业	zhuānyè	major
6.	正好	zhènghǎo	exactly
7.	要求	yāoqiú	requirement
8.	翻译	fānyì	to translate
9.	文件	wénjiàn	document
10.	达到	dádào	to achieve

11.	级	jí	level
12.	通过	tōngguò	to pass
13.	官	guān	interviewer
14.	自己	zìjǐ	oneself
15.	应聘	yìngpìn	to apply for a job
16.	适合	shìhé	to fit
17.	首先	shǒuxiān	first of all
18.	细心	xìxīn	careful
19.	条理	tiáolǐ	orderliness
20.	其次	qícì	secondly
21.	实习	shíxí	internship
22.	地点	dìdiǎn	place
23.	经验	jīngyàn	experience
24.	积累	jīlěi	to accumulate
25.	被	bèi	auxiliary word, used in front of verbs to form passive phrases
26.	录用	lùyòng	to employ
27.	岗位	gǎngwèi	post, position
28.	祝贺	zhùhè	to congratulate
29.	报到	bàodào	to report for duty
30.	准时	zhǔnshí	on time
31.	面试	miànshì	to interview
32.	成功	chénggōng	success
33.	为	wèi	for
34.	激动	jīdòng	excited

补充词汇和表达 Additional words and expressions

1.	无巧不成书	wú qiǎo bù chéngshū	What a coincidence!
2.	朱拉隆功大学	Zhūlālónggōng Dàxué	Chulalongkorn University
3.	湖里区	húlǐqū	Huli District
4.	看不上	kànbùshàng	to be dissatisfied with
5.	人事处	rénshìchù	personnel division

课文 Texts

1

L21T1

（美玉、田园园和哥哥在咖啡厅见面）

林美玉：哥，最近忙吗？

哥哥：不太忙。你最近学习忙吗？放假回来，汉语是不是快忘光(guāng)了！

林美玉：哈哈，差不多！所以新学期也要好好学习。介绍一下，这就是跟你**联系**(lián xì)过的田园园。

哥哥：你好，田园园。你找到合适的公司了吗？

田园园：还没有呢，**不过**(bú guò)谢谢您上次帮我改简历。

哥哥：小事儿！美玉的好朋友就是我的朋友！对了，你是不是想找个秘书的工作？

田园园：对，我大学学的是**管理专业**(guǎn lǐ zhuān yè)，想找个秘书的工作。

哥哥：真是**无巧不成书**（wúqiǎo bù chéngshū），我们公司**正好**（zhènghǎo）需要一个秘书！这个工作对汉语的**要求**（yāo qiú）比较高，因为要**翻译**（fān yì）一些**文件**（wén jiàn），HSK要**达到**（dá dào）六**级**（jí）。

田园园：太好了，我HSK已经**通过**（tōngguò）六级了，一般的听、说、读、写、译我都没有问题。

哥哥：那太好了！你下周一上午10点带上简历来我们公司**面试**（miàn shì）吧。

田园园：真的吗？太感谢您啦！您真是帮了我的大忙了！

哥哥：在中国我们当然要互相帮助。

林美玉：谢谢你！

回答问题。Answer the questions according to the text.

1. 林美玉说现在自己的汉语怎么样？
2. 田园园找到合适的工作了吗？
3. 哥哥的公司在招聘什么？
4. 田园园下周一去公司要带什么？
5. 田园园要去公司做什么？

完成对话。Complete the dialogues.

1. A：__________，这就是跟你__________过的田园园。

   B：你好，田园园。你找到合适的__________了吗？

   A：还没有呢，____________________。

   B：__________！美玉的好朋友____________________！

2. A：真是_________，我们公司_________需要一个秘书！这个工作对____________比较高，因为要___________，HSK要__________。

   B：太好了，我HSK已经__________六级了，一般的__________我

都没有问题。

A：那太好了！你下周一上午10点来我们公司面试吧。

B：真的吗？太感谢你啦！ ________________ ！

2 L21T2

（田园园参加面试）

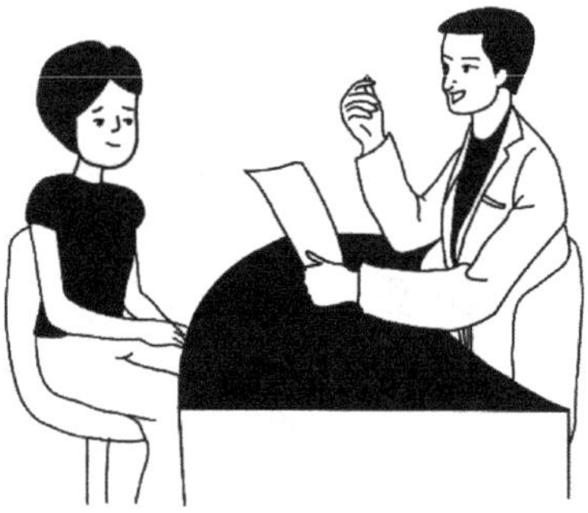

田园园：下午好。

面试**官**(guān)：你好。请先介绍一下你**自己**(zì jǐ)。

田园园：我……我……叫……田……田园园……

面试官：别紧张，慢慢来。

田园园：谢谢！我叫田园园，是泰国人。我2016年从**朱拉隆功大学**(zhū lā lónggōng dà xué)管理专业毕业。我想**应聘**(yìngpìn)贵公司的秘书工作。

面试官：你为什么想来中国工作？

田园园：因为我很喜欢中国，还有中国的经济发展得很好。

面试官：你的汉语水平怎么样？

田园园：我已经通过了HSK六级。

面试官：不错！能不能说说，为什么你觉得自己**适合**(shì hé)做秘书工作？

田园园：**首先**(shǒuxiān)，我是个很**细心**(xì xīn)的人，工作很有**条理**(tiáo lǐ)，**其次**(qí cì)，我的汉语水平不错，听、说、读、写、译都没问

shí xí
题。我的英语也还可以。我还有做秘书的**实习**
jīngyàn
经验。

dì diǎn hú lǐ qū
面试官：上班**地点**在**湖里区**，早上九点上班，下午五点下班，工资5000块左右，你觉得怎么样？

jī lěi
田园园：可以。我想**积累**些工作经验，工资够用就行。

面试官：哦，对了，如果工作忙可能需要加班。

田园园：没问题，加班也没问题。

面试官：好，谢谢你。

田园园：谢谢。

回答问题。Answer the questions according to the text.

1. 面试官让田园园介绍什么？
2. 田园园来公司应聘什么工作？
3. 田园园的汉语水平怎么样？
4. 田园园上班的地点在哪儿？
5. 田园园可以加班吗？

完成对话。Complete the dialogues.

1. A：你的汉语__________怎么样？
   B：____________________。
2. A：__________在湖里区，早上__________，下午__________，工资__________左右，你觉得怎么样？
   B：可以。我想__________些工作__________，工资__________。

3 L21T3

（田园园跟美玉逛街）

kàn
田园园：美玉，你哥哥的公司还没有联系我，他们是不是**看**

bu shàng
不上我啊？

林美玉：不会的，你汉语这么好，又有工作经验，一定没问题。

（田园园的手机响了）

田园园：喂，你好。

工作人员：您好。请问是田园园吗？

田园园：我是。请问您是哪位？

rén shì chù

工作人员：田园园你好，这里是XX公司**人事处**，我姓王。

bèi lù yòng gǎng wèi

打电话是通知你，你已经**被**我公司**录用**，**岗位**是办公室秘书。

田园园：真的吗？太感谢您了！

zhù hè

工作人员：**祝贺**你。请下周一早上八点半来公司12楼人事处

bàodào

报到。

zhǔn shí

田园园：好的好的，我一定**准时**到。

工作人员：别忘了带上你的护照。

田园园：好的！谢谢您！

（田园园放下手机）

miàn shì chénggōng

田园园：啊！美玉，我**面试成功**了！

wèi

林美玉：太棒了，真**为**你高兴。

田园园：走，晚上我请客！

林美玉：那我可得多吃点儿。

回答问题。Answer the questions according to the text.

1. 田园园觉得美玉哥哥的公司为什么没有联系她？
2. 田园园的岗位是什么？
3. 田园园要去人事处干什么？
4. 下周一田园园要带上什么去公司？
5. 田园园的面试怎么样了？

完成对话。Complete the dialogues.

1. A：请下周一早上八点半来公司12楼人事处__________。

   B：好的好的，我一定__________。

   A：别忘了__________。

   B：好的！谢谢您！

2. A：美玉，我__________了！

   B：太棒了，____________________。

   A：走，晚上我请客！

   B：____________________。

4 L21T4

田园园：我很喜欢中国，一直想来中国工作。美玉的哥哥给我介绍了一份办公室秘书的工作。前两天我去公司参加了面试，面试的时候，我有点儿紧张，面试官让我慢慢来。今天下午，公司人事处给我打电话，告诉我我被录用了，我**激动**(jī dòng)极了！很感谢美玉和她哥哥。公司在湖里区，工作时间从早九点到晚五点。下周一我就得去人事处报到了。

根据提示复述课文。Retell the text according to the information provided.

我很喜欢中国，一直想来中国……。美玉的哥哥给我介绍了……工作。前两天我去公司……，面试的时候，我有点儿……，面试官……

我……。今天下午，公司人事处给我……，告诉我……，我……极了，很感谢美玉和她哥哥。公司在湖里区，工作时间从……。下周一我……去人事处……。

注释 Notes

一、无巧不成书

This is an idiomatic expression used to show surprise when things happen by sheer coincidence.

Examples：

（1）我今天在鼓浪屿遇见了我的泰国朋友，真是无巧不成书！（I met my Thai friend in Gulangyu today. What a coincidence!）

（2）真是无巧不成书！我昨天丢的手机被我的舍友捡到了。（What a coincidence! The mobile phone I lost yesterday was found by my roommate.）

二、小事儿

"小事儿" means "not big deal" and can be used as a response when someone asks you for help or thanks you for offering help.

Examples：

（1）A：你能帮我翻译一下这份文件吗？（Can you translate this document for me?）

B：没问题，小事儿。（No problem. I'll take care of it.）

（2）A：谢谢你陪我去医院。（Thank you for accompanying me to the hospital.）

B：小事儿，美玉的朋友就是我的朋友。（No big deal. Meiyu's friend is my friend.）

三、看不上

“看不上”means “look down on somebody,” and can be used to express someone’s dislike for someone or something.

Examples:

（1）她看不上我，觉得我不可能成功。（She looked down on me and didn’t think that I could succeed.）

（2）他的计划太过简单，我看不上。（His plan is too simple. I don’t like it.）

（3）我怕面试官看不上我。（I’m scared of being turned down by the interviewer.）

练习 Exercises

听力练习

一、听句子，选择合适的问题。Listen to the sentences and choose the right question. L21E1

1. A. 你暑假做什么了？ B. 你暑假出去玩了吗？
   C. 你假期学汉语了吗？ D. 你汉语是不是快忘光了？
2. A. 你找到工作了吗？ B. 你的哥哥能帮助我吗？
   C. 简历中需要什么内容？ D. 你真的要去中国工作吗？
3. A. 这个工作要做什么？ B. 你的汉语水平怎么样？
   C. 你会翻译文件吗？ D. 这个工作要求高吗？
4. A. 你觉得中国的生活方便吗？ B. 你为什么想在中国找工作？
   C. 你打算来中国工作吗？ D. 你的材料准备好了吗？
5. A. 你找到合适的工作了吗？ B. 为什么要在中国工作？
   C. 你为什么喜欢这份工作？ D. 你为什么适合这份工作？
6. A. 这份工作的工资高吗？ B. 你觉得这份工作怎么样？
   C. 工资5000可以吗？ D. 你喜欢这份工作吗？

7. A. 这份工作需要加班吗？ B. 你可以加班吗？
C. 你喜欢中国吗？ D. 你在中国工作吗？
8. A. 你觉得我适合这份工作吗？ B. 你觉得公司会给我打电话吗？
C. 你觉得我可以被录取吗？ D. 你觉得公司是不是看不上我？
9. A. 我的面试成功了吗？ B. 我可以去上班了吗？
C. 我被公司录用了吗？ D. 我可以带简历吗？
10. A. 你的面试怎么样？ B. 你去面试了吗？
C. 你的面试准备好了吗？ D. 你去哪个公司面试？

二、听句子，选择合适的回答。Listen to the sentences and choose the right answer. L21E2

1. A. 通过了HSK6级 B. 通过了CET6级
C. 通过了CET4级 D. 通过了期末考试
2. A. 我是学写字的 B. 我是学做菜的
C. 我是学唱歌的 D. 我是学管理的
3. A. 她想去公司 B. 她想去旅游
C. 她想当秘书 D. 她想要睡觉
4. A. 秘书需要说汉语 B. 秘书需要看电影
C. 秘书需要玩游戏 D. 秘书需要翻译文件
5. A. 我可以吃烤鸭 B. 我可以积累经验
C. 我可以看电影 D. 我可以上网
6. A. 没问题 B. 挺好的
C. 谢谢你 D. 不客气
7. A. 她去公司报到 B. 她去公司见朋友
C. 她去公司上课 D. 她去公司看小说
8. A. 面试官让我给他打电话 B. 我通过了这次面试
C. 面试官给我打电话 D. 面试官通知我带简历
9. A. 我要带钱包和手机 B. 我要带简历和HSK证书
D. 我要带现金 D. 我要带工作证
10. A. 别紧张，慢慢来 B. 别着急，慢点走

C. 恭喜你通过了面试　　D. 不要骄傲

三、听对话，选择正确答案。Listen to the dialogues and choose the right answer. L21E3

（一）

1. A. 还没找工作　　B. 找到了合适的工作
   C. 还没找到合适的工作　　D. 正在找工作
2. A. 因为她喜欢秘书的工作　　B. 因为学的是管理专业
   C. 因为她以前做过秘书工作　　D. 因为她的HSK通过了六级
3. A. 下周一上午8点　　B. 下周一下午9点
   C. 下周一上午9点　　D. 下周一下午3点

（二）

4. A. 她以前做过秘书工作　　B. 她在泰国读大学
   C. 她汉语水平还可以　　D. 不知道
5. A. 没问题　　B. 不可以
   C. 工资有点少　　D. 工资不够用
6. A. 她不愿意加班　　B. 她不想加班
   C. 她愿意上班　　D. 她愿意为工作加班

（三）

7. A. 她通过了HSK6级　　B. 她很自信
   C. 她没有工作经验　　D. 不知道
8. A. 办公室秘书　　B. 办公室助理
   C. 办公室经理　　D. 办公室助手
9. A. 14楼人事处　　B. 14楼秘书处
   C. 4楼人事处　　D. 4楼秘书处

（四）

10. A. 中山区　　B. 第一医院区
    C. 湖里区　　D. 以上都不是
11. A. 风景不好　　B. 交通不方便
    C. 环境很好　　D. 生活不方便

12. A. 不紧张　　B. 没有通过
C. 成功了　　D. 不是很好

四、听短文，完成问题。Listen to the dialogues and finish the question.

（一）　　L21E4

1. 判断对错。True or false.

（1）园园在找工作。　[ ]

（2）博文觉得园园很容易找到工作。　[ ]

（3）园园愿意去博文的公司面试。　[ ]

（4）博文的公司在中山区。　[ ]

（5）园园不需要带护照去公司面试。　[ ]

2. 再听一遍录音，选择正确答案。Listen to the dialogues again and choose the right answer.

（1）A. 朋友　　B. 同学
C. 同事　　D. 师生

（2）A. 准备简历　　B. 请男的吃饭
C. 去湖里区面试　　D. 不知道

（3）A. 有的工作要求太高了　　B. 有的公司地点太远了
C. 有的工作面试不太顺利　　D. 以上都是

3. 根据录音内容说一说。Answer the questions according to the recording.

（1）博文为什么觉得园园能找到合适的工作？

（2）园园为什么愿意去博文的公司面试？

（二）　　L21E5

1. 判断对错。True or false.

（1）王小丽想找一份秘书的工作。　[ ]

（2）在中国做秘书不需要很高的汉语水平。　[ ]

（3）王小丽不担心自己的面试。　[ ]

（4）王小丽面试的时候表现得很好。　[ ]

（5）王小丽想请杨天爱吃饭。 [ ]

2. 再听一遍录音，选择正确答案。Listen to the dialogues again and choose the right answer.

（1）A. 自己会紧张　　B. 自己的中文水平不够

C. 自己没有工作经验　　D. 不知道

（2）A. 通过了　　B. 没通过

C. 因为她喜欢中国　　D. 因为她中文水平不高

（3）A. 明天　　B. 下周

C. 这个月　　D. 这周

3. 根据录音内容说一说。Answer the questions according to the recording.

（1）王小丽面试的时候表现得怎么样？

（2）王小丽为什么能找到这份工作？

口语作业

一、读一读下列句子。Read the following sentences.

1. 请介绍一下自己。

通知　父母

告诉　老师

回答　问题

2. 我想积累些经验。

认识　朋友

申请　学校

介绍　同学

3. 田园园收到了公司的通知。

得到　消息

看到　评价

收到　任务

二、补全句子。Complete the sentences.

1. 美玉的__________就是我的__________。
2. 在中国我们当然要__________。
3. 请先__________一下。
4. 为什么你觉得自己__________做__________的工作？
5. 我想__________些__________，__________就行。
6. 公司还没给我打电话，是不是他们__________我啊？
7. __________你！请你下周来公司__________。
8. 我面试__________了。

三、完成对话。Complete the dialogues.

（一）

A：你找到__________了吗？

B：还没有。谢谢你上次帮我改__________。

A：__________！对了，你是不是想找个__________的工作？

B：对，我__________是__________，所以我想找个秘书的工作。

A：真是__________，我们公司__________！这个工作对汉语的要求比较高，因为要________________，HSK要__________。

B：太好了，我HSK已经通过六级了，一般的____________________。

A：那太好了！你下周一上午10点____________________。

B：真的吗？太感谢你啦！你___________________！

（二）

A：请先____________________。

B：我叫__________，是泰国人。我__________年从__________大学__________专业__________。我想__________贵公司__________。

A：你为什么想来中国工作？

B：因为我很喜欢中国，还有中国的__________得很好。

A：__________在湖里区，__________上班，__________下班，__________5000块左右，你觉得可以吗？

B：可以。我想__________工作经验，工资__________。

A：哦，对了，有时候工作忙，可能__________。

B：没问题，__________也没问题。

（三）

A：美玉，公司还没有联系我，_________是不是____________________？

B：不会的，你汉语__________，又有__________，一定没问题。

……

A：喂，您好，____________________？

B：你好，这里是XX公司。打电话是__________你，你已经__________我__________，岗位是__________。

A：真的吗？太感谢您了！

B：__________。请你下周一早上八点半来公司12楼__________。

A：好的好的，我一定__________。

B：别忘了带上__________。

A：好的！谢谢您！

四、根据提示完成对话。Complete the dialogues with the information provided.

（一）关键词：无巧不成书

1. 提示：

A：我想看《水浒传》，但是这本书有点贵。

B：……

2. 提示：

A：这个场景我很喜欢。

B：……

（二）关键词：看不上

3. 提示：

A：……？

B：不会的，你汉语这么好，又有工作经验。

4. 提示：

A：这双鞋子怎么样？

B：……

（三）关键词：让

5. 提示：

A：咱们去动物园玩吧。

B：不行，我妈妈……

6. 提示：

A：我得走了，要迟到了。

B：不用着急，老师……

课堂活动

一、两人一组讨论，如果去面试，应该注意哪些方面？ Discuss in pairs what to pay attention to if you are going to have a job interview.

二、两人一组讨论，你有没有什么缓解紧张的好方法？ Discuss in pairs what can be done to relieve stress.

三、根据提示和关键词完成对话。 Complete the dialogue with the information provided.

关键词：工作、汉语水平、工作经历、工资、适合

提示：我想找一份秘书的工作……

作业 Homework

听力作业

一、听录音填空并跟读。 Listen to the recording, fill in the blanks and read. L21H1

无巧不成书　简历　一定　成功　应聘

加班　水平　准时　经验　让

1. 谢谢你上次帮我改__________。
2. 真是__________，我们公司正好需要一个秘书！
3. 我想来贵公司__________秘书。
4. 你的汉语__________怎么样？
5. 我想积累些工作__________，工资够用就行。
6. 如果有时候工作需要__________，有问题吗？
7. 你汉语这么好，又有工作经验，__________没问题。

8. 好的好的，我一定__________到。

9. 美玉，我面试__________了！

10. 面试官__________我别紧张，慢慢来。

二、听对话，选择正确答案。Listen to the dialogues and choose the right answer. L21H2

（一）

1. A. 找到了　B. 没有找工作
   C. 还没找到工作　D. 以上都不对
2. A. 因为他工作经历少　B. 因为他做过秘书工作
   C. 因为他汉语水平高　D. 因为他在泰国工作过

（二）

3. A. 通过了HSK6级　B. 挺好的
   C. 听、说、读、写都没问题　D. 以上都对
4. A. 因为她很细心　B. 因为她工作有条理
   C. 因为她学的是行政管理　D. 以上都对

（三）

5. A. 身份证　B. 银行卡
   C. 简历　D. 护照
6. A. 下周一早上九点半　B. 下周一下午三点
   C. 下周一早上十点　D. 以上都不对

（四）

7. A. 因为他太紧张了　B. 因为他太辛苦了
   C. 因为他觉得这家公司看不上他　D. 以上都不对
8. A. 交通方便　B. 风景好
   C. 好吃的很多　D. 以上都对

三、判断对错。True or false. L21H3

1. 林美玉的朋友田园园没找到工作。 [ ]

2. 田园园最近看了几个工作。 [ ]

3. 林美玉的哥哥的公司需要很多秘书。 [ ]

4. 林美玉的哥哥觉得田园园适合秘书工作。 [ ]

5. 田园园以前在泰国做过秘书。 [ ]

6. 田园园的汉语水平还可以。 [ ]

7. 田园园面试的时候不紧张。 [ ]

8. 林美玉的哥哥很高兴田园园能找到工作。 [ ]

自我评价 Self- Evaluation

学完这一课，你对自己的表现满意吗?

评价表 Evaluation Form					
完成质量 Level of completion / 本课目标 Objectives	5 很好	4 好	3 一般	2 较差	1 很差
1.复习和工作有关的语句。 Review common words and phrases related to work.					
2.学习找工作的常用语句。 Learn common words and phrases related to job hunting.					
3.学习工作面试中的常用语句。 Learn common words and phrases used in job interviews.					
4. 自己需要注意的问题：Self–reflection make a note of what needs to be improved, such as your attitude towards learning or any language–related issue you have.					

wǒ zài zhōng guó dāng mì shū

第 22 课　我在中国当秘书

I work as a secretary in China

目标 Objectives

- 学习工作场合交际用语。Learn workplace vocabulary.
- 学习组织会议的交际用语。 Learn vocabulary for organizing meetings.
- 学习宴请和接待的交际用语。Learn vocabulary for banquet arrangement and reception.

生词 New Words

L22N1

1.	经理	jīnglǐ	manager, director
2.	同事	tóngshì	colleague
3.	熟悉	shúxi	to be familiar with, to be acquainted with
4.	环境	huánjìng	environment, surroundings
5.	打卡	dǎkǎ	to clock in
6.	会议	huìyì	conference, meeting
7.	接待	jiēdài	to receive
9.	客户	kèhù	client, customer
10.	安排	ānpái	to arrange, to make arrangements for
11.	日常	rìcháng	daily
12.	年轻	niánqīng	young

13.	相处	xiāngchǔ	to get along with
14.	随时	suíshí	at any time, at all times
15.	尽快	jǐnkuài	as soon as possible
17.	今后	jīnhòu	from now on
18.	晚宴	wǎnyàn	dinner
19.	包厢	bāoxiāng	private room
20.	南方	nánfāng	south
21.	套餐	tàocān	set meal
22.	包	bāo	to guarantee
23.	不仅	bùjǐn	not only
24.	放心	fàngxīn	rest assured
25.	主位	zhǔwèi	seat of the host（at table）
25.	贵客	guìkè	guest of honor
26.	代表	dàibiǎo	representative; to represent
27.	各位	gèwèi	everybody
28.	一向	yīxiàng	always
29.	生意	shēngyi	business
30.	干杯	gānbēi	cheers
31.	热情	rèqíng	enthusiasm
32.	累	lèi	tired

补充词汇和表达 Additional words and expressions

1.	请多多指教	qǐng duōduō zhǐjiào	please kindly give me your advice used when you meet someone for the first time to show politeness.
2.	西湖厅	XīHú Tīng	Xihu Dining Room

续表

3.	恭敬不如从命	gōngjìng bùrú cóngmìng	obedience is better than politeness, the best way to show respect is to obey.
4.	更上一层楼	gèng shàng yīcénglóu	strive for further improvement, scale new heights
5.	佛跳墙	fótiàoqiáng	Buddha Jumping Over the Wall (a famous Chinese dish, also known as "Buddha's Temptation)

课文 Texts

1 L22T1

jīng lǐ　tóng shì
经理：大家好，这是田园园，我们的新**同事**。

同事：欢迎欢迎！

qǐngduō duō zhǐ jiào
田园园：大家好，我是田园园，今天是我第一天上班。**请多多指教**！

shú xi　huán jìng　dǎ kǎ
经理：园园，跟我来，我先带你**熟悉**一下**环境**。这是**打卡**机，上班和下班的时候别忘了刷卡。

田园园：好的。

huì yì　jiē dài kè hù
经理：这是你的办公桌，你用这台电脑办公，你的工作是翻译文件、通知**会议**、**接待客户**什么的。

ān pái rì cháng
田园园：就是帮助**安排日常**工作，对吧？

niánqīng　xiāngchǔ　suí shí
经理：没错。咱们办公室都是**年轻**人，很好**相处**，用不了两天就熟悉了。有问题**随时**来问我。

jǐn kuài
田园园：好的。我一定**尽快**熟悉工作。

回答问题。Answer the questions according to the text.

1. 新同事叫什么名字？
2. 田园园怎么介绍自己？
3. 上下班田园园需要做什么？
4. 田园园的主要工作是什么？
5. 为什么办公室的人很好相处？

完成对话。Complete the dialogues.

1. A：大家好，__________，__________。
   B：欢迎欢迎！
   C：大家好，我是田园园，今天是我__________，请_______________！
2. A：这是__________，你用__________办公。你的工作是__________、__________、__________什么的。
   B：就是帮助安排__________，对吧？

2 L22T2

（田园园在经理办公室）

田园园：李经理您好，我是新来的秘书，我叫田园园，您可以叫我小田。

李经理：小田，你好。你是泰国人吧？汉语说得不错啊！

田园园：哪里哪里，还差得远呢！**今后**（jīn hòu）请您多多指教。

李经理：好。今天有什么安排吗？

田园园：下午三点，在1101会议室，有一个会议，晚上还安排了**晚宴**（wǎnyàn）。

李经理：好的，知道了，你去准备会议材料吧。

（田园园给酒店打电话）

田园园：你好，是XX酒店吗？请问能预定今天晚上的**包厢**(bāo xiāng)吗？

酒店前台：请问你们有多少人？

田园园：8个人。

酒店前台：没问题，那就安排在“**西湖厅**(xī hú tīng)”吧，那个包厢环境好，没人打扰。请问几点到？

田园园：下午5点半到。

酒店前台：那是现在点菜还是来了再点菜？

田园园：有什么特色菜吗？我们的客户都是**南方**(nánfāng)人，不能吃辣，最好有海鲜。

酒店前台：您可以选择999的**套餐**(tàocān)，都是我们酒店的特色菜，海鲜比较多。

田园园：菜单能先发给我看看吗？

酒店前台：没问题，**包**(bāo)在我们身上，我们店**不仅**(bù jǐn)饭菜好，而且环境也好，您**放心**(fàngxīn)吧。

回答问题。Answer the questions according to the text.

1. 田园园觉得自己的汉语怎么样？
2. 今天有什么安排？
3. 田园园为什么打电话给酒店？

4. 晚宴为什么安排在“西湖厅”？
5. 酒店推荐了什么菜？

完成对话。Complete the dialogues.

1. A：李经理__________，我是__________，我叫田园园，您__________叫我小田。
   B：小田，你好。你是__________吧？汉语__________啊！
   A：__________，还差得远呢！今后请您__________。
2. A：你好，是XX酒店吗？请问能______今天晚上的__________吗？
   B：请问__________？
   A：8个人。
   B：__________，那就__________在“西湖厅”吧，那个__________，__________。请问__________？
   A：下午5点半到。

3 L22T3

（在酒店西湖厅）

田园园：马经理您好，我是小田。请跟我来，请您坐这儿。

马经理：不用客气，李经理坐**主位**(zhǔwèi)吧。

李经理：那可不行，您是**贵客**(guì kè)，您坐主位。我坐您旁边。

马经理：谢谢李经理！那我就**恭敬不如从命**(gōngjìng bù rú cóngmìng)了。

（所有人都就座后）

李经理：马经理是我的老朋友，我们合作过很多次。我**代表**(dàibiǎo)公司欢迎马经理和**各位**(gè wèi)朋友，祝我们合作愉快！

马经理：跟贵公司的合作**一向**(yí xiàng)都很愉快。希望我们的**生意**(shēng yi)能**更上一层楼**(gèngshàng yì cénglóu)。

李经理：好！更上一层楼！马经理，这家店的**佛跳墙**(fó tiàoqiáng)很地道，您尝尝。

马经理：大家都是朋友，你太客气了。来来来，为我们合作成功**干杯**(gānbēi)！

大家：干杯！

回答问题。Answer the questions according to the text.

1. 谁坐了主位？为什么？
2. 李经理坐哪儿？
3. 李经理跟马经理合作过吗？
4. 他们合作得怎么样？
5. 他们点了什么菜？

完成对话。Complete the dialogues.

1. A：__________，李经理坐__________吧。
   B：__________，您是__________，您坐主位。我坐您__________。
   A：谢谢李经理，那我就__________________了。
2. A：马经理是__________，我们__________过__________。我__________XX公司__________马经理和各位朋友的到来，祝我们__________！
   B：__________的合作__________都很__________。希望我们生意能__________。

4　　L22T4

田园园：今天是我上班的第一天。早上，经理带我熟悉了一下公司的办公环境，向我介绍工作内容。同事们都很**热情**(rè qíng)。下午，我安排了一个会议，然后给酒店打电话预定了一个包厢安排晚宴。晚宴上，两位经理一起为合作成功干杯。第一天上班，有点儿**累**(lèi)，不过，能在晚宴上吃到地道的佛跳墙，真让我开心！

根据提示复述课文。Retell the text according to the information provided.

我今天……。早上，经理带我……，向我介绍了……。同事们……。下午，我安排了……，李经理……，然后我给酒店……，预定了……。晚宴上，两位经理……。第一天……，有点儿……。不过，能在晚宴上……，真让……。

注释 Notes

一、……什么的

It is an informal way to express “and so on”.

Examples:

（1）她喜欢看小说什么的。（She likes to read novels and stuff.）

（2）她喜欢吃蛋糕甜点什么的。（She likes cakes, desserts and so on.）

二、还差得远呢！

It means “far from satisfactory” and it’s used to say one needs to make a lot of progress before achieving something.

Examples:

（1）我离自己的目标还差得远呢！（I’m still far from my goal!）

（2）他离完成自己的学业还差得远呢！（He is far from finishing his studies!）

三、包在我身上

“包在我身上” is a common phrase in spoken Chinese. It means “leave it to me; I’ll take care of it.”

Examples：

（1）尽管放心，修电脑的事情就包在我身上了。（Don't worry about your computer. I promise I'll fix it.）

（2）不用担心，你妈妈的病就包在我身上了。（Don't worry. I'll do everything in my power to cure your mother.）

练习 Exercises

听力练习

一、听句子，选择合适的问题。 Listen to the sentences and choose the right question. L22E1

1. A. 你是新来的秘书吗？ B. 你是哪国人？
   C. 你是泰国人吧？汉语说得不错啊！ D. 你学汉语多长时间了？
2. A. 你是泰国人吧？ B. 今天有什么安排？
   C. 你好，是XX酒店吗？ D. 你们有多少人？
3. A. 今天有什么安排？ B. 你来中国几年了？
   C. 请问能预定今天晚上的包厢吗？ D. 今天有什么会议？
4. A. 请问几点到？ B. 请问现在几点？
   C. 请问你们有多少人？ D. 请问你是哪位？
5. A. 能预定今天晚上的包厢吗？ B. 有什么特色菜吗？
   C. 能告诉我今天有什么安排吗？ D. 能现在去酒店吗？
6. A. 能先看看你们酒店的菜单吗？ B. 能预定明天晚上的包厢吗？
   C. 能现在准备会议材料吗？ D. 菜单上有什么特色菜？
7. A. 小王，你做什么工作？ B. 小王，你打算去哪儿旅游？
   C. 小王，你带简历了吗？ D. 小王，你的汉语真不错。
8. A. 你是贵客，请坐主位。 B. 我不想坐主位。
   C. 你可以坐主位吗？ D. 你可以帮我预定包厢吗？
9. A. 你在哪儿工作？ B. 你的工作内容是什么？
   C. 你是新同事，是吗？ D. 今天是你第一天上班，是吗？

10. A. 请问我的工作内容是什么？　B. 请问能看看你们酒店的套餐吗？
C. 请问你们有多少人？　D. 请问现在点菜吗？

二、听句子，选择合适的回答。Listen to the sentences and choose the right answer. L22E2

1. A. 我现在去预定包厢
B. 我的工作是翻译文件、通知会议、接待客户等
C. 很高兴认识大家。请多多指教
D. 哪里哪里，还差得远呢
2. A. 有问题随时来问我
B. 我们店不仅饭菜好，而且环境也好
C. 海鲜都是我们的特色菜
D. 哪里哪里，还差得远呢
3. A. 对不起，我帮不上忙
B. 哪里哪里，还差得远
C. 谢谢你
D. 当然可以，给您安排在“西湖厅”吧
4. A. 我们8个人
B. 下午5点半
C. 好的。我一定尽快熟悉工作
D. 那我就恭敬不如从命了
5. A. 没问题，马上发给您
B. 没问题，包在我身上
C. 对不起，我帮不上忙
D. 当然可以，给您安排在“厦门厅”吧
6. A. 马经理，欢迎光临
B. 我可以帮你问问经理
C. 下午三点，有一个会议，晚上还安排了晚宴
D. 我先做，你等我消息
7. A. 谢谢，恭敬不如从命

B. 您坐主位，我坐旁边

C. 很不错，很地道

D. 没问题，包在我们身上

8. A. 当然，我是泰国人

B. 没错，请多多指教

C. 哪里哪里，还差得远呢

D. 真的吗？太好了

9. A. 帮助安排日常工作

B. 那我就恭敬不如从命了

C. 安排好了，晚宴下午8点半开始

D. 跟我来，我先带你熟悉一下环境

10. A. 那我就不客气了

B. 希望我的生意能更上一层楼

C. 没问题，包在我们身上，你放心吧

D. 我们跟马经理的合作一向都很愉快

三、听对话，选择正确答案。Listen to the dialogues and choose the right answer. L22E3

（一）

1. A. 工作很简单　　B. 这是你的办公室电脑

C. 翻译文件、通知会议、接待客户等　　D. 熟悉工作环境

2. A. 经理　　B. 秘书

C. 客户　　D. 同事

3. A. 翻译文件　　B. 接待客户

C. 通知会议　　D. 刷卡

（二）

4. A. 哪里哪里　　B. 说得不好

C. 说得不错　　D. 请您多多指教

5. A. 在1011会议室　　B. 在1101会议室

C. 在0111会议室　　D. 在1110会议室

6. A. 会议和晚宴　　B. 预定包厢晚宴
C. 今天下午三点有个会议　　D. 晚上安排了晚宴

（三）

7. A. 8个　　B. 10个
C. 11个　　D. 20个

8. A. 川菜　　B. 泰国菜
C. 南方菜　　D. 海鲜

9. A. 川菜、海鲜、北方菜　　B. 川菜、海鲜、泰国菜
C. 川菜、泰国菜、南方菜　　D. 川菜、海鲜、南方菜

（四）

10. A. 马经理　　B. 李经理
C. 田园园　　D. 服务员

11. A. 冬阴功汤　　B. 汉堡和薯条
C. 佛跳墙　　D. 西红柿鸡蛋

12. A. 第一次合作　　B. 第二次合作
C. 第三次合作　　D. 第四次合作

四、听短文，完成问题。Listen to the dialogues and finish the question.

（一）　　L22E4

1. 判断对错。True or false.

（1）园园对工作环境还不熟悉。　　[ ]

（2）园园的工作是帮助安排日常工作。　　[ ]

（3）园园的同事们对她不热情。　　[ ]

（4）园园的客户不是中国人。　　[ ]

（5）园园不习惯在中国工作。　　[ ]

2. 再听一遍录音，选择正确答案。Listen to the dialogues again and choose the right answer.

（1）A. 经理　　B. 同事
C. 秘书　　D. 客户

（2）A. 准备会议资料　　　　　B. 接待泰国客户
　　C. 预定晚宴包厢　　　　　D. 在会议室开会

（3）A. 包厢大　　　　　　　　B. 包厢环境好，而且很安静
　　C. 包厢环境好，但很贵　　D. 包厢很大，但很贵

3. 根据录音内容说一说。Answer the questions according to the recording.

（1）田园园习惯这个新工作吗？

（2）田园园为什么喜欢她的工作？

（二） L22E5

1. 判断对错。True or false.

（1）田园园在中国已经一周了。 [ ]

（2）田园园的同事们很好相处。 [ ]

（3）上周一田园园还不熟悉工作环境。 [ ]

（4）上周二田园园接待了三位泰国客户。 [ ]

（5）李经理对她的工作很满意。 [ ]

2. 再听一遍录音，选择正确答案。Listen to the dialogues again and choose the right answer.

（1）A. 认识新同事　　　　　B. 熟悉工作环境
　　C. 了解工作内容　　　　D. 预定晚宴包厢

（2）A. 安排会议　　　　　　B. 准备会议资料
　　C. 预定包厢　　　　　　D. 参加会议

（3）A. 饭店推荐的特色菜　　B. 地道的佛跳墙
　　C. 海鲜套餐　　　　　　D. 地道的川菜

3. 根据录音内容说一说。Answer the question according to the recording.

（1）田园园的主要工作是什么？

（2）为什么李经理对田园园很满意？

口语练习

一、读一读下列句子。Read the following sentences.

1. 我带你熟悉一下环境。

　　安排　日程

　　通知　会议

　　接待　客户

2. 请问是现在点菜还是来了再点菜?

　　八点上班　八点半上班

　　现在开会　明天开会

　　先准备材料　先接待客户

3. 我们店不仅饭菜好，而且环境也好。

　　中国　工作机会多　工资也高

　　她　汉语水平高　工作经验多

　　我们　在中国学习　在中国工作

二、补全句子。Complete the sentences.

1. 今天是我__________，很高兴__________。
2. 跟我来，我先带你__________。
3. 你的__________是__________、__________、__________什么的。
4. ________________日常工作。
5. 请问能__________今天晚上的__________吗?
6. 请问是__________还是__________点菜?
7. 我______________公司__________ ________马经理和各位朋友，祝我们__________。

三、完成对话。Complete the dialogues.

（一）

A：__________，这是田园园，我们的__________。

B：____________________！

C：大家好，我是田园园，今天是我__________。请__________！

A：园园，__________，我先带你__________。这是打卡机，__________ __________别忘了__________。

C：好的。

A：这是__________，你用__________。你的__________是__________、__________、__________什么的。

C：就是__________日常工作，对吧？

A：没错。__________都是年轻人，很好__________，用不了两天__________了，有__________来问我。

C：好的。我一定__________。

（二）

A：李经理______，我是__________，我叫田园园，您__________叫我小田。

B：小田，你好。你是__________吧？__________啊！

A：__________，还差得远呢！今后还请您__________。

B：今天__________吗？

A：下午三点，在__________，有一个__________，晚上还__________ ______。

B：好的，知道了，你去__________吧。

（……）

A：你好，是XX酒店吗？请问____________________吗？

C：请问__________？

A：8个人。

C：没问题，那就__________“西湖厅”吧，那个包厢__________，而且也__________。请问__________？

A：__________到。

C：请问是__________还是__________？

A：__________？__________都是南方人，不能__________，最好有__________。

C：__________999的套餐，都是__________，海鲜__________。

A：菜单能__________吗？

C：__________，__________我们身上，我们店__________，______________，您__________吧。

（三）

A：马经理__________，我是小田。__________，__________。

B：__________，李经理__________吧。

C：__________，您是__________，您坐__________。我坐______________。

B：谢谢李经理，那我就__________了。

（所有人都就座后）

C：马经理是__________，我们__________过__________。我代表XX公司__________马经理和各位朋友，祝我们__________！

B：跟__________一向都很愉快。希望我们生意能__________。

C：马经理，这家店的佛跳墙__________。您__________。

B：大家__________，您__________，来来来，为________________________！

四、根据提示完成对话。Complete the dialogue with the information provided.

（一）关键词：哪里哪里

1.提示：

A：你的听力考得真好！

B：……

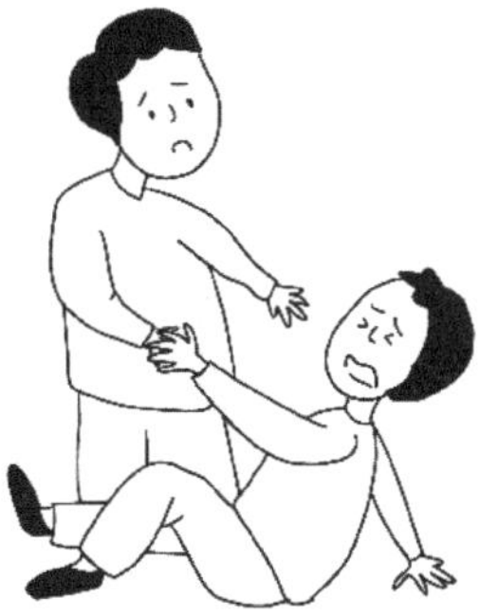

2. 提示：

A：谢谢你，你太好了！

B：……

3. 提示：

A：你的汉语太好了。

B：……

（二）关键词：包在我身上

4. 提示：

A：您好，我想定一个环境比较好的包厢。

B：……

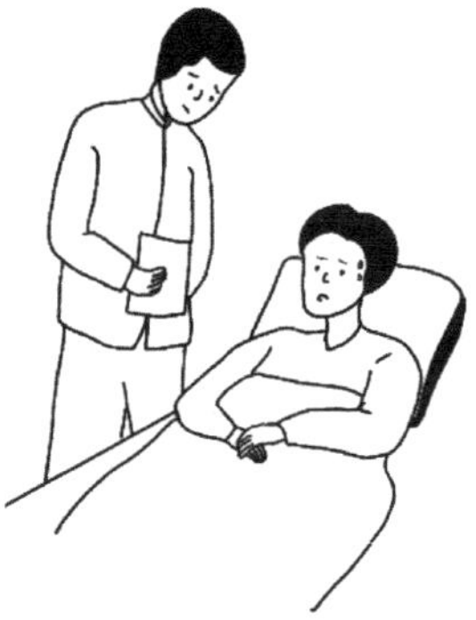

5. 提示：

A：我生病了，你能帮我请个假吗？

B：……

6. 提示：

A：请问手机还能修好吗？

B：……

（三）关键词：恭敬不如从命

7. 提示：

A：您是贵客，您坐主位。我坐您旁边。

B：……

8. 提示：

A：福瑞，同学们选你当班长，你愿意吗？

B：……

9. 提示：

A：是青木先生吗？

B：是的，请问……？

A：您好，我是XX公司的，……。

B：……

课堂活动

一、两人一组，谈谈你们的工作内容是什么？ Please work in pairs and talk about what your work entails.

二、四人一组，讨论你的国家餐桌礼仪和中国有什么不同。In groups of four, discuss how your country's table manners are different from China's.

三、根据提示和关键词完成对话。Complete the dialogue with the information provided.

关键词：贵宾、主位、恭敬不如从命、代表、欢迎、干杯、祝、更上一层楼

提示：A：你是贵宾，您坐主位……

B：那我就恭敬不如从命了。

作业 Homework

听力作业

一、听录音填空并跟读。Listen to the recording，fill in the blanks and read. L22H1

包厢　刷卡　更上一层楼　特色菜　多多指教

熟悉　安排　欢迎　托您的福　干杯

1. 我先带你__________一下工作环境。
2. 你的工作是帮助__________日常工作。
3. 今天是我第一天上班，请大家以后__________。
4. 我们酒店的__________是佛跳墙。
5. 我代表公司__________各位朋友。
6. 希望我们的生意能__________。
7. 我还没吃过地道的南方菜呢，__________，今天终于吃到了。
8. 在中国工作，上下班要__________。
9. 我给酒店打电话预订了一个__________，点了海鲜套餐。
10. 我们一起为合作成功__________。

二、听对话，选择正确答案。Listen to the dialogues and choose the right answer. L22H2

1. A. 翻译文件、通知会议、准备材料

B. 收发文件、通知会议、帮助领导

C. 翻译文件、通知会议、接待客户

D. 收发文件、通知会议、安排工作

2.	A. 8人间	B. 7人间	C. 9人间	D. 10人间
3.	A. 中午12点	B. 下午3点	C. 下午5点半	D. 下午7点
4.	A. 辣的菜	B. 北方菜	C. 四川菜	D.海鲜
5.	A. 鱼	B. 佛跳墙	C. 海鲜	D. 泰国菜

三、判断对错。True or false. L22H3

1. 在中国上班不需要加班。 [ ]
2. 在泰国早上八点半上班，下午四点半下班。 [ ]
3. 在中国上下班要刷卡，在泰国也要刷卡。 [ ]
4. 刘子龙接待了几个泰国客户。 [ ]
5. 今天晚上的晚宴很重要 。 [ ]

口语作业

和同学一起聊一聊要怎么安排晚宴和应该遵守的宴请礼仪，在宴会上哪些事情可以做，哪些不可以做。Talk with your classmates about how to arrange a dinner party and what etiquette should be observed, that is, what can and can't be done at a banquet.

自我评价 Self- Evaluation

学完这一课，你对自己的表现满意吗？

评价表 Evaluation Form					
完成质量 Level of completion / 本课目标 Objectives	5 很好	4 好	3 一般	2 较差	1 很差
1.学习工作场合交际用语。 Learn workplace vocabulary.					
2. 学习组织会议的交际用语。 Learn vocabulary for organizing meetings.					
3. 学习宴请和接待的交际用语。 Learn vocabulary for banquet arrangement and reception.					
4. 自己需要注意的问题：Self-reflection make a note of what needs to be improved, such as your attitude towards learning or any language-related issue you have.					

zhè jiào lǐ shàngwǎng lái

第23课　这叫礼尚往来

This is called "one good turn deserves another"

目标 Objectives

- 学习拜访和做客的常用话语。Learn useful words and phrases for visiting friends.
- 学习中国饮食文化。 Learn China's food culture.

生词 New Words

L23N1

1.	愁	chóu	to worry
2.	小区	xiǎoqū	neighborhood, estate
3.	十字路口	shízì lùkǒu	crossroads
4.	单元	dānyuán	unit
5.	嘴巴	zuǐba	mouth
6	讲究	jiǎngjiu	to pay attention to, to devote particular care to
7.	人缘	rényuán	popularity, relations with people
8.	挑	tiāo	to pick, to choose
9.	玩具	wánjù	toy
10.	特产	tèchǎn	specialty
11.	袋子	dàizi	bag
12.	温馨	wēnxīn	warm, pleasant, sweet

13.	心意	xīnyì	kind intention
14.	俗话	súhuà	common saying
15.	轻	qīng	light, easy
16.	有心	yǒuxīn	thoughtful, considerate
17.	泡茶	pàochá	make tea
18.	辛苦	xīnkǔ	used as a polite remark for bothering others
19.	有名	yǒumíng	famous
20.	闻	wén	to smell
21.	香	xiāng	sweet-smelling
22.	回味	huíwèi	aftertaste
23.	品茶	pǐn chá	to sample tea
24.	学问	xuéwen	knowledge
25.	盒	hé	box
26.	茶叶	cháyè	tea, tea leaves
27.	可惜	kěxī	unfortunate
28.	有趣	yǒuqù	interesting, amusing

补充词汇和表达 Additional words and expressions

1.	礼尚往来	lǐshàngwǎnglái	courtesy requires a return of visits received, one good turn deserves another
2.	礼轻情意重	lǐqīng qíngyì zhòng	The gift itself may be small, but it's the thought that courts.
3.	铁观音	tiě guānyīn	Tie Guanyin, a variety of oolong tea
4.	龙井	lóngjǐng	Longjing tea, Dragon Well tea
5.	碧螺春	bìluóchūn	Biluochun Tea, a special brand of tea
6.	福建	fújiàn	Fujian province (Fukien) in east China

7.	活到老，学到老	huó dào lǎo, xué dào lǎo	It's never too late to learn.
8.	闽南	mǐn nán	southern Fujian

课文 Texts

1 L23T1

同事：园园，周末你有空吗？

田园园：有啊。

同事：周末来我家玩儿吧，我给你做几个拿手菜。

田园园：好呀，我正**愁**(chóu)没事儿干呢。

同事：那你周日上午11左右过来吧。

田园园：好的。去你家怎么走？

同事：我家就在咱们公司旁边的**小区**(xiǎo qū)，你从公司门口往东走500米，在**十字路口**(shí zì lù kǒu)往北拐，再一直往前走，十分钟就到了。

田园园：是不是XXX小区呀？

同事：你知道这个小区啊！

田园园：这个小区在我去公司的路上。从我家门口坐地铁一号线，再转28路公交车就到了。

同事：行啊，这样更方便。我家在2号楼1**单元**(dānyuán)2304。

田园园：好！那周末我就带上**嘴巴**(zuǐ ba)去你家啦。

回答问题。Answer the questions according to the text.

1. 田园园周日有空吗？
2. 从公司去田园园同事的家怎么走？
3. 从田园园家去同事家怎么走？
4. 田园园同事家在几号楼？几单元？几号？
5. 为什么田园园说“带上嘴巴”去同事家？

完成对话。Complete the dialogues.

1. A：周末来我家玩儿吧，我给你做__________。

   B：好呀，我正_______没事儿干呢。

2. A：去你家怎么走？

   B：我家就在咱们_____旁边的_____，你_____公司门口_____东走500米，在_______往北_______，再_______往前走，十分钟就到了。

3. A：你知道这个小区啊！

   B：这个小区在_________。从我家门口坐_______，再_______28路公交就到了。

   A：行啊，这样更方便。我家在________________。

2 L23T2

（田园园和林美玉在超市买礼物）

林美玉：你想买什么东西呀？

田园园：周末同事邀请我去她家吃饭，中国人都**讲究礼尚往来**（jiǎng jiu lǐ shàng wǎng lái），我想给她买点儿小礼物。

林美玉：**人缘**（rén yuán）不错嘛，刚上班就有人请吃饭。是男同事还是女同事呀？

田园园：当然是女同事啦！别开玩笑了，快帮我**挑**（tiāo）礼物吧。

林美玉：让我想想，她多大了？

田园园：三十多岁了吧，听说她是两个孩子的妈妈。

林美玉：那就好办了，可以给孩子们买点**玩具**（wán jù），再买些水果，你也可以送一些泰国的**特产**（tè chǎn）。

田园园：好主意。

（田园园去收银台付款）

田园园：你好，我要这些玩具和水果。

收银员：您需要**袋子**（dài zi）吗？

田园园：需要。

收银员：一共258块，您怎么支付？

田园园：我用支付宝。

回答问题。Answer the questions according to the text.

1. 田园园去超市做什么？
2. 田园园为什么要给同事买礼物？
3. 林美玉帮田园园挑了什么礼物？
4. 田园园买礼物花了多少钱？
5. 田园园怎么付款？

完成对话。Complete the dialogues.

1. A：周末同事邀请我去她家吃饭，____________，我想给她买点儿小礼物。

   B：____________不错嘛，刚上班就有人请吃饭。____________？

2. A：别开玩笑了，快帮我_______吧。

   B：让我想想，她多大了？

   A：三十多岁了吧，听说____________。

   B：____________，可以给孩子们买点____________，再买些水

果，你也可以送一些＿＿＿＿＿＿。

3 L23T3

（田园园到同事家）

同事：园园来了，快请进。不用换鞋。

田园园：好的好的。你家真**温馨**（wēn xīn）啊！我给你带了一点儿小礼物。

同事：怎么带这么多东西？太见外啦！

田园园：小小**心意**（xīn yì）。中国有句**俗话**（sú huà）：“**礼轻情意重**（lǐ qīngqíng yì zhòng）”，谢谢你在工作的时候帮助我。

同事：谢谢园园，这礼可不**轻**（qīng）呀，你真是太**有心**（yǒu xīn）了。快请坐。你先看电视，我去给你**泡茶**（pàochá）。

田园园：**辛苦**（xīn kǔ）你了！我最喜欢喝中国茶了。

同事：中国茶很好喝，像**铁观音**（tiě guān yīn）、**龙井**（lóngjǐng）、**碧螺春**（bì luó chūn）什么的。今天咱们尝尝**福建**（fú jiàn）最**有名**（yǒumíng）的铁观音吧！

田园园：哇！这茶**闻**（wén）起来真**香**（xiāng）！（喝了一大口）

同事：哈哈，你要小口地喝，慢慢地**回味**（huí wèi），这才叫“**品茶**（pǐnchá）”。

田园园：真不好意思！看来这喝茶还有不少**学问**（xué wen）啊，真是“**活到老**（huódàolǎo），**学到老**（xuédàolǎo）”！

同事：你送了我这么多礼物，我送你一**盒茶叶**(hé chá yè)吧。这叫“礼尚往来”。

回答问题。Answer the questions according to the text.

1. 中国茶有哪些？
2. 福建最有名的是什么茶？
3. 田园园怎么喝茶？
4. 田园园应该怎么“品茶”？
5. 同事送田园园什么？为什么？

完成对话。Complete the dialogues.

1. A：怎么还带这么多东西？____________！
   B：小小心意。中国有句俗话：“____________”，谢谢你________________。
2. A：哇！这茶____________！
   B：你要________地喝，慢慢地____________。这才叫“____________”。
   A：看来这喝茶还有____________啊，真是“____________”！
   B：你送了我这么多礼物，我送你____________吧。这叫“____________”。

4 L23T4

田园园：同事邀请我周日去她家做客。第一次去同事家，我想送她一些小礼物，所以我去超市买了玩具和一些水果，还给她带了一些泰国特产。同事非常热情，她请我喝了福建最有名的铁观音，还给我做了很多地道的**闽南**(mǐnnán)菜。**可惜**(kě xī)我不会“品茶”，也没记住菜的名字。不过，茶的味道可真不错，菜也非常好吃。这真是**有趣**(yǒu qù)的一天！

根据提示复述课文。 Retell the text according to the information provided.

同事……我周日去她家……。第一次去同事家，我想……，所以我去超市……，还给她带了……。同事……，她请我……，还给我做了……。可惜我不会……，也没记住……，不过茶的……，菜也……。真是有趣的一天！

注释 Notes

一、拿手菜

It refers to a dish someone is best at cooking and it can also be used as a metaphor for anything a person is good at.

Examples：

（1）我妈妈的拿手菜是鱼香肉丝！（My mother's signature dish is Fish-flavored Shredded Meat!）

（2）1000米跑步比赛是我的拿手菜！（The 1000m race is my specialty!）

二、太见外啦！

This phrase is often used in spoken Chinese as a response to others' formal or polite behavior.

Examples：

（1）你太见外啦，不要把自己当外人！（Don't stand on ceremony. Make yourself comfortable!）

（2）你太见外啦，把这里当成自己家！（Don't stand on ceremony. Make yourself at home!）

三、小小心意

It is a modest way to tell someone that you have bought them a gift.

（1）这只是我的一点小小心意！希望你能喜欢。（It's just a small gift. I

hope you like it.）

（2）小小心意，不成敬意。（Please accept this gift as a small measure of my appreciation.）

练习 Exercises

听力练习

一、听句子，选择合适的问题。Listen to the sentences and choose the right question. L23E1

1. A. 你要去饭馆儿吗？ B. 你给我菜单了吗？
   C. 你给我做什么菜？ D. 你送我什么礼物？
2. A. 周末你有空吗？ B. 周末来我家玩儿吗？
   C. 你住在中山小区吗？ D. 你想买什么东西吗？
3. A. 咱们现在去公司吗？ B. 你的公司在哪儿？
   C. 你现在回家吗？ D. 你家在哪儿？
4. A. 你的朋友多吗？ B. 你喜欢出去玩吗？
   C. 有人请你吃饭吗？ D. 你的人缘怎么样？
5. A. 你要去商场买东西吗？ B. 你在逛淘宝吗？
   C. 要我帮你做什么吗？ D. 你可以帮我挑一件衬衫吗？
6. A. 你喜欢我送你的礼物吗？ B. 周末一起去图书馆吗？
   C. 你怎么还带这么多东西？ D. 你需要袋子吗？
7. A. 你要尝尝铁观音吗？ B. 你知道怎么“品茶”吗？
   C. 你会泡茶吗？ D. 你知道什么叫“礼尚往来”吗？
8. A. 你喜欢做什么？ B. 你同事叫什么名字？
   C. 你同事的家在哪儿？ D. 昨天你去哪儿了？
9. A. 你去同事家做客了吗？ B. 同事给你带泰国特产了吗？
   C. 你的同事怎么样？ D. 你喜欢现在的工作吗？
10. A. 你去饭馆儿吃饭了吗？ B. 你在朋友家吃了什么？
    C. 你会做地道的中国菜吗？ D. 你经常吃闽南菜吗？

二、听句子，选择合适的回答。Listen to the sentences and choose the right answer. L23E2

1. A. 你周日上午11点左右过来吧　B. 十分钟就到了
   C. 从公司门口往东走500米　D. 我住在公司旁边的小区
2. A. 当然是女同事啦　B. 可以带一些泰国的特产
   C. 快帮我挑礼物吧　D. 她是两个孩子的妈妈
3. A. 去收银台付款　B. 我买了一些玩具
   C. 我要一个袋子　D. 我用支付宝
4. A. 别客气，我给你带了礼物　B. 你太见外了
   C. 快请进，不用换鞋　D. 你的鞋子真好看
5. A. 这是我的一点儿心意　B. 你在工作的时候帮助过我
   C. 刚刚我去逛商场了　D. 因为你喜欢喝茶
6. A. 我家住在2号楼1单元　B. 那我就带上嘴巴去你家啦
   C. 行啊，这样更方便　D. 中国人都讲究礼尚往来
7. A. 冬阴功汤、泰式奶茶　B. 毛衣、裤子
   C. 北京、上海　D. 铁观音、碧螺春
8. A. 我最喜欢泡茶了　B. 铁观音在外国也十分有名
   C. 我想先看电视　D. 这茶闻起来香，喝起来更香
9. A. 喝茶要慢慢品味　B. 我送你一盒茶叶吧
   C. 我喜欢喝龙井　D. 福建人喜欢喝茶
10. A. 真是“活到老学到老”　B. 我以前喝过福建的铁观音
    C. 我最喜欢龙井　D. 喝茶要小口地喝，慢慢地品味

三、听对话，选择正确答案。Listen to the dialogues and choose the right answer. L23E3

（一）

1. A. 坐公交车去　B. 坐地铁去
   C. 往西走500米，在路口往北拐，再直走　D. 公司旁边
2. A. 去公司工作　B. 去福瑞家做客

C. 没有事　　D. 从小区出发

3. A. 从公司往西走500米　　B. 从家出发，先坐地铁，再转公交车

C. 十字路口往北拐，再直走　　D. 先坐公交车，再转地铁

（二）

4. A. 中国人讲究礼尚往来　　B. 超市打折

C. 去银行取钱　　D. 想买礼物送给老师

5. A. 很贵的礼物　　B. 茶叶

C. 香蕉　　D. 水果和特产

6. A. 微信　　B. 支付宝

C. 现金　　D. 银行卡

（三）

7. A. 天爱很见外　　B. 谢谢朋友在学习的时候帮助她

C. 想去朋友家做客　　D. 买了点儿小礼物

8. A. 朋友给她泡茶　　B. 福建最有名的茶是铁观音

C. 小口地喝茶，慢慢地品味　　D. 大口地喝茶

9. A. 礼尚往来　　B. 她喜欢喝茶

C. 她的朋友有很多茶叶　　D. 她的朋友很热情

（四）

10. A. 她去饭馆吃饭了　　B. 她去喝茶了

C. 她去买礼物了　　D. 她去朋友家做客了

11. A. 一盒碧螺春　　B. 一盒铁观音

C. 一盒龙井　　D. 闽南菜

12. A. 川菜　　B. 闽南菜

C. 泰国菜　　D. 中国菜

四、听短文，完成问题。Listen to the dialogues and finish the question.

（一）　　L23E4

1. 判断对错。True or false.

（1）园园周末去同事家做客。　　[ ]

（2）青木的同事非常热情。　　[ ]

（3）福建最有名的茶是铁观音。 [ ]

（4）“品茶”要大口地喝，慢慢地品味。 [ ]

（5）园园要送同事一些水果和一些特产。 [ ]

2. 再听一遍录音，选择正确答案。Listen to the dialogues again and choose the right answer.

（1）A. 去逛街　　B. 去买礼物
　　C. 去同事家吃饭　　D. 去喝茶

（2）A. 小口地喝，慢慢地品味　　B. 大口地喝
　　C. 每天都喝茶　　D. 喜欢喝茶

（3）A. 泰国特产和水果　　B. 饮料
　　C. 衣服　　D. 茶叶

3. 根据录音内容说一说。Answer the questions according to the recording.

（1）为什么园园觉得同事很热情？

（2）什么是“活到老，学到老”？

（二） L23E5

1. 判断对错。True or false.

（1）这周六朋友来她家做客了。 [ ]

（2）她从家出发，先坐公交车，再坐地铁。 [ ]

（3）她的朋友请她喝茶，还送她一盒茶叶。 [ ]

（4）她的朋友告诉她怎么品茶。 [ ]

（5）她的朋友不会做闽南菜。 [ ]

2. 再听一遍录音，选择正确答案。Listen to the dialogues again and choose the right answer.

（1）A. 坐地铁　　B. 坐公交车
　　C. 先坐地铁，再坐公交车　　D. 先坐公交车，在坐地铁

（2）A. 她想去中华城买礼物　　B. 她买礼物送给老师
　　C. 她买了水果当礼物　　D. 中国人讲究礼尚往来

（3）A. 碧螺春　　B. 龙井
　　C. 铁观音　　D. 毛尖

3. 根据录音内容说一说。Answer the questions according to the recording.

（1）杨天爱怎么从自己家去朋友家？

（2）杨天爱的朋友会做什么菜？

口语练习

一、读一读下列句子。Read the following sentences.

1. 快帮我挑礼物吧。

   教　学汉语

   带　去医院

   跟　打篮球

2. 田园园去收银台付款。

   图书馆借书

   中华城看电影

   医院看病

   银行取钱

3. 你来尝尝福建最有名的铁观音吧。

   看看厦门　　鼓浪屿

   听听北京　　京剧

   说说中国　　美食

二、补全句子。Complete the sentences.

1. 周末，我给你＿＿＿＿＿＿＿＿。
2. 在＿＿＿＿＿＿＿＿往北拐，再往前＿＿＿＿＿＿＿＿走，就到了。
3. 从＿＿＿＿＿＿＿＿坐＿＿＿＿＿＿＿＿，再转＿＿＿＿＿＿＿＿就到了。
4. 中国人都讲究＿＿＿＿＿＿＿＿，我想给她＿＿＿＿＿＿＿＿。
5. 别＿＿＿＿＿＿＿＿，快帮我＿＿＿＿＿＿＿＿吧。

6. 可以买点__________，再买些__________，你也可以送__________。

7. 中国有句__________：“__________”。

8. 你给我送了__________，我送你__________吧，这叫__________。

三、完成对话。Complete the dialogues.

（一）

A：你__________有空吗？

B：有啊。

A：周末__________吧，我给你做__________。

B：好呀，我正__________呢。

A：那你__________过来吧。

B：好的，去你家怎么走？

A：我家就在__________，你从公司门口__________，在__________往北拐，再__________，十分钟就到了。

B：是不是XX小区呀？

A：你知道这个__________啊！

B：在我去公司的路上。从家门口坐__________，再__________就到了。

A：行啊，这样更方便。我家在__________。

B：好！那周末__________去你家啦。

（二）

A：你想买什么东西呀？

B：周末去朋友家吃饭，中国人都__________，我想给她买点儿__________。

A：不错嘛，刚上班就有人请吃饭。__________？

B：当然是__________啦！__________，快帮我__________吧。

A：让我想想，她多大了？

B：____________，听说____________。
A：____________，可以给孩子们买点儿____________，再买些____
_________，你也可以送一些____________。
B：好主意。
B：你好，我要这些_________________。
收银员：您需要____________吗？
B：我要一个大____________。
收银员：一共258块，您怎么____________？
B：我用____________。
（三）
A：快____________。不用____________。
B：好的。你家真____________。我给你带了____________。
A：怎么带这么多东西？太____________啦！
B：小小心意。中国有句俗话：____________，谢谢你____________。
A：快请坐，你先____________，我去给你____________。
B：辛苦你了！我最喜欢____________。
A：中国茶很好喝，像____________、____________、____________
什么的。今天咱们来尝尝_________________________吧！
B：哇！这茶闻起来真香！（喝了一大口）
A：哈哈，你应该____________，____________，这才叫“_________
____”。
B：真不好意思！看来____________啊，真是“____________”！
A：你给我送了____________，我送你____________吧。这叫“___
_________”。

四、根据提示完成对话。Complete the dialogues with the information provided.

（一）关键词：礼尚往来

1. 提示：

A：为什么要送我礼物呢？

B：……

2. 提示：

A：为什么要帮我擦黑板呢？

B：……

（二）关键词：礼轻情意重

3. 提示：

A：你怎么送给我那么多礼物？太见外了。

B：……

4. 提示：

A：谢谢你送给我的生日礼物，我很喜欢。

B：……

（三）关键词：活到老，学到老

5. 提示：

A：奶奶，您也要去上学吗？

B：……

6. 提示：

A：你怎么还在学英语？

B：……

课堂活动

一、两人一组，讨论去朋友家做客需要注意什么，然后表演去朋友家做客时的情景。Work in pairs, discuss what needs to be paid attention to if you are visiting a friend at his/her house, and then perform the scene when you go to a friend's house as a guest.

二、两人一组，问问彼此的拿手菜是什么？怎么做？ Work in pairs and ask each other what kind of food they are good at cooking and how to cook it.

三、根据提示和关键词完成对话。Complete the dialogue with the information provided.

关键词：品茶、活到老学到老、回味

提示：今天同事请我喝茶……

作业 Homework

听力作业

一、听录音填空并跟读。 Listen to the recording, fill in the blanks and read. L23H1

特产　愁　附近　闻　礼尚往来

拿手菜　闽南　人缘　转　活到老，学到老

1. 我家_______有很多超市。
2. 田园园的_______很好，有很多朋友。
3. 林美玉的_______是冬阴功汤。
4. 陈博文先坐地铁再_______公交车去中华城。
5. 小月做的泰国菜_______起来很香。
6. 林美玉给同学带了泰国_______。
7. 黄小月送给同学礼物，同学也送黄小月礼物，这叫_________。
8. 刘子龙正_______没事儿干呢。
9. 我朋友会做地道的_______菜，听说很好吃。
10. 泡茶的学问真不少，我们应该_________。

二、听对话，选择正确答案。Listen to the dialogues and choose the right answer. L23H2

（一）

1. A. 闽南菜　　B. 冬阴功汤
   C. 西红柿炒鸡蛋　　D. 牛排
2. A. 大口喝　　B. 喝一口
   C. 小口喝　　D. 喝两口

（二）

3. A. 学校附近　　B. 公司附近
   C. 咖啡厅旁边　　D. 公司旁边
4. A. 茶叶　　B. 水果
   C. 牛奶　　D. 越南特产

（三）

5. A. 30多岁　　B. 40多岁
   C. 20多岁　　D. 50多岁
6. A. 水果　　B. 玩具
   C. 菲律宾特产和水果　　D. 零食

（四）

7. A. 用微信　　B. 用支付宝
   C. 用现金　　D. 朋友帮忙付
8. A. 出门往西走300米　　B. 出门往南走300米
   C. 出门往西走200米　　D. 出门往南走200米

三、判断对错。True or false. L23H3

1. 她的同学家离学校很远。 [ ]
2. 她的同学是福建人。 [ ]
3. 她的同学不会做闽南菜。 [ ]
4. 她的同学不喜欢喝茶。 [ ]
5. 她不喜欢喝茶。 [ ]

6. “品茶”要小口地喝，慢慢地回味。 [ ]

7. 同学告诉她怎么“品茶”。 [ ]

8. 同学送了她一盒铁观音。 [ ]

口语作业

问问同学们的拿手菜是什么？并完成下面的表格。Ask your classmates what are the dishes they are good at cooking and then complete the following table.

姓名	国家	拿手菜
林美玉	泰国	冬阴功汤

自我评价 Self- Evaluation

学完这一课，你对自己的表现满意吗？

评价表 Evaluation Form					
完成质量 Level of completion 本课目标 Objectives	5 很好	4 好	3 一般	2 较差	1 很差
1. 学习拜访和做客的常用话语。 Learn useful words and phrases for visiting fviends.					
2. 学习中国饮食文化。 Learn China’s food culture.					

续表

本课目标 Objectives \ 完成质量 Level of completion	5 很好	4 好	3 一般	2 较差	1 很差
3. 自己需要注意的问题：Self-reflection make a note of what needs to be improved, such as your attitude towards learning or any language-related issue you have.					

第 24 课　量身打造的工作

liàngshēn dǎ zào de gōng zuò

A tailor-made job

目标 Objectives

- 复习工作场合的交际用语。 Review workplace vocabulary.
- 复习组织会议和交际用语。Review vocabulary for organizing meetings.
- 复习宴请和接待的交际用语。Review vocabulary for banquet arrangement and reception.

生词 New Words

L24N1

1.	不如	bùrú	It would be better ……
2.	道理	dàolǐ	sense, reason
3.	证明	zhèngmíng	to prove, to demonstrate
4.	学历	xuélì	educational background
5.	健康	jiànkāng	healthy
6.	犯罪	fànzuì	crime
7.	必须	bìxū	must, have to
8.	认真	rènzhēn	serious
9.	证件	zhèngjiàn	certificate
10.	一切	yīqiè	all, everything
11.	顺利	shùnlì	well, smoothly

12.	吃苦	chīkǔ	to bear hardships
13.	照顾	zhàogù	to take care of
14.	交流	jiāoliú	to communicate
15.	大约	dàyuē	about
16.	正式	zhèngshì	formal
17.	伙伴	huǒbàn	partner
18.	正宗	zhèngzōng	authentic
19.	家乡	jiāxiāng	hometown
20.	介意	jièyì	to mind
21.	款待	kuǎndài	to treat cordially
22.	顿	dùn	measure word used for meals
23.	领	lǐng	to take
24.	得知	dézhī	to be informed of
25.	决定	juédìng	to decide
26.	拜访	bàifǎng	to visit

补充词汇和表达 Additional words and expressions

1.	量身打造	liàngshēn dǎzào	tailor-made
2.	托您的福	tuō níndefú	Thanks to you.
3.	招待不周	zhāodài bùzhōu	Sorry for not being attentive enough.

课文 Texts

1 L24T1

田园园：美玉，你明天有空吗？能陪我去出入境管理局申请工作签证吗？

林美玉：好啊，但是你知道怎么申请工作签证吗？

田园园：我听说福瑞已经办好了，我打算一会儿打电话问问他呢。

林美玉：**不如**(bù rú)现在打吧，问问他需要什么材料，早点儿准备。

田园园：有**道理**(dào lǐ)。我现在就打。

（田园园给韩福瑞打电话）

田园园：福瑞你好，我是田园园。

韩福瑞：你好，园园。

田园园：福瑞，我想申请工作签证，你知道要准备什么材料吗？

韩福瑞：要准备护照、申请表，还要准备工作**证明**(zhèngmíng)、**学历**(xué lì)证明、**健康**(jiànkāng)证明和无**犯罪**(fàn zuì)证明。

田园园：真麻烦，我都不想办了。

韩福瑞：那可不行，在中国工作**必须**(bì xū)有工作签证。

田园园：我开玩笑呢。我一定**认真**(rènzhēn)准备！

韩福瑞：哦，对了，别忘了准备公司**证件**(zhèngjiàn)！

田园园：什么是“公司证件”？

韩福瑞：就是你工作的公司的证明材料。

田园园：是这样啊。那我明天上班问问。谢谢你福瑞。

韩福瑞：别客气，祝你**一切顺利**（yí qiè shùn lì）！

回答问题。Answer the questions according to the text.

1. 田园园周末要去哪儿，去做什么？
2. 田园园为什么给韩福瑞打电话？
3. 申请工作签证要准备什么材料？
4. 在中国工作必须要有什么？
5. 什么是“公司证件”？

完成对话。Complete the dialogues.

1. A：你知道怎么＿＿＿＿＿工作签证吗？
   B：我听说福瑞已经＿＿＿＿＿了，＿＿＿＿＿＿＿＿＿。
2. A：我想申请＿＿＿＿＿，你知道要＿＿＿＿＿什么＿＿＿＿＿吗？
   B：要准备护照、申请表，还要准备＿＿＿＿＿、＿＿＿＿＿和＿＿＿＿＿。
3. A：真麻烦，我都不想办了。
   B：那可不行，＿＿＿＿＿＿＿＿＿。
4. A：什么是“公司证件”？
   B：＿＿＿＿＿。

2 L24T2

田园园：爸，告诉您一个好消息。

爸爸：找到工作了？

田园园：对，在一家中泰合资公司当秘书，是美玉的哥哥帮我介绍的。

爸爸：是吗？

田园园：是的，面试的时候我挺紧张的，面试官问了我一些问题。因为我是学管理的，又通过了HSK六级，一般的听、说、读、写、译都没有问题。而且我还有秘书的实习经验。所以，我回答得不错。

爸爸：这份工作就是为你**量身打造**(liàngshēn dǎ zào)的。

田园园：谢谢爸爸。

爸爸：工作忙吗？

田园园：挺忙的，有时候需要加班。

爸爸：那一定很辛苦吧？工资高吗？

田园园：不辛苦的，虽然工资不高，但是能够积累经验。

爸爸：年轻人应该多**吃苦**(chī kǔ)，但也要好好**照顾**(zhào gù)自己。

回答问题。Answer the questions according to the text.

1. 田园园找到了什么工作？
2. 为什么面试的时候田园园回答得不错？
3. 田园园的工作忙吗？
4. 田园园的工作辛苦吗？工资高吗？
5. 爸爸觉得年轻人应该怎么样？

完成对话。Complete the dialogues.

1. A：找到工作了？
   B：对，____________________，是美玉的哥哥帮我介绍的。
2. A：是吗？
   B：是的，面试的时候我____________的，面试官问了我一些问题因为____________，又通过了HSK六级，一般的____________________都没有问题。而且__________。所以，我回答得不错。

3. A：这份工作就是为你__________的。

B：谢谢__________。

4. A：工作忙吗？

B：挺忙的，__________。

5. A：那一定很辛苦吧？工资高吗？

B：不辛苦的，虽然__________，____________________。

3 L24T3

田园园：李经理，今天下午有一家中泰合资公司来我们公司**交流**(jiāo liú)业务。

李经理：好，我知道了。他们几点到？多少人？

田园园：下午三点半左右到，**大约**(dà yuē)五六个人。

李经理：那你先安排一间会议室，晚上再安排一个晚宴。

田园园：好。在1103会议室可以吗？

李经理：可以！你去准备会议材料吧。

（李经理、田园园陪泰国客人赵经理到酒店）

李经理：赵经理，您是贵客，您坐主位，我坐您旁边。

赵经理：谢谢李经理，您太客气了，那我就恭敬不如从命了。

（所有人都就坐后）

李经理：这是我们公司和贵公司的第一次合作，我代表我们公司欢迎赵经理和各位朋友。

赵经理：从今天开始我们就**正式**(zhèng shì)成为合作**伙伴**(huǒbàn)了，祝我们合作愉快。

李经理：听说这家饭店的泰国菜很**正宗**(zhèngzōng)，赵经理，您先来尝一尝。

赵经理：**托您的福**(tuō nín de fú)，我又吃到**家乡**(jiā xiāng)菜了。

李经理：大家随便吃，不要客气。

（众人吃完）

李经理：有什么**招待不周**(zhāodài bù zhōu)的地方，请大家不要**介意**(jiè yì)。

赵经理：哪里哪里，感谢贵公司的**款待**(kuǎndài)。

回答问题。Answer the questions according to the text.

1. 中泰合资公司的人几点到？
2. 李经理让田园园安排什么？
3. 他们在哪间会议室开会？
4. 赵经理坐什么位置？
5. 赵经理的家乡在哪儿？

完成对话。Complete the dialogues.

1. A：今天下午有一家__________来我们公司__________。
   B：好，我知道了。__________？__________？
2. A：在1103会议室可以吗？
   B：可以！____________________。
3. A：您是贵客，您坐主位，我坐您旁边。
   B：谢谢，__________，__________。
4. A：这是我们公司和贵公司的第一次合作，____________________
   ____________________，__________。
   B：____________________，祝我们合作愉快。
5. A：____________________，____________________。

B：哪里哪里，感谢贵公司的款待。

4 L24T4

田园园：在美玉哥哥的公司工作已经一个多月了，我一直想请他吃一**顿**(dùn)饭表示感谢。但是林哥哥说我太客气了，我的心意他**领**(lǐng)了，不用请他吃饭。这个周末林哥哥有空，我**决定**(jué dìng)和美玉一起去**拜访**(bài fǎng)他。听说林哥哥喜欢品茶，所以我买了福建名茶铁观音送给他。他很喜欢，但是他说我太见外了。晚上，林哥哥给我们做了地道的泰国菜，非常好吃。有朋友互相照顾的感觉真好！

根据提示复述课文。Retell the text according to the information provided.

……已经……，……吃顿饭，当面……。但是……，心意……，不用……。这个周末……，我决定……。听说……，所以……。他……，但是……。晚上，……泰国菜，菜……。……真好！

练习 Exercises

听力练习

一、听句子，选择合适的问题。Listen to the sentences and choose the right question. L24E1

1. A. 工作忙吗？　B. 工作辛苦吗？
   C. 工资高吗？　D. 工作找到了？
2. A. 工作忙吗？　B. 工作辛苦吗？
   C. 工资高吗？　D. 工作找到了？
3. A. 工作忙吗？　B. 工作辛苦吗？

C. 工资高吗？　　　　D. 工作找到了？

4. A. 工作忙吗？　　　　B. 工作辛苦吗？
   C. 工资高吗？　　　　D. 工作找到了？

5. A. 什么是"公司证件"？　　　　B. 什么是"工作签证"？
   C. 什么是"学历证明"？　　　　D. 什么是"无犯罪证明"？

6. A. 今天下午有什么工作安排？　　　　B. 今天下午要去公司吗？
   C. 今天下午你几点下班？　　　　D. 今天下午你有空吗？

7. A. 他们去哪儿？　　　　B. 他们几点到？
   C. 他们多少人？　　　　D. 现在几点？

8. A. 他们几点到？　　　　B. 他们几点上课？
   C. 他们有多少人？　　　　D. 他们做什么工作？

9. A. 我坐您旁边可以吗？　　　　B. 下课以后我们去看书可以吗？
   C. 签证过期了不续签可以吗？　　　　D. 在2506会议室可以吗？

10. A. 你知道什么叫礼尚往来吗？　　　　B. 你想买什么东西吗？
    C. 你送我什么礼物？　　　　D. 怎么还带这么多东西？

二、听句子，选择合适的回答。Listen to the sentences and choose the right answer. L24E2

1. A. 挺忙的，有时候需要加班　　　　B. 我不喜欢工作
   C. 工作挺辛苦的　　　　D. 这份工作就是为我量身打造的

2. A. 我找到工作了　　　　B. 挺辛苦的
   C. 我喜欢工作　　　　D. 不忙，我正愁没事儿干呢

3. A. 就是你工作的公司的证明材料　　　　B. 就是你的工作签证
   C. 就是你的工作　　　　D. 就是你的无犯罪证明

4. A. 我打算去中国旅游　　　　B. 谢谢你上次帮我改简历
   C. 对，在一家中泰合资公司当秘书　　　　D. 中国有很多工作机会

5. A. 虽然工资不高，但是能够积累经验　　　　B. 中国的经济发展得不错
   C. 年轻人应该多吃苦　　　　D. 是美玉的哥哥帮我介绍的

6. A. 我知道，他家在4号楼2单元1609
   B. 啊，我还没找到工作呢

C.好，我知道了

D.我不知道，不过我听说福瑞已经办好了

7. A.真麻烦，我都不想办了

B.我来找您拿续签的材料

C.要准备护照、申请表，还要准备工作证明、学历证明、健康证明和无犯罪证明

D.咱们一起去续签吧

8. A.哪里哪里，还差得远呢　　B.大家随便吃，不要客气

C.别客气，祝你一切顺利　　D.哪里哪里，感谢贵公司的款待

9. A.我想申请工作签证　　B.我的电话是12376521638

C.不如现在打吧　　D.对了，别忘了准备公司文件

10. A.心意我领了，不用请我吃饭

B.祝你一切顺利

C.好，我一定认真准备

D.那可不行，在中国工作必须有工作签证

三、听对话，选择正确答案。Listen to the dialogues and choose the right answer. L24E3

（一）

1. A. 林美玉　　B. 韩福瑞

C. 田园园　　D. 不知道

2. A. 护照、申请表　　B. 工作证明、学历证明

C. 健康证明和无犯罪证明　　D. 学生证和住宿登记

3. A. 旅游签证　　B. 工作签证

C. 学习签证　　D. 贸易签证

（二）

4. A. 泰资公司　　B. 中泰合资公司

C. 中资公司　　D. 不知道

5. A. 因为他们公司正好需要一个秘书　　B. 因为女的是学管理的

C. 因为女的通过了HSK六级　　D. 以上都是

6. A. 下周三上午4点　　B. 下周二下午4点
C. 下周三上午10点　　D. 下周四上午10点

（三）

7. A. 因为福瑞是翻译　　B. 因为福瑞工作很细心
C. 因为福瑞明天有空　　D. 不知道

8. A. 王经理　　B. 李经理
C. 韩福瑞　　D. 刘子龙

9. A. 是　　B. 不是
C. 不一定　　D. 不知道

（四）

10. A. 王经理　　B. 刘经理
C. 服务员　　D. 不知道

11. A. 二　　B. 三
C. 四　　D. 不知道

12. A. 一　　B. 二
C. 三　　D. 四

四、听短文，完成问题。Listen to the dialogues and finish the question.

（一）　　L24E4

1.判断对错。True or false.

（1）田园园请林哥哥吃了一顿饭。　[　]

（2）他们周末见。　[　]

（3）林哥哥最喜欢的茶是铁观音。　[　]

（4）林美玉给林哥哥送了礼物。　[　]

（5）林美玉给他们做了地道的泰国菜。　[　]

2.再听一遍录音，选择正确答案。Listen to the dialogues again and choose the right answer.

（1）A. 她想吃饭了　　B. 她想送礼物给林哥哥
C. 她想感谢林哥哥的帮助　　D. 以上都是

（2）A. 饭馆儿　　B. 食堂

C. 林哥哥的家里　　　　D. 林美玉的家里

（3）A. 林哥哥喜欢品茶　　　　B. 铁观音很好喝

C. 铁观音打折　　　　D. 以上都是

3. 根据录音内容说一说。Answer the question according to the recording.

（1）为什么田园园要去林哥哥的家？

（2）林哥哥怎么招待林美玉和田园园的？

（二）　　　　L24E5

1. 判断对错。True or false.

（1）田园园的工作是秘书。 [ ]

（2）田园园是学管理的。 [ ]

（3）林哥哥说这个工作是为田园园量身打造的。 [ ]

（4）田园园觉得工作很辛苦，不喜欢这个工作。 [ ]

（5）公司的同事对田园园很好。 [ ]

2. 再听一遍录音，选择正确答案。Listen to the dialogues again and choose the right answer.

（1）A. 爸爸　　　　B. 公司的同事

C. 林哥哥　　　　D. 以上都不是

（2）A. 很辛苦、很忙　　　　B. 能够积累经验

C. 能学到很多知识　　　　D. 以上全是

（3）A. 她是学管理的　　　　B. 她通过了 HSK 六级

C. 她挺喜欢这个工作的　　　　D. 她有秘书的实习经验

3. 根据录音内容说一说。Answer the question according to the recording.

（1）为什么田园园很适合这个工作？

（2）田园园觉得这份工作怎么样？

口语练习

一、读一读下列句子。Read the following sentences.

1. 我一定认真准备！
   努力学习
   细心工作
2. 面试的时候我挺紧张的
   考试　　　认真
   逛街　　　高兴
3. 祝你们合作愉快。
   工作顺利
   身体健康

二、补全句子。Complete the sentences.

1. 在中国工作要有__________。
2. __________的时候我挺__________的。
3. 这份就是为你__________的。
4. 虽然工作__________不高，但是能够__________。
5. 年轻人__________多__________。
6. 从今天开始我们就__________成为__________。
7. 有什么__________的地方，请大家不要__________。
8. 周六，我和美玉一起去__________他。

三、完成对话。Complete the dialogues.

（一）

A：你明天有空吗？能陪我去______________申请________吗？

B：好啊，但是________________？

A：我听说福瑞已经办好了，我打算________________。

B：____________，问问他____________，早点儿准备。

（A给C打电话）

A：福瑞，我想____________，你知道____________________？

C：要准备____________、____________，还要准备______________、__________、____________和____________。

B：____________，我都不想办了。

C：那可不行，______________________。

A：好，我一定____________！

C：哦，对了，别忘了准备____________！

A：什么是“公司证件”？

C：就是______________________。

A：是这样啊，那我_________________。谢谢你！

C：别客气，____________！

（二）

A：爸，____________。

B：工作找到了？

A：对，______________________，是美玉的哥哥帮我介绍的。

B：是吗？

A：是的，____________的时候我挺____________，面试官问了我一些问题。因为____________，又____________，一般的____________、____________、____________、____________都没有问题。而且____________。所以，____________。

B：这份工作______________________。

A：谢谢爸爸。

B：____________？

A：挺忙的，____________。

B：____________？____________？

A：不辛苦，虽然工资不高，______________________。

B：年轻人应该____________，____________。

（三）

A：今天下午有一家____________来我们公司____________。

B：好，__________。__________？ __________？

A：下午三点半左右到，大约五六个人。

B：那你先__________，晚上再__________。

A：好。在1103会议室可以吗？

B：可以！ __________。

（开完会，B、A陪泰国客人C到酒店）

B：您是贵客，__________，我坐您旁边。

C：您太客气了，__________________。

（所有人都就坐后）

B：这是我们公司和贵公司的第一次合作，________XX公司________各位朋友。

C：从今天开始______________，祝我们__________。

B：听说这家的泰国菜很正宗，C，__________。

C：好的，__________，我又吃到家乡菜了。

B：__________，不要客气。

（离席的时候）

B：有什么__________，请大家__________。

C：__________，感谢__________。

四、根据提示完成对话。Complete the dialogues with the information provided.

（一）关键词：量身打造

1.提示：

A：为什么我面试了这么多公司，没有一个公司要我？

B：……

2. 提示：

A：今天我们吃什么呢？

B：……

3. 提示：

A：我能进去玩玩吗？

B：……

（二）关键词：招待不周

4. 提示：

A：我要一杯奶茶。

B：……

5. 提示：

A：……

B：哪里哪里，谢谢你的款待。

6.提示：

A：……

B：你见外了，期待下次合作。

课堂活动

一、你做过什么工作？你喜欢你的工作吗？为什么？同桌之间互相讲述并回答。What kind of work did you do? Did you like your job? Why? Talk to your deskmate about these questions.

二、你参加过公司的应酬吗？去应酬时应该注意什么？列出注意事项，并表演应酬的情景。Have you ever been to a company social event? What should we pay attention to when we attend social events? Make a list of precautions to be taken and act out a social event.

三、根据提示和关键词完成对话。Complete the dialogue with the information provided.

关键词：工作、面试、量身打造、加班、辛苦、经验、吃苦

提示：爸爸，告诉您一个好消息……

作业 Homework

听力作业

一、听录音填空并跟读。Listen to the recording，fill in the blanks and read. L24H1

实习　顺利　量身打造　交流　介意
款待　心意　经历　得知　顿

1. 毕业后我想去中国的公司_______。
2. 今天下午泰中合资公司的人要来我们公司_______业务。
3. 谢谢你的_______，今天我很开心。
4. 你的_______我心领了，不用送礼物了。
5. 别_______，他没有那个意思。
6. 他帮了我很多，我想请他吃一_______饭表示感谢。
7. _______他也是泰国人以后，我很高兴。
8. 祝你一切_______。
9. 他在中国的学习_______对他以后的工作有帮助。
10. 这份工作真是为你__________的。

二、听对话，选择正确答案。Listen to the dialogues and choose the right answer. L24H2

（一）

1. A. 大使馆　B. 图书馆　C. 出入境管理局　D. 警察局
2. A. 福瑞明天有空　B. 福瑞知道出入境管理局在哪儿　C. 福瑞已经办好了　D. 早点儿准备

（二）

3. A. 在一家中泰合资公司当秘书　B. 在一家进出口贸易公司当秘书　C. 在一家中韩合资公司当秘书　D. 在一家中韩合资公司当翻译

4. A. 朋友介绍的　　B. 招聘会上找到的
C. 网上找到的　　D. 以上都不是

（三）

5. A. 不忙　　B. 有点儿忙
C. 挺忙的　　D. 不知道

6. A. 因为她喜欢吃苦　　B. 因为她很喜欢这份工作
C. 因为她很认真　　D. 因为年轻人应该多吃苦

（四）

7. A. 下午两点半　　B. 下午三点半
C. 下午两点半左右　　D. 下午三点半左右

8. A. 安排一间会议室　　B. 安排一个晚宴
C. 先安排一个晚宴，再安排一间会议室
D. 先安排一间会议室，晚上再安排一个晚宴

三、判断对错。True or false.　　L24H3

1. 中泰合资公司星期三下午三点左右到我们公司。 [ ]
2. 中泰合资公司是来交流业务的。 [ ]
3. 中泰合资公司来了十七个人。 [ ]
4. 我们先吃饭，再开会。 [ ]
5. 王经理坐主位。 [ ]
6. 赵经理对我们很满意。 [ ]
7. 晚宴上赵经理吃到了地道的家乡菜。 [ ]
8. 这家中泰合作公司和我们合作过很多次。 [ ]

口语作业

说说你从哪个国家申请了哪些签证？这些签证需要准备什么材料，并完成下面的表格。Tell us which countries you have applied visas for and what documents you need, and then complete the following table.

姓名	国家	签证类型	材料
林美玉	中国	工作签证	护照、申请表、工作证明、学历证明、健康证明、无犯罪证明和公司证件

自我评价 Self- Evaluation

学完这一课，你对自己的表现满意吗？

评价表 Evaluation Form					
完成质量 Level of completion / 本课目标 Objectives	5 很好	4 好	3 一般	2 较差	1 很差
1. 复习工作场合的交际用语。 Review workplace vocabulary					
2. 复习组织会议和交际用语。 Review vocabulary for organizing meetings.					
3. 复习宴请和接待的交际用语。 Review vocabulary for banquet arrangement and reception.					
4. 自己需要注意的问题：Self-reflection make a note of what needs to be improved, such as your attitude towards learning or any language-related issue you have.					

生词索引

		A	
安排	ānpái	to arrange, to make arrangements for	第二十二课
按时	ànshí	on time, on schedule	第十七课
		B	
把	bǎ	to keep	第十四课
拜访	bàifǎng	to visit	第二十四课
拜年	bàinián	to pay a New Year's call, to wish sb. a happy new year	第十五课
办公	bàngōng	office work	第十九课
办理	bànlǐ	to handle, to conduct; to deal with	第十四课
棒	bàng	great	第十三课
包	bāo	to guarantee	第二十二课
包厢	bāoxiāng	private room	第二十二课
保密	bǎomì	keep something secret	第十三课
报到	bàodào	to report for duty	第二十一课
背景	bèijǐng	background	第十九课
被	bèi	auxiliary word, used in front of verbs to form passive phrases	第二十一课
本来	běnlái	originally, formerly	第十七课
比	bǐ	than	第十五课
笔记本电脑	bǐjìběn diànnǎo	notebook computer; laptop	第十四课

必须	bìxū	must, have to	第二十四课
毕业	bìyè	to graduate	第十九课
碧螺春	bìluóchūn	Biluochun Tea, a special brand of tea	第二十三课
标准	biāozhǔn	standard	第十三课
表格	biǎogé	table, list	第二十课
别见外	bié jiànwài	Don't stand on ceremony.	第十七课
冰雕	bīngdiāo	ice sculpture	第十八课
冰雪大世界	bīngxuě dà shìjiè	Harbin Ice and Snow World	第十八课
病历	bìnglì	medical record	第十七课
不过	bùguò	however, but	第二十一课
不仅	bùjǐn	not only	第二十二课
不然	bùrán	otherwise	第二十课
不如	bùrú	It would be better ……	第二十四课
		C	
材料	cáiliào	material	第二十课
操作	cāozuò	to operate, to handle	第十八课
插卡口	chākǎkǒu	card reader slot	第十八课
插入	chārù	to insert	第十八课
茶叶	cháyè	tea, tea leaves	第二十三课
馋	chán	greedy, gluttonous	第十八课
成	chéng	into	第十六课
成功	chénggōng	success	第二十一课
乘机手续	chéngjī shǒu xù	check-in procedure	第十四课
乘坐	chéngzuò	to ride, to take（a transportation）	第十六课

吃苦	chīkǔ	to bear hardships	第二十四课
吃药	chīyào	to take medicine	第十七课
充电宝	chōngdiàn bǎo	bank power; portable battery	第十四课
愁	chóu	to worry	第二十三课
出口	chūkǒu	exit	第二十课
出口	chūkǒu	export	第十九课
出入境管理局	Chūrùjìng guǎnlǐjú	Exit-Entry Administration	第二十课
出示	chūshì	to show	第十四课
出示	chūshì	to show, to present	第二十课
除了	chúle	except	第十七课
除夕	chúxī	Chinese New Year's Eve	第十五课
穿	chuān	to wear	第十五课
传统	chuántǒng	traditional	第十五课
春节	chūnjié	the Spring Festival	第十五课
春天	chūntiān	spring	第十五课
存	cún	to save	第十八课
错误	cuòwù	mistake, error, fault	第十六课
		D	
达到	dádào	to achieve	第二十一课
答案	dá'àn	answer	第十三课
打火机	dǎhuǒjī	lighter	第十四课
打卡	dǎkǎ	to clock in	第二十二课
打开	dǎkāi	open	第二十课
打扰	dǎrǎo	to disturb	第十三课

打算	dǎ suàn	to plan; intention	第十四课
大皇宫	Dà huánggōng	Bangkok Grand Palace	第十七课
大厅	dàtīng	lobby; hall	第十四课
大约	dàyuē	about	第二十四课
代表	dàibiǎo	representative; to represent	第二十二课
代购	dàigòu	purchasing agent	第二十课
袋子	dàizi	bag	第二十三课
担心	dānxīn	to worry, to feel anxious	第十三课
单人间	dānrénjiān	single room	第十六课
单元	dānyuán	unit	第二十三课
当	dāng	to work as	第十九课
导游	dǎoyóu	tour guide	第十五课
道理	dàolǐ	sense, reason	第二十四课
得	děi	need	第十八课
得知	dézhī	to be informed of	第二十四课
地点	dìdiǎn	place	第二十一课
登机口	dēngjīkǒu	boarding gate	第十四课
登机牌	dēngjīpái	boarding pass	第十四课
等	děng	and so on, etc.	第十九课
低	dī	low	第十八课
低血糖	dīxuètáng	hypoglycemia, low blood sugar	第十八课
点击	diǎnjī	to click	第十六课
电梯	diàntī	lift, elevator	第十七课
电影	diànyǐng	film, movie	第十三课
订	dìng	to book（seats, tickets, etc.）	第十四课

东西	dōngxi	thing	第二十课
冬天	dōngtiān	winter	第十五课
懂	dǒng	understand, know	第十三课
度	dù	Degree Celsius	第十七课
短裤	duǎnkù	shorts, short pants	第十五课
短袖	duǎnxiù	short sleeves	第十五课
兑	duì	to exchange（money）	第十六课
兑换	duìhuàn	[formal] to exchange money	第十六课
顿	dùn	measure word used for meals	第二十四课
多长	duōcháng	how long	第十七课
		E	
而且	érqiě	not only ...... but（also）; and that	第十八课
		F	
发炎	fāyán	to become inflamed	第十七课
发音	fāyīn	pronunciation	第十三课
发展	fāzhǎn	development	第十九课
罚款	fákuǎn	fine	第二十课
翻译	fānyì	to translate	第二十一课
犯罪	fànzuì	crime	第二十四课
方法	fāngfǎ	method, means, way	第十三课
方面	fāngmiàn	aspect, field	第十九课
方式	fāngshì	way, method, means	第十四课
房间	fángjiān	room	第十六课
房卡	fángkǎ	room card	第十六课
放鞭炮	fàng biānpào	to set off firecrackers	第十五课

放心	fàngxīn	rest assured	第二十二课
分	fēn	point, mark	第十三课
佛跳墙	fótiàoqiáng	Buddha Jumping Over the Wall（a famous Chinese dish,also known as "Buddha's Temptation）	第二十二课
福建	fújiàn	Fujian province（Fukien）in east China	第二十三课
复习	fùxí	to review lessons	第十三课
		G	
敢	gǎn	to dare, to venture	第十三课
感觉	gǎnjué	to feel, to become aware of	第十七课
干杯	gānbēi	cheers	第二十二课
刚	gāng	only a short while ago	第十九课
岗位	gǎngwèi	post, position	第二十一课
高	gāo	high salary, well-paid	第十九课
个人	gèrén	personal	第十六课
各位	gèwèi	everybody	第二十二课
各自	gèzì	each, by oneself	第十四课
根本	gēnběn	fundamental	第十八课
更	gèng	more, further	第十七课
更上一层楼	gèng shàng yī cénglóu	strive for further improvement, scale new heights	第二十二课
工资	gōngzī	salary	第十九课
恭敬不如从命	gōngjìng bùrú cóngmìng	obedience is better than politeness, the best way to show respect is to obey.	第二十二课
挂号	guàhào	to register（at a hospital, etc.）	第十七课
怪不得	guàibudé	No wonder	第十九课
关系	guānxì	relationship	第十九课

观察	guānchá	to observe, to inspect	第十七课
官	guān	interviewer	第二十一课
管理	guǎnlǐ	administration, management	第二十一课
光	guāng	used up	第二十一课
贵客	guìkè	guest of honor	第二十二课
过期	guòqī	overdue; expire	第二十课
		H	
哈尔滨	Hāěrbīn	Harbin	第十八课
海关	hǎiguān	customs	第二十课
寒假	hánjià	winter vacation	第十五课
航班	hángbān	flight（number）	第十四课
航空公司	hángkōng gōngsī	airline	第十四课
好像	hǎoxiàng	seem, be like	第十四课
合适	héshì	suitable	第十五课
合资	hézī	joint venture	第十九课
合作	hézuò	to cooperate	第十九课
盒	hé	box	第二十三课
厚	hòu	thick	第十五课
湖里区	húlǐqū	Huli District	第二十一课
互相帮助	hùxiāng bāngzhù	to help each other	第十三课
护照	hùzhào	passport	第十四课
华人	huárén	Chinese	第十五课
怀念	huáiniàn	to miss	第十九课
环境	huánjìng	environment, surroundings	第二十二课
回味	huíwèi	aftertaste	第二十三课

汇率	huìlǜ	exchange rate	第十六课
会	huì	will	第十五课
会议	huìyì	conference, meeting	第二十二课
活到老，学到老	huó dào lǎo, xué dào lǎo	It's never too late to learn.	第二十三课
活动	huódòng	activity	第十五课
伙伴	huǒbàn	partner	第二十四课
或者	huòzhě	or	第十四课
		J	
机场	jīchǎng	airport	第十四课
机会	jīhuì	opportunity	第十九课
机票	jīpiào	plane ticket	第十四课
机器	jīqì	machine	第十四课
积累	jīlěi	to accumulate	第二十一课
激动	jīdòng	excited	第二十一课
及时	jíshí	in time	第二十课
级	jí	level	第二十一课
极了	jíle	extremely	第十五课
记得	jìde	to remember, to keep in memory	第十七课
记住	jìzhù	to remember	第十三课
技能	jìnéng	skill, technique	第十九课
季节	jìjié	season	第十五课
加油	jiāyóu	make a greater effort, work harder, come on	第十三课
家乡	jiāxiāng	hometown	第二十四课
检查	jiǎnchá	to check up; to inspect	第十四课
简历	jiǎnlì	resume	第十九课

建议	jiànyì	to suggest; suggestion	第十三课
健康	jiànkāng	healthy	第二十四课
讲究	jiǎngjiu	to pay attention to, to devote particular care to	第二十三课
交费	jiāofèi	to pay a fee	第二十课
交换	jiāohuàn	to exchange	第十四课
交流	jiāoliú	to communicate	第二十四课
教育	jiàoyù	education	第十九课
接	jiē	to meet, to pick up	第十七课
接待	jiēdài	to receive	第二十二课
接受	jiēshòu	to accept	第二十课
节日	jiérì	festival, holiday	第十五课
介意	jièyì	to mind	第二十四课
今后	jīnhòu	from now on	第二十二课
金额	jīn'é	amount of money, sum of money	第十六课
尽快	jǐnkuài	as soon as possible	第二十二课
进步	jìnbù	progress	第十九课
进口	jìnkǒu	import	第十九课
经济	jīngjì	economy	第十九课
经理	jīnglǐ	manager, director	第二十二课
经历	jīnglì	experience	第十九课
经验	jīngyàn	experience	第二十一课
酒店	jiǔdiàn	hotel	第十六课
就诊	jiùzhěn	seek medical advice, see a doctor	第十七课
决定	juédìng	to decide	第二十四课

		K	
开始	kāishǐ	to begin, to start, to initiate	第十七课
看不上	kànbùshàng	to be dissatisfied with	第二十一课
看来	kànlái	it seems that	第十九课
考试	kǎoshì	examination, test, quiz	第十三课
靠窗	kàochuāng	by the window	第十四课
科	kē	department（ a division of an administrative uniy ）	第十七课
可惜	kěxī	unfortunate	第二十三课
客户	kèhù	client, customer	第二十二课
空姐	kōngjiě	flight attendant	第十八课
口语	kǒuyǔ	spoken language, speaking	第十三课
快递	kuàidì	package, parcel	第十九课
款待	kuǎndài	to treat cordially	第二十四课
		L	
来得及	láidejí	be able to do sth. in time	第十八课
累	lèi	tired	第二十二课
冷	lěng	cold	第十七课
礼轻情意重	lǐqīng qíng yì zhòng	The gift itself may be small, but it's the thought that courts.	第二十三课
礼尚往来	lǐshàngwǎng lái	courtesy requires a return of visits received, one good turn deserves another	第二十三课
力气	lìqi	physical strength	第十七课
例行	lìxíng	routine	第二十课
联系	liánxì	to contact	第二十一课
凉季	liángjì	the cool season	第十五课
凉快	liángkuài	（weather）pleasantly cool	第十五课

量	liáng	to measure	第十七课
量身打造	liàngshēn dǎzào	tailor-made	第二十四课
聊天儿	liáotiānr	to chat	第十三课
淋雨	línyǔ	to get wet in the rain	第十七课
灵通	língtōng	well-informed, having quick access to information	第十五课
零下	língxià	below zero	第十八课
领	lǐng	to take	第二十四课
龙井	lóngjǐng	Longjing tea, Dragon Well tea	第二十三课
录音	lùyīn	to record; recording	第十三课
录用	lùyòng	to employ	第二十一课
旅途	lǚtú	journey, trip	第十四课

M

麻烦	máfan	trouble	第十七课
曼谷	Màngǔ	Bangkok	第十四课
曼谷假日酒店	Màngǔjiàrì jiǔdiàn	Holiday Inn Bangkok	第十六课
贸易	màoyì	trade	第十九课
帽子	màozi	cap, hat	第十八课
门	mén	measure word used for sulojects of study	第十三课
米	mǐ	meter	第二十课
秘书	mìshū	secretary	第十九课
密码	mìmǎ	password	第十六课
免费	miǎnfèi	free of charge	第十五课
面试	miànshì	to interview	第二十一课
闽南	mǐn nán	southern Fujian	第二十三课

目的地	mùdìdì	destination	第十六课
		N	
南方	nánfāng	south	第二十二课
内科	nèikē	internal medicine	第十七课
内容	nèiróng	content	第十九课
年轻	niánqīng	young	第二十二课
年夜饭	niányèfàn	family reunion dinner on the Lunar New Year's Eve	第十五课
暖和	nuǎnhuo	warm	第十五课
		P	
排队	páiduì	to line up	第二十课
泡茶	pàochá	make tea	第二十三课
配合	pèihé	cooperation	第二十课
品茶	pǐn chá	to sample tea	第二十三课
评价	píngjià	to appraise, to evaluate	第十八课
		Q	
期待	qīdài	to expect, to anticipate, to look forward to	第十五课
期末	qīmò	end of school term	第十三课
其次	qícì	secondly	第二十一课
起飞	qǐfēi	（of an aircraft）to take off	第十四课
气温	qìwēn	atmospheric temperature	第十八课
签证	qiānzhèng	visa	第二十课
签字	qiānzì	to sign（your name）	第十六课
前台	qiántái	receptionist	第十六课
轻	qīng	light, easy	第二十三课

请多多指教	qǐng duōduō zhǐjiào	please kindly give me your advice. (used when you meet someone for the first time to show politeness)	第二十二课
庆祝	qìngzhù	to celebrate	第十五课
秋天	qiūtiān	autumn	第十五课
取号	qǔhào	to take a number	第二十课
确认	quèrèn	to affirm, to confirm	第十六课
		R	
让	ràng	let, allow, make	第二十课
热季	rèjì	the hot season	第十五课
热情	rèqíng	enthusiasm	第二十二课
人民币	rénmínbì	Renminbi	第十六课
人事处	rénshìchù	personnel division	第二十一课
人缘	rényuán	popularity, relations with people	第二十三课
认真	rènzhēn	serious	第二十四课
日常	rìcháng	daily	第二十二课
日期	rìqī	date	第十五课
日用品	rìyòngpǐn	items for daily use	第二十课
如果……就	rúguǒ……jiù	if ……then	第十三课
入住	rùzhù	to check in	第十六课
软件	ruǎnjiàn	software	第十六课
		S	
嗓子	sǎngzi	throat	第十七课
申报	shēnbào	to declare	第二十课
申请表	shēnqǐngbiǎo	application form	第十六课
身份证	shēnfènzhèng	ID card	第十四课

身高	shēn'gāo	height	第十七课
身体	shēntǐ	body	第十七课
生病	shēngbìng	to fall ill, to get ill	第十三课
生词	shēngcí	new word	第十三课
生意	shēngyi	business	第二十二课
十字路口	shízì lùkǒu	crossroads	第二十三课
时候	shíhou	time, when	第十三课
实习	shíxí	internship	第二十一课
世界闻名	shìjiè wénmíng	world-renowned	第十五课
适合	shìhé	to fit	第二十一课
收	shōu	to receive, to accept	第十六课
手套	shǒutào	glove	第十八课
首先	shǒuxiān	first of all	第二十一课
输入	shūrù	to input	第十六课
熟悉	shúxi	to be familiar with, to be acquainted with	第二十二课
数	shù	number, figure	第十六课
刷	shuā	to scan	第十九课
双人间	shuāngrénjiān	double room	第十八课
水平	shuǐpíng	level	第十九课
顺利	shùnlì	well, smoothly	第二十四课
说走就走	shuōzǒujiù zǒu	to leave without hesitation	第二十课
俗话	súhuà	common saying	第二十三课
随身	suíshēn	carry something with one	第十四课
随时	suíshí	at any time, at all times	第二十二课

T			
泰铢	tàizhū	Thai Baht	第十六课
淘宝	táobǎo	Taobao an online shopping platform	第十九课
套餐	tàocān	set meal	第二十二课
特别	tèbié	especially, particularly, specially	第十八课
特产	tèchǎn	specialty	第二十三课
特地	tèdì	specially, for a special purpose	第十八课
提前	tíqián	in advance	第十四课
提示	tíshì	instruction	第十八课
提醒	tíxǐng	reminder	第二十课
体温	tǐwēn	temperature	第十七课
体验	tǐyàn	to experience	第十五课
体重	tǐzhòng	weight	第十七课
添	tiān	to add, to increase	第十七课
填写	tiánxiě	to fill in	第十六课
挑	tiāo	to pick, to choose	第二十三课
条理	tiáolǐ	orderliness	第二十一课
铁观音	tiě guānyīn	Tie Guanyin, a variety of oolong tea	第二十三课
听力	tīnglì	listening, aural comprehension	第十三课
通过	tōngguò	to pass	第二十一课
通知	tōngzhī	to notice	第二十课
同事	tóngshì	colleague	第二十二课
头晕	tóuyūn	dizzy	第十八课
退房	tuìfáng	to check out	第十六课
托运	tuōyùn	to check; in luggage	第十四课

W

外卖	wàimài	takeout	第十九课
外套	wàitào	overcoat	第十五课
完	wán	to end, to finish, to complete, to be over	第十四课
玩具	wánjù	toy	第二十三课
晚辈	wǎnbèi	younger	第十五课
晚宴	wǎnyàn	dinner	第二十二课
万佛节	wànfójié	Makha Bucha Festival	第十五课
万岁	wànsuì	hooray, long live	第十三课
忘	wàng	to forget	第十三课
围巾	wéijīn	scarf	第十八课
为	wèi	for	第二十一课
为了	wèile	for, in order to	第十八课
为什么	wèishénme	why	第十三课
温馨	wēnxīn	warm, pleasant, sweet	第二十三课
文件	wénjiàn	document	第二十一课
闻	wén	to smell	第二十三课
无巧不成书	wú qiǎo bù chéngshū	What a coincidence.	第二十一课

X

西湖厅	XīHú Tīng	Xihu Dining Room	第二十二课
希望	xīwàng	to hope; to wish	第十三课
习俗	xísú	custom, convention	第十五课
细心	xìxīn	careful	第二十一课
下载	xiàzài	to download	第十六课
夏天	xiàtiān	summer	第十五课

先生	xiānsheng	Mister	第十六课
羡慕	xiànmù	to admire, to envy	第十五课
相处	xiāngchǔ	to get along with	第二十二课
香	xiāng	sweet-smelling	第二十三课
箱	xiāng	suitcase	第二十课
消息	xiāoxi	news, information	第十五课
小区	xiǎoqū	neighborhood, estate	第二十三课
携带	xiédài	to carry	第十四课
心意	xīnyì	kind intention	第二十三课
辛苦	xīnkǔ	used as a polite remark for bothering others	第二十三课
欣赏	xīnshǎng	to appreciate, to enjoy, to admire	第十六课
信息	xìnxī	information	第十六课
行李	xíngli	luggage, baggage	第十四课
姓名	xìngmíng	full name	第十六课
休息	xiūxi	to have a rest	第十七课
修改	xiūgǎi	to modify	第十九课
需要	xūyào	to necessitate	第十四课
续签	xùqiān	to renew a visa/passport	第二十课
选择	xuǎnzé	to choose	第十四课
学历	xuélì	educational background	第二十四课
学期	xuéqī	semester	第十三课
学问	xuéwen	knowledge	第二十三课
雪	xuě	snow	第十五课
雪地靴	xuědì xuē	snow boot	第十八课

血压	xuèyā	blood pressure	第十七课
压岁钱	yāsuìqián	lucky money（money given to children as a Lunar New Year gift）	第十五课
		Y	
邀请	yāoqǐng	to invite	第十五课
药房	yàofáng	pharmacy, dispensary	第十七课
要求	yāoqiú	requirement	第二十一课
业务	yèwù	business	第十六课
液体	yètǐ	liquid	第十四课
一切	yīqiè	all, everything	第二十四课
一向	yīxiàng	always	第二十二课
衣物	yīwù	clothes and other articles	第二十课
以外	yǐwài	beyond（a certain range, boundary）	第十七课
银行卡	yínhángkǎ	bank card	第十四课
应聘	yìngpìn	to apply for a job	第二十一课
游客	yóukè	visitor, tourist	第十五课
有名	yǒumíng	famous	第二十三课
有趣	yǒuqù	interesting, amusing	第二十三课
有心	yǒuxīn	thoughtful, considerate	第二十三课
有意思	yǒuyìsi	interesting, enjoyable	第十三课
有用	yǒuyòng	useful	第十三课
愉快	yúkuài	happy, joyful	第十四课
羽绒服	yǔróngfú	down jacket/coat	第十五课
雨季	yǔjì	the rainy season	第十五课
语言	yǔyán	language	第十八课
预报	yùbào	forecast, prediction	第十八课

预订	yùdìng	[formal] to book	第十四课
原文	yuánwén	a transcript of a pre-recorded file	第十三课
晕机	yùnjī	airsickness; to get airsick	第十八课
		Z	
在线支付	zàixiàn zhīfù	online payment; pay something online	第十四课
早餐	zǎocān	breakfast	第十八课
张开	zhāngkāi	to open	第十七课
长辈	zhǎngbèi	elder	第十五课
招待不周	zhāodài bùzhōu	Sorry for not being attentive enough.	第二十四课
招聘会	zhāopìn huì	job fair	第十九课
照顾	zhàogù	to take care of	第二十四课
着	zhe	a particle that indicate the continuous aspect in Chinese	第十七课
正	zhèng	just, exactly, right	第二十课
正好	zhènghǎo	exactly	第二十一课
正式	zhèngshì	formal	第二十四课
正宗	zhèngzōng	authentic	第二十四课
证件	zhèngjiàn	certificate	第二十四课
证明	zhèngmíng	to prove, to demonstrate	第二十四课
支付宝	zhīfùbǎo	Alipay an online payment platform	第十九课
只是	zhǐshì	only, just	第二十课
只要	zhǐyào	only, just, simply, merely	第十八课
只有……才	zhǐyǒucái	only if ……then	第十三课
中山公园	Zhōngshān gōngyuán	Zhongshan Park	第二十课

中旬	zhōngxún	the middle ten days of a month	第十八课
中央大街	zhōngyāng dàjiē	the Central Street	第十八课
种	zhǒng	kind, type	第十四课
重要	zhòngyào	important	第十五课
朱拉隆功大学	Zhūlālóng gōng Dàxué	Chulalongkorn University	第二十一课
主位	zhǔwèi	seat of the host（at table）	第二十二课
住宿登记	zhùsù dēngjì	registration of accommodation	第二十课
住址	zhùzhǐ	address	第十六课
祝	zhù	to wish	第十四课
祝贺	zhùhè	to congratulate	第二十一课
专业	zhuānyè	major	第二十一课
转账	zhuǎnzhàng	to transfer money	第十八课
准备	zhǔnbèi	to prepare, to get ready	第十三课
准时	zhǔnshí	on time	第二十一课
自己	zìjǐ	oneself	第二十一课
总是	zǒngshì	always	第十五课
嘴	zuǐ	mouth	第十七课
嘴巴	zuǐba	mouth	第二十三课
最	zuì	most	第十三课
左右	zuǒyòu	about, or so	第十四课
座位	zuòwèi	seat	第十四课

致 谢

历时4年,《初级汉语听说》教材终于出版了。

感谢华侨大学和华侨大学华文学院对教材编写的支持和资助。感谢参与教材编写的研究生团队。感谢王士丛、吴晨曦、郭祥、蒲青青等在教材编写的漫长过程中，付出的辛勤劳动；感谢李思宇为教材设计的插图，它们生动活泼，为教材增色不少；还有参与教材校对、修订、录音工作的学生们，在此也向他们表示衷心的感谢。还要感谢中央民族大学出版社戴佩丽编审为本书担任责任编辑，感谢舒刚卫先生为本书设计封面。

盛译元

2022年12月